中國學術思想 研究輯刊

三七編

林慶彰 主編

第1冊

《三七編》總目

編輯部編

天道與人道——
比較視域下李澤厚「巫史傳統論」研究(上)

張永超 著

花木蘭文化事業有限公司

國家圖書館出版品預行編目資料

天道與人道——比較視域下李澤厚「巫史傳統論」研究（上）
／張永超 著 -- 初版 -- 新北市：花木蘭文化事業有限公司，
2023〔民112〕
序 8+ 目 8+274 面；19×26 公分
（中國學術思想研究輯刊 三七編；第 1 冊）
ISBN 978-626-344-169-9（精裝）
1.CST：李澤厚 2.CST：學術思想 3.CST：中國文化
4.CST：巫術
030.8   111021694

ISBN-978-626-344-169-9

9 786263 441699

中國學術思想研究輯刊
三七編 第 一 冊   ISBN：978-626-344-169-9

天道與人道——
比較視域下李澤厚「巫史傳統論」研究（上）

作　　者　張永超
主　　編　林慶彰
總 編 輯　杜潔祥
副總編輯　楊嘉樂
編輯主任　許郁翎
編　　輯　張雅淋、潘玟靜　美術編輯　陳逸婷
出　　版　花木蘭文化事業有限公司
發 行 人　高小娟
聯絡地址　235 新北市中和區中安街七二號十三樓
　　　　　電話：02-2923-1455／傳真：02-2923-1452
網　　址　http://www.huamulan.tw 信箱 service@huamulans.com
印　　刷　普羅文化出版廣告事業
封面設計　劉開工作室
初　　版　2023 年 3 月
定　　價　三七編 17 冊（精裝）新台幣 46,000 元

《三七編》總目

編輯部 編

《中國學術思想研究輯刊》三七編 書目

先秦思想研究專輯

儒道思想研究專輯

魏晉思想研究專輯

佛教思想研究專輯

《中國學術思想研究輯刊》三七編
各書作者簡介・提要・目次

第一、二冊　天道與人道——比較視域下李澤厚「巫史傳統論」研究

作者簡介

　　張永超，上海師範大學哲學系教授，博士生導師。北京大學哲學博士（2011），輔仁大學博士後研究（2015）。2011～2018 任職於鄭州大學哲學系，2018 年 9 月以來任職於上海師範大學哲學與法政學院哲學系。

　　主持國家社科基金項目及省部級項目等 6 項。論著獲省廳級優秀成果獎 4 項。擔任哲學系本、碩、博 5 門主幹課程主講。

　　已出版專著：《經驗與先驗：張東蓀多元認識論問題研究》（2012 中央編譯出版社）、《仁愛與聖愛：儒家與基督教愛觀之比較研究》（2015 輔仁大學出版社）、《生命與尊嚴》（2020 華齡出版社）；合著：《比較視閾下儒家思想的現代困境及其轉型問題研究》（2020 光明日報出版社）、《天人之際：儒道天人觀新論》（2015 鄭州大學出版社）、《人文關懷論》（2015 中國社會科學出版社）、《日常生活行為倫理學》（2018 中國人民大學出版社）《仁愛與聖愛：儒家道德哲學與基督教道德哲學之比較研究》（2018 人民出版社）。

　　研究方向側重於中西思想比較、知識論與倫理學、生死問題與生命教育等。在《哲學研究》《學術月刊》《哲學與文化月刊》《哲學分析》《清華西方哲學研究》《南國學術》等刊物發表論文 60 餘篇。連續六屆中國當代生死學

研討會發起和組織者之一，華人生死學與生死教育學會副理事長，北京市癌症防治學會「生死學與生死教育專業委員會」副主任。

擔任《中國當代生死學研究》主編、《華人生死學》期刊副主編、「秋葉靜美——生死學叢書」（6 冊）副主編。

提　要

天人關係為中國哲學的核心問題之一，天道與人道在中國傳統文明類型中又以特有的形態演進開來，此種特質表現為不做天與人的截然二分，沒有此岸與彼岸的對立，而是以天道通過人道顯現、人道即是天道、天人合一、即體即用的文化特質展現出來。本項目的研究試圖從文明起源角度釐清此種天人合一的形態是如何產生的？天道如何下貫到人道？天道與人道是如何交融相涵的？此種天人觀又如何塑造了整個傳統社會，在現代社會又有何種價值。

我們將圍繞李澤厚先生「巫史傳統論」展開分析，具體來講，本項目為便於將問題研究引向深入，集中討論三個問題：第一、中國文明傳統的起源及其早期演進，尤其是「理性化進程」問題；第二、中國文明的特殊演進路向對中國傳統特質的影響與建構，尤其是實用理性、樂感文化所建構的認知模式及其思維方式建構；第三、面對百年來諸位學人對傳統批判與反省，傳統文明的出路何在？尤其是基於李澤厚「巫史傳統論」而提出「既現代又中國」的道路可行性何在？

「巫史傳統論」是理解中國文明起源及其演進的原創性理論與獨特分析框架。天道與人道關係在中國文明形成中沒有對立超越而是天人一貫、彼此交融。「巫」文化為人類共有，區別只在演進上，西方由此產生了科學與宗教，而在中國則演變成了歷史理性與禮樂文化，祖先崇拜是其典型特徵。「巫史傳統」在倫理關係的表現上最為典型的便是「孝悌倫理」的形成，與西方的孝悌觀相比，區別在於最大的誡命是「愛上帝」還是愛父母。而關於「一個世界」的生成則表現為「創造生成」和「演化生成」兩種模式。在對「一個世界」的意義尋求上，則表現為「靈魂復活」與「三不朽」尋求之不同。

目　次

上　冊

第三、四冊　儒、道兩家「中道思維」的生命底蘊

作者簡介

白恒旭，東海大學中國文學博士。自幼熱愛台灣傳統信仰文化，對於民間習俗及其種種相當熟稔。其性情溫雅、喜好思辯，自高中時期受師啟蒙，

遂而進入中華文化思想殿堂；對於孔、孟、老、莊之生命哲思及其體現，深感興趣，故鑽研其中。攻讀博士班期間，因受西方思維及其諸位漢學家之觀點影響，其研究、分析、詮釋中華文化思想之方法及見解，有別於一般。

平時喜歡舞文弄墨以及東方藝術文化，對漢字書法藝術、東方水墨、茶道、花道、古琴等皆有所涉獵。運動喜好健身及游泳。曾任國立臺北大學中國文學系兼任助理教授、靜宜大學中國文學系兼任助理教授、東海大學華語文教學中心助理教授。教授中華哲學思想等課程，以及對外華語文教學；其對外華語文教學生涯長達十七年之久，相關經歷豐厚。現任東海大學國際學院不分系助理教授、東海大學中國文學系及通識中心兼任助理教授。

提　要

「中」，這項思維模式，對於華夏文化之推展而言，是一個極為重要的思考概念，甚至是一個影響華夏整體生命運作至深、至切的潛藏意識。早在遠古時代思維萌芽的初期，人們已經透過生活中的事物、言語、行為，以及整體活動，在在展演著這項重要的思維方式。

從感知宇宙的基本秩序到實際方位的界定，及其安置方式等推演之歷程中看出，人對宇宙的認識，實際上是在展現人對於自我的再認識，這實際意味著，「人」將思考他自身在這「宇宙」之「中」的位置與其意義；「天」（宇宙）與「人」的關係，形成一個可以相互貫穿且融通的思維結構。於是，「中道」的精神活動與其課題便就此展開，並源源不絕從人們的種種思維當中持續湧出。人們就此開始思索展演生命的方式，更重要的是，人們也必須因此而去思考如何尋得並可作為永續經營且最具理想的生命運作模式。

先秦諸子中，古典儒家體系有所謂「過猶不及」、「叩其兩端」、「中庸之道」等見解，而古典道家體系則有「多言數窮，不如守中」、「樞始得其環中，以應无窮」等思考之提出，實為探索「中道」課題及其思維之重要材料；本文正藉由中國思想之兩大傳統體系對其「中道」所展演之思想內容進行剖析，希冀藉由儒、道兩家所呈現的生命情態來勾勒出──「中」──此重要思維意識所呈顯的精神義意與文化價值。更為深入地，希能從中整理出各自的思維特點、互為兼容並蓄的共通本質，以及其思維模式在日後對整體中華文化思想發展上之影響。

全文共分上下兩篇。上篇，以古典儒家為其探討對象，其中又分四大章

節。第一章以「學思並重」之關鍵為其主軸，藉此切入探討之主題；第二章就「立於禮」的外在活動，來思索「中行」之道的意義；第三章則回返「依於仁」的內在省思，來觀察「中庸」之德之精神；最後第四章，則以孔子之「從心所欲而不踰矩」的整體生命情態為上篇作一全面性的討論、整合與總結。而下篇，則以古典道家為其探討對象，其亦分四大章節。第一章以《老子》「正言若反」之思維為其研究課題，並依此來論述其中所意涵的「中道」精神；第二章則以《莊子》「彼是莫得其偶」為其探討對象，深入探求所謂「得其環中」之生命體認與意義；第三章則整合道家所謂「無用」而「用」的觀點來進行分析，試圖找出道家生命情態中的「中」與「庸」之意義；最後第四章，則以「逍遙遊」為名，總體探討古典道家對中道思維的生命體證與實踐。

目　次

第五冊　人文化成與儒家倫理

作者簡介

楊建強，男，1989 年生，陝西扶風人。中國人民大學哲學博士。現為陝西師範大學馬克思主義學院講師。與人合作出版專著 1 部，在期刊發表文章 10 餘篇。研究方向為倫理學原理、中國倫理學、當代中國道德建設。

提　要

《易傳》中的「觀乎人文以化成天下」之語是中國古典「文化」觀的濫觴，「人文化成」的「文化」觀既表達了儒家倫理的核心理念和理論意旨，同時，由此也可能引申出一種關於儒家倫理道德類型的「文化」倫理觀。

儒家倫理是對西周之「文」的地方性道德知識傳統的繼承、轉化和發展，孔子所言的「郁郁乎文哉，吾從周」、「文王既沒，文不在茲乎」都是明證。「文」所指稱的是周人所確立和實踐的一套以「文德」「文教」「文章」「文質」「禮文」等觀念為核心的道德品格和精神風尚，這些品格風尚落實為具體可感的周代禮樂文飾。儒家「人文」就既包括「尚文」的內在道德品格和精神風尚，也包括外在的禮樂文飾。人禽之辨、文質之辨和禮法之辨奠定了儒家「人文」的理論前提，在此基礎上，儒家正是以此「人文」為內容，追求社會秩序和心靈秩序的「化成」。在社會秩序層面，儒家以「神道設教」來轉化原始習俗和民俗宗教，通過移風易俗的實踐和禮俗互動的機制將儒家倫理觀念和日常倫理生活統合為一體，化成社會的風俗美。在心靈秩序層面，儒家則以區別於「神文」的「人文」方式奠定了安樂的德福一致觀，為個體心靈秩序提供了由知善、好善再到樂善的安身立命之基，化成個體的人格美。作為「文化」之古典意義的「人文化成」，正能涵括儒家倫理的基本理論取向，也構成儒家倫理傳統對「文化」概念和觀念的主要理解方式。正是在此意義上我們稱儒家倫理為「文化」倫理學。

「文化」倫理學構成了闡釋儒家倫理的一種本土視域，揭示了儒家倫理的根本理論特質。首先，禮樂相濟的儒家文化倫理天然蘊含著審美和道德兩個層面，「美善相樂」的價值追求意味著美與善構成儒家「人文」價值的雙螺旋結構。其次，「人文化成」是儒家倫理的終極眷注和道德信仰，使儒家倫理呈現為「以道德代宗教」的倫理形態。最後，儒家的文化倫理觀更超越於化成個體和社會的道德視域，而指向一種獨特的「化成天下」的倫理思維，即

試圖以「華夷之辨」的文明論設定將「華夏」族群維持在相當的道德文明水準，一方面剔抉防範自身墮為「夷狄」，另一方面，始終以「文」提挈彪炳，自任為「文化」的典範。以「人文化成」的視角來研判儒家倫理的類型，會發現現代西方倫理學的固有類型和範式無法完全涵蓋儒家倫理的意旨，其類型學特質已不同甚至超越於規範倫理學和美德倫理學的氣度，而自成一種道德類型。這些理解都要求我們尋繹「人文化成」的大本大源去闡釋和理解儒家倫理的當下意義。

目　次

第六冊　論魏晉知識分子的分化──以《名士傳》、《文士傳》與《高士傳》為考核對象

作者簡介

黃銀姝，台南人。畢業於臺大中文系，於成大中文所在職專班修畢碩士，目前於台南市國中任教國文。喜歡閱讀，也愛旅行。在成大修習碩士課程時，接觸魏晉這群具有玄心妙賞、深情感物的士人，心嚮往之，加上江建俊教授的引導，開始投入對魏晉士人的研究。期許自己面對紛擾而變動的世界，能有魏晉士人由內而外的從容悠閒與灑脫氣度。

提　要

　　中國的士人自先秦形成一獨立階層後，影響政治、社會甚大，士人一方面背負著歷史的使命感，關懷社稷民生；一方面著作文章，傳承知識文化，可以說他們就是中國古代的知識分子。

　　本文主要討論在魏晉特殊的時空背景下所產生的知識分子。魏晉時玄學興起，當時的知識分子莫不受其影響，而這群知識分子依其特質，又可區分出三種主要的人物典型：其一為以名為重的名士，其風神瀟灑、能清談，又具玄心妙賞為特質；其二為以文章創作見長的文士，透過其文筆創作出麗辭縟彩與清新玄遠兩種截然不同風格的文學作品；其三為隱逸不仕的高士，除了秉持儒家與道家的隱逸精神，魏晉高士更將此二家隱逸思想融合，發展出

玄學思想的新隱逸類型，至此，仕與隱的界線漸漸泯滅。

　　由於魏晉知識分子眾多，故本文以魏晉人編纂的雜傳《名士傳》、《文士傳》與《高士傳》為主要考核範圍，並以史傳補充。雖然因限定於某一範圍，難免有遺珠之憾，但如此卻能清楚的釐清魏晉此三種知識分子的典型，給予名士、文士與高士明確的定位，以凸顯魏晉知識分子之典型。

目　次

第七、八冊　近現代中國佛學考論

作者簡介

　　姚彬彬（1981～），男，山東龍口人。哲學博士，歷史學博士後。現任武漢大學中國傳統文化研究中心、武漢大學臺灣研究所副教授，碩士生導師。已出版《現代文化思潮與中國佛學的轉型》等著作 5 部，於海內外學術期刊發表論文 40 餘篇，主持國家社科基金後期資助項目「『章門弟子』繆纂哲學思想研究」、「《周易》詮釋與清代新義理學的思想源流」等各級課題 6 項，多次獲省部級科研獎項。主要研究方向：中國思想文化史、佛教哲學。

提　要

　　「近現代佛學復興」是在中國晚近思想學術界發生的重要文化現象，其所謂「復興」，並非傳統寺僧「宗派」意義上的佛教，而是「學派」意義上的

佛學。擔負這一「佛學復興」思潮的主體，是出自於具有不同思想學術取向的知識精英，他們對佛學詮釋和抉擇的出發點，也往往並非是傳統意義上的「佛教信仰」，而是或將之作為接引和爭衡於彼時大舉輸入的西方思潮的中介、或將之作為寄託自身文化理想的載體。本書以宏觀與微觀相結合為視角，以「歷史和邏輯相統一」為方法，梳理此一期間佛學思潮之發生脈絡，並針對個體案例和文本進行考據和辨析，涉及唯識學、華嚴學、人間佛教等相關議題，較為全面地展現出近現代中國佛學諸面相。

目　次

第九冊　唐君毅儒佛思想研究——以「生命存在」與「心靈境界」為入路

作者簡介

　　蕭愛蓉，成功大學中文系博士，高雄大學通識教育中心兼任助理教授，淨覺僧伽大學兼任講師。主要從事當代新儒家研究、禪淨思想研究。著有《唐君毅儒佛思想研究——以「生命存在」與「心靈境界」為入路》、《般若智，菩提心——星雲大師人間生活禪之理論與弘化》、《天如惟則《淨土或問》之研究》，以及〈唐君毅「性情形上學」的儒佛詮釋〉、〈從禪淨交涉析論雲棲袾宏的體究念佛論〉等數篇學術論文。

提　要

　　本論文探討當代新儒家學者唐君毅（1909～1978）之鉅著《生命存在與心靈境界》為研究文本，從「生命存在」與「心靈境界」討論唐君毅儒佛思想之闡釋。

　　唐君毅將儒家傳統的「盡性立命」詮釋為「心靈感通」，一方面以「生命存在」和「心靈境界」詮釋心靈開通九境的歷程；另一方面依據「神聖心體」和「執兩用中」之道闡釋心性之大用。在這之中，唐君毅既援引理學和《易》

解釋「執兩用中」的活動，認為吾人以心靈的根源神聖心體作為實踐中樞，與外境、他人之生命存在或事相形成對立之兩端，而心體之靈覺能依附在心靈感通而調適，協調心境關係，使彼此的生命存在感通無礙，達到運用神聖心體總攝一切事相、宗教和哲學的目的。此外，唐君毅也從隱顯、始終、幽明等傳統氣化說而論一切事相的活動，同時援引華嚴宗理事觀、法界觀及唯識宗種子學說進行闡釋。本論文亦論及唐君毅對「善」與「不善」的看法，說明此心靈感通即蘊藏心之靈覺，而靈覺即是吾人之良知良能、道德理性，故能在感通歷程中運用執兩用中之道。最後，藉由心靈九境論蘊含的道德人格之涵養、破執去妄之實踐及心靈超越之意涵，說明唐君毅對「三祭」的論點。

　　綜上所述，唐君毅結合傳統儒學的心性論與工夫論，並依據自己對儒佛的體認而詮釋生命存在及心靈境界的活動，建立獨具特色的心靈九境論。

目　次

第十冊　湯一介佛學研究析論

作者簡介

　　趙偉（1982～），河南安陽人，2004 年本科畢業於河南財經學院（今河南財經政法大學）法律系，並先後於 2008 年和 2015 年從江南大學和四川大學獲法學碩士和哲學博士學位。現就職於江西九江學院，主要從事中國佛教、東南亞佛教研究。

提　要

　　湯一介先生是上世紀 80～90 年代，引領我國哲學與人文學界衝破極左思潮影響，率先走向學術轉型，爭取恢復大陸學者在國際學術界的應有地位的領軍人物之一。本書聚焦於湯先生的佛學研究，梳理他因應時代變化，由早期極左思潮影響下的樣板式研究開始，逐步反思並探索以概念範疇分析、比較哲學等方法研究佛教的過程，對湯先生由佛學研究開展出的諸如中國詮釋學的創建、異質文化交通規律、文化守成主義等主張予以述評。

　　湯一介先生的佛學研究對湯用彤先生學術思想的繼承表面上表現為一種「回歸」，但結合上世紀 80 年代以來的學術環境變化，他的佛學研究相較湯用形的佛教史研究實際上代表了當代中國佛教研究突破意識形態桎梏向著文化範式的轉變，而他對佛教「出世」向度所持的審慎態度則應歸因於時代之侷限。

目　次

第十一、十二冊　《東方文明根本考》——從中印比較文化學視域重新認識儒釋道

作者簡介

　　徐達斯，北京三智書院世界文明研究院執行院長，獨立學者。師從劍橋大學比較宗教系古道華先生。在東方學、考古學、神話學、中國文化史領域孜孜不倦研究二十餘年，尤其對古印度文化和瑜伽哲學有獨到而深入的見解。2016 年與劍橋大學克萊爾學院研究員伊薩馬・泰奧多博士合作出版《薄伽梵歌〉通解》。近五年來與牛津大學印度學研究中心肯尼斯・瓦爾培博士合作，在中國各大院校講學，致力於在中國傳播真正的吠陀文化與吠檀多哲學。已出版《世界文明孤獨史》《〈薄伽梵歌〉如是說》《薄伽梵往世書》等系列研究專著、譯著。

提　要

　　華夏學術濫觴於三代，鼎盛於東周諸子百家，至晉唐佛教傳入而有一大轉折，此後千餘年之學術重點皆在儒、釋、道之互相發明、吸收、融合，乃至互相成就；至清末又有一大轉折，即西學與耶教之傳入，而中西文化之摩蕩、雜糅乃成為現當代學術之重點，但兩者之分歧與差異亦愈來愈突出，至二十一世紀文明衝突之時代乃漸有分道揚鑣之勢。除此之外，還有一股潛流，即從十九世紀西方興起的印度學，經過二十世紀初的傳播，雖然沒有西學的浩大聲勢，卻漸漸對華夏學術產生了持久而深刻的影響。這次重新發起的中印學術交流興起於日本，學者如高楠順次郎、白川靜、藤田豐八等開始將印度學以及吠陀經典引入對華夏文化的研究，其風氣影響民國學術界，於是先後有丁山、衛聚賢諸學者開闢中印比較文化研究新領域，至湯用彤、徐梵澄、饒宗頤諸先生乃逐漸擴深，其勢有不可阻遏者。當今瑜伽修煉風靡世界及於

中國，而中西印文化之交流、融通亦進入了一個新的時代。本書在此千年未遇之全球文化、學術變遷之大背景下撰成，全書分為六個部分，其中包涵四篇中印經學比較研究論文，然後是作為華梵經典對讀互勘案例的《中庸》注疏，以及最能體現中庸精神的《伊莎奧義書》的古印度四家譯注以及體大思精的古印度經典《薄伽梵歌》的古詩體譯本。本書試圖接著上述民國諸學者講下去，繼續拓展、深入華梵經典的會通和互證，以吠陀諸經及其衍生學派全面對接、闡釋儒、釋、道乃至諸子百家學術，故於中印經學多所發明，儼然有根本既立、枝葉扶疏之妙，或為未來華夏學術之返本開新、走向世界獨闢一蹊徑。

目　次

上　冊

第十三至十六冊　坐進此道——《悟眞篇》研究與實踐

作者簡介

　　仲秋艷，女，1980 年生。哈爾濱商業大學工商管理學院畢業，獲管理學學位和法學學位。2014 年哈爾濱工業大學管理學碩士畢業。全真道華山派第二十四代弟子。

　　劉嘉童，男，1999 年生。（北京）中華女子學院（文化傳播學院）藝術系畢業，（布里斯班）昆士蘭大學社會學碩士在讀。全真道華山派第二十四代弟子。

　　謝群教授，成都人。研究方向為舞美藝術與宗教哲學。國家級社會科學基金重點項目《道藏源流考》整理出版的主要參加人，著有《女丹經典》（中醫古籍出版社 2019）一部，發表《漂浮在絲綢之路上的祥雲》等論文三十餘篇。隨元音老人學習心密；全真道華山派祥真曹師關門弟子；全國老子道學文化研究會副會長；大自然環境保護委員會會長；《道教學譯叢》編委。

提　要

　　人類在克服文化異化過程中，一些思想家開始從中國傳統文化中尋找智慧，中國傳統文化的「天人合一」思想被關注。在修行文化的視野下，內丹術不僅是一種宗教文化和精神信仰，也是一種「個人體驗」，即以人之自我身心為工具，通過「修煉」以達到「身心和諧」，乃至「天人合一」的理想境界。從「神仙不死」的長生追求出發，內丹術就建立起了「我命在我」、「神仙可學」的生命主體論，主張發揮主觀能動的作用，直至到達長生不死的理想境界。

　　於是，在理性未能達到的夢想之域，人們就需要信仰來「指導」了。這時就遇到了區分信仰與迷信的困難，人們往往由於崇拜有限的對象而陷入迷信。修行文化也有其「迷津」——諸如它內含的一些迷惑人心的逆天之「夢」。

即如書稿中稱為的「內丹學派」，以「自然」之道來反抗「自然」之命運，而其文化本質上是「反自然」的，就像「永動機」一樣，任何違反自然規律的企圖或者理想，自古至今還沒有被人類發明和實現。

自然觀是人們對自然界的總看法，大體包括關於自然界的本質、結構和演化規律以及人與自然的關係等方面的根本看法，其核心內容可以用「宇宙秩序原理」來概括。探索現象背後的「秩序」是科學思想的源頭，這在世界各民族都是共通的。希臘文「宇宙」一詞即意為「秩序」，與中文「道」字的含義大體一致。

其實，檢視諸文明的歷史即可知，曾經流行於歐洲的赫爾墨斯主義（Hermetism）也有類似的修行文化，其終極理想在於，修煉靈魂以超越命運所統治的領域，直到與神合一。科學史學界關於近代早期赫爾密斯文獻的研究，對於內丹術文獻的研究當有可借鑒之處。

本書選取道教丹派南宗祖書《悟真篇》中的經典章句，結合印度、西亞蘇非派的思想，闡述了印度「梵我不二」中國「天人合一」希臘「人是萬物的尺度」等古人「天人同構」觀的起源和踐行。

目　次

第十七冊　柄鑿集：自由的追尋

作者簡介

王琛，先後就讀於安徽師範大學、華南師範大學，現為自由撰稿人，主要研究領域：中國現代思想史。研究論文與評論散見於《二十一世紀》、《文化研究》等刊物。

提 要

自上世紀九十年代以來，中國大陸史學以乾嘉考據學爲主流，不求經世致用，但求瑣碎考證。本書所收的文章試圖與主流史學對話，不尙專業主義，嘗求啓蒙主義，力圖對乾嘉考據有所衝擊。以堅實史料爲基礎，同時不囿於史料。既能尊重歷史事實，又可爲經世革新。通過對中國現代史上「自由」蹤跡的追尋，既弄清先賢們對普世價值的苦苦探索，同時又讓這樣的追溯具有現實意義。

目 次

天道與人道——
比較視域下李澤厚「巫史傳統論」研究(上)

張永超　著

作者簡介

　　張永超，上海師範大學哲學系教授，博士生導師。北京大學哲學博士（2011），輔仁大學博士後研究（2015）。2011～2018 任職於鄭州大學哲學系，2018 年 9 月以來任職於上海師範大學哲學與法政學院哲學系。

　　主持國家社科基金項目及省部級項目等 6 項。論著獲省廳級優秀成果獎 4 項。擔任哲學系本、碩、博 5 門主幹課程主講。

　　已出版專著：《經驗與先驗：張東蓀多元認識論問題研究》（2012 中央編譯出版社）、《仁愛與聖愛：儒家與基督教愛觀之比較研究》（2015 輔仁大學出版社）、《生命與尊嚴》（2020 華齡出版社）；合著：《比較視域下儒家思想的現代困境及其轉型問題研究》（2020 光明日報出版社）、《天人之際：儒道天人觀新論》（2015 鄭州大學出版社）、《人文關懷論》（2015 中國社會科學出版社）、《日常生活行為倫理學》（2018 中國人民大學出版社）《仁愛與聖愛：儒家道德哲學與基督教道德哲學之比較研究》（2018 人民出版社）。

　　研究方向側重於中西思想比較、知識論與倫理學、生死問題與生命教育等。在《哲學研究》《學術月刊》《哲學與文化月刊》《哲學分析》《清華西方哲學研究》《南國學術》等刊物發表論文 60 餘篇。連續六屆中國當代生死學研討會發起和組織者之一，華人生死學與生死教育學會副理事長，北京市癌症防治學會「生死學與生死教育專業委員會」副主任。

　　擔任《中國當代生死學研究》主編、《華人生死學》期刊副主編、「秋葉靜美──生死學叢書」（6 冊）副主編。

提　要

　　天人關係為中國哲學的核心問題之一，天道與人道在中國傳統文明類型中又以特有的形態演進開來，此種特質表現為不做天與人的截然二分，沒有此岸與彼岸的對立，而是以天道通過人道顯現、人道即是天道、天人合一、即體即用的文化特質展現出來。本項目的研究試圖從文明起源角度釐清此種天人合一的形態是如何產生的？天道如何下貫到人道？天道與人道是如何交融相涵的？此種天人觀又如何塑造了整個傳統社會，在現代社會又有何種價值。

　　我們將圍繞李澤厚先生「巫史傳統論」展開分析，具體來講，本項目為便於將問題研究引向深入，集中討論三個問題：第一、中國文明傳統的起源及其早期演進，尤其是「理性化進程」問題；第二、中國文明的特殊演進路向對中國傳統特質的影響與建構，尤其是實用理性、樂感文化所建構的認知模式及其思維方式建構；第三、面對百年來諸位學人對傳統批判與反省，傳統文明的出路何在？尤其是基於李澤厚「巫史傳統論」而提出「既現代又中國」的道路可行性何在？

　　「巫史傳統論」是理解中國文明起源及其演進的原創性理論與獨特分析框架。天道與人道關係在中國文明形成中沒有對立超越而是天人一貫、彼此交融。「巫」文化為人類共有，區別只在演進上，西方由此產生了科學與宗教，而在中國則演變成了歷史理性與禮樂文化，祖先崇拜是其典型特徵。「巫史傳統」在倫理關係的表現上最為典型的便是「孝悌倫理」的形成，與西方的孝悌觀相比，區別在於最大的誡命是「愛上帝」還是愛父母。而關於「一個世界」的生成則表現為「創造生成」和「演化生成」兩種模式。在對「一個世界」的意義尋求上，則表現為「靈魂復活」與「三不朽」尋求之不同。

教育部哲學社會科學研究後期資助項目
13JHQ016——結項成果

獻給 Echo

自序　心魂守望——致敬「令人不安的存在」

　　李澤厚，是一種令人不安的存在，是一種令人相形見絀的力量。

　　如今他離開了，作為後學晚輩，本來想終於可以安心過活，或者通過悼念頌揚，可以獲得某種心靈安寧。然而，事與願違，對李澤厚的追憶、念叨、鋪天蓋地的頌揚，靈魂深處，不僅不安，反而令人惶恐了。

　　其實，李澤厚的形體生命早已淡出人們視野，然而，李澤厚的精神生命則在眾人的悼念中與我們同在，如同一鏡鑒，讓我們再次看到生命的韌性、俊朗與磊落；反觀自身，也越發不堪，不忍直視。

一、生命的韌性

　　從青年時代起，李澤厚就是一種「令人不安的存在」，他也因此「受過恐嚇，挨過打」；去北大讀書因肺結核病被「隔離住宿」，他卻由此讀了大量的書，「抄了很多原始的資料」；北大畢業被分配至上海，因其「大口吐血，復旦就不接受，被退回來了」，他由此成為了中國科學院哲學所籌備處「哲字零一號」員工……

　　如此傳奇的經歷，許多學者都將李澤厚的「少年成名」歸為「時勢」「幸運」，似乎他是一個慘烈年代的「漏網之魚」。但是，縱觀其一生，為何每次打擊、不幸，他都將其變為一種機遇和歷練？為何每次重創之後，他都卻如「浴火重生」，如同新生的鳳凰，讓人不忍直視？

　　正是這樣看似羸弱的身軀，頑強而倔強的走過了九十一個春秋，這是怎

樣的人生？如此堅韌？這是怎樣的人生？如此俊朗？這是怎樣的人生？如此磊落？縱觀先生一生，其整個生命情境透發出一種「令人不安的力量」，讓人不願面對，卻難以迴避。歷經近 80 載，其生命構成了中國當代思想史上最為灼熱的存在。如今他安息了，其所思所問，其每一次臨在，再次讓我們感受到那種「令人不安的力量」，不覺惶恐。

做為清軍將領的後代，李澤厚以其微弱身軀竟然如同一名軍功顯赫的將軍馳騁於思想疆場。印象中「錢學森之問」困惑於當代中國為何沒有培養出像民國時期尤其是西南聯大時的「大師」，然而，李澤厚做為北大學生，其學術奠基確實可以說是北大自己培養出來的，自然他主要是通過自學；而李澤厚與民國時期的大師相比，似乎並不遜色，甚或更加卓越。問題在於，近七十年來北大畢業的學生多矣，類似於李澤厚的存在依然絕無僅有。

正如同經歷了二十世紀五十年代、六十年代，眾多學人在夾縫中生存，甚至學問荒蕪；然而李澤厚卻做出了艱難且創獲頗豐的探索。臨至七十年代，在地震棚中完成康德研究，多種專著陸續面世。此種生命的韌性、執著，是令人不安的。倔強的活著，沒有苟且，沒有屈服，沒有退縮，就那樣倔強的活著，耕耘著。活的像個人樣，這讓同時代人羨慕又不安。

換句話說，於當今學人而言，研究環境、資源、機會，與李澤厚及同時代學人相比，不知好過多少，但是，我們又做出了什麼研究？何種原創？這樣的對比是令人不安的。

即便我們會說，研究環境限制不容妄議，但是，與五六十年代相比，又如何呢？這樣的追問，令當今的學者不覺「自慚形穢」、「相形見絀」。所以，我隱隱感覺，甚或一種聲音更希望李澤厚早日離開，他的存在，實在讓人情何以堪？

然而，其心魂與我們同在，我們又何以能自欺曰「心如死灰」呢。作為一種「不安的存在」，其功能正在於不斷讓人感受到這種「令人不安的力量」。這就好比，蘇格拉底的存在，其追問就令人不安；這就好比陳寅恪的存在，其詩文就令人不安。而李澤厚，作為近百年來尤其是當代中國思想界的見證者，其存在就令人不安。

據說李澤厚是 20 世紀 80 年代的四大精神領袖之一，有眾多的追隨者。當今學界的眾多知名學者也都紛紛撰文感謝李澤厚的啟蒙之功，甚至當李澤厚轉向研究中國古代思想時，其學生就質疑其「自我背叛」。

　　然而，近四十年來，其思想歷程的縱深發展，讓我們看到另一種「背叛」。且不說其他精神領袖早已淡出公眾視野，當時追隨李澤厚的青年學生，逐漸步入中年、老年，甚至成為當今學界極為知名的翹楚，然而，原初的理想呢？原初的啟蒙呢？最後是誰背叛了？我們只是看到，一個年近古稀的老人卻在默默耕耘，而那些當初激進的學生如今則活躍於學院派的學術舞臺。

　　李澤厚六十二歲出國後的成果，讓那些正值中年的學者相形見絀；李澤厚七十歲之後的成果，可能大部分人一輩子也做出不來。

　　當我們對其論著冷嘲熱諷、求全責備甚或斷其無路可走時，我們卻忘記了他已經是一位七十歲的老人、八十歲的老人，這樣，他默默耕耘到了九十一歲，其思想之睿智、犀利、深度、洞見，再次讓人無地自容，其存在，就是一種令人不安的力量。

　　與此同時，我們看到國際學界對其認可。八十年代是華人學界的春夢，殊不知，李澤厚早就超越了八十年代，由世紀新夢而展望未來，由中國而世界，入乎時代，進而超乎時代。

　　若認可這一點，李澤厚，更令學界尤其是人文社科領域的知名學者不安，那些如雷貫耳的知名學者、「長江學者」到底做了什麼？李澤厚的存在，使其他學者的名號，惶恐不安甚或汗流浹背。

　　然而，我們慶幸李澤厚的存在，慶幸學界還有這樣「令人不安的力量」的存在。因為，這樣生命的韌性，讓我們至少看到，生命敘事的另種可能，人也可以這樣活，學者也可以這樣過；活得像個人樣，到底是個什麼樣。

二、學問的神髓

　　據說「救亡壓倒啟蒙」一說之發明權遭到某些學者質疑，其實對近現代哲學略為熟悉的人，大約可以看出，李澤厚的很多提法都是「接著講」。

　　甚至包括像「西體中用」、「實用理性」、「一個世界」、「巫君合一」、「巫史文化」、「樂感文化」等等，就筆者目力所及，這些提法的發明權都很難歸到李澤厚名下。但是，又不得不說這些學說確實是因李澤厚而為學界關注、引起論爭，李澤厚將這些學說納入了當代中國思想界的知識譜系並做了富有洞見的發揚。正如同當年「新大陸」的發現，四川大熊貓的「被發現」，並不意味著以前沒人知道，而是說因為後來的「發現」，這些板塊、物種被納入到了人類的知識譜系中來，為世界所知。就此而言，李澤厚對這些學說的發揚功不可沒，

其他的最初提出者，恰恰因為李澤厚所建構的知識譜系才為人所知，他們只具有學術史的意義。

另外，李澤厚確實提供了很多視角，也一直在用和造很多新名詞，但是，我們還是要看到他「接著講」的問題意識貫穿始終，他接續近現代以來的中國社會轉型問題，通俗來講便是「中國向何處去？」這構成了李澤厚思想體系的同心圓。進而言之，儘管經歷了百年來的滄桑巨變學人寥落，但是，李澤厚對於前輩學人的接續不但無愧而且精彩，甚至有所超越，洞見迭出，由家國而人類；輪值後代學人，還能接續麼？還能「接著講」麼？問題在於，李澤厚的方向是明確的，因此他動力十足；而後代學人的方向變成了一個問題，因此我們裹足不前。所以會有這樣的疑問：是不是李澤厚過時了？或者我們已經超越了他？

而李澤厚自己則一往無前，他由思考個體命運、中國命運而人類命運。他是一個尋路的人，他對中國古代思想的「心魂」發掘最終是指向未來的。由此而言，他對馬克思主義的自覺認同與批判不同於理論宣傳，對儒家的探源與發掘不同於新儒家，對理性、民主、人權的堅守又不同於現代主義者，他始終在探尋適合中國的「現代性」，同時嘗試發掘中國傳統思想部分文化心理結構的普世價值。

具而言之，其理論立場，常處於國內各種學派的夾縫中，非左非右，從容中道。

李澤厚在評價魯迅時提到他無愧於「民族魂」的稱號，因為魯迅固然對於傳統文化有著犀利的批判，但是，我們也應看到，之所以如此深刻，恰恰源自魯迅得其「神」。對於李澤厚，我們也可如是觀，他的言行、服飾、性格，似乎都與一般的儒者形象不同，但是，就其學問格局而言，李澤厚則在自覺探尋傳統文化「心魂」的基礎上得其「神髓」。他始終堅定的認為，哲學是關注命運的，由個體命運、家國命運、人類命運，我們可以看到「為天地立心，為生民立命」的現代迴響。

有多位學者提到李澤厚九十年代去國離鄉，頗多惋惜，因為他在國內聲譽日隆，很明顯留在國內其地位將難以估量。然而，1992 年六十二歲的李澤厚赴美定居是個事實，去科羅拉多教書也是個事實，但是，我們似乎不可以如此輕描淡寫，好像一位六十二歲老人跳槽出國。

歷史的沉痛感容不得如許聯想，歷史的年輪容不得如許跳過。

　　因為 1992 年前是 1991 年，李澤厚正遭遇前所未有的密集批判，甚至在
1995 年李澤厚應何兆武之邀赴清華參加座談會都無法在清華園內，只能在校
外飯店進行。那是學者的生存危機，李澤厚的出走讓我們看到學人的生存困
境，那是怎樣一種悲哀呢，他又何曾在意那種「名譽」。因為，任何的妥協，
任何的表態，其在國內的地位都無可限量。

　　但是，他選擇了出走。儘管此後幾年，他遭遇了種種大批判；但是，我們
再次看到，他頑強而倔強的活著，在夾縫中獨立「發聲」，對故土深沉的愛不
允許他沉默。他選擇「出走」，此種「出走」，毋寧說是一種「堅守」。

　　正如同，1992 年之後，他固然定居美國，但是卻始終拒絕放棄中國國籍；
儘管宣誓加入美國籍對他更容易方便。毋寧說這是一種文化的堅守，他定居海
外卻無「飄零心態」，那是一種怎樣的「文化自信」？

　　滄海桑田，那又是怎樣的人生？退休的年齡，去國懷鄉，學開車，用英語
授課，重啟生活。他也是人呀，日子要一天一天過的，換做我們，又當如何
呢？做為眾多 80 年代以來的見證者，李澤厚的存在，成為了一種生命敘事上
的威脅，那是一種不安的力量，這樣的人生，讓其他一些曾經的同路人還如何
面對自我？

　　有些人說八十年代的李澤厚位居頂流，九十年代則跌落神壇。然而，縱觀
其一生，或許可以說：他從未自居神壇之上，因此他能始終活的像個人樣。

　　就學問而言，九十年代以後，我們甚至看到李澤厚學術思想第三階段的
「流光溢彩」，前兩個階段的學術積累、問題意識，在第三個階段得到了昇華。
而且，我們看到由中國的李澤厚而成為世界的李澤厚，這倒不僅僅是因為國際
學界對於李澤厚的看重與接納，而是其問題意識，由中國而世界；其命運探
尋，由家國而人類。

　　恰恰是這一段，為學界所誤解最多，一些學者竟然說李澤厚無事可做無路
可走了。後來發現，許多學者對李澤厚的理解定格於八十年代，這是因為許多
學者的思想格局定位於八十年代。李澤厚在逐漸進入世界，而其當年的眾多追
隨者則與其漸行漸遠。一些知名學者的思想格局是沒有未來的，因為他們只矚
目於現在。一些知名學者的思想格局是沒有世界的，因為他們只關注自我。

　　不是，李澤厚老了，而是我們不願再跟隨他的思路。八十年代的春夢成為
現代學者的憧憬與回憶，然而不願再繼續尋路，不願再批判現實，不願再重提
理想。因為大家都成了學院派的中堅力量，當年的批判與反思，如今正指向了

自身。所以，憧憬與回憶變成了道別，理想與激情變成了道具；換句話說，創痛之後，終於完成了自我背叛。

而李澤厚，孑然一身，獨往獨來，反而輕裝上陣，世紀新夢，鞠躬盡瘁，至死不渝。弟子趙士林悼文題曰「入乎時代 超乎時代」，趙汀陽敬挽曰「所思與山河同在，所問與天地共時」，可謂知音。

三、心魂的守望

李澤厚溘然長逝，引起學界持續的躁動不安。

一方面，他作為宗師般的存在，確實嘉惠士林，不說點什麼，可能連自己都不好意思。另一方面，他作為宗師般的存在，其離開，當世學者再也沒有這種「令人不安的力量」，大家反而釋懷了。

沉痛悼念的後學多了，其中的情感真偽也無從判斷，種種語詞上的張揚，反而讓人感覺只是一種儀式，如果不是「作秀」的話。

我們只是祈願李先生，在臨終前夕是清醒的，同時是盡可能少受痛苦折磨，於心何忍？

那是怎樣一位老人？那是怎樣一種人生？歷經滄桑鞠躬盡瘁之後，壽終正寢又是怎樣一種福報？

至於其他延年益壽的祈願則是一種奢望，九十一個春秋的滄海桑田，李澤厚維護了作為一個生命個體的體面與尊嚴。然而，李澤厚做為一種「令人感到不安的存在」恰恰並非其形體，而是其心魂；所以，這種「令人不安的力量」，我們仍然無法擺脫。

太多的學者真誠祈願先生「天堂安好」，或許，先生的天堂在人間，我們或許應該祈願先生的心魂與我們同在。然而，若真是那樣的話，我們反而很不自在。因為，他始終是令人不安的力量。對於李澤厚而言，他儘管說「青春有悔」，但是「那美好的仗我已經打過了，當跑的路我已經跑盡了，所信的道我已經守住了。」可謂其真實寫照。然而，我們呢？

若李澤厚的心魂與我們同在，我們又當做什麼？還能做什麼？才無愧於他的恩澤和英靈，其是否「天堂安好」最終取決於我們十字路口的選擇，而這始終是令人困擾和不堪的。

傅雷先生當年悼張弦時說「因為他們至上的善性與倔強剛健的靈魂對於命運的抗拒與苦鬥的血痕令我們感到愧悔！於是我們心靈的深處時刻崇奉著

我們最欽仰的偶像……」「我們沉浸在目前臭腐的濁流中，掙扎摸索，時刻想抓住真理的靈光，急切地需要明銳穩靜的善性和奮鬥的氣流為我們先導，減輕我們心靈上所感到的重壓，使我們有所憑藉，使我們的勇氣永永不竭……現在這憑藉是被造物之神剝奪了！我們應當悲傷長號，撫膺疾首！不為旁人，僅僅為了我們自己！僅僅為了我們自己！！」

面對宗師般的存在，我們無法不去緬懷，無法不去致敬；然而每一次緬懷、每一次致敬，那種「令人不安的力量」都讓人感到焦灼惶恐和自慚形穢。

最後，哀悼反而不像是指向逝者，而是指向生者。

所以「我們應當悲傷長號，撫膺疾首！不為旁人，僅僅為了我們自己！僅僅為了我們自己！！」。

備註：本文為李澤厚先生去世後寫的緬懷文章，作為序言，以示敬意。

2021 年 11 月 13 日星期六 22：06
張永超於上海師大哲學系 505 研究室
2021 年 11 月 14 日星期日 9：39 修訂
2021 年 11 月 14 日星期日 10：52 修訂 04

導論 「巫史傳統論」蘊含的問題
及其論證可能

一、「巫史傳統論」蘊含的問題

（一）「巫史傳統論」的產生淵源問題

就理論影響而言，李澤厚的話語體系裏面諸如「救亡壓倒啟蒙」、「主體性」、「西體中用」、「告別革命」等等都引起了較為廣泛的關注和影響；這些在李澤厚的思想理路裏也確實發揮著不可替代的作用；就論著而言，《美的歷程》、《批判哲學的批判》等也都發揮了「把握時代命脈甚至推動時代精神的意義」〔註1〕；就時代地位而言，20 世紀 80 年代李澤厚的影響是「全局性的」，有學者稱「但到 90 年代，李澤厚沒有了」〔註2〕。是否真的如此？尤其是 90 年代以後，李澤厚陸續提出了一系列富有洞見的提法，這與他八十年代的「籠罩性影響」有何關係？本書沒有選擇那些富有爭議的說法比如「西體中用」，沒有選擇那暢銷至今的《美的歷程》，沒有選擇 80 年代的李澤厚，而是選擇了被有些學者認為「過時了」的李澤厚 90 年代提出的、不為學界重視、影響寥寥的「巫史傳統論」（下簡稱「巫史論」），原因正在於此。本書不僅對「巫史論」予以論證，而且嘗試發掘「巫史論」與李澤厚「問題意識」、哲學體系的

〔註1〕丁耘：《啟蒙主體性與三十年代思想史——以李澤厚為中心》，載趙士林主編：《李澤厚思想評析》，上海：上海譯文出版社，2012 年版，第 2 頁，原載《讀書》2008 年第 11 期。

〔註2〕錢理群語，詳見：杜維明等：《李澤厚與 80 年代中國思想界》，載於趙士林主編：《李澤厚思想評析》，上海：上海譯文出版社，2012 年版，第 268 頁。

同心圓「圓心」之間的內在聯繫。本書的研究將揭示，「巫史論」是李澤厚「問題意識」的自然體現，而此種問題意識則從 20 世紀 50 年代綿延至今，在李澤厚的思想體系是一以貫之的，而這一「問題意識」又是對近百年來「中國何去何從」問題的自覺繼承和進一步開拓。這又涉及「巫史論」的未來指向維度。

所以，本書第一部分重點討論李澤厚的「問題意識」及其與「巫史傳統論」究竟有何關係？

（二）「巫」、「史」、「理性化」之界定及論證問題

對於「巫史論」自身的探究，首先面臨的是「巫」和「史」的界定問題。依照現代學術規範，論說前似乎總要有所界定，否則論域不定。但是，「巫」和「史」都是個意蘊豐富的概念，有著廣闊的解釋空間。面對這樣的思想格局，李澤厚的《說巫史傳統》反而沒有嚴格的界定，在《「說巫史傳統」補》中嘗試有所「補充」，但還是有很大漏洞。一般來講，若無語義上的界定，尤其是核心術語若無定義，「巫史論」論述便很難展開與證成。這涉及到史料選擇，也涉及到語義的自覺限定。

進一步，李澤厚「巫史論」的第三個核心術語是「理性化」，這又是一個爭議甚廣的詞彙。在《說巫史傳統》及其後續研究中，對此使用仍是寬泛的、廣義的。他所論述的似乎不是「理論理性─實踐理性」語境下的，更多是一種「實用理性」和「歷史理性」，他說前兩者都匯總於「歷史理性」。這是個很大的問題，這樣論說總覺得有失簡單，且有獨斷論嫌疑。在此過程中，說「巫君合一」又當如何界定？要不要有時間限制？將湯武文王周公等都說成是「大巫」是否妥當？「由巫到禮」此具體演進能否得到合理辯護？在對比語境下提出西方由巫而走向「科學與宗教之分野」，中國則走向「理性化塑建」，這是如何可能的？為何同源而殊途？「理性化」似乎無法回答自己的出身問題。

（三）「巫史傳統論」之論證問題

在上述界定基礎上，「巫史論」的論證部分蘊含兩個問題：第一、「巫史論」的論證材料問題；第二、「巫史論」的論證方法問題。「巫史論」的核心情理結構為「一個世界」「實用理性」「樂感文化」與「情感本體」，但是如何論證？情理結構的幾個核心範疇又有何種關係？論證時當選擇何種材料予以支撐？又依據什麼方法？這些在我看來是「巫史論」研究中的重中之重，但又難上加難。

　　進一步，「巫史論」的辯護部分至少要處理兩個問題：第一、如何看待不同的「巫史論」版本？第二、如何評價「巫史論」與「軸心說」及其他思想起源理論模型？李澤厚的許多說法在其他學者那裡都有體現，關於「巫君合一」研究弗雷澤的《金枝》更經典，而「一個世界」安樂哲在《孫子兵法》裏早就提過，「太初有為」更多借用了歌德的說法，「樂感文化」梁漱溟早有論及，「實用理性」在耶穌會士論著裏早就有所論列；「巫史」論版本更多，馬克斯・韋伯的《儒教與道教》中早有論述，其他學者比如楊向奎、陳來、謝遐齡等等都有論述，對於這些當如何看待？關於思想起源部分，可能更多應參照考古學者的研究，比如蘇秉琦的「滿天星斗」說；除此外影響甚遠的「軸心說」多次被用來論證中國的先秦文明，那麼如何看待「巫史論」與「軸心說」以及其他文明起源理論的異同關係？這些問題是有待反省和辯護的。

（四）「巫史傳統論」之未來指向問題

　　本書反覆指出，「巫史論」不僅僅是個「思想溯源」工作，其可貴之處在於其「未來指向」。所以，「巫史論」的未來重建部分很值得留意，而且李澤厚晚年更看重此維度。其中涉及的問題至少蘊含但不限於：第一、重建所針對的問題；第二、重建所依據的資源；第三、重建所使用的方法。對於這些問題，李澤厚的「重建」更多是一種「洞見」而非論證。他敏銳地把握到了現代性弊病以及後現代以來的問題，但是，在如何重建上，他更多是一種理論構想而缺乏論證。依照馮契「把握在思想中的時代」的說法，我們離此似乎還比較遠。因為，僅僅敏銳是不夠的，對於「所針對的問題」要有理論自覺和論證，對其化解要有開放的資源運用而不能限於「巫史傳統」，對其論證要有方法上的可辯護性。對於這些，都還有很多的工作要做。

二、本書對上述問題的初步論證

（一）李澤厚之「問題意識」與「巫史論」之產生

　　本書第一章從三個方面詳細考察了李澤厚的「問題意識」，並進一步指出李澤厚「問題意識」的繼承性及其推進之所在，在此「問題意識」視域下可以看出「巫史論」之提出只是理論的自然展開。

　　關於李澤厚「問題意識」之揭示，本書從三個維度展開。其一為李澤厚常說的同心圓「圓心」理論。由此同心圓「圓心」可以看出李澤厚問題意識的哲學理論依據。其二為李澤厚對自己「學術思想三階段」的自覺梳理。由此「學

術思想史」維度我們可以看出李澤厚問題意識的淵源及其綿延。其三為李澤厚對自己終生「關注問題」的「夫子自道」。由此「自陳家法」我們可以看出李澤厚問題意識的繼承性及其自覺拓展。這三個維度是相互印證的，儘管李澤厚在 20 世紀 80 年代的思想影響「如日中天」，但是，由此三維度可以看出，李澤厚的「問題意識」並不限於 80 年代的中國時空。另外，有學者極為看重 90 年代以後李澤厚的學術創建，但是由此三維度所揭示的問題意識，我們可以看出，李澤厚的思想體系是「一以貫之」的，與 80 年代的「割裂」也是不妥當的，90 年代以後的理論成就要放到 20 世紀「中國何去何從」的大背景下才能予以妥當的評估。

第一、李澤厚「問題意識」的繼承性及其獨特性。在「問題意識」繼承上，李澤厚所說的「既現代又中國」的道路與馮契先生所說的「中國何去何從」相互印證，這也正是馮友蘭先生的「終生困惑」。而且，據明顯的證據顯示，李澤厚的問題意識對於胡適、陳獨秀、李大釗以來的出路探尋是自覺繼承的。在此基礎上我們看倒李澤厚的獨特性有三方面體現：其一、直面 1840 年以來的歷史悲劇而深化「問題意識」，其二、由「問題意識」而思想溯源探尋「文化—心理」結構，其三、由思想溯源而「轉換性創造」自覺培育「心理本體」。如果這三點可以得到某種辯護的話，李澤厚的「問題意識」及其「出路探尋」，與前輩學者相比，他是有所推進的。

第二、李澤厚的「問題意識」與「巫史論」之提出。在上述「問題意識」語境下，我們看待其與「巫史論」呈現三方面關係：其一、「巫史傳統論」是以李澤厚的「問題意識」為中心提出的。其二、「巫史傳統論」的具體提出路徑是：問題意識—回顧過去：文化心理結構探尋—思想溯源—「巫史論」提出。其三、「巫史論」在李澤厚理論框架中起著「承上啟下」的作用。「承上」作為「回顧」維度「文化—心理」結構之源頭，「啟下」開啟「儒學四期」之轉換性創造。這依然是以「問題意識」為中心的「承上啟下」。「承上」不僅僅是做為理論源頭，而是此種溯源使李澤厚對「文化—心理」結構的種種界定諸如「實用理性」、「樂感文化」、「情感本體」、「儒道互補」、「儒法互用」、「一個世界」等具有合法性，並且更容易理解；另一方面，正是此種溯源，在未來展望上方可有更深度的參與，這才有「展望」維度的「啟下」。所以，看似一個思想起源理論，視角上是指向未來的，這構成了李澤厚在「展望」層面對後現代的積極回應，也是「歷史本體論」的構建中心，「心理本體」、「情本體」都有

著「巫史論」的源頭依據。尤為要者，李澤厚嘗試從此種「人神一體」的理論模型中重建「上帝死後」人如何活的問題，嘗試保留「敬畏」但卻不要「上帝」，這是個極其大膽的想法，之所以由此想法正是對「巫史論」及傳統儒學「文化—心理」結構的吸收。這一方面是基於儒家立場對基督教文化的融會嘗試，另一方面又是對於後現代的自覺心理建構。本書側重於「巫史論」的提出、界定與論證。

　　本書第二章則對「巫史論」的詳細提出過程及其文本依據予以揭示。

　　第一、對於「巫史論」之提出緣由，本書從兩個方面入手。其一、中國命運之思想溯源維度。這是承繼上述「問題意識」的自然展開，嘗試「直指心魂」。其二、意義重建維度。從一外國學生之疑問——無上帝的人間世何以可能？由此可以看出「巫史論」固然有「思想起源」「直指心魂」的維度，但是，其根本旨趣則在「指向未來」和「意義重建」。

　　第二、「巫史論」之提出歷程，本書通過散見表述和集中論述兩個方面予以文獻依據梳理。由此可以看出 1980 年代關於「巫術禮儀」等的散見表述在《中國古代思想史論》、《美的歷程》、《華夏美學》《美學四講》皆有不同程度提及。而 1990 年代及其以後關於「巫史論」的集中論述，則以《論語今讀》和《說巫史傳統》（含補篇）為代表，前者尤其重要。由《論語今讀》中的「巫史」論述可以看出：1. 關於「巫史傳統論」之提出時間與思想格局；2. 由「直探心魂」而溯源歸宗於「巫史傳統」；3.「巫史傳統」之未來指向：歷史進入形而上。這些主題在以《說巫史傳統》為中心文本的「巫史」論述進一步展開，在幾本對話集中反覆提及。

　　第三、「巫史論」之理論架構及其蘊含問題。在上述分析基礎上，將「巫史論」的論證問題集中於「巫」「史」「理性化」之界定、「一個世界」實用理性」「樂感文化」「未來指向」之辯護和論證。這些主題分別在後續各章予以處理：第三章嘗試處理「巫史論」的界定問題，重點處理「巫」、「史」之界定及其材料選擇的方法論問題。尤其是突顯「巫」的功能與「命運主題」預設。第四章則處理「理性化」的論證問題。嘗試以「卜筮」為例予以展開。第五章處理「一個世界」的論證問題。嘗試以「生、死、愛」為例展開。第六章處理「實用理性」和「樂感文化」的論證問題。嘗試以「認知模型」、「人性論檢討」為例展開。第七章處理「爭議辯護」和「未來指向」問題。嘗試與「軸心說」比較展開。

（二）「巫史論」之「巫」、「史」界定及其方法論省察

本書第三章重點處理「巫」「史」之界定問題。在本章中，首先考察了論證材料方面的「詮釋學鴻溝」和「真實性悖論」問題；其次、對於學界的「巫」「史」研究予以舉要和批判性審視。由此而回到李澤厚的「巫史論」的獨特性上來。

第一、方法論審視及研究現狀梳理。在方法論層面，本章嘗試揭示「新材料與舊偏見」的問題，這一方面與「詮釋學鴻溝」和「真實性悖論」有關，另一方面也與學者的方法論自覺意識缺乏有關。在此語境下批判性審視了學界對「巫」「史」之相關研究的幾個面相：考古學中的「巫」「史」研究、文字文獻學中的「巫」「史」研究、史學中的「巫」「史」研究。由於涉及倒文獻眾多，本書採取「典型案例舉要」的方式予以批判性審查，考慮倒「巫史論」的問題背景，這項研究注定是跨學科的。這也預示了本研究的實有難度。

第二、李澤厚的「巫」「史」界定及其命運主題預設。毋庸諱言，李澤厚「巫」「史」的界定是粗疏的。他對於「巫君合一」、「卜筮」、「德禮」、「史」、「仁誠」等核心概念皆有所論列、討論，但是在我看來，這些討論，更多停留在「洞見」層面。論證方面不是太嚴格。但是，他將「巫史論」與「命運主題」預設關聯起來討論則是值得留意的。一方面，其「巫史論」與其哲學體系——哲學主題轉向「命運」（人如何活）相互印證，是自洽的；另一方面，此「命運主題」預設下的「理性」與「人性」有別於思辨理性的理論界定。

第三、基於人類學「巫文化」研究對「命運主題」的辯護。我嘗試借助民族人類學的研究成果對於李澤厚「巫史論」的「命運」主題予以辯護。由此可以看出，其一、「巫史論」的可普性特徵。儘管李澤厚的「巫史論」是解釋中國思想的理論模型，但是，裏面蘊含有更多的人類「巫文化」的共性特徵。比如巫文化在起源上的共同性：生存經驗；在特徵上的共同性：思維模式（1. 儀禮的共同性 2. 所受支配規律的共同性 3. 功能上的共同性 4. 巫的含混性的共同性）；政教關係上的共同性：巫君合一與森林之王。其二、巫文化的演進：巫術不靈驗及其確定性尋求。李澤厚認為在後續演進中，中西出現了明顯的分野，一個是由巫而史；一個是由巫而「宗教」和「科學」。這是個假設，也是個很難探究的秘密，問題太大，本書只能就一些細部問題予以論證。這個大論斷，或許經過細究予以證偽。因為，若以上分析可以得到辯護的話，我們發現偶然命運主題下的確定性尋求與理性化進程之展開，是人類文化的共有現象，依然是個普遍性特徵。

（三）「巫史論」之三個論證：理性化、一個世界、實用理性

本書第四、五、六章分別處理「理性化」「一個世界」和「實用理性」三個「巫史論」的核心主題，予以批判性審視，同時予以改進和論證。

第一、「理性化」的檢討與論證。其一、以「經驗變先驗」為中心對李澤厚的「理性化」概念予以檢討。由此可以看出，他對「先驗哲學」的兩點誤讀：以「先於經驗解讀先驗」之誤和以「客觀社會性」解讀「普遍必然性」之誤。但是，在「命運主題」預設下，「理性化」概念可以得到辯護：這是一種由神而人的再解構和人類理想的新尋求，正與上述「哲學向人生的復歸」相互印證。其二、對於「理性化」的論證以「人神關係」為中心展開。「人神關係」又分三個維度：由人而神——嘗試探究「祖先神信仰」之成因；由神而人——嘗試探究「民為神主」的產生歷程；神道設教——嘗試探究人對神的運用以及知識譜系上的實用性分類。由於涉及文獻眾多，論證方法上以例證法展開，後兩個維度以「占卜」和「易學兩栖」為例予以論證。而且，本書嘗試指出，此種「理性化」現象在各個民族的文化生活中大約是普遍存在的。

第二、「一個世界」的檢討與論證。其一、對「一個世界」理論的檢討參照了「世界理論」。對於李澤厚「一個世界」之特點、由來、呈現探討以後，我們發現無論是在方法論層面還是在內容表述層面其理論模型都是不嚴格的。由此嘗試借助「世界理論」模型和「人神關係」視角予以改進，將「一個世界」作為哲學起點「活著」的共有視域，等同於「人間世」的含義。這一視域是不同文明所共同的生成語境。因此不把「一個世界」單獨歸屬於中國傳統思想的特質描述。其二、對「一個世界」的論證從「生」「愛」「死」三個維度展開。三個維度皆以比較方法展開論證，分別討論「一個世界」的產生模型、「一個世界」的人倫關係、「一個世界」的意義尋求。尤其是在意義尋求方面，借助亞里士多德「朋友如鏡」的說法（《大倫理學》，1213a20～26），嘗試提出：死亡是生命之鏡，我們當暫時放下習俗忌諱，或可以稱死亡為生命之友，它不僅為生命劃定邊界，同時亦讓我們反省世俗中人生「活著」的意義及尋求「不朽」的可能；同時「復活」為「不朽」之鏡，我們當暫時放下文明傳統的自負，以他者文明為鏡、為友，以此來反觀面對共同的「有死」的事實，還有哪些可以共享的思想資源。「立德立功立言」之「不朽」在現代語境下蘊含了對他者文明的敬畏與虔誠學習。其中重要的一點便是「科學」「民主」及其理性思維方式的學習。

第三、「實用理性」和「樂感文化」的檢討與論證。其一、以「亞里士多德著作在華遭拒事件」為例對「實用理性」予以檢討。李澤厚對於「實用理性」和「樂感文化」給予了極大的肯定，本書認可其合理性，但是，論證上側重其「檢討」維度。對於「實用理性」為何「開不出現代的科學與民主」予以討論。尤其是以明末清初亞里士多德著作在華的遭遇事件為例，可以看出，「實用理性」往往會遺漏最為重要的東西，因此「實用」變得浮淺和不切使用，最後一敗塗地不能自保。其二、以「人性論審視」對「樂感文化」予以檢討。「樂感文化」蘊含三個層次，本書側重其「人性論」層面的審視，李澤厚提出「人類善」與「個體善」之區分難以得到辯護，而傳統的「性善論」在方法論層面更是問題重重。在上述基礎上，本章還嘗試建構「實用理性」和「樂感文化」的認知模型。此種「認知模型」深層次主宰了華人文化心理結構的培育模式。問題嚴重性還在於，明末清初的悲劇在清末民初再次重演，如出一轍。由此我嘗試重新審視西周的「結構性衝突」與明代的「制度性危機」，二者之間是否也有「一貫之道」（內在關聯）？

（四）「巫史論」之版本比較及其未來指向

本書第七章處理「巫史論」的版本、批評及其未來指向。

第一、「巫史論」的三個版本。三個版本分別為：以陳來先生「巫覡─祭祀─禮樂」論為代表；以余英時中國版「軸心說」為代表；以李澤厚先生的「巫史傳統論」為代表。三個版本的區別：其一、依據理論模型的不同。余英時依據於「軸心說」，陳來則是「巫覡─祭祀─禮樂」，余敦康是廣義的「宗教文化」，李澤厚是「巫史理性化」；其二、理論所涉及的分期不同。余英時則集中在先秦諸子之「哲學突破」，余敦康和陳來則擴及夏商周三代文化，李澤厚的「巫史理性化」上起「舊石器時代」，下至於今日及其將來。本章側重比較了「巫史論」與「軸心說」的區別，並且指出：「突破」「超越說」不適於解讀中國周秦之際的思想演進；另外，「軸心期」理論的基督教中心論不適於解讀中國周秦思想特質。

第二、對「巫史論」的批評。值得留意的批評有陶磊博士《從巫術到數術：上古信仰的歷史嬗變》一書第二章專門討論「由巫到史」，陳明先生在《浮生論學》中明確對「巫史論」提出批評。本章嘗試給出某種辯護。另外，張汝倫教授的《巫與哲學》和金春峰先生的《〈論天人之際〉與〈說巫史傳統〉述評》對「巫史論」均給出有力的批評。本章嘗試給出某種澄清和回應。

　　第三、「巫史論」的未來指向。「未來指向」維度涉及「情本體」重建，這是李澤厚 90 年代以後尤其是二十一世紀初極為看重的主題。在其理論建構中，「未來指向」也具有舉足輕重的地位。這也使其理論旨趣不限於「中國問題」而嘗試「由中國而世界」的進一步建構。正是在「未來指向」維度，我們看到，儒家的「轉換性創造」、「四期新開展」與「既現代又中國」的道路探尋合二為一；同時，中國道路探尋融入到「一個世界」模式下，情本體對後現代人類困境的回應，使其具有可能性的世界意義。本書集中在他對儒學深層結構和「儒學四期」新開展論證，並嘗試指出其理論架構中蘊含的張力及其原因所在。

　　如上所述，是本書各章節的問題意識框架和論證展開綱要。儘管本人對此項研究做出了最大努力，無論是在文獻依據選用還是在論證結構強化，都嘗試做到文章思路明晰和深度兼顧；但是，肯定還存在種種問題，在本書末我會嘗試做一些檢討，同時期待學界同仁能撥冗不吝賜教、直言不諱的批評。

第一章　李澤厚的「問題意識」與 「巫史論」之提出

問題引入　研究李澤厚的三重困境及其「問題意識」 何在？

　　筆者 2004 年 4 月開始研讀李澤厚的論著，2004 年 9 月有幸師從趙士林教授攻讀碩士以《李澤厚「巫史傳統論」研究》為學位論文選題，如今近二十年過去，對李先生的思想解讀仍覺困難重重。記得 2012 年 10 月我為錢善剛博士的《本體之思與人的存在——李澤厚哲學思想研究》〔註1〕撰寫書評時寫到：

　　研究李澤厚有三重困境，一為語詞上的多維複雜含義，二為行文上的提綱式寫作，三為思想上的原創性架構及其深度。此三重困境形成之原因或許不在於某些論者所說是由「用語不謹嚴」、「不合學術規範」、「思想缺乏論證」所引起，而是源於李澤厚先生將哲學問題的提問語境、研判方式引向了另一種維度，而在思想建構上則是融會了康德（先驗哲學）、馬克思（唯物史觀）和中國傳統的「一個世界」語境。正是基於問題的複雜性、語言術語與生活世界的自身隔膜以及讀者沿用先前的詮釋學模式（而未顧及李澤厚的問題出發角度、回答方式及其思想的原創性架構）而產生了研讀李澤厚的困難，此種困難正說明了「人活著」或將哲學主題引向「命運」的問題複雜性及其對於學院派學者的陌生。

　　固然有此種自覺，但仍無法克服，隨著研讀的熟悉，倒是對困境的個中緣

〔註1〕錢善剛：《本體之思與人的存在——李澤厚哲學思想研究》，合肥：安徽大學出版社，2011 年 7 月版；該書為錢在楊國榮教授指導下的博士論文。

由有著更深體會〔註2〕：若深入仔細考量研究李澤厚理論困境，至少表現在「語言隔膜」、「思想轉換」與「來源廣泛」三個方面。

一、語言層面的隔膜

就「語言」層面來講，不必諱言，李澤厚先生創造了大量概念（如「本體」系列、中國哲學詮釋系列、美學系列），這些概念確實被學界、思想界廣泛接受和認可，與此同時，也被不同程度、不同層次的理解與詮釋。由此而來造成的困難便表現在，其一、李澤厚的概念體系既不同於傳統的概念體系，也不同於漢語思想界從日本學者引用過來的哲學譯名範疇；其二、李澤厚的概念體系在被漢語思想界學人廣泛認可使用的同時也被廣泛的誤解者，或者各自用李澤厚的新造概念表述著不同於李的學術理解；其三、李澤厚先生所創造的概念體系確實存在「用語不規範」的問題，本來用漢語表達哲學、美學的時間尚短，很不成熟；再加之漢語自身的歧義、語境多元等特徵使新的概念體系存在「同名異實」的詮釋學現象更加嚴重。這還不考慮漢語思想界在二十世紀五十年代以來的意識形態偏限與痕跡遺留。思想者將複雜的問題想清楚都很難，再通過語言表述清楚是二重難度，如今再受制於外界學術規範外的限制，那麼當我們讀到文字表述時，可能距離思想者自身的理解已經很遠，可能距離所指自身更遠。總之，「語言隔膜」近期對漢語思想界的影響將難以避免，而李澤厚自造的概念體系逐漸能夠自洽而被規範使用還有待時日，所以由此而來造成的研究困境也在所難免。

二、思想原創上的理解困難

在思想原創方面，李澤厚思想自身特質也造成研究上的困境。趙士林教授早就提出李澤厚是在「很難出現哲學家的年代裏出現的哲學家」，對李先生的原創性更是推崇備至。就漢語思想界來講，公允的說，無論是思想影響還是理論

〔註2〕在導論裏訴苦似乎有些不太講究，很多論著多是在「後記」裏訴苦，堅持在這裡說出來是因為：第一、對於後續研究者是一種提醒。此種解讀困境無法避開，我羨慕許多研究李澤厚論著的自信，但總感覺處理李的文字要慎之又慎，於此解讀困境有所自覺的話或許更穩妥；第二、表明本書在此困境下的處理立場。本書以下解讀只是提供一種可能性視角，實在無法保證就是李自己原汁原味的真實想法，那只能看李原著，然而任何的「看」都有成見；所以我就目前自己的能力所及，將所能理解的部分盡力有理有據的清晰呈現出來，而對於有很多我難以把握的會在書末「檢討」部分坦白並陳明理由。

造詣，20 世紀 50 年代以來至今，哲學界乃至整個學界，李澤厚都是首屈一指的人物，其地位、影響、學術造詣至今無有可以比肩者，錢理群先生直言不諱的稱「我們回顧這幾十年，我們現在能舉出來的就是李澤厚，這樣一個全局性影響的就這一個……」〔註3〕。但是，需要留意的是：第一、原創的對比維度。李先生 20 世紀 50 年代成名以及 80 年代的巨大影響，相應的參照系是缺乏的，比如本土學術斷層、對國外學界瞭解有限，更多是「學生」角色，讀者以及獨立的對話者及其思想環境均有限制，這些都構成了思想原創的共同制約因素；徐友漁先生論及李澤厚 80 年代的思想創造性時說「李澤厚比所有人高，但是他的高度是一個時代的高度，這個影響包含他思想的創造性、革新性，也包括李澤厚本人思想的侷限性。」〔註4〕。第二，還需要考慮李澤厚思想的時代背景及其「思想解放」「精神開拓」意義。其學理原創應在此語境上予以辯護，李澤厚在回顧八十年代時稱「80 年代的『文化熱』實際上是以文化代替政治，大家帶著很大的激情討論『文化問題』，關注指向的其實是改革等各方面的話題。」〔註5〕對時代的大膽、自覺、敏銳、理性冷靜的反省及其出路探尋則是其思想獨特性的根由所在，自然 21 世紀後李的「人類學歷史本體論」建構也不僅僅是學理討

〔註3〕杜維明等：《李澤厚與 80 年代中國思想界》，載於趙士林主編：《李澤厚思想評析》，上海：上海譯文出版社，2012 年版，第 269 頁；2011 年 9 月 3 日～4 日北京大學高等人文研究院杜維明先生所召集的「80'年代中國思想的創造性：以李澤厚為例」國際研討會，錢先生在 4 日下午圓桌會議上發言，部分發言摘要以《李澤厚與 80 年代中國思想界》為題首刊於《開放時代》2011 年第 11 期（後收入趙老師主編的《李澤厚思想評析》）。需要留意的是當時開會時錢先生在發言中還提到他們那代人與馬克思主義的「深刻關係」，同時對李澤厚的「缺陷」有所反省。見該書 267～268 頁。

〔註4〕趙士林主編：《李澤厚思想評析》，上海：上海譯文出版社，2012 年版，第 208 頁；徐先生的反省立場我是贊同的，也比較留意他對李澤厚「侷限」的反省，正如同錢理群先生的反省值得重視一樣；儘管徐先生的有些說法我無法接受，比如說「以中國近代大思想家、大學問家為參照，那麼我們根本沒有『思想的創新』可言」，後面章節我會討論，在同一問題意識下，李先生與中國近現代思想家相比有何推進。不過，徐先生發言指出李澤厚晚年的敏銳與清醒在「讀經」「啟蒙」「民族主義」等問題上「為國人敲響了警鐘」，可以看出徐對前輩自覺反省基礎上的持續關注、敬重與理解。印象中他與導師趙士林老師發生爭論，坦白說學派之爭在所難免，門戶之見大可不必。李澤厚對於自由派、新左派各有批評，但更強調包容，對二者皆有認可與吸收。

〔註5〕李澤厚：《回首八十年代》（二），載氏著：《李澤厚對話集》（二十一世紀 一），北京：中華書局，2014 年版，第 336～337 頁；徐友漁先生專門引用了這段話，可見他感同身受。載於杜維明等：《李澤厚與 80 年代中國思想界》，載於趙士林主編：《李澤厚思想評析》，上海：上海譯文出版社，2012 年版，第 206 頁。

論，更應看到「情本體」等論說的問題所指及其現實意義。

愚以為，上述困境在現代學者研究李澤厚那裡依然存在。這還沒有考慮到李澤厚自身思想創造上的種種新穎提法而又疏於系統論證所造成的研讀困難。具體到「巫史傳統論」，無論是在時間維度（石器時代）還是在學科領域（多學科交叉），無論是在出土材料還是在文獻支撐上，若給出一種清晰的論證，都可謂難上加難。

三、思想資源的廣泛借鑒令人難以駕馭

李澤厚思想資源借鑒的廣度與深度非一般學者所能夠駕馭。若仔細研讀李澤厚的著作，我們會發現他更多是對中（以儒家為主）、西（主要是康德）、馬（主要是唯物論、實踐論）的「轉換性創造」。對李澤厚的早年教育我們知道不多，但從有限的文字來看，他主動選擇了「馬克思主義」這是在 1950 年前，更不必說 50 年後馬列成了必讀書目；對於康德，我們知道他在文革期間精心研讀過康德，而《批判哲學的批判》成了 80 年代大多知識分子的主要哲學入門書；對於儒學，李先生則專門寫有《中國古代思想史論》，90 年後又寫作出版了《論語今讀》〔註6〕；唐文明教授稱「用『打通中西馬』來刻畫李澤厚的理論方案最恰當不過。」〔註7〕；此外還不考慮他 60 年代便對國外美學有著較細緻的關注〔註8〕，而八十年代以來（尤其是 90 年代出國以後〔註9〕）

〔註6〕王生平：《李澤厚美學思想研究》，瀋陽：遼寧人民出版社，1987 年版，書末附錄「李澤厚小傳」及年譜簡編，第 210 頁～241 頁；詳細年譜可參閱楊斌編著：《李澤厚學術年譜》，上海：復旦大學出版社，2016 年 4 月版，這是作者花了很大工夫、可讀性很強，迄今為止最為翔實的李先生學術論著年譜。（有個別文字錯漏比如 16 頁「長江文藝出版社」，也非完整收錄，但是迄今最好的、最全的。本書修訂版更詳實參見楊斌：《思路：李澤厚學術年譜》，桂林：廣西師範大學出版社，2021 年版。）

〔註7〕唐文明：《打通中西馬：李澤厚與有中國特色的社會主義道路》，載趙士林主編：《李澤厚思想評析》，上海：上海譯文出版社，2012 年版，第 23 頁；唐此文略顯「粗糙」，話「粗」理「糙」，比如以「歷史唯物主義」「人道主義」「民族主義」來對應李先生的「思想史三論」、再比如用打通中西馬概括李澤厚的方案並認為是「張申府這一理論方案的繼承者」等都略顯「粗糙」，他對李的評論側重在李八十年代論著，這也不妥；但是，他的問題意識是敏銳的。下面會進一步討論其緣由。

〔註8〕指《英美現代美學述略》，寫於 1964 年，發表於 1979 年《美學》第 1 期，據王生平《李澤厚美學思想研究》，第 227 頁。

〔註9〕這裡需要留意的是李澤厚讀英文著作、雜誌，對國外動態瞭解是比較早的，他談到六十年代閱讀時提到：第一、「科學院哲學所圖書館是很好的」「那時看了

除卻筆耕不輟外便是極為勤奮、廣博的閱讀，除卻儒學、美學他所擅長熟知的科目外，他對海德格爾、維特根斯坦等等都有所涉獵，或許他的理解視角與深度有值得商榷處，但是他的涉獵範圍，加之他原有的知識建構，任何學者要研究他，幾乎都是難上加難。不僅僅要理解李澤厚看似淺顯的文字（似淺實深），而是要理解他所借鑒的資源：儒學、康德、馬克思、海德格爾，這其中任何一項都可能令一個學者皓首窮經；而且還沒考慮到李澤厚對上述諸項的選擇與轉換，這裡面的套路看似簡單，但很難以抵達。否則，對李澤厚的研究要麼是浮淺誤解式的批判，要麼是亦步亦趨的重述和頌揚。研究的空間極為有限，研究的困境卻分外明顯。

　　以上是筆者以有限的學識所看到的研究李澤厚的三重困境，儘管有此種困境上的自覺把握，也很難說下面對李的理解是妥當的，研究上的推進更難保證〔註 10〕。但是，之所以勉為其難，迎難而上，不在於李先生如雷貫耳的大名，也不在於他行雲流水的文風，關鍵在於他觸及的問題是我們迴避的。思想

很多英文書」；第二、「當年哲學所還訂了很多國外雜誌」「因此也瞭解國外哲學動向」；第三、關於海德格爾的書「一開始是通過存在主義哲學摘編之類。那是質量很高的書，是北大一些老教授編譯的。」詳見李澤厚、劉緒源：《該中國哲學登場了？——李澤厚 2010 談話錄》，上海：上海譯文出版社，2011 年 4 月版，第 69 頁，另該書 18 頁記載「五十年代，我就讀康德了」；據《年譜》記載 1961 年「冬，任圖書館資料員，大量閱讀英文著作。」見楊斌編著：《李澤厚學術年譜》，上海：復旦大學出版社，2016 年 4 月版，第 28 頁。讀李澤厚論著會不經意間發現他的英文引用都是最新的，包括史華茲、芬格萊特等等他都關注比較早，可以論著引用時間為據。

〔註10〕 2011 年 9 月 3 日關於李先生的會議，還有一點需要交待的是，李澤厚先生並未參會，但是 3 日他交給趙士林老師一份 3 頁發言稿，題目為《讓哲學走出語言牢籠》由趙老師 4 日在會議上代為選讀；3 日晚我複印幾份第二天分送給趙汀陽、杜維明、楊照生老師等；3 日晚上李澤厚出席了北大勺園舉行的晚宴，目前我還留有幾張當時合影照片，雖未示人，但卻是珍貴的紀念。此打印稿為李澤厚與劉緒源對談錄李先生的校對稿，有簽名和批註，修定稿可參考李澤厚、劉緒源：《中國哲學如何登場？——李澤厚 2011 年談話錄》，上海：上海譯文出版社，2012 年 6 月版，第 1～10 頁「能不能讓哲學走出『語言』」部分；這裡我要對趙汀陽老師表示感謝，在研究李澤厚過程中，除卻導師趙士林老師，他給予我很多切實的指導、鼓勵和支持。還有一點提一下或許是必要的，4 日晚趙士林老師來電說李先生對我提交的論文《經驗變先驗何以可能？》感興趣希望我寄份給李先生，見面細節不講了；5 日晚李先生給我通話半個多小時，他的所講大多忘卻，筆錄太珍貴，珍藏著，珍藏著，或許藏的太保密，終於連自己也找不到了，但是與他見面尤其是通話，讓我感動至今……。

界可以繞開李澤厚的人名,甚至不去關注他的動態,不去讀他的文字,但卻無法逃避他敏銳指出來的問題。而當我們真的要直面這些問題時,李澤厚的問題意識、思路探尋又成了繞不開的話題。因此,我們研究李澤厚,很明顯不是以文本為中心的注疏、讚揚或批評,而是回到李澤厚的問題意識,由此來審查他的理論得失,並進而嘗試有所推進。

下面我們就從李澤厚的「同心圓」「圓心」視角、「學術思想三階段」等方面追溯一下李澤厚的「問題意識」以及為何說無法迴避。

第一節　李澤厚理論架構的「同心圓」「圓心」及其問題意識

一、李澤厚到底在關注什麼?

李澤厚的勤奮令人敬佩而又感動〔註 11〕,無論在何種複雜的環境下,他都能在有限的條件下「擠出學術空間」〔註 12〕,且能有持續的「新意」,李澤厚坦言「對自己有兩個要求:一是沒有新意就不要寫文章,二是不為名利寫文

〔註11〕如上面所記,李澤厚帶給人的感動不僅僅在於他作品的內在震撼,更在於他學術生命的無形感召,他對於青年學者那種真誠的欣賞、鼓勵帶來的直接衝擊、感染甚至高於他的作品,記得讀劉笑敢談及博士論文出版時對李的「特別感念」,那種感動,不經歷無法明白;詳見劉笑敢:《關於考據方法的問題──〈莊子哲學及其演變〉再版引論》,《湖北社會科學》2010 年第 3 期;《李澤厚學術年譜》第 99 頁對此有收錄;另可參考李澤厚:《劉笑敢〈莊子哲學體系及莊學演變〉序》,載氏著:《走我自己的路》,北京:生活・讀書・新知三聯書店,1986 年 12 月版,第 150～151 頁。

〔註12〕李先生說起《批判哲學的批判》1976 年在「地震棚」完稿時提及「如果『四人幫』晚垮臺一些,我的書會寫的更大一些。」令我印象深刻。語見:李澤厚、劉緒源:《該中國哲學登場了?──李澤厚 2010 談話錄》,上海:上海譯文出版社,2011 年 4 月版,第 30 頁。這是很值得留意的「韌性」與「堅守」,其實任何時期,儘管壓力來源不同,但都需要李先生此種「擠出學術空間」的自覺,平庸時代沒有革命時代的波瀾起伏,反而更需要此種精神自覺,因為「庸俗」其實是最大的壓力,不知不覺中吞噬掉了時間、精力、銳氣和堅毅。李先生對於大陸學界貢獻良多,不僅僅在於其著作等身,還在於此種矢志不渝的「韌性」精神;對比於八十年代的青年學生,朝氣蓬勃、意氣風發,可慢慢經歷九十年代,他們步入中年逐漸成為學界主角,甚至還成為相關大學、學科骨幹,他們的表現,與李相比,總給人一種「相形見絀」之感;說好的原創呢?理想呢?堅守呢?抗爭呢?倒是李的「老驥伏櫪,志在千里」令人汗顏,自慚形穢。

章。從一開始就是這麼規定自己的：別浪費自己的時間和讀者的時間。」〔註13〕仔細想想 20 世紀 50～70 年代其他學者的處境、表現，李澤厚的表現不可思議。80 年代他極其活躍，影響如日中天，但是並沒耽誤他層出不窮的論著和想法；90 年代之後，用英語在國外教學用時甚多，但是經由積累、沉澱、昇華，尤其是眼界之開闊，其思路架構則更進一步；21 世紀之後，年逾七十依然著書立說、對話訪談，以不同形式繼續為學界貢獻「新思」，他在漢語思想界的影響始終無有可以比肩者。這是令人敬佩同時也慚愧的學者歷程，拋開此份敬重與感動，我們還是想問李澤厚的「思想史三論」、「美學三書」、「由康德述評以來的哲學論著」，這些看似不同的學科體系，在李澤厚本人那裡有無「一貫之道」？李澤厚學術歷程中有沒有統一的「問題意識」貫穿其中？

下面我們首先從李自己總結的「同心圓」「圓心」談起。

二、李澤厚哲學同心圓的「圓心」是什麼？

（一）關於同心圓「圓心」的四次表述：作為哲學起點的「人活著」

研讀李澤厚的論著會發現，他多次說「自己很頑固」「思想很少有變化」，似乎他不同學科間的多種表述有其「穩固」的支點一樣，或許可以通過此種「支點」尋求其問題意識的一貫性。其中一個值得留意的線索是李澤厚的「同心圓」說法。在《哲學探尋錄》（李較集中的討論了自己的哲學體系雛形「人活著—如何活—為什麼活—活的怎樣」四個問題）結尾，李澤厚有個注釋首次提到「同心圈」，他備註說「1991 年春寫定，1994 年春改畢，雖不滿意而無可如何，只好以後再改寫了。加上《人類起源提綱》和四個主體性提綱，這算是『提綱之六』。六個提綱以及『答問錄』等等，講來講去，仍是那些基本觀念，像一個同心圈在繼續擴展而已。」〔註14〕

關於「同心圈」的討論有兩個對談值得留意。其一為 1995 年 3 月 22 日下

〔註13〕 李澤厚、劉緒源：《該中國哲學登場了？——李澤厚 2010 談話錄》，上海：上海譯文出版社，2011 年 4 月版，第 119 頁；之所以將這兩句看似平淡的話引用出來，算是與學界共勉吧，李先生許多看似淡如水的話，其實做到是很難的，並且往往令人慚愧。

〔註14〕 李澤厚：《李澤厚哲學文存》（下），合肥：安徽文藝出版社，1999 年版，第 526頁；1998 年《世紀新夢》（安徽版）顯示此文原載《明報月刊》1994 年第 7～10 期，但是無此備註；另外臺灣民 85（1996）年三民版《我的哲學提綱》「十、哲學探尋錄」有此備註。

午由何兆武先生主持的與清華學生對談〔註15〕。當時提及《哲學探尋錄》，學生「都複印了」，可見他們是有備而來；李先生也稱「那你們就評論那篇文章好了，我的看法就在那裡面。」〔註16〕李先生還提到林同奇先生的疑問，「兩個本體」所造成的「兩個世界怎麼過渡」，「我這篇文章也是想回答他的問題，一個是生、生存，一個是生的意義。這是兩個不同的層次，所以有這兩個不同的本體。」「我講人活著就是一個出發點，不是別的，我講哲學的根本出發點就是這個。」「人要活著，這是最基本的，至少是我的哲學的出發點。不是語言，人活著首先不是靠語言。」〔註17〕由此我們可以判斷說李澤厚哲學論綱的同心圓圓心是「人活著」，而這正是他「哲學探尋錄」的第一個標題『「人活著」：出發點』，此一說法在第二個對談中再次得到印證。第二個對談為1995年4月9日由袁偉時先生主持的李先生與中山大學教師之間進行。當時正好有對《哲學探尋錄》的討論和批評，其中張志林老師明確提問：「我只看了你的第六個提綱，我注意了你的注腳。你說你整個提綱是個同心圓，我想問：這個同心圓的圓心是什麼？怎麼擴展的？」〔註18〕李先生的回應是：「我的哲學出發點就是『人活著』，我認為這是最初現象，原始現象；可以等同於胡塞爾的純粹意識或康德的先驗範疇，這是前提起點。而他們是講認識論，但我認為認識論並非哲學根本問題。」〔註19〕

2004年6月為《實用理性與樂感文化》寫「後記」時李再次提及1994年《哲學探尋錄》尾注的「同心圓」，可以作為上述對談及其分析的印證。他說「確乎如此，以後我出版的《論語今讀》（1998年）《己卯五說》（1999年）《歷史本體論》（2002年）以及本書首篇《論實用理性與樂感文化》（2004年），與

〔註15〕 根據對談內容以及李澤厚2013年後記云「當年我仍處在大批判中，座談不能在學校內舉行，只好假飯店吃飯。感謝兆武兄在那種情況下對我的評價和支持，極難得也。記得當時一桌共10人。」李澤厚：《如何活：度與情》，載氏著：《李澤厚對話集》（九十年代），北京：中華書局，2014年8月版，第193頁；此文原載《中國文化》2013年第1期，李專為此寫了後記，我們讀此後記時不免心酸，我們到底對彼此做了什麼……另外此「清華學生對談」與「中山教師對談」比較一下是很有趣的。

〔註16〕 李澤厚：《如何活：度與情》，載氏著：《李澤厚對話集》（九十年代），北京：中華書局，2014年8月版，第160頁。

〔註17〕 李澤厚：《如何活：度與情》，載氏著：《李澤厚對話集》（九十年代），北京：中華書局，2014年8月版，第170～171頁。

〔註18〕 李澤厚：《與中山大學教師們的對談》，載氏著：《世紀新夢》，合肥：安徽文藝出版社，1998年10月版，第336頁。

〔註19〕 李澤厚：《與中山大學教師們的對談》，載氏著：《世紀新夢》，合肥：安徽文藝出版社，1998年10月版，第347頁。

70 年代末出版的《批判哲學的批判》和收入本書的 80 年代初發表的主體性論綱等文，基本觀念幾乎毫無變化；圓心未動，擴而充之而已。」〔註20〕「五六十年代的『前奏』不計，我這個『同心圓』陸陸續續也畫了近三十年，雖經歷風雨，遭到官方和民間各種兇狠批判，我卻圓心未動，半徑不減，反陸續延伸。」〔註21〕由此可以印證李澤厚的「同心圓」其實不限於哲學批判及其提綱系列，還包括了他的其他論著。與此也可以看出，李先生看似不同學科、跨度甚大的論著，有著內在的線索貫穿其中；換句話說，同一個圓心，只是在做不斷的半徑同心圓拓展而已。

（二）關於同心圓「圓心」的第五次表述：文化—心理之「積澱」

問題的複雜性在於 2010 年 10 月 18～19 日與劉緒源對談，後來成書時則出現了這樣的標題「歷史的『積澱』，是我所有研究環繞的『同心圓』的圓心」〔註22〕這裡我們可以看出，此種說法「積澱」作為「圓心」與上面對談裏「人活著」作為哲學出發點之「圓心」是有所不同的，固然他在「人活著—如何活—為什麼活—活的怎樣」模式中蘊含著「積澱」，尤其是論及「為什麼活—活的怎樣」這一「活的意義」問題時多有涉及。但是，二者側重上還是有所不同。並且，這一標題並非編者添加，李在對話裏明確指出來：「幾個方面的研究都圍繞著一個圓心，相互支持，相互補充，漸漸完善。圓越畫越大越圓而已。例如我用心理主義、審美主義來說中國哲學的特色。」「我的研究，著重心理。哲學也好，美學也好，康德也好，中國思想史也好，都如此。積澱也就是實踐、歷史、文化在人的心理上的累積、沉澱。所以我的哲學、美學、中國思想史、康德在這一點上是同一的，同屬一個同心圓。」〔註23〕

由此來看，對話標題「歷史的『積澱』，是我所有研究環繞的『同心圓』的圓心」可謂名副其實，「積澱」尤其是「文化—心理」層面是李澤厚的「同心圓」「圓心」，對應於上述「人活著」的出發點，也很難說二者是矛盾的，畢

〔註20〕李澤厚：《實用理性與樂感文化》，北京：生活‧讀書‧新知三聯書店，2005 年 1 月版，後記，第 372 頁。

〔註21〕李澤厚：《實用理性與樂感文化》，北京：生活‧讀書‧新知三聯書店，2005 年 1 月版，後記，第 374 頁。

〔註22〕李澤厚、劉緒源：《該中國哲學登場了？——李澤厚 2010 談話錄》，上海：上海譯文出版社，2011 年 4 月版，第 59 頁。

〔註23〕李澤厚、劉緒源：《該中國哲學登場了？——李澤厚 2010 談話錄》，上海：上海譯文出版社，2011 年 4 月版，第 61 頁。

竟「人活著」作為出發點，其核心問題不在於「生理性肉體」的養成，李澤厚說「人活著要吃飯，但人並非為自己吃飯而活著，把一切歸結為吃飯或歸結為因吃飯而鬥爭如『階級鬥爭』，是一種誤解。」〔註24〕人活著之更值得留意的問題在於人生意義也即「文化─心理」的自覺培養，「新感性」「情本體」都是針對此問題而來（自然有現代性反思背景）。

（三）關於兩種「圓心」表述的融通：二元論化解

因此，若結合上述兩處「圓心」的表述，值得留意的是：第一，若以「人活著」作為出發點和圓心，那麼在不同時期，對於人活著蘊含的問題二重性：生存和意義，李澤厚有著明確的不同側重，在對 20 世紀 60 年代前後之反思，李在 80 年代更注重「經濟發展」這一「生存層面」的話，那麼 20 世紀 90 年代之後，在原有生存溫飽發展的基礎上，可以明顯看出李澤厚哲學體系「同心圓」處更突顯了「意義層面」。第二，「人活著」作為圓心的問題「二重性」正好對應了李澤厚的「歷史本體」的兩個面向：「工具─社會本體」和「心理─情感本體」，李說「歸根到底，是歷史本體，同時向兩個方向發展，一個向外，就是自然的人化，是工具─社會本體；另一個是向內，即內在自然的人化，那就是心理─情感的本體了，在這個本體中突出了『情感』。」〔註25〕「心理本體」一定以「工具本體」為前提和基礎，在此意義上說「由工具本體到心理本體」〔註26〕，此說法正好說明李的本體理論是歷史性、實踐性與動態性的，不存在「雙本體」的錯亂和矛盾，但確實在不同時期有著明顯的不同「側重」。正是在此語境下，愚以為朱立元教授在評論李澤厚「兩個本體論」時說「存在與意識、基礎與上層、第一性與第二性就成為平等、並列的關係了。」〔註27〕

〔註24〕 李澤厚：《哲學探尋錄》，載氏著：《李澤厚哲學文存》（下），合肥：安徽文藝出版社，1999 年版，第 503 頁。

〔註25〕 李澤厚、劉緒源：《該中國哲學登場了？──李澤厚 2010 談話錄》，上海：上海譯文出版社，2011 年 4 月版，第 77 頁。

〔註26〕 李澤厚：《哲學探尋錄》，載氏著：《李澤厚哲學文存》（下），合肥：安徽文藝出版社，1999 年版，第 503 頁，此處用語「從而『心理本體』將取代『工具本體，成為注意的焦點』」，似乎容易引起誤解，若結合「取代」的只是「焦點」，側重層面的變化，則較易理解。基於實踐層面的「歷史本體」在李澤厚那裡是第一位的，他的「吃飯哲學」處於基礎性的地位，這與他的哲學出發點「人活著」是自洽的、對應的。

〔註27〕 朱立元：《試析李澤厚實踐美學的「兩個本體」論》載趙士林主編：《李澤厚思想評析》，上海：上海譯文出版社，2012 年版，第 169 頁；此文原載《哲學研究》2010 年第 2 期。李在名詞上確實有「工具本體」「心理本體」「歷史本體」

有待商榷。錢善剛博士借鑒費孝通的「差序格局」〔註28〕理論來解釋李澤厚的本體論，這樣確實可以化解「二元論」質疑，可以參考〔註29〕。愚以為李澤厚的「歷史本體一元及其雙向展開」是理解李澤厚本體論思想乃至整個哲學架構、思想史指向的關鍵〔註30〕。第三，李澤厚的「圓心」或者說「本體側重」，就具體的空間維度而言，在80年代更多針對中國的現代化路向（首先是經濟層面），而在90年代以後他由注重中國道路而突顯其世界意義（尤其是對傳統思想資源「文化—心理」獨特性方面的「轉化性創造」）。而《哲學探尋錄》則是較為完整的表述，這大約是李澤厚看重此篇的原因，他說「我的看法就在那裡面。」〔註31〕

三、李澤厚哲學同心圓「圓心」所揭示的「問題意識」

上述分析若可以成立的話，我們可以看出，李澤厚的哲學提綱自成體系。第一、就「同心圓」之「圓心」來看，其哲學「圓心」或者說「出發點」是「人活著」。而「人活著」蘊含之問題具二重性：「生存」和「意義」，此二重性問題正好對應他「歷史本體」的兩個面向：「工具本體」和「心理本體」。第二、作為哲學出發點的「人活著」在問題側重上是動態的，而且李澤厚自覺突顯、引導了「由工具本體到心理本體」的焦點轉移，尤其是20世紀90年代以後李

「情本體」的說法，但是如上面分析，李不是本體「二元論」，更不是「多元論」，只是在實踐基礎上「歷史本體」一元論，但是有兩個面向「工具本體」和「心理本體」，對應其人活著蘊含「存在」「意義」二重性但不意味著是身心「二元論」。不過，李確實有側重，尤其是九十年代以後理論表述上側重「心理本體」「情本體」以及「度的本體性」等。

〔註28〕錢善剛：《本體之思與人的存在——李澤厚哲學思想研究》，合肥：安徽大學出版社，2011年7月版，第14頁「本體差序論」，該頁注釋②顯示錢善剛博士借鑒費孝通的理論是自覺的。

〔註29〕其弊端在於依照費孝通的「差序格局」理論，波紋是越來越弱，這與李澤厚由馬克思而康德，由工具本體而心理本體，越來越強調「情本體」，強度次序正好相反。

〔註30〕唐文明：《打通中西馬：李澤厚與有中國特色的社會主義道路》，載趙士林主編：《李澤厚思想評析》，上海：上海譯文出版社，2012年版，第31頁，此頁注釋①唐提出一個對李澤厚歷史唯物論立場的質疑，我頗難理解，像丁耘先生那句「哲學衝動」一樣看似「寓意深刻」但費解：「歷史唯物主義者李澤厚在解釋儒學開展的歷史時恰恰沒有採取歷史唯物主義立場。」立此存照，期待解惑。

〔註31〕李澤厚：《如何活：度與情》，載氏著：《李澤厚對話集》（九十年代），北京：中華書局，2014年8月版，第160頁。

突顯了「心理」層面，所以在 2010 年的訪談時他說「我的研究，著重心理。哲學也好，美學也好，康德也好，中國思想史也好，都如此。積澱也就是實踐、歷史、文化在人的心理上的累積、沉澱。所以我的哲學、美學、中國思想史、康德在這一點上是同一的，同屬一個同心圓。」〔註32〕第三，李澤厚的哲學「同心圓」並非是基於純粹理論思辨的推演，其同心圓展開（由工具本體到心理本體）也不是一種純理論思辨，始終與中國巨大的時空體密切相連，其具體展現為由對 19 世紀 40 年代以來尤其是 20 世紀 50 年代後的自覺反思而探尋「既現代又中國」〔註33〕之路到突顯「中國道路」的普世意義。這一點可以參考李澤厚應約為英國《今日哲學》PHILOSOPHY NOW 撰寫的「哲學自傳」，他說「我的哲學不是超然世外的思辨，也不是對某些專業題目的細緻探求，而是在特定時代和宏觀環境中與各種新舊觀念、勢力、問題相交錯激蕩的產物。」〔註34〕而他說的「特定時代和宏觀環境中與各種新舊觀念、勢力、問題相交錯激蕩」很明顯首先對應為中國近現代以來的新舊觀念交錯激蕩，而此種激蕩與出路探尋正是通過他自我總結的「學術思想三階段」呈現出來，很明顯，此種呈現，也正是他哲學「同心圓」的展開歷程〔註35〕。

所以，我們下面首先對其「學術思想三階段」予以檢討，然後再落實到他的具體問題意識。

〔註32〕 李澤厚、劉緒源：《該中國哲學登場了？──李澤厚 2010 談話錄》，上海：上海譯文出版社，2011 年 4 月版，第 61 頁。

〔註33〕 「既現代又中國」之明確提出在 1993 年 6 月參加瑞典斯德哥爾摩舉行的「國家‧社會‧個人」國際會議上，發言提綱：《如何走出既「現代」又「中國」的道路？》，刊《明報月刊》1993 年 8 月號；此處轉引自《李澤厚學術年譜》第 157 頁。

〔註34〕 李澤厚：《課虛無以責有》，載氏著：《實用理性與樂感文化》，北京：生活‧讀書‧新知三聯書店，2005 年 1 月版，第 370～371 頁；此文原載《讀書》2003年第 7 期；這篇夫子自道很值得留意，有李先生的自覺總結，是理解李先生思路的關鍵篇章。

〔註35〕 趙老師一篇論文可以參考：趙士林：《李澤厚哲學的當代意義》，載趙士林主編：《李澤厚思想評析》，上海：上海譯文出版社，2012 年版；本文作為該書序言出現，在 2011 年 9 月 3 日關於李澤厚的會議上印發，此文對李先生學術史分期與李自己總結的「學術思想三階段」基本對應，或有參考；對「作為思想家的李澤厚」和「作為公共知識分子的李澤厚」分開論述，比較系統全面；只是本文更側重「思想家」「公知」等不同面向的內在一致性，畢竟，二者有共同的問題意識貫穿其中，是李澤厚「同心圓」同一個「圓心」的不斷拓展而已，下面將著重論述這一點。

第二節　李澤厚「學術思想三階段」所彰顯的「問題意識」

　　李自己對談時提到「學術思想的三個階段」，他說「我的思想發展過程，說起來也簡單。從哲學上講，就是從五十年代到 1962 年發表的《美學三題議》止，可以說是一個階段。」「『文革』以後到出國前，算第二個階段。我出過一個六卷本的《李澤厚十年集（1979～1989）》……我是有意如此總結的。從上世紀九十年代，延伸至今，是第三階段。──這就是我說的學術思想的三階段。」〔註36〕如此分析總結是比較清晰的，而且出自李本人的夫子之道我們也不好討論。

一、學術思想第一、二階段的合流及其問題意識凸顯

　　若從李澤厚公開發表的論著來講，第一階段（1950～1962）與第二階段（1962～1992〔註37〕）有許多重疊，愚以為可以合併起來考量。因為，從第一階段李澤厚關注的領域來看大約可分為三部分：美學論爭（主要圍繞「美的本質」以及「文學的人民性」等主題）、近現代思想史論（主要研究譚嗣同、康有為及近代改良派等）、哲學提綱系列（比如「積澱論」「人類起源」「實用理性」等雛形），而這三個部分在第二階段才得以充分展開，而且第二階段完全涵蓋了上述三領域的討論，尤為要者，下面分析我們會看到，第二階段李澤厚的同心圓意識、問題意識才較為自覺的展現出來。

（一）第一部論著 1957 年的《門外集》及其在 80 年代的合流

　　具體來講，第一階段出版的論著，以美學論爭為例，在二十幾歲初出茅廬就被朱光潛先生賞識總結為其中一派，李先生回憶說「朱光潛看了我的文章，說這是所有批判他的文章中最好的。」「變成了三派」（朱光潛、蔡儀、李澤厚）〔註38〕。以專書為例，李澤厚出版的第一部書是 1957 年 12 月的

〔註36〕李澤厚、劉緒源：《該中國哲學登場了？──李澤厚 2010 談話錄》，上海：上海譯文出版社，2011 年 4 月版，第 18、20 頁。

〔註37〕據年譜記載 1992 年 1 月「去國赴美」，自然此次出訪還涉及眾多學者、美國外長、德國大使與中國外交部的交涉，可見當時情形之複雜與出國之不易。詳見：楊斌編著：《李澤厚學術年譜》，上海：復旦大學出版社，2016 年 4 月版，第 148 頁。

〔註38〕李澤厚、劉緒源：《該中國哲學登場了？──李澤厚 2010 談話錄》，上海：上海譯文出版社，2011 年 4 月版，第 17 頁；這篇文章是《論美感、美和藝術──

《門外集》〔註39〕，內收文七篇，算是當時發表美學論爭文章的結集，可謂李澤厚「暴得大名」的成名作。但是，這本書學界多不重視，引用多有錯誤〔註40〕；李澤厚談及此書時也說「我自己還保留著一本。獻詞字印得太大，難看之至，年輕時很在乎這些，不敢拿去送人。」〔註41〕這本書之所以不被人重視，主要原因或許在於其收錄的七篇文章除了《評古典文學研究中的一些錯誤觀點》（原載 1955 年 4 月 10 日《光明日報》）外全部收入了 1980 年出版的《美學論集》〔註42〕中，該論集收錄文章 25 篇，完全涵蓋了《門外集》的論說範圍而且為李澤厚關於美學的完整收錄，可謂《門外集》的擴大版，《門外集》被此書取代是理所當然的。隨後幾年關於美學論著又收入 1985 年出版的《李澤厚哲學美學文選》〔註43〕中。

關於美學論述的專著比如 1981 年的《美的歷程》〔註44〕、1988 年的《華夏美學》、1989 年的《美學四講》〔註45〕（號稱「美學三書」）可謂李澤厚關

——兼論朱光潛的唯心主義美學思想》，原載《哲學研究》1956 年第 5 期，後收入《門外集》《美學論集》。

〔註39〕 李澤厚：《門外集》，武漢：長江文藝出版社，1957 年 12 月版。

〔註40〕 比如王生平做的「李澤厚年譜簡編」稱《門外文談》出版（長江出版社），彙集了五十年代的一些美學論文。」見氏著：《李澤厚美學思想研究》，瀋陽：遼寧人民出版社，第 223 頁；其他錯漏不一一列舉了，沒必要，感興趣者以我上面的書目信息對照即可。

〔註41〕 李澤厚、陳明：《浮生論學：李澤厚、陳明 2001 年對談錄》，北京：華夏出版社，2002 年 1 月版，第 30 頁；2006 年 1 月讀《門外集》（原版是在從國家圖書館借閱的）時並無此感受，只是很在意「門外」二字。李的此處說明，在《李澤厚學術年譜》中有引用，但引用頁碼（31 頁）是錯的。

〔註42〕 李澤厚：《美學論集》，上海：上海文藝出版社，1980 年 7 月版。

〔註43〕 李澤厚：《李澤厚哲學美學文選》，長沙：湖南人民出版社，1985 年 1 月版；這本書在湖南出版，由於「故鄉情懷」李澤厚在「序」中多有感慨，編選原則「第一、儘量選近年發表的以略見新意；第二、儘量不選已收入自己集子中的，以免重複出版，浪費紙張。」

〔註44〕 李澤厚：《美的歷程》，北京：文物出版社，1981 年 3 月版。

〔註45〕 《華夏美學》與《美學四講》的版本信息比較複雜，根據《李澤厚學術年譜》記載 1988 年「三月，在新加坡東亞哲學研究所寫作並完稿《華夏美學》（八月由該所出版，十一月由香港三聯書店出版）。」（第 125 頁）；據時勝勳《李澤厚評傳》（合肥：黃山書社，2016 年 8 月版，第 211 頁）所整理的「李澤厚論著」顯示大陸首版，中外文化出版公司 1989 年版；而據《李澤厚學術年譜》第 136 頁記載，1989 年「三月，在香港三聯書店出版《美學四講》（同年六月在國內出版）」，《李澤厚評傳》第 211 頁也顯示是「三聯書店 1989」，這大約是首版信息；我未見到原版，沒法核對；手邊的版本是《李澤厚十年集》（安徽文藝出版社，1994 年 1 月版）。

於美學思想的拓展、落實與結晶，尤其是《美的歷程》歷四十年至今暢銷，其影響範圍、精神解放之意義都遠遠超越了五十年代的《門外集》諸文。換句話說，李澤厚「效應」的真實影響似乎倒不是在建立「美學學派」或者討論「美的本質」，畢竟美學理論並不美，毋寧是艱深枯燥的，趙士林教授稱「但第二次『美學熱』仍熱度不減，原因何在？原因就在於『美學熱』同時具有的文化開拓意義。」〔註46〕此種看法富有深度；「熱」的背後湧動著「精神生命」的喚醒。同樣對於影響頗大，至今仍是暢銷書的《美的歷程》來說，趙士林教授評論道「儘管《美的歷程》的出版，是第二次『美學熱』的標誌性事件，但第二次『美學熱』中，李澤厚的意義絕不限於他的美學貢獻，甚至主要不在於他的美學貢獻。是他，使『美學熱』轉換成『文化熱』，使新時期的感性解放很快轉向更高層面的精神解放。」〔註47〕作為80年代的親歷者，此種解讀確實道出了「美學熱」而至「文化熱」背後的「精神解放」意義，而在此層面上解讀李澤厚美學的意義與影響，確實具有了高屋建瓴的優勢。不考慮此種「精神解放」背景，恐怕很難追溯到李澤厚的「問題意識」。

（二）第二部專著1958年《康有為譚嗣同思想研究》及其問題意識凸顯

同樣對於第一階段的近代思想史研究，比如李澤厚出版的第二部專著1958年的《康有為譚嗣同思想研究》〔註48〕，收錄「改良派」「康有為」「譚嗣同」等思想研究總計5篇論文（含兩個附錄爭鳴文章），其內容也完全涵蓋在了1979年的《中國近代思想史論》〔註49〕裏面，而且這本書還收錄了關於「太平天國」「嚴復」「革命派」「章太炎」「梁啟超王國維」等思路新穎、逆流而上、頗富研究特色的論文和思路。如果說1958年李澤厚對於譚嗣同、康有為的研究更多突顯紮實的文獻積累、細密的名詞分析的話，那麼1979年的《中國近代思想史論》則讓人看到李澤厚對於近現代思想流程的獨特把握，突顯了一個思想家對於近代家國屈辱的深度反思、咀嚼與探尋。更為值得留

〔註46〕趙士林：《李澤厚美學》，北京：北京大學出版社，2012年6月版，第23頁。
〔註47〕趙士林：《李澤厚美學》，北京：北京大學出版社，2012年6月版，第25頁。
〔註48〕李澤厚：《康有為譚嗣同研究》，上海：上海人民出版社，1958年8月版。
〔註49〕李澤厚：《中國近代思想史論》，北京：人民出版社，1979年7月版，參見後記「三篇《研究》（1958年以《康有為譚嗣同思想研究》）由上海人民出版社出版，這次有所增改）」，不過改動不大；此書版權後來歸臺灣三民書局，因此三聯版「李澤厚集」2008年6月版《中國近代思想史論》書目信息上顯示有三民書局「授權」字樣。

意的潛在隱線在於，李澤厚對於 1940 年以後「農民運動」「改良─革命」之
反思與 1950 年代以後之思想進程的切身體驗〔註50〕反省深度結合、對比，
因此《中國近代思想史論》不再是一種「學究」式的瑣碎分析（比如對於譚
嗣同「仁─以太」的分析）而變成了一種「思想生命歷程的反思」，這不僅在
當時是極為大膽的，而且對於後來李澤厚的思想拓展有著關鍵性的影響，那
構成了李澤厚的問題境域。正是此種反省引發了李澤厚進一步「回顧─展望」
模式：「回顧：思想溯源─傳統文化心理」和「展望：指向未來─創造性轉化」
的雙重思路。

（三）第一階段研究領域三：哲學提綱系列所突顯的問題意識

　　第一階段李澤厚的第三個研究領域「哲學提綱系列」大約也可如是觀，
需要指明的是，在第一階段就公開出版而言只有上述兩部書，關於「哲學提
綱」固然思考較早，但是，真正公開出版為大家所知倒是比較晚的。李澤厚
說「我這裡有一份手稿，題目是《積澱論論綱》，這寫於六十年代，很多提法
已經寫在上面了，包括『實踐理性』等等，是在寫康德的書之前。實際上，
我的一些核心思想，如『情理結構』、『實用理性』等，基本上是 1961 年開始
形成的。」〔註51〕這篇《積澱論論綱》以《六十年代殘稿》為題發表於《中
國文化》（2011 年秋季號，總第 34 期），雖然關於寫作年代有不同說法，但

〔註50〕我很看重李澤厚的 50 年代後作為見證者、參與者、當事人之一的「體驗」及其
　　　　「反省」；固然他的哲學有其理論上的合理性，但是此種「體驗」在我看來不可
　　　　忽視，比如「飢餓體驗」與「吃飯哲學」、「審美體驗」與「第一哲學」、「孤獨體
　　　　驗」與「情感本體」；「悲劇體驗」與「中國現代性」。但是李自己明確否認這一
　　　　點，至少談及「吃飯哲學」時如此，他說「我從不讓個人的情緒、情感干預自己
　　　　的理論論點和論證，我提『吃飯哲學』便根本沒聯想到自己當年挨餓的事情。」
　　　　詳見：李澤厚、劉緒源：《該中國哲學登場了？──李澤厚 2010 談話錄》，上海：
　　　　上海譯文出版社，2011 年 4 月版，第 58 頁；在我看來，此一「體驗」層面在李
　　　　澤厚的理論架構裏還是值得留意的，尤其是他的「審美體驗」，有那種審美品位，
　　　　不可能認可傳統是「一團黑」「吃人歷史」，而且在「歷史本體論」中對傳統「優
　　　　長」的發掘李是自信的，我感覺就與他這種「真誠」的體驗、發自內心的欣賞、
　　　　樂享有關。20 世紀 50 年代的論著，我看重李的研究（尤其近代思想史他下了很
　　　　大工夫），50 年代以後我看重他的敏感體驗（尤其是 50～70 年代生死攸關）。尤
　　　　其是「悲劇體驗」，不僅是「農民革命」的悲劇、「民粹主義」悲劇，關鍵是「理
　　　　性」的悲劇。詳見：李澤厚：《試談馬克思主義在中國》，載氏著：《中國現代思
　　　　想史論》，北京：生活·讀書·新知三聯書店，2008 年 6 月版，第 209～211 頁。
〔註51〕李澤厚、劉緒源：《該中國哲學登場了？──李澤厚 2010 談話錄》，上海：上
　　　　海譯文出版社，2011 年 4 月版，第 22 頁。

很明顯李澤厚很看重這篇殘稿的源頭地位「最重要最基本思想的源頭都在這裡。」〔註52〕而他的《人類起源提綱》則最初發表於 1976 年，李澤厚稱「此文為 1964 年寫成的研究提綱，1974 年略改。同年與趙宋光同志多次討論後，由趙執筆擴展寫成上面論述文章：《論從猿到人的過渡期》一文，刊於《古脊椎動物與古人類》第 12 卷第 2 期（1976）。但該文似毫無影響，乃發表此原始提綱，也不再增改。」〔註53〕此部分論述基本上在 1979 年《批判哲學的批判》及其他幾個「主體性哲學提綱」發表後所取代，而且上面我們也談到了丁耘先生的說法「在用康德解釋把握時代命脈甚至推動時代精神的意義上，李澤厚無人可比。」〔註54〕這正是《批判哲學的批判》及其他幾個「主體性哲學提綱」的意義所在，與上面趙士林老師分析《美的歷程》巨大影響時，如出一轍，交相輝映。

〔註52〕楊斌編著：《李澤厚學術年譜》，上海：復旦大學出版社，2016 年 4 月版，第 280 頁；只是寫作時間記載不同，年譜此頁記載「關於《殘稿》寫作時間，先生進一步明確為一九六一到一九六三年，主要是一九六一年。」而在於劉緒源對談的《該中國哲學登場了？——李澤厚 2010 談話錄》第 21 頁「殘稿」圖片下備註「寫於 1964 年的《積澱論論綱》（未刊殘稿）」，當時李先生也提到「基本上是 1961 年開始形成的」，大約 1961 年較為可靠；即便如此，其哲學提綱也是到了 70 年代末與當時的「思想啟蒙」「精神解放」結合才大放光彩的，理論思辨不是李的特色，他的哲學提綱具體落實到了當時中國的具體時空中。

〔註53〕李澤厚：《試論人類起源（提綱）》，載氏著：《李澤厚哲學美學文選》，長沙：湖南人民出版社，1985 年 1 月版，第 179 頁。此文後來收入《李澤厚哲學文存》等書時都以「人類起源提綱」名世，但是若從「人類學」視角而言是無法置評的，李坦言「該文似毫無影響」，李的獨特性不在具體學科理論層面，如同他的美學研究、思想史研究、康德研究，都可如是觀之。

〔註54〕丁耘：《啟蒙主體性與三十年代思想史——以李澤厚為中心》，載趙士林主編：《李澤厚思想評析》，上海：上海譯文出版社，2012 年版，第 2 頁，原載《讀書》2008 年第 11 期，李澤厚先生很欣賞丁說的「必要的餘事」（見《中國哲學如何登場？》59 頁）這篇文章可能為三聯版「李澤厚集」而作，一些提法確實敏銳，但是可以看出他更看重李澤厚晚年發揮的「歷史本體論」「情本體」等想法而主張「必須將李澤厚『效應』與李澤厚本人區別開來」（11 頁），這在我看來是沒必要的，也不可能；另外，他說「李澤厚試圖從『情本體』推出其『倫理—政治』維度。這在『欲求整全』已被所謂的「政治哲學」剝奪了權威的今天，是絕無僅有的努力。這是體系的開端，是牟宗三之後唯一真正的哲學衝動。」（11 頁）憑直覺，丁先生此言是「頗有深意」的，但反覆琢磨，讓我找不著北。劉緒源還專門就此問了李澤厚，可參考《中國哲學如何登場？》99 頁，但是坦白說對於丁先生似乎「寓意深刻」的「唯一真正的哲學衝動」我還是把握不了，特此注明，供大家琢磨。

二、對李澤厚第一、二學術階段的影響及其問題意識之評判

（一）80 年代的李澤厚「效應」及其侷限

這也正是上面我們在分析李先生美學論著時所看到的，固然五十年代的論著處於奠基地位，但其影響完全沒法與八十年代的《美的歷程》相比，趙士林老師的分析是敏銳的，李澤厚論著正是深層次回應、引導了當時的「精神解放」思潮因此其影響才如日中天，由此也可看出前面所引徐友漁先生的分析是合理的「他的高度是一個時代的高度，這個影響包含他思想的創造性、革新性，也包括李澤厚本人思想的侷限性。」〔註55〕，他對李澤厚「時代高度」的反省不是不敬，而是一個事實。而之所以有此「巨大」影響與時代「侷限」，其緣由正在於李澤厚的論說語境是自覺的接續 1840 年來「改良—革命」之種種理論得失（他下了很大工夫做文獻卡片）並且與自己親身經歷的 1950 年以後思想進程相結合、對比、反思，因此他說「80 年代的『文化熱』實際上是以文化代替政治。」〔註56〕

但是，李澤厚的可貴在於他並沒有停留在此，如同上面所分析他的思路是雙重的，是一種「回顧—展望」模式。所以一方面，他不僅對於「洪秀全、章太炎、嚴復、梁啟超、王國維、孫中山」等（還包括「辯證唯物論」「革命正當性」「唯心唯物二分」「鬥爭理論」之反思〔註57〕）有著「再評價」，而且他

〔註55〕 趙士林主編：《李澤厚思想評析》，上海：上海譯文出版社，2012 年版，第 208 頁。

〔註56〕 李澤厚：《回首八十年代》（二），載氏著：《李澤厚對話集》（二十一世紀 一），北京：中華書局，2014 年版，第 336～337 頁；這裡有個問題或許值得提一下，徐友漁反省李澤厚他們的侷限時提到「知識結構的偏頗和眼界的狹隘，以及教育經歷方面的缺陷。」這也是事實，80 年代的根本問題是政治，但是他們專長在美學、文學方面，「沒有人熟悉政治理論。」這似乎也是事實。但是隨後他說對人類「普世價值是隔膜的；他們對西方文化的瞭解限於馬克思主義」則言過其實，至少對李澤厚來講從他引用書目來看他的研讀是廣博的並不限於馬克思主義；另外有個參考，李在一篇序裡明確說「我是哲學系出身，對經濟、政治完全外行，只能從思想史角度作些考慮。」或許可以與徐友漁的「談到政治就比較捉襟見肘」參看，詳見：杜維明等：《李澤厚與 80 年代中國思想界》，載於趙士林主編：《李澤厚思想評析》，上海：上海譯文出版社，2012 年版，第 209 頁；李澤厚：《不誹不揚，非左非右——〈卜松山文集〉序》，載氏著：《世紀新夢》，合肥：安徽文藝出版社，1998 年 10 月版，第 163 頁；儘管徐先生有些說法不合事實，但是他的反思以及前面引用錢理群的反思很值得留意，包括徐所說「知識結構」「教育背景」方面的侷限是合乎事實的。

〔註57〕 比如李澤厚：《突破「對子」與「圓圈」》，載氏著：《走我自己的路》，北京：生活‧讀書‧新知三聯書店，1986 年 12 月版，第 233 頁，此文原載《華東師大學報》1986 年第 1 期，是 1985 年 8 月廬山中國哲學史討論會上的發言；李

很快的回到傳統自身對「孔子、墨子、孫老韓、荀易庸、秦漢思想、莊玄禪、宋明理學」進行了「再評價」這是他的路向之一「回顧：思想溯源──傳統文化心理」。在此基礎上，他又進一步對比不同的救治思路（比如改良──革命，中體西用──全盤西化等）由此展開了另一路向「展望：指向未來──創造性轉化」（他明確區分前現代──現代──後現代，並自覺予以分別回應，所以他的未來指向是開放的、動態的），正是在此點，他的「出路探尋」有別於近現代以來的思想家，再加上 90 年代出國以後他更加側重對後現代問題的自覺回應而突顯「心理──情感本體」，他的思路可以說已推進了一大步，這個維度恰恰是近現代思想家那裡所沒有的。

（二）李澤厚的問題意識不侷限於 80 年代思想語境

所以，正是在此一意義上，就李澤厚的問題境域與思路拓展而言，我又不同意徐友漁先生所說他只是一個「時代的高度」〔註58〕，因為李澤厚的思路明顯基於時代問題，通過「思想溯源」和「創造性轉化」恰恰是指向未來的，這一思路與徐先生所說的「以中國近代大思想家、大學問家為參照，那麼我們根本沒有『思想的創新』可言。」〔註59〕愚以為這言過其實了，與他們相比李澤厚不但毫不愧色，甚至可以說是有著明顯的推進，本文對於李澤厚的原創性推進是認可的，下面會予以說明緣由。但是，對比必須在同一問題域和參照系下面，李澤厚「效應」影響確實有徐友漁先生所說的「80 年代語境」，但是他的思想推進並不依賴 80 年代的思想語境，因為他的問題意識恰恰不是基於 80 年代產生的。如上面所說李澤厚的論說語境是自覺的接續 1840 年來「改良──革

回想當時開會情形時說「在盧山開會張岱年還是大講唯物論、唯心論。我當時提出多元論，後來對我進行批判。後來就是『文化熱』了。在你們上海開會，是 1986 年吧，我提出『西體中用，又受到批評，杜維明他們都反對。』」詳見李澤厚、劉緒源：《該中國哲學登場了？──李澤厚 2010 談話錄》，上海：上海譯文出版社，2011 年 4 月版，第 50 頁。

〔註58〕自然需要留意徐當時只是圍繞 80 年代的會議主題發言，但是也要看到發言顯示他對 90 年代以來李的論著有所關注，參見《李澤厚思想評析》書 210 頁；我初步判斷是徐對李的評價「侷限」在了李澤厚 80 年代的語境中，由此他對李的反思是可貴的，但立論有待商榷，下面我會論述對李澤厚學術思想三階段，尤其是第三階段不可割裂，但是，許多學者對李澤厚的認知更多停留在「李澤厚十年集」的水平上，那確實是李澤厚的「刻意總結」，但李澤厚的第三階段同樣流光溢彩，甚至說更值得重視。

〔註59〕杜維明等：《李澤厚與 80 年代中國思想界》，載於趙士林主編：《李澤厚思想評析》，上海：上海譯文出版社，2012 年版，第 207 頁。

命」之種種理論得失並且與自己親身經歷的 1950 年以後思想進程相結合、對比、反思從而自覺探尋「中國出路」「中國命運」問題，上面引用李澤厚的《哲學自傳》他明確提到自己哲學的這一特點。下面會詳述這一點。

　　毋庸諱言，若就純粹的學理而言，很難說李澤厚是康德專家、美學專家〔註60〕、中國思想史家。就中國思想史研究方面，可以舉一個例子，他的《孔子再評價》、《墨子初探本》等根本不是我們常見的思想史寫法，我們可與影響頗大、口碑甚好的葛兆光先生的《中國思想史》〔註61〕為例，對比一下關於孔子、墨子的論述，區別立顯。談孔子講仁是必定的，但哪本思想史會對仁學結

〔註60〕 這裡面有個事件值得一提，2007 年由 Constantin V. Boundas 主編的《哥倫比亞 20 世紀哲學指南》（Columbia Companion to Twentieth──Century Philosophy）和 2010 年《諾頓理論和批評選集》（Norton Anthology of Theory and Criticism）第二版出版，李澤厚先生都名列其中，這對於華人哲學家是個驕傲；但是，我總有些遲疑，李澤厚多次談到國外對中國的不瞭解、甚至不必瞭解，如今在兩本權威論著中添列華人著述意義何在呢？自然聊勝於無，但是我總有個不成熟的困惑，如同中國「入世」、莫言獲獎一樣，他們恐怕對於世界經濟格局、世界文學趨勢，影響甚微吧；有時候會臆想華人的加入，目前或還只是停留在「地方小吃」的層面；總感覺對比而言，莫言對於世界文學界，李澤厚對於國際哲學界，似乎對國內意義更大一些；自然他們在國外的影響乃至於世界性影響，在下愚陋瞭解太少，不好置評。關於此事件賈晉華的文章可以參考：賈晉華：《〈哥倫比亞二十世紀哲學指南〉中的李澤厚》，《東吳學術》2013 年第 6 期；賈晉華：《走進世界的李澤厚》，《讀書》2010 年第 11 期；這兩篇合併以題為「走進世界的李澤厚」作為「代序」收錄於楊斌編著的《李澤厚學術年譜》中。楊對於《年譜》序很用心的選擇了此篇，很有眼光，只是我好奇「走進世界」之前李澤厚在哪裏呢？或許也可說明面對世界思想格局，我們還只是小學生，才剛剛由李澤厚帶隊「走進」？困惑不已；至少可以說明，李澤厚九十年代以後的「創造性轉換」思路正基於中國走向世界，其普世意義會愈加凸顯。

〔註61〕 葛兆光：《中國思想史》（三卷本），第 2 版，上海：復旦大學出版社，2013 年 6 月版；葛先生這套書很有趣，寫的很吃力，在第一卷導論「後記」裏還開玩笑說大家對「導論」討論很多，因為書太厚，大家可能只看「導論」而「很少人看完你的正文」，其實好書是不怕厚的，即便厚還是會有很多人讀，比如康德的「純批」，厚而且難讀，但是二百多年來大家還是要讀；怕的是厚書不一定好，葛先生想以「一般知識、思想與信仰世界的歷史」做思想史是可貴的嘗試，但是其中一個值得考慮的問題在於，目前我們能夠看到的無論是出土材料還是傳世文獻，或許在當時都不「一般」可能恰恰是「顯學」，而過於「一般」的反而湮沒無聞我們看不到了；另外，葛書旁徵博引，工夫甚深且不乏睿見，但總感覺他把材料寫死了，不能說碎，但神散了；李澤厚的一些說法、洞見或有待商榷處，文獻功底更是沒法與葛比，但感覺李寫的是活的東西（馮友蘭：「死的歷史，你講活了。甚佩，甚佩。」原載馮友蘭：《談〈美的歷程〉──給李澤厚的信》，《中國哲學》第 9 輯，1983 年版）。或許自己觀感不妥，立此存照。

構界定為「（一）血緣基礎，（二）心理原則，（三）人道主義，（四）個體人格。其整體特徵則是（五）實踐理性。」〔註62〕講墨子又有誰會說「最值得注意的卻是，它與近代民粹主義有否思想血緣關係的問題。在中國近代以至今日，我以為，始終有一股以農民小生產者為現實基礎的民粹主義思潮的暗流活躍著。」〔註63〕從而與章太炎的「民粹主義」聯繫起來，這都是破天荒之舉。原因何在？正是因為李澤厚對傳統思想史的研究是「別有用心」——他在尋找傳統的「『心魂』所在」〔註64〕。如上面所說，他是帶著對近現代思想史的反省、咀嚼、體驗去自覺探尋那延伸至今、根深蒂固的傳統「文化—心理結構」，此種「思想溯源」恰恰是「指向未來」的。

　　對於康德研究，也可如是觀，在對談中李澤厚說「現在我可以講《批判哲學的批判》〔註65〕了。今天我是第一次公開說：從八十年代該書出版至今，人們都認為這本書是研究康德的，是講康德的。這一半對，因為該書確乎是講康德的。雖然今天看來相當粗略，但大體還不差，至今還沒有人指出我有什麼錯漏。但一半卻錯了，這一半在書中不明顯，對我卻非常重要，因為這本書通過『批判』康德，初步表達了我自己的哲學思想。」〔註66〕其實到現在為止，他還是「一半對」，大家並非不好指出「有什麼錯漏」，正如丁耘先生所說「李澤厚並不是什麼康德專家，他的《康德述評》也很難說是康的研究的必讀書。但在用康德解釋把握時代命脈甚至推動時代精神的意義上，李澤厚無人可比。」〔註67〕

　　但是，「把握時代命脈甚至推動時代精神」這不是同樣值得做和敬仰麼？錢理群先生講我們最缺乏也最需要的就是「真正的思想家，哲學家」「我們需

〔註62〕　李澤厚：《孔子再評價》，載氏著《中國古代思想史論》，1986年3月版，第16頁，原載《中國社會科學》1980年第2期。

〔註63〕　李澤厚：《墨家初探本》，載氏著《中國古代思想史論》，1986年3月版，第74頁，此文原載《學習與思考》1984年第5期，原題《墨子論稿》。

〔註64〕　李澤厚：《論語今讀》，合肥：安徽文藝出版社，1998年10月版，前言第1頁。

〔註65〕　李澤厚：《批判哲學的批判——康德述評》，北京：人民出版社，1979年3月版，據《李澤厚學術年譜》第44頁記載1976年「八月，於抗震棚中堅持寫作：《批判哲學的批判》完稿。」

〔註66〕　李澤厚、劉緒源：《該中國哲學登場了？——李澤厚2010談話錄》，上海：上海譯文出版社，2011年4月版，第20頁。

〔註67〕　丁耘：《啟蒙主體性與三十年代思想史——以李澤厚為中心》，載趙士林主編：《李澤厚思想評析》，上海：上海譯文出版社，2012年版，第2頁，原載《讀書》2008年第11期，李澤厚先生很欣賞丁說的「必要的餘事」（見《中國哲學如何登場？》59頁）。

要李澤厚這樣的思想家。」〔註68〕上面我們兩次提及徐友漁先生和錢理群先生對李澤厚「侷限」的反省，這是可貴的，也是後來者需要留意的起點；但與此同時，我們又看到在李澤厚的問題關注領域內，他又是獨特的，推進又是明顯的，包括前面我們引述 90 年代在李澤厚處境艱難、人人自危的情況下，何兆武先生、袁偉時先生仍能給予李那麼高的評價，是有原因的。這也是下面我們想明確李澤厚的具體問題意識的緣由所在，正是在這樣的問題意識下，我們看到李澤厚的原創性推進，同時也能進一步看到李澤厚的理論侷限，若糾纏於 80 年代語境來談李澤厚的理論侷限，在我看來本身就是一種侷限。

三、學術階段一、二的自覺總結及其第三階段的拓展深化

綜上所述，第一階段李澤厚的論著集中在美學和思想史領域，我們以 1957 年的《門外集》和 1958 年的《康有為譚嗣同思想研究》兩書為例予以討論，兩者分別為 1980 年的《美學論集》和 1979 年的《中國近代思想史論》所涵蓋和取代。不僅僅是論文收集範圍的擴大，更重要的是內在思路的深化、問題意識的明確以及命運探尋上的自覺。包括哲學提綱系列也被 1979 年的《批判哲學的批判》及其主體性論綱所涵攝。

上述三個領域，無論是美學研究、思想史研究還是哲學提綱系列，全部收羅盡了《李澤厚十年集》，這是李澤厚刻意為之的，從它與出版社交涉刻意用「十年集」而不用「文集」可以看出來，他說「『文革』以後到出國前，算第二個階段。我出過一個六卷本的《李澤厚十年集（1979～1989）》，出版社要改稱『文集』，當時流行『文集』這種書名，我回信說，如改掉『十年集』三個字，我就不出了。最後出版社讓了步。我是有意如此總結的。」〔註69〕而這部十年集真可謂是李澤厚的思想結晶，不僅僅是 80 年代的結晶，而是他五十年代以來哲學、美學、思想史研究的結晶。《李澤厚十年集》分四卷六冊，第一卷為美學卷，收入《美的歷程》《華夏美學》《美學四講》；第二卷為哲學卷，收入《批判哲學的批判》和《我的哲學提綱》，第三卷為思想史論卷，收入《中國古代思想史論》《中國近代思想史論》《中國現代思想史論》各一冊，第四卷為論學、治

〔註68〕杜維明等：《李澤厚與 80 年代中國思想界》，載於趙士林主編：《李澤厚思想評析》，上海：上海譯文出版社，2012 年版，第 269～270 頁。
〔註69〕李澤厚、劉緒源：《該中國哲學登場了？——李澤厚 2010 談話錄》，上海：上海譯文出版社，2011 年 4 月版，第 18、20 頁。

學卷,以《走我自己的路》的原著為主,補收入了作者隨後若干篇新作。〔註70〕所以,前面說就公開出版論著而言,無論就質或量或影響,第一階段可以併入第二階段,儘管第一階段的「思想奠基」意義無可置疑,但真正將此種「思想奠基」落入時空發生切實巨大影響的恰恰是在第二階段,而李澤厚「有意如此總結的」《李澤厚十年集》可謂名副其實,並且居功至偉。這是 2008 年三聯版「李澤厚集」出版前大陸出版界對李澤厚論著的唯一一次結集出版〔註71〕。

但是,問題在於許多研究李澤厚的學者,往往停留在「十年集」的論域範圍或 80 年代的語境層次上,愚以為這是不妥的〔註72〕。同樣,有些學者只看重李澤厚九十年代以後出版的作品比如《論語今讀》《己卯五說》《歷史本體論》等等,在我看來割裂開李澤厚學術思想歷程的第一二階段的「十年集」而侷限於第三階段去理解李,愚以為同樣是不妥的。大約這是許多誤解產生的原因,大約也是許多對李的評價「忽高忽低」的原因所在。如果說就 80 年代前後李公開出版的論著之風行是對 1840 年代以來思想歷程的深刻反省並進而自覺思想溯源探尋傳統「文化—心理結構」的話,那麼其隱含的「出路探尋」則是指向未來的。在此深沉的積累基礎上,1992 年李澤厚去國赴美,在他對現代性、後現代有著更多的體會反思之後,此潛隱的線索日益凸顯,這也是李澤厚為何那樣看重他的「人類學歷史本體論」「命運」「心理」「情本體」的原因所在。但是這一隱線肇始於第一階段,蘊含於第二階段,然後才有第三階段的流光溢彩。儘管從論著上講第一階段與第二階段有很多重疊,可以合併,但是將第三階段割裂開來,對李的理解只能是誤解重重。原因正

〔註70〕詳見李澤厚:《李澤厚十年集》,合肥:安徽文藝出版社,1994 年 1 月版,首頁出版說明。

〔註71〕臺灣三民書局版是在民 85(1996)年出版,題名「李澤厚論著集」,分哲學、思想史、美學、雜著四部分,總計十冊,很明顯比「十年集」更全,但是四卷劃分與「十年集」無異,美學三書單行本成冊,還加上了《美學論集》(修訂版),《走我自己的路》為修訂版很厚,李還為四部分單獨寫了序言。大約正是這一時期李澤厚將這些書版權賣給了三民書局,所以才會有後來的一些版權爭議以及三聯版的「授權」字樣。我手邊 1996 三民版《我的哲學提綱》繁體版印象是 2005 年前後從趙士林老師處借來複印的,關於李澤厚研究,趙老師幫我很多,在此特致謝忱。感興趣者「十年集」和「論著集」書影在 2008 年三聯版《中國現代思想史論》前內封三有圖片,可觀摩欣賞(前封二為與梁漱溟合影、《中國現代思想史論》初版書影)。

〔註72〕有個簡單方法可參考:對比一下 1994 年安徽文藝版的「十年集」、1996 年臺灣三民版的「論著集」與 2008 年三聯版的「李澤厚集」,可以發現「十年集」之後李澤厚的推進是明顯的,三個結集之比較很值得留意。

在於他的問題意識在三個階段〔註73〕是貫穿始終的,儘管側重不同,但是,下面我們將會看到李澤厚的問題意識在其學術歷程中是一貫的,儘管伴隨著來自各方的誤解。

下面我們就先從一個誤解講起。如同上面引用李澤厚的「哲學自傳」,他說「我的哲學不是超然世外的思辨,也不是對某些專業題目的細緻探求,而是在特定時代和宏觀環境中與各種新舊觀念、勢力、問題相交錯激盪的產物。」〔註74〕我們將結合李澤厚對於近現代各種新舊觀念、勢力、問題相交錯激盪而自覺尋求「中國道路」來看一下他「同心圓」「圓心」的具體呈現,同時也是他「學術思想三階段」的具體呈現。由此呈現可以揭示出李澤厚理論方案具體的「問題意識」。很明顯,下面我們將會看到他的「問題意識」以及「思路探尋」總是處在夾縫中,總是受到兩方面的誤解與批評。有些誤解正來自李澤厚的學生。

第三節　李澤厚「問題意識」的具體提出及其拓展回應

一、從 80 年代一個誤解公案談起

（一）學生的質疑:李澤厚背叛自己了麼?

在 2011 年 9 月 3 日~4 日北京大學高等人文研究院杜維明先生所召集的「80'年代中國思想的創造性:以李澤厚為例」國際研討會上,楊煦生教授提到一個有趣的現象,在李澤厚發表《孔子再評價》(1980 年)尤其是關於

〔註73〕李澤厚學術歷程的「第三階段」論著此處暫不梳理,前面關於第一、二階段的梳理很詳細,這裡沒有接續將第三階段比如 1998 年 10 月安徽版《論語今讀》、1998 年 10 月安徽版《世紀新夢》、1999 年 12 月北京版《己卯五說》、2002 年 2 月三聯版《歷史本體論》、2005 年 1 月三聯版《實用理性與樂感文化》繼續梳理評點,因為本文主題在於突顯李澤厚的「問題意識」而非論著梳理,很明顯此種「問題意識」在第二階段確定成形,而第三階段的論著只是此一「問題意識」的流光溢彩和進一步展現而已;另外第三階段論著尤其是 21 世紀後李的思路有神秘主義因素,他稱之為「理性神秘」,也是我望而生畏因此卻步的原因,那很明顯值得也需要單獨成書討論。

〔註74〕李澤厚:《課虛無以責有》,載氏著:《實用理性與樂感文化》,北京:生活·讀書·新知三聯書店,2005 年 1 月版,第 370~371 頁;此文原載《讀書》2003 年第 7 期;這篇夫子自道很值得留意,有李先生的自覺總結,是理解李先生思路的關鍵篇章。

古代思想史論文結集《中國古代思想史論》出版（1985）時，一些青年學生認為李澤厚「背叛了自己」，楊發言稱「1985 年是一個界點。《孔子再評價》是一個標誌性的成果。但在『文化熱』中，當時我們這代人對李澤厚的傳統轉向，還是有相當不瞭解的。讀了《孔子再評價》，我們說，你正從一個中年哲學家變成中年儒家（這句話的原創權大概屬於英年早逝的歷史學者林偉然），他哈哈大笑。我說我感覺你現在正為你的學說的世界意義在犧牲它的現實意義，他表示，我們將來看。」〔註75〕這是個很值得留意的現象，問題在於，李澤厚在八十年代的問題意識何在？為何出版了《中國古代思想史論》被認為是「轉向傳統」〔註76〕「背叛自己」〔註77〕？楊煦生教授為何稱對李澤厚「有相當不瞭解的」？值得留意的是李澤厚還專為此發了一個「澄清公告」，為何會這樣？由此公案剖析，我們可以看出李澤厚在 80 年代的「問題意識」以及他九十年代以後對此「問題意識」的拓展，而此「問題意識」拓展與上述的哲學「同心圓」「圓心」焦點轉移正好是對應的，或者說他的哲學「同心圓」拓展始終不是理論思辨而是通過具體的「問題意識」展開呈現出來。

（二）李澤厚對誤解的「澄清公告」：研究孔子是為了認識自我

關於當時楊煦生等青年的誤解，李澤厚專門發表了《關於儒家與「現代新儒家」》的「澄清公告」，他說「《中國古代思想史論》出版後，有些青年朋友認為它背離了拙著《中國近現代思想史論》一書的精神，成了所謂『新儒

〔註75〕趙士林主編：《李澤厚思想評析》，上海：上海譯文出版社，2012 年版，第 226 頁；此處文字在楊斌編著：《李澤厚學術年譜》，上海：復旦大學出版社，2016 年 4 月版，第 93 頁下注有引用。

〔註76〕這得到李先生印證，他說「楊煦生那時還沒有考研究生，到我家說我背叛了自己。」詳見李澤厚、陳明：《浮生論學：李澤厚、陳明 2001 年對談錄》，北京：華夏出版社，2002 年 1 月版，第 123 頁；奇怪的是 2001 年對談時，陳明先生也存在類似誤解，他說「這種雙重身份實際上是一種矛盾。」（該書 123 頁），這種解讀以及 80 年代的青年學生「誤解」現象值得留意。另可參見李澤厚：《「西體中用」簡釋》，載氏著《走我自己的路》，北京：生活·讀書·新知三聯書店，1986 年 12 月版，第 231～232 頁的問答。

〔註77〕李澤厚的回應也印證了這一點，他說「《中國古代思想史論》一出來，就說我『轉向』了。那時正是反傳統的高潮，幾乎都在反孔。……有人看了《孔子再評價》，認為李澤厚在倒退。因此當時這書沒什麼影響，真正有影響是以後了。當時反傳統是主流。」詳見：李澤厚、劉緒源：《該中國哲學登場了？——李澤厚 2010 談話錄》，上海：上海譯文出版社，2011 年 4 月版，第 51 頁。

家』的同道。我不認為如此。」〔註78〕李提出「五點」以示區別，有趣的是他再次明確聲明「對孔子和儒家的論述和重視，並非把它當作一種思想、學說或學派來提倡、鼓吹。……我的興趣……主要是想探索一下兩千多年來之融化在中國人的思想、意識、風俗、習慣、行為中的孔子。看看他給中國人留下了什麼樣的痕跡，給我們民族的文化心理結構帶來了些什麼長處和弱點。」〔註79〕這一點是很值得留意的，我很奇怪當時的青年學生為何會發出那種誤解，楊煦生老師也坦誠他們當時對李「有相當不瞭解」，其實自覺探尋「文化—心理傳統」這一點李澤厚反覆說明過〔註80〕，這正是上面我說的「回顧—展望」模式：「回顧：思想溯源—傳統文化心理」和「展望：指向未來—創造性轉化」的雙重思路。對於孔子等思想傳統的研究，李澤厚是側重「回顧：思想溯源—傳統文化心理」，此種思路不僅體現在《中國古代思想史論》裏面，同時更體現在《論語今讀》的「心魂」探尋裏面，他說「儘管我遠非鍾愛此書，但它偏偏是有關中國文化的某種『心魂』所在。我至今以為，儒學（當然首先是孔子和《論語》一書）在塑建、構造漢民族文化心理結構的歷史過程中，大概起了無可替代、首屈一指的嚴重作用。」〔註81〕很難想像李澤厚那樣高屋建瓴、見林不見木（好像是張岱年對他的評價〔註82〕）的寫法會來

〔註78〕 李澤厚：《關於儒家與「現代新儒家」》，載氏著《走我自己的路》，北京：生活・讀書・新知三聯書店，1986 年 12 月版，第 223～226 頁，此文原載《文匯報》1986 年 1 月 28 日。

〔註79〕 李澤厚：《關於儒家與「現代新儒家」》，載氏著《走我自己的路》，北京：生活・讀書・新知三聯書店，1986 年 12 月版，第 223 頁，此處說法原載《北京晚報》1984 年 11 月 24 日；後收錄於李澤厚：《李澤厚對話集》（八十年代），北京：中華書局，2014 年 8 月版，第 13 頁，題名「美學熱與學術研究」（為 1978～1985 幾家報刊訪問匯總）。

〔註80〕 比如 1985 年 5 月李澤厚在復旦演講就明確說「我所注意的課題，是想通過對中國古代思想的粗線條的宏觀鳥瞰，來探討一下中國民族的文化心理結構問題。」詳見李澤厚：《試探中國的智慧》，載氏著：《中國古代思想史論》，北京：人民出版社，1986 年 3 月第 1 版，第 296 頁；原文載《復旦學報》1985 年第 5 期，題名為《中國思想史雜談》，收入氏著《走我自己的路》，北京：生活・讀書・新知三聯書店，1986 年 12 月版，第 204～222 頁，收入《中國古代思想史論》中的文本更完善豐富。

〔註81〕 李澤厚：《論語今讀》，北京：生活・讀書・新知三聯書店，2004 年 3 月版，第 1 頁。

〔註82〕 張岱年的具體批評可參見：李澤厚的文章常常沒有根據就大發議論，因而常常違背客觀實際。例如他提出「西體中用」，不但理論上是站不住的，而且充滿了概念的混亂。又如他把中國古代哲學概括為什麼「實用理性」，也是完全

做經典注疏的工作〔註 83〕，他情感上不喜歡儒家（「其實我的興趣也許更在老莊玄禪」〔註 84〕），但是堅持來做，原因何在？正因為這是一種「回顧—展望」模式下的傳統的文化—心理結構探尋，亦是一種展望前的鋪墊，為了「轉換性創造」，更是為了「既現代又中國」的出路問題。在「回顧」模式下進一步溯源至「巫史傳統」。

　　關於「巫史傳統」這一維度，下面會有單獨章節處理。此處還接續上面的誤解展開。

（三）李澤厚對陳獨秀、胡適、李大釗、魯迅等的自覺承繼

　　其實，當時學生的誤解是不必要〔註 85〕的，因為《中國古代思想史論》後記，《孔子再評價》前言都明確闡述了上面李澤厚的「澄清公告」，《孔子再評價》發表於 1980 年〔註 86〕，前言中李澤厚明確說明對「孔子思想本身作些分析，認為其中包含多元因素多層次交錯依存，終於在歷史上形成了一個對中國民族影響很大的文化—心理結構。」〔註 87〕而在探尋完「仁學母體結構」之後李澤厚引用李大釗「掊擊孔子」的段落然後說「直到今天，也仍然有不斷地、徹底地肅清這個封建主義的孔子餘毒的重要而艱巨的任務。」「它始終是中國

錯誤的。（見嚴實整理《若干哲學、思想史問題系列討論會第二次會議紀要》，《文藝報》1991 年 9 月 14 日）當時的特殊背景，說話難免顧慮，但是這些「會議紀要」還是可以作為學界一面鏡子。

〔註 83〕甚至李澤厚都奇怪牟宗三那樣高抬孔子「但只微引孔子一兩句話而已，從未對《論語》一書做任何全面的闡釋或研究，而寧肯花大力氣去譯康德，不知這是什麼緣故」，詳見：李澤厚：《論語今讀》，北京：生活‧讀書‧新知三聯書店，2004 年 3 月版，第 4 頁注釋①。

〔註 84〕李澤厚：《中國古代思想史論》，北京：人民出版社，1986 年 3 月第 1 版，後記，第 324 頁。

〔註 85〕而李澤厚對這種誤解則似乎保持警醒，比如《論語今讀》完稿遲遲不肯拿出，不想被再次誤解，這次是「國學熱」的洪流，他並不想加入此大合唱，可參考李澤厚：《論語今讀》，北京：生活‧讀書‧新知三聯書店，2004 年 3 月版，後記，第 537 頁；李的思路是一貫的，他說「通過《今讀》，我主要也是發表我的一些哲學觀念，『情本體』突出地提了出來。」詳見：李澤厚、劉緒源：《該中國哲學登場了？——李澤厚 2010 談話錄》，上海：上海譯文出版社，2011 年 4 月版，第 55 頁。

〔註 86〕李澤厚：《孔子再評價》，《中國社會科學》，1980 年第 2 期。

〔註 87〕李澤厚：《孔子再評價》，載氏著：《中國古代思想史論》，北京：人民出版社，1986 年 3 月第 1 版，第 7 頁（此書版本上《李澤厚學術年譜》第 92 頁顯示是1985 年 3 月出版，劉再復《李澤厚美學概論》252 頁「李澤厚著作年表」也顯示是 1985 年首版；我手邊版本顯示是 1986 年 3 月第 1 版，不知何故）。

走向工業化、現代化的嚴重障礙。不清醒地看到這個結構所具有的社會歷史性的嚴重缺陷和弱點，不注意它給廣大人民（不止是某個階級）在心理上、觀念上、習慣上所帶來的深重印痕，將是一個巨大的錯誤。」〔註88〕而在《中國古代思想史論》後記裏李也明確提出「這本書所想講的便與我所接觸的年青大學生中的兩種不同意見有關。一種意見要求徹底打碎傳統，全盤輸入西方文化以改造民族；另一種希望在打碎中有所保存和繼承。」「在思想觀念上，我們現在某些方面甚至比五四時代還落後，消除農民革命帶來的後遺症候還需要衝決網羅式的勇敢和自覺。所以本書反對那種準宗教式的倫理主義，揭示儒、道、墨等思想中的農業小生產的東西，並以《中國近代思想史論》一書作為本書前導。」〔註89〕這一點夏中義的分析是妥當的，他說「所以李澤厚說可把《近代》看作《古代》的前導，這實在是順理成章的，因為《近代》所抨擊的封建傳統的嚴重惰性，正需要《古代》從更深層面來挖掘其根源，這也就是『國民性』即民族文化心理結構問題。」〔註90〕

上述李澤厚的論述口吻，基本上是接續陳獨秀、胡適、李大釗、魯迅的。事實上，李澤厚在「澄清公告」第五點明確說「今日繼承的應是五四時期陳獨秀、魯迅、胡適等人批判傳統的變革精神，而不是梁漱溟、張君勱等人鼓吹東方文明的保守態度（儘管他們的學說也有好些合理因素）。」〔註91〕儘管李澤厚對胡適的有些說法評價很低，比如「五鬼鬧中華」，李的「文化─心理」思想溯源確實比胡適高明而深刻，但就思路上來講，李澤厚的「回顧─展望」模式與胡適的「整理國故，再造文明」有異曲同工之妙，但在內容上李又確實大大推進了、加深了。在此語境下，我們反覆提到上面所說的「回顧─展望」模式，李澤厚的「回顧」是有意的，在自覺探尋「文化─心理」基礎上，其著眼點在於通過對此「轉化性創造」而著眼於「未來展望。」因此，一方面混淆於李澤厚與現代新儒家是不必要的，二者不但立場不同，對孔子的論述側重也不同，更不用說指向了；另一方面也可回應前面唐文明教

〔註88〕 李澤厚：《孔子再評價》，載氏著：《中國古代思想史論》，北京：人民出版社，1986 年 3 月第 1 版，第 36～37 頁。

〔註89〕 李澤厚：《中國古代思想史論》，北京：人民出版社，1986 年 3 月第 1 版，後記，第 325 頁。

〔註90〕 夏中義：《新潮學案──新時期文論重估》，上海：三聯書店，1996 年版；此處轉引自《李澤厚學術年譜》，第 93 頁。

〔註91〕 李澤厚：《關於儒家與「現代新儒家」》，載氏著《走我自己的路》，北京：生活・讀書・新知三聯書店，1986 年 12 月版，第 225 頁。

授「打通中西馬」〔註92〕的說法，李對「中西馬」的研究既不同於張申府，另一方面在對「中」的探尋上，在不同時期、不同問題指向上，李的側重是不同的，比如在八十年代，包括隨後《論語今讀》裏面，在針對「現代化」問題上，李對於「傳統文化─心理」的探尋主要是一種「挖膿補瘡」，因為那些是「現代化的嚴重障礙」，而在九十年代以後，在此基礎上，李由於對現代化弊病及後現代自覺回應，慢慢突顯了傳統文化─心理的積極一面。對於康德、馬克思，無論是次序還是論述主題，愚以為都存在此種變換與焦點轉移。所以，籠統的說「打通中西馬」並以「唯物主義」「民族主義」「人道主義」對照是略顯粗糙和浮淺的。

（四）李澤厚問題意識上以「中國命運」為中心的「回顧─展望」模式

上面我們反覆講李澤厚的「回顧─展望」模式，這不僅僅是筆者研究的總結，在李澤厚文本裏也是自覺這樣說的。當時 1981 年《美的歷程》出版後就有人疑問《中國近代思想史論》《批判哲學的批判》《美的歷程》似乎主題完全不同，那麼「它們之間，有什麼實質性的聯繫嗎？」李明確說「若說聯繫，我想也許在於書中談到的問題都或多或少與現實生活有所關聯。從題目上看，三本書全在講過去，但起點卻出於對現實的思考。例如，講康德我是聯繫當代馬克思主義哲學中的重要問題來講的。《中國近代思想史論》和《美的歷程》也是想對我們時代、民族、文化、藝術以及我們的哲學，獲得某種自我意識。回顧過去是為了展望未來，也許，這就是三本書的共同點吧。」〔註93〕而在 1987 年 9 月三本中國思想史論出版後，李又再次提及哲學的主題「就是研究『命運』：人類的命運、中國的個人的命運。這就是我所關心的。這是抽象的大問題，所以我在文章裏從來沒有這樣說過，只說些比較具體的問題，例如我的三本《中國思想史論》（古代、近代、現代）實際上是談中國的命運，想將來如有可能再提高概括一下。又如講康德的那本書，也講了個體的命運，意思是認為個人的命運應該自己選擇、自己決定、自己主宰、自己負責，不是讓別人去安排自己的命運。」〔註94〕

〔註92〕唐文明：《打通中西馬：李澤厚與有中國特色的社會主義道路》，載趙士林主編：《李澤厚思想評析》，上海：上海譯文出版社，2012 年版，第 23 頁。

〔註93〕李澤厚：《美學熱與學術研究》，載氏著：《李澤厚對話集》（八十年代），北京：中華書局，2014 年 8 月版，第 13 頁。

〔註94〕李澤厚：《靜悄悄的工作──答香港記者杜耀明問》，載氏著：《李澤厚對話集》（八十年代），北京：中華書局，2014 年 8 月版，第 81 頁；此文原題《答香

　　所以，結合上面趙士林老師對「美學熱」「精神解放意義」的強調，丁耘先生對於康德研究「推動時代意義」的突顯，徐友漁、錢理群先生對李澤厚「時代性」的評價，應當說與李澤厚的「命運」探尋自覺是對應的，正是在這樣的語境下，我們說李澤厚的思路是「回顧—展望」模式，回顧是為了展望。儘管在不同時期，李有不同側重，但是他對「中國現代化的道路問題」的關注可以說是自覺的，甚至可以說是矢志不渝、鞠躬盡瘁的。而正是在此種「既中國又現代」的道路探尋上，李澤厚由中國而世界，其理論方案中無論是「創造性轉換」還是「儒學四期」，無論是「情本體」還是「樂感文化」，從方法到內容，其世界性意義都在慢慢突顯，這也是上面所說李澤厚與近現代「大思想家」「大學問家」相比他的原創性推進之所在。

　　這裡有個不成熟的想法或許值得一提，算是一種回應。前面我引用《論語今讀》「前言」李澤厚對牟宗三的「詫異」，那麼抬舉孔子，為什麼不對論語做全面的「闡釋或研究」而大力「翻譯康德」呢？李澤厚的此種「頗感奇怪」[註95]是值得留意的，若進一步推展到其他新儒家，包括馮友蘭，他們似乎都沒有類似《論語今讀》的作品，倒是不自認是「新儒家」的錢穆有《論語新解》；之所以如此，如同牟先生等人，對於《論語》在他們是融會入生命的，那樣的東西與他們是合一的，因此不必注，信手拈來即可；包括胡適、魯迅等他們對孔子的批評也是信手拈來，因為那樣的「心魂」與他們是融合為一的，所以無論是「抬舉」（如牟）或是「打倒」（如胡魯等）在他們都能遊刃有餘。李澤厚則與此不同，無論是所受的教育，抑或青年時代的自覺選擇，他似乎與傳統是有距離的，而他的自覺審視傳統，亦是自覺拉大了這種距離，由此才能理性的審視；而正是這種有意的距離感使李對傳統「心魂」的探討、「仁學母體結構」的探討，一方面比牟宗三等人那種模糊的天然生命融合狀態更清晰，另一方面比胡適那種因瑣碎而偏離主題的「整理國故」更深邃；正是基於此種「思想溯源」的深度，在「指向未來」的廣度又大大推進了一步。這個問題，後面再詳述，目前還是沿著他的「問題意識」思路繼續呈現展開。

港學者杜耀明問》，刊香港《明報月刊》1987 年 9 月號；以題為「李澤厚怎樣走上獨立思考之路？」刊臺灣《文星》1987 年 12 月號；參見《李澤厚學術年譜》第 121～122 頁引用。

〔註95〕李澤厚：《論語今讀》，北京：生活・讀書・新知三聯書店，2004 年 3 月版，前言，第 4 頁頁下注釋①。

二、李澤厚問題意識之具體提出：中國如何走出一條新路？

（一）如何走出既「現代」又「中國」的道路？

　　李澤厚在 1998 年為《卜松山文集》做序時說：「十餘年來，在我的思考和文章中，儘管不一定都直接說出，但實際佔據核心地位的，大概是所謂『轉換性創造』的問題。這就是有關中國如何能走出一條自己的現代化道路的問題，在經濟上、政治上，也在文化上。以中國如此龐大的國家和如此龐大的人口，如果真能走出一條既非過去的社會主義也非今日資本主義的發展道路，其價值和意義將無可估量，將是對人類的最大貢獻。」〔註96〕隨後他再次提及「巫史傳統」和「儒學四期」，明確說「『巫史傳統』是回顧過去，『儒學四期』是展望未來，二者相互交織，仍為人類學歷史本體論亦即主體性哲學的具體展開。」〔註97〕

　　其實這種「回顧─展望」模式下的「中國現代化道路」探尋固然在 90 年代如此明顯的提出，但是，作為李澤厚的核心問題意識，應當說在 80 年代前已經確定（尤其是在 1979 年的《中國近代思想史論》裏面），上面我們在分析《孔子再評價》以及《中國古代思想史論》時已看到李已經在此問題意識下自覺去探尋「文化─傳統」的心理結構了。隨後的「西體中用」「儒學四期」「轉換性創造」都是這一問題意識的具體展開或呈現。但是在具體說法上，就李澤厚的論著來說，此種探尋「既現代又中國」的問題意識確實是在 80 年代中期後大量出現。如果說 70～80 年代初李澤厚是在「靜悄悄工作」，尤其是側重傳統「文化─心理」探尋的話，那麼 90 年代他則側重將此「心魂」通過「轉換性創造」而落實到「既現代又中國」〔註98〕的理論方案中來；而且正是在這一層面，我們發現若果說 80 年代對傳統「心魂」更多側重其「反省層面」如胡適所說「打鬼」（作為現代化障礙層面），那麼 90 年代之後李則在前期基礎上更注重發揚傳統「心魂」的優長（這一維度在《孔子再評價》裏就有「這個文

〔註96〕李澤厚：《不誹不揚，非左非右──〈卜松山文集〉序》，載氏著：《世紀新夢》，合肥：安徽文藝出版社，1998 年 10 月版，第 163 頁。

〔註97〕李澤厚：《不誹不揚，非左非右──〈卜松山文集〉序》，載氏著：《世紀新夢》，合肥：安徽文藝出版社，1998 年 10 月版，第 164 頁。

〔註98〕「既現代又中國」之明確提出在 1993 年 6 月參加瑞典斯德哥爾摩舉行的「國家‧社會‧個人」國際會議上，發言提綱：《如何走出既「現代」又「中國」的道路？》，刊《明報月刊》1993 年 8 月號；此處轉引自《李澤厚學術年譜》第 157 頁。

化—心理結構又有其優點和強處。」〔註99〕）

所以，無論是在「思想溯源」維度還是在「未來指向」維度，在同一問題意識下，李澤厚的思路應當說是大大推進了一步。而「指向未來」的推進正建基於他對傳統「心魂」的自覺探尋，所以說，儘管80年代李澤厚的影響「如日中天」，但是，他的問題意識恰恰不依賴於80年代的「效應」語境。他的影響在80年代最大，但是，他的問題意識、理論建構並未止步於80年代，毋寧說，80年代對於李澤厚的整個理論架構而言只是一個鋪墊。即便針對這樣的鋪墊，我們看到90年代，無論是《論語今讀》還是《己卯五說》他在思想溯源上都超越了八十年代的溯源深度。

可以說對中國近現代命運的關注而自覺探尋「既現代又中國」的道路構成了李澤厚貫穿一生的問題意識。

儘管說90年代以後這一「中國道路」探尋模式日益突顯了其世界意義，李澤厚的思想格局也有關注「中國命運」而至於「人類命運」，他的「人類學本體論」是對80年代中國問題語境的超越。然而在其理論架構上中國問題始終是李澤厚的首要關切，然後在面對後現代問題時，中國與世界合流了；如同經濟上的全球化一樣，地球村造成的局面使「民族—世界」界限模糊，彼此擁有，對中國問題意識的關注很自然的成了關注世界問題的「重疊領域」，正是在這一點上，我們看到李澤厚對「狹隘民族主義」的批評再次顯示了他作為思想家的清醒，他對中國未來走向以及世界局勢的觀感是理性的〔註100〕。

〔註99〕 李澤厚：《孔子再評價》，載氏著：《中國古代思想史論》，北京：人民出版社，1986年3月第1版，第38頁李對傳統「優點和強處」的認可不僅僅是一種上面所說拉開距離後的「理性」分析，更在於李對於傳統「美的歷程」的品味、鑒賞、涵詠，這一維度很值得留意；新儒家固然注重傳統的生命體驗，但是他們對於傳統的「藝之美」往往關注不夠，而且多無此訓練，這一點對於孔子所說「游於藝」在他們那裡又往往是缺失的，此一問題在現代「國學熱」甚至所謂「當代大陸新儒家」那裡更嚴重，這裡還不提新儒家諸君的學問與修養的張力問題。這些問題很有趣，那些高呼「國學」「儒學」的總讓我想起《聖經》「福音書」中的話「凡稱呼我『主啊』『主啊』的人，不能都進天國；唯獨遵行我天父旨意的人，才能進去。」（馬太福音7：21，和合本；思高本譯文為「不是凡向我說『主啊主啊』的人就能進天國；而是那承行我在天之父旨意的人，才能進天國。」與NIV英文版對應，思高本譯文貼切。）儒家不同樣注重「敏於行」麼，若對照一下「志於道據於德依於仁游於藝」，有時感覺恰恰是那些高呼「國學」「儒學」的人偏離最遠，畢竟身穿長袍大褂還是撐不起傳統。非要說他們的生命與傳統已融合為一，那又有什麼辦法呢？

〔註100〕 前面引用徐友漁先生也明確提到這一點，他說「在狹隘的民族主義和國家主

有些人說李澤厚「過時了」，他確實「老了」，年齡大了；但是，許多學者很年輕，心則「老了」，觀念上的「陳舊」「過時」才是真正可怕的。記得魯迅當年說過，學習西學，然後再用學來的西學繼續守舊，這在現代學界再次上演。〔註101〕晚清文人孫寶瑄說過一句話，頗值得玩味：「以舊眼讀新書，新書皆舊；以新眼讀舊書，舊書皆新。」〔註102〕對於觀念也是一樣，名詞可以是新的，觀念依然可以是舊的；甚至可以說「觀念」的提法是新的，內在的理解與接受依然可以舊的。人身都會老，那種心之「未老先衰」則是值得反思的，前面提到錢理群先生頗有感慨的說法我們最缺乏也最需要的就是「真正的思想家，哲學家」「我們需要李澤厚這樣的思想家。」〔註103〕無論我們是否老（身或心），無論我們處於何種年齡階段，錢先生能說出這樣的話，都發人深省，頗值玩味。

（二）從李澤厚的「問題意識」看他與 Vera Schwarcz 的爭議

這裡有個問題或許澄清一下是必要的，那便是關於「救亡壓倒啟蒙」「中國現代六代知識分子」說的發明權問題，原來我對此問題並不留意，也不在意原來李澤厚與舒衡哲（Vera Schwarcz）教授還有這個爭議，據說舒衡哲明確主張過發明權（之一）。我們讀李澤厚關於「中國近現代思想史論」以及「啟蒙與救亡的二重變奏」文字確實未發現任何地方提及舒衡哲教授，李澤厚似乎沒有任何注釋說明，好像沒那回事。但是，在訪談和參會時有學者專門提出來，李則予以澄清。比如2011年9月3日在北大高研院參會時，劉悅笛的發言就

要喧囂一時的時候，他為國人敲響了警鐘。」詳見杜維明等：《李澤厚與80年代中國思想界》，載於趙士林主編：《李澤厚思想評析》，上海：上海譯文出版社，2012年版，第211頁。

〔註101〕原話為：「維新以後，中國富強了，用這學來的新，打出外來的新，關上大門，再來守舊。」他們的稱號雖然新了，我們的意見卻照舊。因為「西哲」的本領雖然要學，「子曰詩云」也更要昌明。換幾句話，便是學了外國本領，保存中國舊習。本領要新，思想要舊。要新本領舊思想的新人物，馱了舊本領舊思想的舊人物，請他發揮多年經驗的老本領。一言以蔽之：前幾年渭之「中學為體，西學為用」，這幾年謂之「因時制宜，折衷至當」。魯迅：《隨感錄四十八》，《熱風》，《魯迅全集》第一卷，烏魯木齊：新疆人民出版社，1995年版，第288頁。

〔註102〕轉引自：陳平原：《「新文化」的崛起與流播》，北京：北京大學出版社，2015年4月版，第38頁。

〔註103〕杜維明等：《李澤厚與80年代中國思想界》，載於趙士林主編：《李澤厚思想評析》，上海：上海譯文出版社，2012年版，第269～270頁。

專門提到了「很多人提出質疑，首先是知識產權不歸他，應該為美國女學者舒衡哲」，劉對此在時間上做了澄清，因為依照舒衡哲的說法「1982 年她在衛斯廉語言大學開講座的時候，最早提出這個東西，並且在 1986 年正式書裏面，使這個觀點確定下來。」他甚至轉述李澤厚的話「舒衡哲抄襲我倒是可能的」「誰抄襲誰的問題，此後我跟她見面，她從來沒有說過這些事。」〔註104〕劉悅笛已明確提出「啟蒙救亡說」在 1979 年李澤厚的《中國近代思想史論》裏就已經提出來了。這個問題李澤厚本人倒是確實做過一次回應，在 2001 年 3 月與陳明在北大勺園賓館對談時提出來，李說「我認識她，當時根本沒有看她的書。」「我在《中國近代思想史論》已經把這個問題提了出來。」〔註105〕好像陳明對此有不同看法。

關於此問題最新的提法是 2018 年 5 月 31 日晚，馬群林與李先生有過一次通話。李云：「舒哲衡斷斷續續與我有聯繫，去年（指 2017 年）我回國時，她也在北京，還給我寫信，但我已到上海了，回她一短信。最早與舒交往是在北京，當時她好像正在北大進修，讀了我剛出版的《近代》，寫信要見我，那封信你是見過的（我：是的，英文信，先生給我的是複印件）。關於那次啟蒙與救亡的談話，我還有點記錄。至於後來如何演繹成所謂『爭議』問題，我就完全不清楚了，也毫無興趣，文章和書籍都在那裡擺著的嘛，可以去查看。」〔註106〕關鍵是馬群林先生將此問題涉及到的原始文件翔實的寫成了一篇文章。論文肇因於舒衡哲在《回家的路　我與中國──美國歷史學家舒衡

〔註104〕 杜維明等：《李澤厚與 80 年代中國思想界》，載於趙士林主編：《李澤厚思想評析》，上海：上海譯文出版社，2012 年版，第 227 頁。

〔註105〕 李澤厚、陳明：《浮生論學：李澤厚、陳明 2001 年對談錄》，北京：華夏出版社，2002 年 1 月版，第 122 頁。

〔註106〕 馬群林：《「救亡壓倒啟蒙」與「中國六代知識分子」之「發明權」考釋》，原載上海《社會科學報》2018 年 10 月 11 日；完整版刊於：君木的李澤厚先生的博客（http://blog.sina.com.cn/38ha11）http://blog.sina.com.cn/sblog_63959b6d0102y9ia.html；這裡提這個爭議話題與我 10 月 22 日夜讀此博客有關，如同前面推薦楊斌編著的《李澤厚學術年譜》，那麼「君木的李澤厚先生的博客」同樣精彩，我從中受益很多，我對李先生的論著算是比較熟悉的，但是看到這個博客還是往往「眼前一亮」，有很多材料是我沒看到的；比如周汝昌先生說：我幸運地讀到李澤厚先生這一段「答問」（注：指《〈紅樓夢〉與「樂感文化」》），這才獨坐於我的陋室裡長長舒了一口氣，自言自語地說：這回我才找到了真師和真理。（周汝昌：《紅樓美學真理真師》，《今晚報》2011 年 8 月 11 日）詳見該博客 http://blog.sina.com.cn/sblog_63959b6d0102x6sc.html。

哲口述》〔註107〕訪談中再次提到與李澤厚的關於「啟蒙救亡」「六代知識分子」等發明權的爭議（經由杜維明提醒她才知道〔註108〕）。馬群林在《「救亡壓倒啟蒙」與「中國六代知識分子」之「發明權」考釋》梳理了二者見面時間（以舒衡哲原信複印件為例）並考證了舒衡哲先讀了《中國近代思想史論》然後請求拜見李澤厚（信上時間：1980 年 1 月 10 日，原信為英文，只有李澤厚書名和舒衡哲簽名有中文），並且查驗了李澤厚的 1981 年 6 月 17 日下午與舒的交談日記，尤為要者還查了李澤厚與舒衡哲共同署名發表的英文文章《現代中國的六代知識分子》（Six Generations of Modern Chinese Intellectuals），刊於 Chinese studies on History（1983 年第 2 期總第 17 卷）上，馬群林先生比對內容後認為「基本觀點仍來自《略論魯迅思想的發展》」。由此得出結論，無論是「啟蒙救亡說」還是「六代知識分子」提法，就時間上來看李的發表早於二者會面，是舒衡哲讀了《中國近代思想史論》才寫信請求拜訪李澤厚，據說李在家裏接待她，因為是「外賓」還「曾引起院內所內的調查、詢問和警告。」〔註109〕馬群林的「考釋」文章很詳細，確實給我們更多的參考依據，儘管不一定坐實，在不同學者那裡還會有不同看法，但是，依照馬群林的「考釋」結論，李澤厚倒是始終保持了一份學者與長者的「雅量」，這是令人敬重的。

其實這個「爭議」大約不必要深究，因為李澤厚的「問題意識」不僅在指明問題，他對中國思想界的貢獻，固然在震動時代脈搏上無人能比；但是，其真正的貢獻，依照本文分析，倒不限於他 80 年代那如日中天、應者雲集的「李澤厚效應」〔註110〕（如趙士林老師引用沈瓚《近事叢殘》評李贊語「少年高

〔註107〕 舒衡哲：《回家的路　我與中國——美國歷史學家舒衡哲口述》，賀桂梅、倪文婷訪談，北京：北京大學出版社，2018 年 5 月版。

〔註108〕 詳見舒衡哲：《回家的路　我與中國——美國歷史學家舒衡哲口述》，賀桂梅、倪文婷訪談，北京：北京大學出版社，2018 年 5 月版，第 120～124 頁。

〔註109〕 馬群林：《「救亡壓倒啟蒙」與「中國六代知識分子」之「發明權」考釋》，原載上海《社會科學報》2018 年 10 月 11 日；完整版刊於：君木的李澤厚先生的博客（http://blog.sina.com.cn/38ha11）http://blog.sina.com.cn/s/blog_63959 b6d0102y9ia.html；這個博客很值得推薦，對李澤厚論著感興趣的一定會發現種種「驚喜」，比如前面梳理李澤厚「學術三階段」時各種版本論著書封都有照片、版權頁、目錄，很珍貴的，比如那本《門外集》頗不易得，很多引用錯誤，但是該博客有收錄和拍照。感謝君木先生的分享。

〔註110〕 前引丁耘先生提議「必須將李澤厚『效應』與李澤厚本人區別開來」在此層面上講有其合理性，詳見丁耘：《啟蒙主體性與三十年代思想史——以李澤厚為中心》，載趙士林主編：《李澤厚思想評析》，上海：上海譯文出出版社，2012 年版，第 11 頁，原載《讀書》2008 年第 11 期。

曠豪舉之士多樂慕之，後學如狂」）。因為若就「指明問題」而言，「救亡壓倒啟蒙」問題我想在五四運動時期，當時的學人就覺察到了，比如胡適、蔡元培、蔣夢麟，尤其是胡適明確表示「五四運動」對「新文化運動」的「政治干擾」〔註111〕，甚至1935年12月那樣的局勢下他仍然說「罷課是最無益的舉動。」〔註112〕魯迅甚至覺察到了「維新以後，中國富強了，用這學來的新，打出外來的新，關上大門，再來守舊。」〔註113〕這似乎在當時都不是頗為費解的體會。然而，李澤厚與胡適、陳獨秀、蔡元培他們相比，其獨特性在「出路探尋」上，不僅僅是直接「現代化」或「選擇馬克思主義」，李澤厚在1980年發表的《孔子再評價》就試圖從「傳統內部」尋求「現代化障礙」的「文化─心理」結構，這類似於胡適「整理國故」而「打鬼」思路，但是對比一下內容，李的「文化─心理」探尋自覺比起胡適的「水經注考證」之類，問題重要性不言而喻。

　　同樣，正是這一思路，他也區別於有些儒學家的「好古」（而不能「敏求」）；而進一步在探尋出路上，他試圖通過「創造性轉化」而發展「既現代又中國」的「中國道路」；就此現代化而言，他又區別於一些西化派的「崇洋」（而不能「消化」）。而且，無論是研究古代還是關注現代中國，李的視角與漢學家、國外歷史學者，其立場、視角、旨向都是不同的。即便上述「救亡壓倒啟蒙」〔註114〕是舒衡哲教授先提出的，那又如何呢？李的學術貢獻恰恰

〔註111〕 李澤厚留意到了胡適的這一動向他引用胡適語「五四運動對新文化運動來說，實在是一個挫折。」（引自周陽山編：《五四與中國》，第391頁，臺北），詳見李澤厚：《啟蒙與救亡的雙重變奏》，載氏著：《中國現代思想史論》，北京：生活・讀書・新知三聯書店，2008年6月版，第1頁注釋①。

〔註112〕 胡適：《為學生運動進一言》，載《容忍與自由：胡適讀本》，潘光哲編，2011年5月版，第199頁，原載《大公報》星期論文，1935年12月15日；另可參看胡適、蔣夢麟：《我們對於學生的希望》，原載，《新教育》1920年1月5日；胡適：《個人自由與社會進步──再談「五四」運動》，原載《獨立評論》1935年5月12日第150號；在1950年唐德剛筆錄的《胡適口述自傳》對「五四運動」的轉向批評更加直接。

〔註113〕 魯迅：《隨感錄四十八》，《熱風》，《魯迅全集》第一卷，烏魯木齊：新疆人民出版社，1995年版，第288頁。

〔註114〕 另外李澤厚在1989年4月「五四」七十週年紀念會上發言提出「如果說過去革命年代是救亡壓倒啟蒙，那麼今天啟蒙就是救亡，爭取民主、自由、理性、法治是使國家富強和現代化的唯一通道。」這是個很值得留意的提法，他將「啟蒙」與國家「生存」「合法性」聯繫起來，甚至比「救亡壓倒啟蒙」的現象學描述更深刻。劉悅笛先生留意到此說法，在2011年9月開會時他

不在那裡，而在於他在那樣的問題語境下，一方面「回顧傳統　直探心魂」，另一方面「指向未來　尋求出路」，這種問題意識、家國情懷都是國外學人無法體會的，自然我們也不必苛責。只是就理論上來講，我們沒必要將關注焦點從李澤厚的問題意識轉移向其他枝節問題。

上面我們說對中國近現代命運的關注而自覺探尋「既現代又中國」的道路構成了李澤厚貫穿一生的問題意識。這在李的論著裏反覆出現。我們再舉幾個例子。

（三）李澤厚的問題意識及其對「現代新儒家」的批評

1986 年李澤厚寫作《略論現代新儒家》時他就說新儒家的基本特徵是以孔孟程朱陸王為中國思想根本精神，並以此為主體來吸收、接受和改造西方近代思想（如「民主」「科學」）和西方哲學（如柏格森、羅素、康德、懷特海等人）「以尋求當代中國社會、政治、文化等方面的現實出路。」〔註 115〕其立場是自覺的「即站在現代中國的此在的歷史性的基礎上來解釋現代新儒家」「來看看現代新儒家如何企圖承接傳統，繼往開來，以對應現實問題和外來挑戰。」（而對於他們的哲學體系自身則認為「是沒有多少價值的。」〔註 116〕）而李澤厚的問題意識與此類似，只是在具體理論建構上與新儒家不同，他更突顯「文化—心理結構」以及「創造性轉換」思路。明確說就是「西體中用」的思路。他與新儒家的不同是「現代新儒家是站在儒學傳統的立場上吸收外來的東西以新面貌，是否可以反過來以外來的現代化的東西為動力和軀體，來創造性地轉換傳統以一新耳目呢？」〔註 117〕這裡對「新儒家」的思路把握應當說是公允的，只是對其「心性理論」以及「陸王」正宗不滿，對

專門提出這一點；詳見：杜維明等：《李澤厚與 80 年代中國思想界》，載於趙士林主編：《李澤厚思想評析》，上海：上海譯文出版社，2012 年版，第 230 頁；李澤厚原文轉引自《李澤厚學術年譜》138 頁，該頁顯示此文以題名《啟蒙的走向》收入《走我自己的路》（增訂本），我手邊是 1986 年版本，因此未查對原文。

〔註 115〕李澤厚：《略論現代新儒家》，載氏著：《中國現代思想史論》，北京：生活・讀書・新知三聯書店，2008 年 6 月版，第 280 頁；本文原載《文化：中國與世界》1986 年第 3 期。

〔註 116〕李澤厚：《略論現代新儒家》，載氏著：《中國現代思想史論》，北京：生活・讀書・新知三聯書店，2008 年 6 月版，第 282 頁。

〔註 117〕李澤厚：《略論現代新儒家》，載氏著：《中國現代思想史論》，北京：生活・讀書・新知三聯書店，2008 年 6 月版，第 332 頁。

其理論思辨體系評價不高。

　　這一點在 1996 年所寫《何謂「現代新儒學」》用「現代宋明理學」來定義「現代新儒學」（主要針對熊、梁、馮、牟等人），尤其是對牟宗三的「超越」理論批評嚴厲，他說「『現代新儒家』無論在理論框架上、思辨深度上、創造水平上，都沒有越出宋明理學多少，也沒有真正突破的新解釋，更根本談不上任何社會影響。所以就整體說，它只是宋明理學在現代的某種迴光返照，並不會有太好的前景。」〔註118〕這裡對牟並無不敬，李明確提出「牟宗三先生理論貢獻很大，思辨精深，論理清楚，見解重要，頗有影響。」〔註119〕此種評價甚低，正在於李澤厚的「既現代又中國」問題意識使然，在此視角下他對牟宗三那種學院派的思辨理論認為是偏離了儒學正途，尤其是缺失了「外王」一系，正是這一系「在維繫華夏民族的生存發展上，大概比前者更為實在。」「『現代新儒家』忽略或蔑視這條線索，便失去了儒學或儒學精神的大半。」〔註120〕所以在1999 年《己卯五說》中他明確主張「儒學四期說」，這明顯也是針對牟宗三、杜維明等的「儒學三期說」。李澤厚說：「我以為，必須面對當代現實問題的挑戰，這才是儒學發展的真正動力。儒學及其傳統所面臨的當代挑戰來自內外兩方面，而都與現代化有關。今天，中國正處在現代化的加速過程中，如何與之相適應，成了儒學面對的最大課題。」〔註121〕由此可以看出李澤厚的問題意識是明確的一貫的，問題肇因可推至 1979 年的《中國近代思想史論》，因為 1980 年的《孔子再評價》他已經明確在「思想探源」了，這是「中國出路」探尋的「回

〔註118〕李澤厚：《何謂「現代新儒學」——鄭家棟〈牟宗三與當代新儒家〉序》，載氏著：《世紀新夢》，合肥：安徽文藝出版社，1998 年 10 月版，第 111 頁；這裡我不太認可李澤厚對牟宗三等說成是「宋明理學的迴光返照」，對牟宗三頗有研究的唐文明稱「其倉促之情狀顯見於對牟宗三觀點的不瞭解」，是否這樣待考，詳見唐文明：《打通中西馬：李澤厚與有中國特色的社會主義道路》，載趙士林主編：《李澤厚思想評析》，上海：上海譯文出版社，2012 年版，第 30 頁；若看李的《略論現代新儒家》一文分專節論述「牟宗三」其把握並無「倉促」和「不解」，對牟先生的批評主要是一種學派之爭，而非不解使然，這是李澤厚的問題意識使然，1999 年的《說儒學四期》更明顯表現了與牟、杜「儒學三期說」的不同。

〔註119〕李澤厚：《何謂「現代新儒學」——鄭家棟〈牟宗三與當代新儒家〉序》，載氏著：《世紀新夢》，合肥：安徽文藝出版社，1998 年 10 月版，第 110 頁。

〔註120〕李澤厚：《何謂「現代新儒學」——鄭家棟〈牟宗三與當代新儒家〉序》，載氏著：《世紀新夢》，合肥：安徽文藝出版社，1998 年 10 月版，第 111 頁。

〔註121〕李澤厚：《說儒學四期》，載氏著：《己卯五說》，北京：中國電影出版社，1999 年 12 月版，第 13～14 頁。

顧」維度，「回顧過去是為了展望未來。」〔註122〕他的這一問題意識應當說在八十年代確定下來，延續至九十年代、21世紀初仍在不斷論說。

（四）李澤厚「問題意識」的側重及其對「情本體」的慎重

如同上面我們看到的，在不同時段，李澤厚的側重不同，比如1986年1月在《「西體中用」簡釋》他明確說「當今中國面臨的最迫切、最根本的問題，是怎樣走向現代化，所以首先應該解決的，是怎樣吸收消化外來文化，如果一定要講中西，那麼應該是『西體中用』。」〔註123〕而在2010年10月對談裏李說「我的研究，著重心理。哲學也好，美學也好，康德也好，中國思想史也好，都如此。積澱也就是實踐、歷史、文化在人的心理上的累積、沉澱。所以我的哲學、美學、中國思想史、康德在這一點上是同一的，同屬一個同心圓。」〔註124〕這可以看出他的側重點有所轉移，但是此種「焦點」轉移正是在上述問題意識下，尤其是「社會存在之體」之現代化實現後的轉換，這在李澤厚那裡也是自覺的，他說「從而『心理本體』將取代『工具本體，成為注意的焦點』」〔註125〕然而，就「既中國又現代」的中國道路探尋這一問題意識而言，李澤厚更看重的是第一步，對傳統有著清醒的自我意識，反省其對現代化進程的障礙，盡快實現中國的現代化進程。

而「心理本體」「情本體」在回應後現代問題時確實很重要，也如丁耘所說「『情本體』可算是李澤厚晚年體系的基石」〔註126〕，確實，「情本體」的世界性意義更重，在「歷史本體論」的理論架構中很重要，但是要明白「情本體」是建基於「社會本體」之上的。在談到「情本體」時，李澤厚說「我的哲學構想，和國內的思潮，好像沒有太大的關係；但和世界的思潮有關係。沒有海德格爾，沒有現在這種世界性的難題，也不會有情本體。就是我前面說過

〔註122〕李澤厚：《美學熱與學術研究》，載氏著：《李澤厚對話集》（八十年代），北京：中華書局，2014年8月版，第13頁。
〔註123〕李澤厚：《「西體中用」簡釋》，載氏著《走我自己的路》，北京：生活·讀書·新知三聯書店，1986年12月版，第231頁。
〔註124〕李澤厚、劉緒源：《該中國哲學登場了？——李澤厚2010談話錄》，上海：上海譯文出版社，2011年4月版，第61頁。
〔註125〕李澤厚：《哲學探尋錄》，載氏著《李澤厚哲學文存》（下），合肥：安徽文藝出版社，1999年版，第503頁。
〔註126〕丁耘：《啟蒙主體性與三十年代思想史——以李澤厚為中心》，載趙士林主編：《李澤厚思想評析》，上海：上海譯文出版社，2012年版，第11頁，原載《讀書》2008年第11期。

的，人類走到這地步了，個人也走到這地步了，人不能不把握自己的命運了。人的孤單、無聊，人生的荒誕、異化，都達到空前的程度，在這樣的時候，面對種種後現代思潮，我提出情本體，也可以說是世界性問題使然吧……這是一種世界的視角，人類的視角，不是一個民族的視角，不只是中國視角。但又是以中國的傳統為基礎來看世界。所以我說過，是『人類視角，中國眼光』。」〔註127〕這也是為何李澤厚多次表示「我不願大講『情本體』，就是因為現在中國最需要的是建立公共理性，現在法律還不健全，而中國恰恰是人情太多了。」「所以我現在不願大講『情本體』，哲學上提出這個觀念是必要的，落實到眼下的現實，真沒到時候。」〔註128〕由此也可以看出，在李澤厚的問題意識下，「情本體」是第二步的事情，李澤厚的思考始終與中國現實社會緊密相連。如同前面有所論及，1981 年有人就疑問《中國近代思想史論》《批判哲學的批判》《美的歷程》似乎主題完全不同，那麼「它們之間，有什麼實質性的聯繫嗎？」李明確說「若說聯繫，我想也許在於書中談到的問題都或多或少與現實生活有所關聯。從題目上看，三本書全在講過去，但起點卻出於對現實的思考。」〔註129〕此種思路貫穿李澤厚 80 年代後的整個學術歷程〔註130〕。

三、李澤厚「問題意識」之深化：中國現代性尋求及其世界意義

　　1995 年 3 月與清華學生座談時，李澤厚提出要特別注意區分「前現代」「現代」「後現代」三階段之區分，尤其是不要混淆「前現代」與「後現代」，中國「要走出一條新路來。」「對全世界就是最大的貢獻。」〔註131〕而在 2001

〔註127〕李澤厚、劉緒源：《該中國哲學登場了？——李澤厚 2010 談話錄》，上海：上海譯文出版社，2011 年 4 月第 1 版，第 79～80 頁。

〔註128〕李澤厚、劉緒源：《該中國哲學登場了？——李澤厚 2010 談話錄》，上海：上海譯文出版社，2011 年 4 月版，第 114 頁。

〔註129〕李澤厚：《美學熱與學術研究》，載氏著：《李澤厚對話集》（八十年代），北京：中華書局，2014 年 8 月版，第 13 頁。

〔註130〕這個問題意識我反覆強調肇始於 80 年代，最多追溯至 1979 年的《中國近代思想史論》；就論著來說 1957 年的《門外集》和 1958 年的《康有為譚嗣同思想研究》我沒有發現類似證據，前者自然與當時的「美學論爭」有關，而後者肇始於李澤厚 1950 年入北大後的「自學式研究」，注重文獻，甚至是繁瑣的分析；所以關於「問題意識」明確論述我將其定位在 1979 年以後。

〔註131〕李澤厚：《如何活：度與情》，載氏著：《李澤厚對話集》（九十年代），北京：中華書局，2014 年 8 月版，第 121、162 頁，另可參見楊斌編著：《李澤厚學術年譜》，上海：復旦大學出版社，2016 年 4 月版，第 157、173、188、202、204 頁。

年 1 月，李澤厚與周憲、吳炫、爾健關於「現代性與後現代性」的筆談中可以看出李澤厚對此問題意識的深化與拓展，他明確提出「除了注意世界性的問題，是否可以提出並不同於西方現代性的中國現代性問題，也值得學術界探討，它與中國現代化道路（從經濟、文化到政治）在現實中究竟如何走法密切相關。」〔註 132〕他還提到「理性與對理性的『解讀』（這是一個長期甚至永恆的課題）是否還可以尋找出其他的形態、方式或道路？我以為這也是值得全世界特別是中國人去思考的，例如用實用理性來協調二者，等等。是亦步亦趨地追隨西方，還是尋找一條自己的路？看到後現代的問題來進入現代，這是我從 80 年代（如《中國古代思想史論·後記》）到 90 年代（如《世紀新夢》、《己卯五說》）所一直關心的問題。」〔註 133〕2001 年 7 月 9 日在香港城市大學發表演講《陰陽五行：中國人的宇宙觀》再次提到「目前中國最需要的是創造自己的現代性。在這個前提之下，才能談到怎麼吸收中國傳統資源和西方後現代一些東西結合，譬如，後現代反對絕對性、必然性，反對一元，講究混沌的觀念可以跟陰陽五行強調靈活性、經驗的合理性、多元的適用性觀念等中國傳統資源結合。」明確要「警惕用前現代來假裝後現代，以為超越了現代。」〔註 134〕

　　2010 年 10 月，在對談中李再次說「『中國到底要哪種現代性？』或者說：『中國需要什麼樣的現代性？』這是個大問題。是要這種『反現代的現代性』實際是反對啟蒙理性、普世價值而與前現代勢力合流的現代性，實即『中體（三綱為體）西用』的現代性呢，還是要我所主張的，接受、吸取啟蒙理性、普世價值並以之作基礎，加上中國傳統元素如『情本體』的現代性，也就是『西體中用』的現代性？」〔註 135〕明確反對「把前現代當成後現代，把『文革』鮮明的封建特徵，當成是『反現代的現代性』、『審美的現代性』」以及要「防止封建主義借屍還魂。要反對封建特色資本主義，不要以為那就是『中國

〔註 132〕 李澤厚：《現代性與後現代性——與周憲、吳炫、爾健的筆談對話》，載氏著：《李澤厚對話集》（二十一世紀　一），北京：中華書局，2014 年版，第 1 頁。

〔註 133〕 李澤厚：《現代性與後現代性——與周憲、吳炫、爾健的筆談對話》，載氏著：《李澤厚對話集》（二十一世紀　一），北京：中華書局，2014 年版，第 14 頁。

〔註 134〕 李澤厚：《陰陽五行：中國人的宇宙觀》，《中國文化》，2015 年春季號，總第 41 期；此處轉引自楊斌編著：《李澤厚學術年譜》，上海：復旦大學出版社，2016 年 4 月版，第 204～205 頁。

〔註 135〕 李澤厚、劉緒源：《該中國哲學登場了？——李澤厚 2010 談話錄》，上海：上海譯文出版社，2011 年 4 月版，第 102 頁。

模式』。只有保持這種警惕，我們才能走好自己的新路，走出一個真正具有世界意義的中國模式。」〔註136〕由此可見李澤厚的思路敏銳而深刻。這也是本文為何如此重視並仔細梳理出來李澤厚的「問題意識」緣由之所在，這一方面關係他對中國傳統的溯源的初衷，另一方面也是他關注後現代問題發揮其學說「世界性意義」〔註137〕的起點。

若接續本節前面的誤解公案，我們看到《中國古代思想史論》出版後李澤厚被認為是「轉向傳統」「背叛自己」〔註138〕？通過上面對李澤厚「問題意識」之分析，我們很清楚的看到，李澤厚的論著看似分屬於美學、思想史、哲學、雜著四類，但是其問題意識如同一條紅線貫穿其中，可以說他是「吾道一以貫之」的。無論是《中國古代思想史論》出版時學生認為的「背叛」還是《中國現代思想史論》出版時的「回歸」〔註139〕，我們可以看到其誤解思路是一貫的，前面楊煦生教授坦言對李澤厚「有相當不瞭解」可謂事實，甚至2001年陳明還認為「這種雙重身份實際上是一種矛盾。」〔註140〕或許真的受制於80年代的思想語境，如同徐友漁先生所反省的，無論是「知識結構」還是「教育背景」，此種侷限性不僅體現在李澤厚身上，更體現在當時的青年學生身上。

〔註136〕 李澤厚、劉緒源：《該中國哲學登場了？──李澤厚2010談話錄》，上海：上海譯文出版社，2011年4月版，第103頁。

〔註137〕 這一線索很值得重視，印象中李澤厚出國以後慢慢突顯了「傳統文化」「中國道路」的世界性意義，在他是自覺的去發掘傳統「文化─心理」的優點和強處，這可追溯至1980年的《孔子再評價》，只是這部分側重在90年代以後更加明顯。由於本文側重其「問題意識」，所以突顯他對「中國道路」的探尋，其實在「回顧─展望」模式裏面，「展望」維度就蘊含著其理論建構的「世界性意義」。其實這一線索很重要，儘管建基於80年代，但是很明顯是對80年代的超越，可結合「情本體」「歷史本體論」等單獨處理。可參閱《李澤厚學術年譜》第150頁、158頁。

〔註138〕 劉緒源也印證了此種感受，詳見：李澤厚、劉緒源：《該中國哲學登場了？──李澤厚2010談話錄》，上海：上海譯文出版社，2011年4月版，第51頁。

〔註139〕 「《中國現代思想史論》出來以後，就有人說：你看，李澤厚又回來了，又回到近代的立場了。」顯見：李澤厚、陳明：《浮生論學：李澤厚、陳明2001年對談錄》，北京：華夏出版社，2002年1月版，第123頁。

〔註140〕 李澤厚、陳明：《浮生論學：李澤厚、陳明2001年對談錄》，北京：華夏出版社，2002年1月版，第123頁；從80年代楊煦生等青年學生的「誤解」到2001年後陳明對李澤厚「兩個知識譜系」編排，這是個值得留意的線索，80年代青年學生的知識結構侷限性，愚以為學界反省的不夠，儘管他們臨到中年很快成了中流砥柱，但頑疾固在，軟肋依然。自然任何一代人都有自身侷限，都有反思，並且往往總覺反思不夠。

這是很值得留意的問題，或許此種侷限性構成了 1950 年後中國大陸學界學人的軟肋，尤其是 1970 年代以後成長起來學人的軟肋。

記得趙汀陽先生對我說李澤厚若 90 年代不出去，或許在國內影響更大；我倒不這樣看，就華人學界而言（包括臺灣），在 80～90 年代李澤厚的影響如日中天，可謂「無以復加」了。他的出走反而使他有了更多時間來反思那種侷限並且能夠孤獨的沉潛下來，自覺「對世界前景的思考」〔註141〕；愚以為正是此種沉潛，使他九十年代以後的論述，在以中國命運為中心的「回顧—展望」問題意識下，無論是在「回顧：思想溯源」還是在「展望：指向未來」維度上，其思想原創性都有某種昇華，其影響或許無法與 80 年代相比，但是就理論架構自身的深度上，絲毫不比 80 年代弱，應當說是一種基於 80 年代的積累的理論凝練與昇華結晶。比如說《論語今讀》的大量批註可謂對《孔子再評價》的具體展開，再比如《己卯五說》無論是在「思想溯源」還是在「未來指向」上都可謂對 80 年代理論框架的深度展開和超越（比如本書下面專題論述的「巫史論」再比如「自然—人化說」），而歷史本體論中的「情本體」「樂感文化」等論述不僅涵攝了 80 年代的相關論述，而且建構上更自覺，深度上明顯有很大推進，並自覺彰顯了其世界意義。關於李澤厚 90 年代以後的思想，尤其是他的「歷史本體論」建構值得專書討論。本書儘量圍繞側重的「問題意識」主題展開。下面我們將與近現代部分學人的理論方案做一對比，看李澤厚的「問題意識」及其「思路回應」有何優長和侷限。

第四節　比較視域下對李澤厚「問題意識」及其回應思路之審視

一、從馮友蘭的終生困惑看「中國命運」問題意識的不可迴避性

（一）馮友蘭的文化困惑與近現代問題意識

1982 年，馮友蘭在哥倫比亞大學授予他名譽博士學位儀式上致答詞，其中說：「我生活在不同的文化矛盾衝突的時代。我所要回答的問題是如何理解這種矛盾衝突的性質；如何適當地處理這種衝突，解決這種矛盾；又如何在這

〔註141〕李澤厚：《與丁一川對談》，載氏著：《世紀新夢》，合肥：安徽文藝出版社，1998 年 10 月版，第 327 頁。

種矛盾衝突中使自己與之適應。」〔註142〕1983年馮先生在《三松堂學術文集》「自序」中再次提到：「我從一九一五年到北京大學中國哲學門當學生以後，一直到現在，六十多年間，寫了幾部書和不少的文章，所討論的問題，籠統一點說，就是以哲學史為中心的東西文化問題。我生在一個不同文化的矛盾和鬥爭的時期……」〔註143〕這裡我們可以看出，馮友蘭所講的兩種文化就是「東西文化」或者說「中西文化」，在當時也被稱為「舊文化」與「新文化」之衝突，這構成了馮友蘭畢生學術努力的問題意識。

馮友蘭在《三松堂自序》談及此問題時說：「這兩個天地是有矛盾的，這是兩種文化的矛盾。這個矛盾，貫穿與中國歷史的近代和現代。……從1919年，我考上了公費留學，於同年冬到美國，次年初入哥倫比亞大學研究院哲學系當研究生。我是帶著這個問題去的，也可以說是帶著中國的實際去的。」〔註144〕由此我們可以看出，馮友蘭先生那代學人固然在形而上學、知識論等領域有所建樹，但是他們真正關切的還是中國的出路問題，如上面所說「遭遇西方之後，中國何去何從？」，「傳統與現代之深層張力」蘊含的問題是遭遇現代化之強勢壓力有著古老傳統的中國將如何走向自由之路？這種危機意識從魏源、郭嵩燾、鄭觀應的「盛世危言」他們就逐漸意識到了，李鴻章說「三千餘年一大變局也」，他在軍事上是感到了某種巨大的壓力。但是，我們知道此壓力源自軍事背後的文化。

（二）李澤厚對近現代問題意識的自覺繼承

這種「兩個天地間的矛盾」，在李澤厚那裡也是自覺的，他說「我的哲學不是超然世外的思辨，也不是對某些專業題目的細緻探求，而是在特定時代和宏觀環境中與各種新舊觀念、勢力、問題相交錯激蕩的產物。」〔註145〕而且如同馮友蘭那樣自覺化解這個矛盾並始終「帶著中國的實際」去思考，也

〔註142〕《馮友蘭學術精華錄》，第2頁；轉引自陳來：《現代中國哲學的追尋：新理學與新心學》增訂版，北京：生活‧讀書‧新知三聯書店，2010年版，第300頁。

〔註143〕《三松堂學術文集‧自序》，第2頁；轉引自陳來：《現代中國哲學的追尋：新理學與新心學》增訂版，北京：生活‧讀書‧新知三聯書店，2010年版，第301頁。

〔註144〕馮友蘭：《三松堂自序》，上海：東方出版中心，2016年版，第207～208頁。

〔註145〕李澤厚：《課虛無以責有》，載氏著：《實用理性與樂感文化》，北京：生活‧讀書‧新知三聯書店，2005年1月版，第370～371頁；此文原載《讀書》2003年第7期；這篇夫子自道很值得留意。

是李澤厚的自覺選擇〔註146〕，當有人疑問《中國近代思想史論》《批判哲學的批判》《美的歷程》似乎主題完全不同，聯繫何在？李明確說「若說聯繫，我想也許在於書中談到的問題都或多或少與現實生活有所關聯。從題目上看，三本書全在講過去，但起點卻出於對現實的思考。」〔註147〕而在 1987 年 9 月三本中國思想史論出版後，李又再次提及哲學的主題「就是研究『命運』：人類的命運、中國的個人的命運。這就是我所關心的。」〔註148〕很明顯，關注中國的命運問題，首先就涉及到中西文化的關係問題，具化為「傳統與現代之張力」問題。

　　結合上面表述，可以看出「傳統與現代之張力」下的「中國命運」問題可以說是近兩個世紀以來懸在中國思想界「達摩克利斯之劍」，上述馮友蘭從青年時代以至於晚年似乎都糾結於此種矛盾中，然而這並非馮友蘭一人之困惑，實乃當時之共性問題。民國學者令人敬重的一點至少在於他們對這個問題的思考是自覺的，比如陳獨秀在《吾人最後之覺悟》（1916 年 2 月 15 日）中將中西文化之衝突視為中西之爭的根本〔註149〕；梁漱溟在其代表作《中西文化及其哲學》一書中在談及中西文化之爭時，基本沿用了陳獨秀對此問題的看法〔註150〕；梁啟超在《申報》五十週年紀念時應約撰文《五十年中國進化概論》中明確提出了中西文化遭遇後經由「器物—制度—文化」之「三期說」。〔註151〕

〔註146〕 在問題意識方面，李與馮友蘭又有著細節上的差異，比如固然在二人對清末的洋務、改良都有某種同情和認可，但是李澤厚是自覺繼承五四的，並在對比革命語境下認可改良，「西體中用」角度認可清末發展經濟；而馮友蘭在《新事論》中是站在反省五四立場，並且站在「清末人那邊的。」詳見：李澤厚、劉緒源：《中國哲學如何登場了——李澤厚 2011 談話錄》，上海：上海譯文出版社，2012 年 6 月版，第 85～86 頁，題名為：「馮友蘭為何贊同『西體中用』」；下面我們會分析二者問題意識的具體差異。

〔註147〕 李澤厚：《美學熱與學術研究》，載氏著：《李澤厚對話集》（八十年代），北京：中華書局，2014 年 8 月版，第 13 頁。

〔註148〕 李澤厚：《靜悄悄的工作——答香港記者杜耀明問》，載氏著：《李澤厚對話集》（八十年代），北京：中華書局，2014 年 8 月版，第 81 頁；此文原題《答香港學者杜耀明問》，刊香港《明報月刊》1987 年 9 月號；以題為「李澤厚怎樣走上獨立思考之路？」刊臺灣《文星》1987 年 12 月號；參見《李澤厚學術年譜》第 121～122 頁引用。

〔註149〕 陳獨秀：《吾人最後之覺悟》，《陳獨秀著作選》第一卷，上海：上海人民出版社，1984 年 9 月版，第 179 頁。

〔註150〕 梁漱溟：《東西文化及其哲學》（修訂版），北京：商務印書館，1999 年 7 月版，第 13 頁。

〔註151〕 梁啟超：《梁啟超史學論著四種》，長沙：嶽麓書社，1985 年 9 月版，第 8 頁。

但是，他們是如何化解的呢？我們知道魯迅有「棄醫從文」回到「國民精神」上來的轉變，而蔡元培所帶領的同仁則投身到了教育救國中來，這或許是他們比他們前輩李鴻章、張之洞「中體西用」思路的深化與推進。而李澤厚的化解與他們不同，下面分析將顯示李的推進之所在。

在問題意識方面，對中國近現代命運的關注而自覺探尋「既現代又中國」的道路，李澤厚是對近現代學人共同「問題意識」的自覺繼承，而此一問題意識可以說是無法迴避的，後來者可以繞開李澤厚避而不談，但是對他所關注的問題卻無法逃避（不僅僅是中國的現代性問題還有對後現代的回應問題，世界性愈加凸顯，同時亦無可逃避）。前面提到李澤厚在「澄清公告」第五點明確說「今日繼承的應是五四時期陳獨秀、魯迅、胡適等人批判傳統的變革精神。」〔註152〕當然，在同一問題意識下，李澤厚的回應思路又是獨特的。

二、李澤厚對「問題意識」的深化及其獨特回應

（一）直面 1840 年以來的歷史悲劇而深化「問題意識」

就李澤厚的問題意識而言，對中國近現代命運的關注而自覺探尋「既現代又中國」的道路，可以說他是對「新文化運動」諸君的自覺繼承。然而，就細節而言，包括前面所提對「啟蒙的重視」以及發現「啟蒙與救亡」的張力，在我看來都不是李澤厚的「發明」，他只是對此問題意識的自覺繼承。所以上面談及他與舒衡哲教授的爭議時在我看來是沒必要的，李澤厚的獨特性恰恰不在那裡，儘管「啟蒙與救亡」問題確實是他在那個時代通過其論文引起大家留意並廣泛熱議的，但是，那只是一個「前奏」和「起點」。李澤厚的獨特在於，一方面對「問題意識」的深化與拓展，另一方面對此「問題意識」做出獨特回應。正是在此語境下，我們看到他與前輩相比，無論是在「問題意識」方面還是在理論回應方面，都有所推進。同樣，正是這一點，是海外學者、漢學家所無可比肩的。先說第一點，他如何對「問題意識」自覺繼承並深化拓展的。

第一、通過對近現代革命進程之深入研究而自覺突顯「問題意識」。就「問題意識」之共同性來講，說李澤厚是自覺接續前人；但是，就他個人的學思歷程而言，他又不是直接從別人的「問題」出發，而做此「命題作文」，恰

〔註152〕李澤厚：《關於儒家與「現代新儒家」》，載氏著《走我自己的路》，北京：生活‧讀書‧新知三聯書店，1986 年 12 月版，第 225 頁。

恰相反，依照其研究歷程 1950 年入北大不久就開始研究譚嗣同〔註153〕，這是
個自學式的研究道路，甚至有些「盲目」，而不是在老師指引下的問題展開；
就 1958 年出版的《康有為譚嗣同思想研究》來看，他的問題意識並不明顯，
但是文獻功底很紮實，他自己也提到當時在北大做了很多「文獻卡片」〔註154〕，
直到 1979 年《中國近代思想史論》出版還在用。對比《康有為譚嗣同思想研
究》與《中國近代思想史論》，可以發現其「問題意識」日益凸顯，所以就公
開論著來講，我們可以初步得出這樣的結論，李澤厚是在對近代思想進程尤其
是「革命—改良」之種種悲劇中來自覺承繼起「中國命運何去何從」這樣的問
題意識的。就這一點來講，陳獨秀、胡適包括年長一些的蔡元培他們固然是近
代的經歷者，但是，他們沒有這方面的研究。甚至康有為、譚嗣同、梁啟超，
他們作為當事人，但是對於近現代的思想進程反而沒有下過工夫研究。馮友蘭
上面提到他的「終生困惑」，但是，他論著裏面對於近現代進程也無這方面研
究。只是他的《三松堂自序》有部分回憶。前面我們在提及李澤厚對牟宗三不
研究孔子表示「奇怪」時已說到，「身在其中」「融合為一」還是無法代替那種

〔註153〕 李澤厚說「我剛入大學沒幾個月，就自己搞研究了，這顯然是荒謬的事。」
他 1950 年最先研究譚嗣同很艱難「五易其稿」（《李澤厚學術年譜》14 頁顯
示 1951 年「開始研究譚嗣同」），1952 年開始研究康有為，關於康的論文先
在 1955 年發表；後來兩者論文均收入 1958 年的《康有為譚嗣同思想研究》。
引語詳見：李澤厚、劉緒源：《該中國哲學登場了？——李澤厚 2010 談話錄》，
上海：上海譯文出版社，2011 年 4 月版，第 15 頁；此書對談很值得留意，
尤其是李回憶了 1949 年以前讀了什麼書，1950 年代、1960 年代讀了什麼書，
很值得參看；由此看徐友漁說其「知識結構」僅限於馬列是不妥當的；當然，
徐先生的反省就一般層面來講還是普遍存在，教育侷限也有普遍性。

〔註154〕 我很看重李澤厚的「文獻積累」工夫，包括他自己也說老是「匆匆交稿」「提
綱式寫作」，但是，實際上他在文獻研讀上勤奮而又廣博，比如我在研讀他論
著時發現他的許多英文版引用都是當時最新的；另外可參考李澤厚自己的回
憶：「我是從 1952 年就開始研究，這三年間材料積累相當多。那時候我都是
看原始材料，線裝書。要做卡片沒有錢買，就拿一張非常薄的紙，非常便宜，
抄下來以後把它分類，剪開以後再貼到報紙上。」他借任繼愈先生的教工借
書證，每次可借 30 本「每次弄一大堆書出來，要一個大袋子，分兩趟背回宿
舍裏。」他有肺病被隔離在一棟樓裏，發現樓頂空房「破門而入。在那裏一
個人看書，誰也不來往，抄了很多原始資料。我一直強調要重視資料，這都
是硬工夫、苦工夫。」詳見：李澤厚：《當下中國還是需要啟蒙》，載氏著：
《李澤厚對話集》（二十一世紀・二），北京：中華書局，2014 年 9 月版，第
100～101 頁；「文獻積累」只是一方面，關鍵是李澤厚還有「敏銳的問題意
識」，因此賦予豐厚的「文獻積累」工夫有生命；馮友蘭說的話「把死的東西
寫活了」頗耐人尋味。

故意拉開距離的理性審視和研究的〔註155〕。所以，就「問題意識」的細節而言，可以說李澤厚與他們不同〔註156〕。這看似「大同小異」，但是，正是由於此份細緻的研究，由此紮實的文獻工夫，所以在1979年李澤厚明確提出「問題意識」時才賦予了更多內容，那更是前輩甚至同輩學者所無法企及的。也就是下面要說的第二點。

第二、由對近現代革命進程的研究而自覺反思文革由此豐富「問題意識」。如果只看《康有為譚嗣同思想研究》，李澤厚頂多是一個注重文獻功底的二流歷史學者，但是，在1979年的《中國近代思想史論》裏面，他的問題意識變得厚重而有質感，似乎有種昇華。之所以這樣，依據目前的研究，我的看法是，如果他對1840年以來改良派、革命派等梳理是一種文獻詳實、甚至繁瑣分析的思想史研究的話，那麼1979年前後他的研究融入了自己的生命體驗，將前者從文獻研讀反來的問題意識與自己的親身經歷融合起來，這是一種昇華；此種「問題意識」由承繼前輩的「他者問題」突然變成了「自己的」「親歷的」問題意識。他對1949年以後思想悲劇的反省不自《孔子再評價》開始，1960年代他就在反思了，比如對於「革命的正當性」問題，這種反思又不僅僅是對現實的質疑，更關鍵在於他確實對近現代「改良─革命」進程變化是研究在先的。這樣，原有的「文獻卡片」與今日的「親身經歷」

〔註155〕對傳統同情的敬意，至少有兩種方式；其一、新儒家一直強調那種「文化慧命」的敬意與延續；其二、李澤厚這種「距離產生美」，他似乎沒有那種傳統家學的浸潤，但是，他能抓住要害從「文化─心理」這一深層結構入手，而且他是故意拉開距離「審視」傳統。這樣建立在此種「認識你自己」基礎上的「重估」反而讓李對傳統的「敬意」更有依據，對傳統的「同情」不限於一種模糊的「生命體悟」，而是有著豐富的素材以及由此而來的「審美體驗」。正是這一路向，反而可以看出，李澤厚對傳統，尤其是儒家的理解更深邃，對其敬意和同情更實在。部分新儒家高呼「生命學問」而無視生活實踐、個體修養，反而讓人確實感覺到余英時先生所說的那種「傲慢」，其實他們的生命到底「體悟」了什麼，很難說清，類似於私人語言，無法交流的。

〔註156〕李澤厚這一《中國近代思想史論》的文獻工夫研究很值得留意，正因為對近現代歷程有此清醒認識，所以他不會輕易轉向比如開梁啟超在《歐遊心影錄》那種讓青年人「開步走」去救贖西方的玩笑，也不會如馮友蘭在《新事論》中那樣反省「五四」而站在「清末人一邊」；更不會犯崔大華先生在《儒學的現代命運》那種誤把「阻力當動力」的錯誤。關鍵在於，近現代歷史教訓在1950年代以後的重蹈覆轍，讓李澤厚對傳統的「文化─心理」積澱印象深刻。所以他由反思近現代而反思文革，進一步溯源傳統，並進一步建立中國現代性、回應後現代。其理論體系無論是廣度，還是深度，都不容低估。這一切又都建基於他對近現代思想史的紮實工夫。

融為一體，因此他的「問題意識」看似與陳獨秀、胡適、馮友蘭他們相同，細節上「名同實異」，正因為其「問題意識」蘊含了對文革的反思。甚至後者對其有更大的生命衝擊，因此直至晚年，他就一直在警惕誤把「封建特色資本主義當做中國特色社會主義。」這一點是我對李澤厚深表敬重的原因所在。回味痛苦是痛苦的，他也多次說不願再品味二次痛苦，但是，從其文字來看，他一生都在不斷的回味痛苦，理論上的回味與反思。他發現「民粹主義」的流傳、「國學」的復興、「道德主義」的再現、農民運動的弊端、革命的後遺症、誤把「忠君」當愛國等等，這些他在研究近現代思想史時就留意到了，他的反思是，為何會這樣？為何會這樣重蹈覆轍？問題何在，緣由何在？進一步中國將何去何從？所以儘管說都在化解中西文化衝突而關注「中國命運」問題，在陳、胡包括馮友蘭那裡，與李澤厚相比，內容有著很大差異。除此之外，還有第三點差異。

　　第三、「看到後現代的問題來進入現代」以探討有別於西方的中國現代性，是李澤厚「問題意識」的進一步深化。李澤厚在區分「前現代」「現代」與「後現代」方面再次顯示了他作為思想家的敏銳。就上述「問題意識」來講，他也看到中國最緊要的問題是「學習、消化西方」進入現代化歷程，但是，在中國念茲在茲進入現代化時卻趕上了後現代，因此前現代、現代化、後現代諸因素共處同一個中國這一時空情境中，讓問題變得樸素迷離、雲怪詭譎，在此情形下，我們甚至可以說李澤厚顯示出了他大師級的拿捏水準，一方面沒有趕時髦告別「啟蒙理性」，而是堅守其主流地位，仍然要實現現代化，並視後現代為一種裝飾；另一方面又警惕前現代偽裝後現代，對沉渣泛起的封建糟粕繼續痛擊，反覆倡導要接續「五四傳統」；除此以外，李澤厚又獨特的嘗試從傳統中發覺、拓展「情本體」「樂感文化」來回應後現代迷失問題，這個思路若追溯的話可以回到 1980 年的《孔子再評價》，他對儒學傳統之批評如同陳獨秀、李大釗，但是不同的是他看到了傳統思想的現代價值，尤其是在回應現代性弊端的優長，這一點非陳、李所及。若對比一下梁啟超的《歐遊心影錄》，我們更可以看出李澤厚的方向感以及分寸感，如同他一再強調的「度」的把握，這是極為難得的清醒與堅守。在這樣的背景下，李澤厚提出嘗試建立有別於西方的「中國現代性」問題，這是李澤厚在「問題意識」深化拓展上對前輩學者有所推進的地方，甚至可以說至今有些學者也未達到李澤厚的水準。

而對於近現代歷史進程的把握，尤其是 1950 年代後思想悲劇的反思，現代性弊端以及後現代問題的回應，這些是至今關注「中國命運」問題的學者所無法繞開、難以迴避的問題；正是在此一意義上說，李澤厚的思考，因其關注問題的不可迴避性，我們無法繞開；也正是在這些問題上，李澤厚還佔據著重要位置，如果不說至高點的話。李澤厚本人將會老去，他對中國命運問題的思考，將是後來者繞不開的思想遺產。為什麼要繞開呢？那正是我們值得珍惜的、前輩饋贈下的禮物呀。難能可貴的是，李澤厚不僅豐富、深化了上述馮友蘭所說的問題意識，而且在具體回應上，他對於前輩學者也有明顯推進。

（二）由「問題意識」而思想溯源探尋「文化—心理」結構

就李澤厚對「問題意識」的回應而言，比如注重在傳統內部尋求原因，這在新文化運動時期也是常見的思路，前面引用的梁啟超、梁漱溟、陳獨秀很自覺的對於中西遭遇後的問題癥結由「器物—制度」而引向「文化」上來，這也不是個別人的覺醒而是當時的共識，比如嚴復較早就看重「民力」「民智」問題還引出孫中山的名言「俟河之清，人壽幾何」，但是這個問題始終繞不開，革命無法取代啟蒙。再比如蔡元培由原來參與暗殺、試製炸彈而轉向辦教育，魯迅的「棄醫從文」，都可說明這一點，包括賀麟：「老實說，中國百年來之受異族侵凌，國勢不振，根本原因還是由於學術文化不如人。」〔註157〕所以，在這個層面，李澤厚也只是承繼前賢而已。但是，在具體回應上，他做出了很大推進。

第一、以「問題意識」為中心自覺探尋「文化—心理」結構。如果說陳獨秀、李大釗等看到了「孔子之道與現代生活」方面的張力的話，那麼在具體處理方法上，李澤厚不是像前賢那樣將「古書扔進茅廁」或者「少讀或者不讀中國書」，也不認為近代以前之中國史只是「一團黑暗」「吃人之歷史」。這倒不僅僅是李澤厚的態度溫和、性情中人，我始終強調他與傳統的距離，正是這種距離，讓他產生「審視」「重估」甚至「欣賞」的自覺，他的這種「體驗」在他的方向感判斷上很重要。比如《美的歷程》，考慮到時代背景，經歷了「破四舊」「批林批孔」等，李澤厚對於當時的言論翻轉，經由《美的歷程》一出，似乎「不著一字盡得風流」，他對青銅器、書畫、詩詞歌賦那種品味、

〔註157〕賀麟：《文化與人生》，北京：商務印書館，1988 年版，第 20 頁。

涵詠、樂享，不是任何「吃人」「黑暗」可以抹殺的。同時，「批孔」的同時看到的盡是封建主義的盛裝前行，問題何在？而且，這已經不是他第一次遭遇這種「改頭換面」後繼續「盛裝前行」的局面了。這個問題蔡元培先生也有所反省，在復辟帝制失敗後，蔡先生曾尖銳地指出，袁世凱復辟帝制的醜劇並不是他個人之罪惡，而是有著社會基礎的。他分析道：支持袁世凱稱帝的有三種社會勢力，一是官僚，二是學究，三是方士。蔡元培對這三種社會勢力做了如下的評論。「畏強抑弱，假公濟私，口蜜腹劍，窮奢極欲，所以表官僚之黑暗也。天壇祀帝，小學讀經，復冕旒之飾，行跪拜之儀，所以表學究之頑舊也。武廟宣誓，教會祈禱，相士貢諛，神方治疾，所以表方士之迂怪也。」正是因為如此之故，所以儘管袁世凱帝制活動失敗，且本人也已死去，但是復辟帝制的活動並未因此而停頓，「而此三社會之流毒」依舊。〔註158〕「中華民國約法，有責任內閣，而當時普遍心理，乃不以為然。」〔註159〕在這樣的背景下，李澤厚對「孔子再評價」，自然不限於孔子，對於傳統「文化—心理」他予以了系統性梳理，在上述「問題意識」下梳理，因此他對「墨子與民粹主義」、「孫老韓與辯證法」、「陰陽五行」「莊玄禪思維方式」等影響至今的「文化—心理」結構予以重申，可以說遠比其前輩「將古書扔進茅廁」高明，更非「批林批孔」可比，甚至比賀麟「儒家思想新開展」的宏大敘事更精良。關鍵在於李澤厚的「文化—心理」探尋是對他上述問題意識的自覺回應。而此回應是為了「指向未來」。

　　前面提到這個思路比較類似於胡適的「整理國故」和「再造文明」。但是，在內容上若對比一下《新思潮的意義》《〈國學季刊〉發刊宣言》，我們固然可以看出胡適的平實、理性與清醒，但是，若在同一問題意識下，坦白說照胡適那種「整理國故」的做法，「文明再造」是很難的，就如同那「爭取學術獨立的十年計劃」一樣可笑，他那做法更多是對清代「三百年古學」訓詁考據的延續而已。訓詁古書於既無益於「救亡」也無補於「啟蒙」，但是對於學科規範有其合理性，現代的很多文史類博士論文基本上是胡適《國學季刊》發刊宣言》方案的落實。李澤厚也研究古書，但是他關注的問題是現代的，因此他的

〔註158〕 蔡元培：《對於送舊迎新二圖之感想》，《蔡元培全集》，浙江教育出版社，1997年，第二卷，第463頁。

〔註159〕 蔡元培：《對於送舊迎新二圖之感想》，《蔡元培全集》，浙江教育出版社，1997年，第二卷，第464頁。

研究將「死的東西講活了」(如馮友蘭對他去信說:「死的歷史,你講活了。甚佩,甚佩。」) 所以,李澤厚的「文化─心理」結構探尋與胡適的「整理故國」及水經注考證之類完全不同。胡適的工作有其規範學科的合理意義,但是,對於上述問題意識而言,或者說對於胡適的理想「再造文明」而言,那條路是走不通的。

第二、由「文化─心理」結構探求而尋其源頭。前面我們提到李澤厚的「回顧─展望」模式。「文化─心理」結構探求正是其「回顧」模式之具體實現。同樣正是在此一「回顧」模式下面,八十年代及九十年代初通過「文化─心理」結構探尋,而提出「實用理性」「樂感文化」「儒道互補」「心理原則」等解讀範疇,進一步,李澤厚繼續追問,它們來自哪裏?其思想淵源何在?尤其是在國外教學過程中對於學生提問傳統中國沒有至上人格神何以延續至今?那是如何可能呢?由此李澤厚提出對比語境下的「一個世界」,那麼同樣的疑問是「一個世界」淵源何在?這便是他「巫史傳統論」的問題語境。這一思想溯源同樣歸屬於「回顧─展望」模式,只是八十年代及九十年代初李側重孔子及其以後,李說「我寫了三本中國思想史論,從孔子講到毛澤東」,而1999年的《說巫史傳統》「這篇則主要講孔子以前。」〔註160〕正是此一深層次的「思想溯源」為李澤厚的「展望:指向未來─創造性轉化」提供了更豐厚的理論資源,這也正是他學術思想第三階段發揮的主題之一。此一維度,在目前看來依然是頗具原創性的理論。就孔子以前思想起源的探討來看,雅斯貝斯的「軸心期文明說」影響很大,余英時先生在《論天人之際》中還試圖給出中國版的「哲學突破」論證,但是,恰恰是李澤厚的「巫史論」模型更能解釋殷周之際直到孔子思想演進上的「延續與變革」。另外,就「巫」之研究來看,李零、林富士、趙容俊等對「巫」文獻、文化等有所研究,但是總覺他們的文獻研究放入李澤厚的問題意識下方才能更突顯其價值。而且在研究思路上,他們缺乏李澤厚那種歷史感和問題意識的現實性。後面專章討論「巫史論」,此不贅論。

(三)由思想溯源而「轉換性創造」自覺培育「心理本體」

李澤厚在評價現代新儒家時提到「現代新儒家雖以哲學為其課題,但其背景與近現代中國各派哲學一樣,都有著對中國民族往何處去,傳統如何能

〔註160〕李澤厚:《說巫史傳統》,載氏著:《己卯五說》,北京:中國電影出版社,1999年12月版,第33頁。

聯結現代化，如何對待西方傳來的民主、自由、科學等基本價值等巨大社會文化問題的深切關懷。」〔註161〕這可以得到某種印證，據說牟先生八十大壽時嘗言「從大學讀書以來，六十年只做一件事，是即『反省中華民族之生命，以重開中國哲學的途徑』。」〔註162〕牟宗三先生在《中國哲學的未來》中也確實這樣說：在此，我們看出來中國哲學未來的方向：（一）根據傳統儒釋道三教的文化生命與耶教相摩盪，重新復活「生命的學問」。（二）吸收西方的科學、哲學與民主政治，展開智性的領域。就哲學說，西方哲學中的柏拉圖、亞里士多德一骨幹，萊布尼茨、羅素一骨幹，康德、黑格爾一骨幹，永遠有其哲學真理上的價值。〔註163〕然而問題在於，其注重「心體─性體」之學院派思辨，已悖離儒家生活傳統，如同鄭家棟所說現代新儒學「很大程度上已成為學理之事，而非真正的實踐之事，生命之事。」〔註164〕如同上面我們提到像胡適一樣，他們共享類似的「問題意識」，但是在「再造文明」路徑上差異迥然。

　　新儒家的式微或許與他們理論困境有關。李澤厚對新儒家的評價很低，如同前面引用的「它只是宋明理學在現代的某種迴光返照」〔註165〕，正在於無論是在傳統「文化─心理」的認知上還是在對「中國民族命運」的自覺回應上，他與新儒家「問題意識」相近，但是側重不同；換句話說他用「中國命運」的問題意識來評判新儒家是合理的，固然牟宗三在理論上超邁同侪，但是他自己以及新儒家學派則與中國的現實問題始終「密切相連」，他們的理想也不是建立純思辨的理論體系，而是作為「文化慧命」的傳承者延續民族生命。即便不同意其「心性理論」，但是他們在「文化宣言」中那種對待傳統那種「同情

〔註161〕李澤厚：《略論現代新儒家》，載氏著：《中國現代思想史論》，北京：生活‧讀書‧新知三聯書店，2008 年 6 月版，第 331 頁。

〔註162〕羅義俊：《創業垂統：典範的學思生命和哲學創造（序〈牟宗三文集〉）》，引自牟宗三：《名家與荀子》（牟宗三文集），長春：吉林出版集團，2010 年 4 月版，序，第 1 頁。

〔註163〕牟宗三：《中國哲學的特質》，長春：吉林出版集團有限公司，2010 年版，第 98 頁。

〔註164〕鄭家棟：《當代新儒家論衡》，臺北：桂冠圖書公司，1995 年版，第 5 頁；此處轉引自李澤厚：《說儒學四期》，載氏著：《己卯五說》，北京：中國電影出版社，1999 年 12 月版，第 12 頁。

〔註165〕李澤厚：《何謂「現代新儒學」──鄭家棟〈牟宗三與當代新儒家〉序》，載氏著：《世紀新夢》，合肥：安徽文藝出版社，1998 年 10 月版，第 111 頁。

的敬意」依然令人感動，而且可以看出他們基於「心性理論」而挺立民族文化主體性的信心與堅持，從某種層面講他們對於「心性論」之發揚與 1979 年李澤厚在《批判哲學的批判》及其「主體性論綱」中對「主體性」的發言有異曲同工之妙，皆非純粹理性思辨。這裡我們順便可以提及 1949 年前後知識分子對馬克思主義的兩種極端態度。第一種李澤厚多次談到馮友蘭、金岳霖、賀麟等等真誠的「接受認同」並「自我改造」，這是值得留意的，並非所有「改造」都是強迫的，至少有部分是「自願交心」，這個現象很值得留意；還有部分知識分子，比如部分新儒家，對於 1949 年後的政局變換及馬克思主義立場保留了終生的敵意、甚至誤解。這一現象在 1979 年以後也陸續出現，對馬克思主義、毛澤東等閉口不談，不屑一顧，這個現象至今存在。這同樣是很值得留意的現象。

正是這一點，李澤厚再一次顯示了他的理論勇氣以及大師級的拿捏水準，他的「馬克思主義在中國」令人耳目一新、眼前一亮。錢理群先生的話很值得深思，他評價李澤厚時說「他既批判馬克思主義，同時在更高層面上繼承堅持馬克思主義，這些方面是非常值得研究的。」〔註 166〕李澤厚的「轉換性創造」以及對於「文化—心理」結構的自覺培育不限於對傳統思想的發掘，同樣還有他對馬克思主義、康德、海德格爾思想遺產的「創造性運用」；如同對待「古書」那樣，他非但沒有「扔進茅廁」完事，而是做了系統的「爬梳」；對待馬克思主義、毛澤東思想，他也沒有嗤之以鼻、不屑一顧，而是做了極為可貴的、極具風險的邊緣性探討，這比前者更需要智慧，也更需要理論勇氣。換句話說，也只有通過這種自覺的、清醒的、拉開距離的審視、再評價，只有經歷此種痛苦的「回顧」，後來的「展望」才是有根底的，才是有希望的。

在對比語境下，我們可以看到新儒家在其「文化慧命」的延續上確實走入了「死胡同」，一方面他們遠離中國大陸那龐大的文化時空體偏居西化愈演愈烈的港臺，另一方面他們對於港臺現實也漸行漸遠，對於大陸他們是「花果飄零」，對於港臺他們只是「畸零人」，影響更多在學院派，對於港臺的「文化慧命」延續之類影響很有限。這在我看來才是真正值得反思的新儒家困境。他們的理論架構悖離了自己的理論初衷。但是，本文又不同意李澤厚僅僅將

〔註166〕杜維明等：《李澤厚與 80 年代中國思想界》，載於趙士林主編：《李澤厚思想評析》，上海：上海譯文出版社，2012 年版，第 269 頁。

新儒家視為「宋明理學的迴光返照」，若暫時拋開「文化慧命」「民族命運」的現實問題，就理論深度上看，牟宗三的依然值得重視。舉一個例子，牟宗三先生說：「因此你要學習西方文化，要學科學、學民主政治，這就不只是聰明的問題，也不只是學的問題，而是你在這個 mentality 上要根本改變一下。因為中國以前幾千年那個 mentality，它重點都放在內容真理這個地方。而成功科學、成功民主政治的那個基本頭腦、那個基本 mentality 是個 extensional mentality。這不只是個聰明夠不夠的問題，也不只是你學不學的問題，這是 mentality 不同的問題。這個不同是文化的影響。所以一旦我們知道光是內容真理是不夠的，而要開這個外延真理，那我們必須徹底反省外延真理背後那個基本精神，這個就要慢慢來。」〔註167〕根據這個說法，我們可以看出牟先生對中西文化差異的深度把握與李澤厚的「文化—心理」結構可謂「英雄所見略同。」〔註168〕

　　但是，在具體回應路徑上，李澤厚更具體、直接的遵循上述問題意識予以理論展開，不僅在「文化—心理」結構探尋上，還是在思想溯源上都自成一系；關鍵在於，他反戈一擊，一方面將其作為反省的「文化—心理」結構依據，另一方面又有選擇性的據此作為自覺「心理本體」建構的素材，不僅沒有割裂傳統，而且為後現代的問題回應給出了切實的回答，其反省沒有像「現代新儒家」那樣式微，而恰恰是通過「轉換性創造」而做「儒學四期」開啟的起點。而且在 21 世紀之後，近二十年來他日益凸顯這一維度，對於其所說的「儒學四期」「自然人化」「樂感文化」「實用理性」「情本體」以及「歷史本體論」理論建構日益重視、自覺，甚至視「心理」及其「積澱」為自己的同心圓「圓心」之焦點所在。此種對「心理—文化」結構的自覺建構，固然是其「積澱」理論的自然展開，較早提法可追溯至 80 年代的建立「新感性」。這是很值得留意的思路。而這正是上述「回顧—展望」模式的「展望」維度。所以說，無論從問題意識自覺、拓展深度還是從障礙反省、自覺建構，通過上面所做的對比分析，李澤厚對其前輩學人，都無疑做出了重大推進。

〔註167〕牟宗三：《中國哲學十九講》，長春：吉林出版社集團，2010 年 10 月版，第37 頁。
〔註168〕在問題意識上，愚目所及，牟先生既缺乏「文革反思意識」也沒有對於「後現代」視角的融入；因此在回應上，與李澤厚仍是不同。但是，牟先生在理論創建上，其精細、自覺融會中西仍是超邁今古。

本章小結　由李澤厚的「問題意識」到「巫史傳統論」之提出

一、為何勉為其難做李澤厚研究？

　　研究李澤厚論著是一項困難重重的工作，不僅在於涉及到的文獻廣博，更在於李澤厚對這些文獻有著獨特的詮釋視角。然而勉為其難，原因倒不是因為李澤厚在理論上的學理思辨，關鍵在於他所關注的「問題意識」我們無法迴避，無論是融會中西還是面對現代性抑或後現代問題，都越來越成為思想界無法逃避的問題意識。而李澤厚對康德、馬克思、孔子、海德格爾的獨特詮釋正是對這些「問題意識」的自覺回應。因為「問題意識」的無可迴避性，李澤厚的理論框架成了繞不開的回應語境。

二、對李澤厚「問題意識」探尋的三個視角

　　本章對李澤厚「問題意識」的探討從三個方面予以展開。第一，通過李澤厚自己總結的「同心圓」「圓心」理論予以揭示。在李澤厚對「圓心」五次表述中，我們看到前四次他是從哲學出發點入手來論述，認為「人活著」為他的哲學起點。而「人活著」又蘊含「生存」和「意義」兩個維度。這正好對應他「歷史本體」論的兩個方向：「工具本體」和「心理本體」。在表述上李澤厚固然有著多種說法，但是在本體論層面，他是「歷史本體」一元論，正如同他的哲學起點「人活著」是一元論一樣，圓心只有一個；但是，在具體開展上，他又有著次序和側重上的變化。從最終意義上講「生存」優先於「意義」，對應於「工具本體」優先於「心理本體」；但是，在具體時空情境中，在哲學側重上，李澤厚慢慢突顯了「意義」「心理本體」層面，這應對於後現代「意義迷失」的自覺重建，也是李澤厚「歷史本體論」的重建側重，這裡不存在「雙本體迷思」，也不存在「心理本體」取代「工具本體」的決定性地位，只是在側重焦點上，隨著「生存、溫飽」問題的解決，人的「意義」「心理」「情感」成為人之為人的首要關注。這也是他 90 年代以後日益凸顯「心理」作為「圓心」側重焦點的原因之所在。李澤厚的哲學「起點」及其展開並非以理論思辨方式展開，而是具體落實到他的現實問題關切中。這也是下面將說的第二點。

　　對李澤厚「問題意識」探討的第二方面便是從他的「學術思想三階段」視角展開。李澤厚自己總結自己學術思想三階段，1962 年《美學三題議》為標

誌，之前為第一階段；隨後經歷 80 年代至 1992 年出國為第二階段；1992 年後為第三階段。從公開論著上看，李澤厚在第一階段涉及三個方面的研究：思想史、美學、哲學提綱，這也基本構成了他一生的論述領域，尤其是在 80 年代，無論是在思想史研究還是在美學研究，包括他的「主體性論綱」系列都得到了深度擴展和某種問題自覺。如果說 1950 年代的思想史探討帶有某種「自學研究」而注重「文獻梳理」並「分析精細」的話，那麼 1979 年及以後的思想史研究便帶有深沉的歷史反思和悲壯的現實關懷；此種對中國近現代命運，尤其是 1950 年代以後歷史悲劇的自覺反省構成了李澤厚整個論著的直接問題語境，無論是他思想史研究還是美學研究，無論是主體性論綱還是雜著論說，他都自覺由反思近現代歷史悲劇而探討傳統的「文化—心理」結構，並嘗試在清醒的「自我意識」下通過某種「轉化性創造」而走出一條新路。這構成了李澤厚學術思想第二階段的主要問題意識，從論著上是對第一階段的完全涵攝，同時在深度上指向了第三階段的學術思想開展。所以，李澤厚的「學術思想三階段」與中國近現代命運的反省與出路探尋密切相關。

　　第三方面，直接回到李澤厚對「問題意識」的具體提出上來。儘管李澤厚對中國古代思想史的研究遭到多種誤解延續至今，但是他又堅持對傳統做系統性的反省與直探心魂的工作，原因就在於他認為對中國「現代出路」的探尋必須要「回顧過去」，沒有此種「文化—心理」結構的探源工作，許多「封建障礙」改頭換面後便繼續盛裝前行，現代化依然舉步維艱。同時，李澤厚又看到「現代性」的種種弊病，所以他嘗試建立「中國的現代性」。所以說，對中國近現代命運的關注而自覺探尋「既現代又中國」的道路構成了李澤厚貫穿一生的問題意識。而此種問題意識具化為「回顧—展望」模式：「回顧：思想溯源—傳統文化心理」和「展望：指向未來—創造性轉化」的雙重思路。在「回顧」方面，李澤厚由「孔子而毛澤東」進一步溯源至「巫史傳統」；正是此種深層次「溯源」使他在「出路探尋」「未來展望」方面更加堅守並自覺繼承「現代化」的正面因素，同時嘗試克服其弊病，沒有流於「後現代迷霧」；通過「關照後現代」而進入「現代」構成了李澤厚「問題意識」的深度拓展，正是此一獨特路徑，使他對「中國道路」的探尋具有某種「可普性」意義。

三、比較視域下對李澤厚「問題意識」及其「回應思路」之審視

　　以上構成本章前三節內容，分別圍繞「同心圓圓心」「學術思想三階段」

及具體「問題意識」展開。在第四節我們在比較視域下對李澤厚的「問題意識」與回應思路予以審視。問題意識方面,表面上看李澤厚與馮友蘭的終生困惑類似,李澤厚也明確說是自覺承繼「五四」,但是在細節上,李澤厚則直面1840年以來的歷史悲劇而深化「問題意識」,又與前賢有著三點不同:具體表現在:其一、通過對近現代革命進程之深入研究而自覺突顯「問題意識」。其二、由對近現代革命進程的研究而自覺反思文革進而豐富「問題意識」。其三、「看到後現代的問題來進入現代」以探討有別於西方的中國現代性,是李澤厚「問題意識」的進一步深化。對於「問題意識」的回應方面李澤厚的獨特性表現在三個方面:第一、以「問題意識」為中心自覺探尋「文化—心理」結構。第二、由「文化—心理」結構探求而尋其源頭。第三、由思想溯源而「轉換性創造」自覺培育「心理本體」。所以,無論是在「問題意識」之拓展深化上,還是在「回應問題」「出路探尋」上,李澤厚的論著都顯示他對比於前賢做出了很大的推進。甚或說現在很多學者尚未達到他的理論深度與思考水準,因此誤解重重,批評不斷。當然,李澤厚對「問題意識」的拓展及其回應路徑,無論是「回顧」維度還是「展望」維度都有很多值得進一步深化、商榷及反思的問題,這一點,我們會在最後一章集中予以探討。

四、由李澤厚的「問題意識」到「巫史傳統論」之提出

第一、「巫史傳統論」是以李澤厚的「問題意識」為中心提出的。

「巫史傳統論」看似在做中國「思想起源」方面的討論,實際上仍是對李澤厚「問題意識」也即「既現代又中國」命運問題做鋪墊。從形式上看,不僅僅是主題上「從孔子講到毛澤東」到 1999 年《說巫史傳統》「主要講孔子以前」〔註 169〕的範圍擴大,關鍵在於他的思想溯源的種種特質(如「實用理性」、「樂感文化」、「情感本體」、「儒道互補」、「儒法互用」、「一個世界」),他找到了一個「源頭」,「因為上述我以之來描述中國文化特徵的概念,其根源在此處。」〔註 170〕並且「成為瞭解中國思想和文化的鑰匙所在。」〔註 171〕這也

〔註169〕 李澤厚:《說巫史傳統》,載氏著:《己卯五說》,北京:中國電影出版社,1999年 12 月版,第 33 頁。

〔註170〕 李澤厚:《說巫史傳統》,載氏著:《己卯五說》,北京:中國電影出版社,1999年 12 月版,第 33 頁。

〔註171〕 李澤厚:《說巫史傳統》,載氏著:《己卯五說》,北京:中國電影出版社,1999年 12 月版,第 33 頁。

是本書為何選擇「巫史傳統論」作為研究主題的緣由所在，它在李澤厚的理論框架中，看似只是一個「思想溯源」工作，實際上此種溯源深度只是前奏，由此而深度解析傳統的「文化—心理結構」之優缺，進而在「未來指向」維度上其展開才是合理的、有根基的。所以說，看似「思想溯源」實際上還是為李澤厚的「中國道路」探尋服務的。李澤厚自己也明確說「『巫史傳統』是回顧過去，『儒學四期』是展望未來，二者相互交織，仍為人類學歷史本體論亦即主體性哲學的具體展開。」〔註172〕

第二、「巫史傳統論」的具體提出路徑是：問題意識—回顧過去：文化心理結構探尋—思想溯源—「巫史論」提出。

李澤厚在研究近現代思想史時發現一個有趣的現象，儘管經歷了辛亥革命、新文化運動，但是許多封建主義因素卻一次又一次「改頭換面」後「盛裝前行」，就如同魯迅所說「咸與維新」一樣「帶兵的還是先前的把總」。原因何在？李澤厚認為必須回到傳統自身，直探心魂，審視重估其「文化—心理」結構，由此有了「孔子再評價」「墨子初探本」之類，前面已說這些都不是傳統「思想史」寫法，正在於李澤厚是帶著「中國現代的問題」去的，如同馮友蘭一樣，所以寫孔子他會突顯「心理原則」「人道主義」「個體人格」和「實用理性」，而對於墨子他會突顯「民粹主義」。這樣的「文化—心理」結構探尋而提出了一系列傳統思想概念：「實用理性」「樂感文化」「儒道互補」等，那麼進一步李澤厚追問，其源頭何在？為何會形成這些特質？尤其是與西方相比？由此他突顯了「一個世界」概念與西方的「兩個世界」對應；進一步，在思想溯源方面，由孔子而探源孔子以前，他認為有一個漫長的「巫史傳統」，「由巫而史」這是一個實用理性化進程，因此沒有出現類似西方的「宗教」與「科學」。所以說，由對中國近現代命運的關注而探尋傳統「文化—心理」結構，由此「文化—心理」結構而進一步溯源至「巫史傳統」。沒有李澤厚的「問題意識」關切，也不會有這種溯源，所以上面我們花費大量筆墨理清其「問題意識」，原因就在這裡，只有對其「問題意識」語境有所瞭解，才能明白「巫史傳統論」的提出背景及其在李澤厚理論框架中的位置。

第三、「巫史論」在李澤厚理論框架中起著「承上啟下」的作用。

「承上」作為「回顧」維度「文化—心理」結構之源頭，「啟下」開啟「儒

〔註172〕李澤厚：《不誹不揚，非左非右——〈卜松山文集〉序》，載氏著：《世紀新夢》，合肥：安徽文藝出版社，1998年10月版，第164頁。

學四期」之轉換性創造。這依然是以「問題意識」為中心的「承上啟下」。「承上」不僅僅是作為理論源頭，而是此種溯源使李澤厚對「文化─心理」結構的種種界定諸如「實用理性」、「樂感文化」、「情感本體」、「儒道互補」、「儒法互用」、「一個世界」等具有合法性，並且更容易理解；另一方面，正是此種溯源，在未來展望上方可有更深度的參與，這才有「展望」維度的「啟下」。所以，看似一個思想起源理論，視角上是指向未來的，這構成了李澤厚在「展望」層面對後現代的積極回應，也是「歷史本體論」的構建中心，「心理本體」「情本體」都有著「巫史論」的源頭依據；尤為要者，李澤厚嘗試從此種「人神一體」的理論模型中嘗試重建「上帝死後」人如何活的問題，嘗試保留「敬畏」但卻不要「上帝」，這是個極其大膽的想法，之所以由此想法正是對「巫史論」及傳統儒學「文化─心理」結構的吸收。這一方面是基於儒家立場對基督教文化的融會嘗試，另一方面又是對於後現代的自覺心理建構。本書側重於「巫史論」的提出、界定與論證。至於其展望維度之「歷史本體論」建構，暫不論列，那是個大膽的想法，也是個很大的題目，需要專書處理。本書，儘量集中在「巫史論」的提出、界定與論證上，尤其是論證上，包括對於「巫到史的理性化」、「一個世界」、「實用理性」、「樂感文化」本書嘗試在李澤厚原有表述基礎上進一步給出論證。

　　本章側重李澤厚「問題意識」的具體梳理，在此背景下衍生出「思想溯源」維度的「巫史論」表述，下面我們就看一下「巫史傳統論」的具體提出歷程。

第二章　李澤厚「巫史傳統論」之提出

問題引入　為何關注「巫史傳統論」？

　　如前所述，就理論影響而言，李澤厚的話語體系裏面諸如「救亡壓倒啟蒙」、「主體性」、「西體中用」、「告別革命」等等都引起了較為廣泛的關注和影響；這些在李澤厚的思想理路裏也確實發揮著不可替代的作用；就論著而言《美的歷程》《批判哲學的批判》也都發揮了「把握時代命脈甚至推動時代精神的意義」〔註1〕；就時代地位而言 20 世紀 80 年代李澤厚的影響是「全局性的」，「但到 90 年代，李澤厚沒有了」〔註2〕。那麼，本書為何沒有選擇那些富有爭議的說法比如「西體中用」，沒有選擇那暢銷至今的《美的歷程》，沒有選擇 80 年代的李澤厚，而是選擇了被有些學者認為「過時了」的李澤厚90 年代提出的、不為學界重視〔註3〕、影響寥寥的「巫史傳統論」（下簡稱「巫史論」）呢？

〔註 1〕 丁耘：《啟蒙主體性與三十年代思想史——以李澤厚為中心》，載趙士林主編：《李澤厚思想評析》，上海：上海譯文出版社，2012 年版，第 2 頁，原載《讀書》2008 年第 11 期。

〔註 2〕 錢理群語，詳見：杜維明等：《李澤厚與 80 年代中國思想界》，載於趙士林主編：《李澤厚思想評析》，上海：上海譯文出版社，2012 年版，第 268 頁。

〔註 3〕 李澤厚本人對「巫史論」則極為看重，他與陳明對談時說「巫史論」比八十年代的文章相比「比那些文章要好」「比那些重要」「怎麼樣估計我都不覺得過分」，「這十年的得意之作」，詳見：李澤厚、陳明：《浮生論學：李澤厚、陳明2001 年對談錄》，北京：華夏出版社，2002 年 1 月版，第 16、224 頁；李特意將《己卯五說》寄給余英時先生，余英時回覆他幾百頁的英文文章，表達了類似看法，李澤厚很高興；詳見該書 14 頁；下面我將指出二者的觀點差異很大，正如同李澤厚與陳來同講「巫」，觀點差異很大一樣。

　　首先，這涉及第一章李澤厚的問題意識，「巫史論」為李澤厚思路的自然展開。如同前面所說，「巫史傳統論」的具體提出路徑是：問題意識—回顧過去：文化心理結構探尋—思想溯源—「巫史論」提出。因此，無論是在傳統「文化—心理」的探尋上，還是在中國近現代命運的選擇上，「巫史論」都處於這一理論框架的「源頭性」地位。正如李澤厚所說，「因為上述我以之來描述中國文化特徵的概念，其根源在此處。」〔註4〕其次，尤為要者，「巫史論」在思想溯源上只是鋪墊，其理論詮釋力則在於指向未來。這是李澤厚「回顧—展望」模式的「展望：指向未來—轉換性創造」維度。正是在這一層面，「巫史論」的「一個世界」「實用理性」「樂感文化」等理論不僅僅為近現代以來的儒學危機提供思想資源而開出「儒學四期」，而且接續上述以中國命運為中心的「中國現代性」提供理論支持而走出「中國道路」。再次，「巫史論」為李澤厚「歷史本體論」合法性提供依據。這一方面是「一個世界」的落實和完成〔註5〕，另一方面也是「歷史本體論」的具體展開和實現〔註6〕。而其問題回應領域不限於中國命運、儒家危機，而是直接回應後現代帶來的意義迷失。因此「巫史論」所蘊含的「理性化」「一個世界」「實用理性」「樂感文化」等因素則預設了「上帝死後」意義重構的獨特資源，也是「情感」「心理」自覺培育、建構的理據所在。此種對於後現代危機的直接化解，對於「上帝死後」意義的自覺重建，恰恰正是「巫史論」未來指向的題中之義，只是伴隨後現代危機的世界性，因此這一層面李澤厚自覺突顯了「巫史論」的「可普性」意義。

　　所以說，看似不為學界所重的「巫史傳統論」，不僅僅涉及到了對中國傳統「文化—心理」的獨特性詮釋，更為重要的蘊含了化解「中國近現代命運悲劇」以及建構「中國現代性」的理論資源；並且，由中國而世界，由於李澤厚

〔註4〕李澤厚：《說巫史傳統》，載氏著：《己卯五說》，北京：中國電影出版社，1999年12月版，第33頁。

〔註5〕李澤厚說「孔夫子加Kant（如《判斷力批判》）都有它的重要蘊涵，這也正是巫史傳統的今日延續。」詳見：李澤厚：《為什麼說孔夫子加Kant》，載氏著：《由巫到禮 釋禮歸仁》，北京：生活·讀書·新知三聯書店，2015年1月版，第237頁。

〔註6〕可參考「歷史進入形而上，人類學本體論才算完成，也才是《說巫史傳統》的完成，也才真正繼承了『一個世界』的中國傳統所說的體用一源、顯微無間，理不離氣、道在器中。」詳見李澤厚：《為什麼說孔夫子加Kant》，載氏著：《由巫到禮 釋禮歸仁》，北京：生活·讀書·新知三聯書店，2015年1月版，第224頁。

將「巫史論」所形成的「樂感文化」「一個世界」的理論自覺引向「情感」「心理」的本體性塑建而回應後現代迷失問題，因此，在未來指向維度，巫史論又具有世界性意義。

　　這是本文關注「巫史論」研究的理由所在。那麼，具體來講，在李澤厚的論述體系中，「巫史論」之提出緣由何在？「巫史論」又是如何提出的？比較視域下當如何看待「巫史論」？此問題正好構成本章的討論主題。下面我們先看一下第一個問題：「巫史論」之提出緣由何在？

第一節　「巫史論」之提出緣由：中西比較與思想溯源

一、從一外國學生之疑問談起：無上帝的人間世何以可能？

　　關於李澤厚為何會提出「巫史論」，在 1999 年的《己卯五說》及其以後涉及「巫史論」處有多次表述，下面我們會單獨處理。這裡想對李澤厚 90 年代「說巫史傳統」文正式提出前做個考察，為何會逐漸提出「巫史論」，因為在「中國思想史論」的「文化—心理」結構探尋方面，《中國古代思想史論》固然涉及到「巫術禮儀」，但只是偶然性提及，當時語境的側重還是「禮樂傳統」和「仁學的母體結構」。所以，為何會由「文化—心理」結構而慢慢提出「巫史論」便值得討論。有個需要留意的現象是李澤厚反覆提到在國外有學生問他，為何沒有上帝，中國傳統卻能延續千年？這在我們看來，或許有相反的疑問，為何西方會有那樣虔誠的「至上神」信仰，「一神教」的排外性，何以延續數千年？在彼此融為人倫日用的生活習俗，在另種文化視角看來，則是大不可思議的。而正是這些「不可思議」引發了李澤厚對中西文化的深層比較，他將此種不同歸結為「一個世界」（人生）與「兩個世界」的差異，進一步，由「一個世界」而提出「巫史論」，認為那是源頭所在。

　　李澤厚第一次提及美國學生的疑問是在 1988 年 11 月，當時回國與香港林道群先生有個對談，李澤厚說「這次給美國學生講課，他們聽了中國人沒有上帝的觀念和信仰，卻居然能生存幾千年，覺得震動。」〔註7〕在 1994 年與王德勝對談論及美學時再次提到「美學在中國的地位就比較高。西方學生對這一點很感興趣，有學生問：中國沒有對上帝的信仰，為什麼這種傳統能

〔註7〕李澤厚：《「五四」回眸 70 年——香港答林道群問》，載氏著：《李澤厚對話集》（八十年代），北京：中華書局，2014 年 8 月版，第 167 頁。

維持這麼久？」〔註8〕另外，1999 年 9 月 2～3 日在北京未名山莊舉行的由
中國藝術研究院比較藝術研究中心舉辦的「'99 世紀之交比較藝術研討會」
上，李澤厚再次談到「我對中西藝術的比較考慮的比較少，而對中西文化的
比較，這個時期想的多一些。我多次提到，文章裏也寫過，有一次外國學生
問我：你們中國人不相信上帝，怎麼還能維持這麼久？這問得很有意思，是
一個大問題，牽涉到中華文化一些根本性問題。假如把中國文化和西方文化
說的非常粗淺和非常簡單的話，我說，中國文化的特點是一個世界，西方文
化是兩個世界。」〔註9〕

　　這裡我們無法得出這樣的結論：李澤厚關於「一個世界」及其「源頭」的
提法是受美國學生問題的影響；但是，可以說，此種疑問引起了李澤厚的留意，
或者說他也產生過類似的疑問，因此能引起共鳴。我們之所以提出這個「疑
問」，不僅在於李澤厚「多次提到」，關鍵在於需要留意李澤厚在 80 年代末及
其以後的國際交流對其世界性理論視角的影響。比如一個值得留意的現象是，
固然李澤厚對傳統文化—心理結構的優長、強處之留意在 1980 年的《孔子
再評價》中就明確提出，但是，在 80 年代末尤其是 92 年出國之後他對中國
傳統的「優長」及其「世界性意義」「對人類的貢獻」愈發關注並自覺突顯。
如果說，80 年代李澤厚更多注重傳統「文化—心理」結構對中古現代化進程
的「障礙」反思的話，那麼 90 年代李則突顯了這些因素在重建「既中國又現
代」的道路的積極作用，並進而突顯了其世界意義。一方面李澤厚反覆強調
區分前現代、現代與後現代，尤其是反覆提醒要警惕「前現代與後現代合流」；
但是，在思路上，經過「轉化性創造」，李澤厚明確將此種「前現代」因素自
覺與「後現代」接頭，這裡潛隱的線索是，對現代化的堅守以及對其弊端的
自覺迴避。然而此種思路隱含了某種危險：李澤厚所警惕的「前現代與後現
代合流」〔註10〕問題。

　　李澤厚在 90 年代之後，日益凸顯傳統「文化—心理」尤其是「情本體」

〔註 8〕李澤厚：《美學——中國人最高的境界——與王德勝對談（續）》，載氏著：《李
　　　　澤厚對話集》（九十年代），北京：中華書局，2014 年 8 月版，第 110 頁，原
　　　　載《文藝研究》1994 年第 6 期。

〔註 9〕李澤厚：《世紀之交的中西文化和藝術——在〈文藝研究〉座談會上的對話》，
　　　　載氏著：《李澤厚對話集》（九十年代），北京：中華書局，2014 年 8 月版，第
　　　　273 頁，此文原載《文藝研究》2000 年第 2 期。

〔註10〕李澤厚：《與中山大學教師們的對談》，載氏著：《世紀新夢》，合肥：安徽文藝
　　　　出版社，1998 年 10 月版，第 359 頁。

「樂感文化」等世界性意義，在我看來這與他的國際經歷有關，正是此種經歷是他自覺去回應「後現代問題」。因此他說「我的哲學構想，和國內的思潮，好像沒有太大的關係；但和世界的思潮有關係。沒有海德格爾，沒有現在這種世界性的難題，也不會有情本體。就是我前面說過的，人類走到這地步了，個人也走到這地步了，人不能不把握自己的命運了。人的孤單、無聊，人生的荒誕、異化，都達到空前的程度，在這樣的時候，面對種種後現代思潮，我提出情本體，也可以說是世界性問題使然吧……這是一種世界的視角，人類的視角，不是一個民族的視角，不只是中國視角。但又是以中國的傳統為基礎來看世界。所以我說過，是『人類視角，中國眼光』。」〔註11〕所以說，李澤厚所言「中國哲學登場」不自 2010 年與劉緒源先生對談始，源頭可追溯至 1980 年對傳統「優長」的積極認可，而自覺發揮則在 90 年代出國後對其「世界意義」的突顯。

　　然而，如果上述外國學生的提問若作為「巫史論」提出的參考性、外在緣由的話，對於其具體理由，李澤厚在「巫史傳統論」的論述中也有著明確而自覺的說法。下面我們看一下李澤厚的自述理由。

二、「巫史論」的提出緣由：中國命運之思想溯源

　　接續第一章李澤厚的問題意識，由反省近現代中國革命歷程，尤其是 20 世紀 50 年代之後的思想悲劇，李澤厚自覺探尋中國命運問題及其出路。由此自 1980 年《孔子再評價》開始，嘗試「認識自我」對傳統予以「文化—心理」結構層面的探索。由此提出了一系列概念，比如「實用理性」「儒道互補」「樂感文化」「一個世界」，然而進一步的問題便是，這些對傳統特質的詮釋性概念，無論在學界接受或批評，其問題在於，它們何以產生？又來自哪裏？這涉及到這些概念的合法性問題，如果說它們構成了對傳統特質的現象學描述的話，進一步便涉及其合法性淵源，它們來自哪裏？前面我們提到「巫史論」的具體提出路徑是：問題意識—回顧過去：文化心理結構探尋—思想溯源—「巫史論」提出。這在李澤厚 90 年代的思想總結方面也提到類似「變化」和「更明確和更發揮了的地方。」在 1996 年 11 月應約為王岳川先生主編的《李澤厚學術文化隨筆》寫跋時他提到，青年朋友反覆提到一個問題，問他出國幾年，

〔註11〕李澤厚、劉緒源：《該中國哲學登場了？——李澤厚 2010 談話錄》，上海：上海譯文出版社，2011 年 4 月第 1 版，第 79～80 頁。

思想有何變化？李回覆說「我還是我，基本看法沒有變化。例如，美學上仍然堅持『自然人化』的唯物論和實踐論；哲學上仍然是人類學歷史本體論和個體創造論（『以美啟真』『以美儲善』）。但是，比起八十年代來，畢竟有了一些變化和有更明確和更發揮了的地方。例如，推崇改良過於革命；解釋歷史重積累、輕相對（時代性、階級性）；多談偶然，少談必然；提出宗教性私德和社會性公德的區分；以巫史傳統為根源來說明中國的『一個世界』觀，如此等等。」〔註12〕這裡我們可以看出，這些論述確實構成了90年代中期以後李澤厚著意發揮的重點，至今如此；而「巫史論」也確實是他關於傳統文化詮釋的更進一步「發揮」以及「根源性」說明。

此種由「文化─心理」結構探尋而進一步「思想溯源」的路徑在隨後李澤厚論述「巫史論」時反覆提到。比如2001年3月，李澤厚與陳明對談時明確提到：「我為什麼要講這個問題？我覺得至少在我所發現的中國文化──不僅是思維──的特點方面，包括上面講的什麼實用理性、樂感文化這樣一些中國文化的精神，為什麼會非常看重這個世界？孔夫子講未知生焉知死。為什麼中國，人的地位擺的那麼高？為什麼那麼重視生命？生生之謂易，為什麼流行性善論？儘管有性惡論與之對決，還是性善論佔了主導。『人之初，性本善』一直到現在還在念。這些東西、這些特點的文化，是『先驗』的？我以為應有個解釋。……我的巫史傳統是從這樣一個基礎之上提出來的。」〔註13〕由此可見，李澤厚在「實用理性」「樂感文化」尤其是在用「一個世界」來詮釋傳統的「文化─心理」結構時，他進一步去探尋其源頭，它們來自哪裏？包括當時劉小楓所說的「中國人的地位太高了」，也確實可在傳統文獻中找出人可以「天地參」「為天地立心」的說法，關鍵是這些來自哪裏？這是李澤厚的獨特性所在。此種溯源模式在2001年6月26日為香港城市大學中國文化中心所做的演講中再次提及，他引用了劉小楓的說法，人的地位太高了，「所以必須把基督教引進來，人必須要在上帝面前悔罪」，他不同意此種依靠「基督教悔罪救贖」的說法，但認為看到「人的地位」很高抓住了「要害」，並說「人的地位這麼高，這一現象，很多學者都指出過，問題是它怎麼來的？」另外他提到中國世俗生活中「人神同質」「人神同居」現象「這是怎麼回事？」而對於

〔註12〕 李澤厚：《堅持與發展──跋〈李澤厚學術文化隨筆〉》，載氏著：《世紀新夢》，合肥：安徽文藝出版社，1998年10月版，第145頁。

〔註13〕 李澤厚、陳明：《浮生論學：李澤厚、陳明2001年對談錄》，北京：華夏出版社，2002年1月版，第226～227頁。

基督教之傳入中國，自明末清初至今近五百年來，「在知識分子裏面形成不了
普遍信仰。為什麼？」包括「一個世界，是怎麼來的？」「所有這些特點，到
底是怎麼回事，怎麼來的？在我看來，就跟中國這個『巫』的傳統大有關係。」
〔註14〕此種「思想溯源」確實是對李澤厚 80 年代「文化─心理」結構自覺探
尋的進一步深化。

　　需要指出的是，若單就對中國傳統的特徵詮釋來看，儘管李澤厚提出了一
系列概念予以說明，但是強調儒家的「是一種生活方式」「注重實用」「注重此
世間」注重「樂」，這些都可以在梁漱溟、錢穆、牟宗三等文本中找出類似的
表述；甚至在國外學者那裡，包括馬克斯·韋伯提出「巫文化之保留」〔註15〕、
安樂哲提出「一個世界」〔註16〕、墨子刻提出「樂觀主義認識論」〔註17〕，無
論從時間上還是深度上，都不能無視這些而拔高李澤厚一系列詮釋概念的原
創性地位。但是，李澤厚的獨特性在於，他嘗試探尋這一切是如何可能的？為
什麼會這樣？此種「更進一步」應當說比前述之國內外學人有所推進，自然在
問題視角上，李澤厚的「回顧─展望」模式也是獨特的，這在第一章已論述過，
此處不贅。不僅是理論溯源方面李澤厚「更進一步」，而且他又將此種「理論
溯源」與「後現代」接上頭，這是一個很值得留意的反戈一擊，不僅「巫史論」
不是前現代的「非理性」而且它可以作為後現代意義迷失的重建資源，比如說

〔註14〕李澤厚：《由巫到禮》，載氏著：《由巫到禮 釋禮歸仁》，北京：生活·讀書·
　　　　新知三聯書店，2015 年 1 月版，第 83～86 頁，此文原載《中國文化》2014 春
　　　　季號。

〔註15〕馬克斯·韋伯對中國儒教、道教的論述很值得留意，無論是「巫術園地的保
　　　　留」還是「儒教關注的只是此世事物」，都可以看出他對中國儒道思想把握之
　　　　深刻，作為一個國外學者對另種文化能有此種深度剖析，令人敬佩（自然這些
　　　　看法在 1580 年代來華的利瑪竇等傳教士那裡就已經看到了）。韋伯說法詳見
　　　　馬克斯·韋伯：《儒教與道教》，洪天福譯，南京：江蘇人民出版社，2003 年
　　　　版，第 181、128 頁；李澤厚很明顯知道韋伯的說法並自覺做了引用，他用的
　　　　是 1989 年臺北「新橋譯叢」版的《中國宗教：儒教與道教》，詳見李澤厚：
　　　　《「說巫史傳統」補》，載氏著：《由巫到禮 釋禮歸仁》，北京：生活·讀書·
　　　　新知三聯書店，2015 年 1 月版，第 65 頁注釋②。

〔註16〕李澤厚說「安樂哲（Roger T. Ames）《孫子兵法》一書也指出，不同於西方傳
　　　　統的兩個世界，中國是一個世界，但沒說這是怎麼來的。」詳見：李澤厚：《由
　　　　巫到禮》，載氏著：《由巫到禮 釋禮歸仁》，北京：生活·讀書·新知三聯書店，
　　　　2015 年 1 月版，第 85 頁。

〔註17〕李澤厚引用了墨子刻「樂觀主義認識論」（中）與「悲觀主義認識論」（西）的
　　　　說法，詳見：李澤厚：《中日文化比較試說略稿》，載氏著：《世紀新夢》，合肥：
　　　　安徽文藝出版社，1998 年 10 月版，第 60 頁注釋②。

「一個世界」「情本體」、「樂感文化」、「此世間的神聖性」等等，這些恰恰都來自「巫史論」所呈現的思想特質。

上面為「巫史論」提出的具體緣由，基於「中國命運」層面的「思想溯源」；下面我們將審視其未來指向，李澤厚接續 80 年代的儒學研究，在 90 年代他又自覺回應「儒學的雙向危機」並為其「未來把脈」，由此而提出「儒學四期之新開展」問題，並對後現代迷失予以自覺回應；在這一維度，我們可以看出李澤厚「巫史論」的開放性和詮釋力，突顯了其作為儒學出路的合理性及其回應後現代危機的可能性。

第二節 「巫史論」之提出歷程：散見表述與集中論述

李澤厚的「巫史傳統論」（簡稱「巫史論」）是在 1999 年版《己卯五說》「說巫史傳統」中正式提出的，但是在此之前的 1994 年春完成的《論語今讀》便大量論述；而在 80 年代的《中國古代思想史論》《華夏美學》等固然沒有明確的論述，但是有些散見表述；2000 年之後關於「巫史論」則有進一步發揮，寫了「巫史傳統論」補，在一些演講、對談中也多有陳述。下面我們分別圍繞三個時段予以梳理其提出歷程。

一、1980 年代關於「巫術禮儀」等的散見表述

（一）《中國古代思想史論》中的「巫術禮儀」

首先當提一下 1980 年發表的《孔子再評價》。關於「巫術禮儀」或「巫史」相關表述在 1980 年以前李的相關論著裏沒有見到，畢竟在第一章我們梳理他「學術思想第一階段」時其論旨主要集中在美學論爭、哲學批判和近代思想史研究。而關於「巫術禮儀」等涉及思想史研究方面的溯源領域，這首推《孔子再評價》。

在論述「周禮」時，他說「本文認為，它的一個基本特徵，是原始巫術禮儀基礎上的晚期氏族統治體系的規範化和系統化。」〔註18〕

「所謂『周禮』，其特徵確是將以祭神（祖先）為核心的原始禮儀，加以改造製作，予以系統化、擴展化，成為一整套早期奴隸制的習慣統治法規（『儀

〔註18〕李澤厚：《孔子再評價》，載氏著：《中國古代思想史論》，北京：人民出版社，1986 年 3 月第 1 版，第 8 頁。

制』)」在這裡他有個注釋說「所謂原始禮儀，即是圖騰和禁忌。」「原始巫術禮儀活動更是如此。種種煩細瑣碎的儀節，正是這種法規的具體執行。所以在某些禮儀活動中，一舉手一投足都有嚴格的規定，一個動作也不容許做錯，一個細節也不容許省略、漏掉……，否則就是瀆神，大不敬，而會給整個氏族、部落帶來災難。」〔註19〕這個段落在後來的「巫史論」中多有引用，在論述「度」的本體性時也有引用。

「而以孔子為代表的儒家，也正是由原始禮儀巫術活動的組織者領導者（所謂巫、尹、史）演化而來的『禮儀』的專職監督保存者。」這裡他在注釋裏引用了章太炎《國故論衡・原儒》中關於「儒家本『術士』」的說法，他說「儒家的理想人物，從所謂皋陶、伊尹到周公，實際都正是這種巫師兼宰輔的『方士』。後世儒家的理想也總以這種幫助皇帝去治理天下的『宰相』為最高目標，其來有自。各派史家都注意到『禮』出自祭祀活動，『禮』與『巫』、『史』不可分等事實。」〔註20〕在關於「禮儀」研究之後，《孔子再評價》轉向「『仁』的結構」，這裡他引用了芬格萊特的《即凡而聖》1972年英文版〔註21〕關於「禮儀神聖」的說法（這在《華夏美學》有專門引述），這是個值得留意的現象，因為李澤厚論著裏面對於國外學者英文版著作多有引用，而且都是當時出版不久的原版引用，由此可見他的研讀範圍，60、70年代大陸學界的研讀狀況是需要仔細分析的，可能複雜而又豐富，思想狀況更甚。

《孔子再評價》一文重點在闡述「仁學的母體結構」，這是富有啟發性的詮釋：「血緣基礎、心理原則、人道主義、個體人格」匯總為整體特徵「實踐理性」（也稱「實用理性」），這些構成了日後李澤厚探尋、發揮傳統「文化—心理」結構的主要特質。向前溯源至「巫史論」，向後發揮至「情本體」，李澤厚對「仁學母體結構」的詮釋或有待商榷，但是，他所詮釋的傳統是側重其延續性，是富有生命力的「文化—心理」。本文主要在談及「禮儀」時涉及到「巫術禮儀」，可以說是附帶提及，一方面對於禮、仁來源「巫術」這一點在90年代才有進一步發揮，另一方面並未突顯「巫史」與「禮、仁」的延續性，只是

〔註19〕 李澤厚：《孔子再評價》，載氏著：《中國古代思想史論》，北京：人民出版社，1986年3月第1版，第10頁、注釋④。

〔註20〕 李澤厚：《孔子再評價》，載氏著：《中國古代思想史論》，北京：人民出版社，1986年3月第1版，第11頁、注釋①。

〔註21〕 中文版參見：赫伯特・芬格萊特：《孔子：即凡而聖》，彭國翔，張華譯，南京：江蘇人民出版社，2002年9月初版；2010年7月第2版。

將「巫史文化」視為一個階段，並未將其看作一個開放、延續的理性化過程。這與 90 年代的論述有明顯不同，李澤厚說「自原始巫史文化（禮儀）崩毀之後，孔子是提出這種新的模式的第一人。」〔註22〕

因為這一時期，我們在第一章關於李澤厚「問題意識」梳理時已有說明，他的重點是探尋傳統「文化—心理」結構而獲得自我清醒認識，因此可以把握其「弱點和長處」，尤其是「弱點」省察，因此為現代化掃清障礙。由「實用理性」而「思想溯源」是後來的事情。李說「只有把握住這一文化—心理結構，也才能比較準確地理解中國哲學思想的某些特徵。」〔註23〕在 1980 年春寒料峭時候，他甚至突顯「文化—心理」「不完全不直接服從、依賴於經濟、政治變革的相對獨立性和自身發展規律。」「在文化繼承問題上，階級性經常不是唯一的甚至有時不是主要的決定因素。」〔註24〕這些說法是大膽的，不一定原創，但是當時這樣的提法很明顯是一種「破冰姿態」和「心聲反映」，這是李澤厚論著在當時能有那麼大影響和共鳴的心理原因。就思想層面而言，《孔子再評價》構成李澤厚古代思想史論的研究的奠基性地位，無論其特質詮釋、文化—心理結構的獨立性、對其優缺的反省都成為後續研究的模板和參考路徑，只是側重點有所不同。但是《中國古代思想史論》對傳統「文化—心理」結構的發掘是深刻而豐富的，接續《孔子再評價》，本書其他諸篇「墨家初探本」「孫老韓合說」「荀易庸紀要」「秦漢思想簡議」「莊炫禪宗漫述」等等可謂流光溢彩、歎為觀止。這本書確實把握了傳統神髓，李澤厚多次表示自己承繼了傳統之「神」〔註25〕，在 1996 年 2 月與梁燕城的對談時稱「我認為自己是非常具體地繼承了中國哲學。」〔註26〕《中國古代思想史論》可謂很好的旁證。

下面我們將會看到，在 90 年代以後，李澤厚日益凸顯「文化—心理」結構的優長，但是 1980 年的《孔子再評價》是這樣說的「所有這一切都只有當中國

〔註22〕李澤厚：《孔子再評價》，載氏著：《中國古代思想史論》，北京：人民出版社，1986 年 3 月第 1 版，第 32 頁。

〔註23〕李澤厚：《孔子再評價》，載氏著：《中國古代思想史論》，北京：人民出版社，1986 年 3 月第 1 版，第 32 頁。

〔註24〕李澤厚：《孔子再評價》，載氏著：《中國古代思想史論》，北京：人民出版社，1986 年 3 月第 1 版，第 34～35 頁。

〔註25〕參見 2005 年 9 月 11 日與陳明對談「繼承傳統的『神』而非『形』」，詳見楊斌編著：《李澤厚學術年譜》，上海：復旦大學出版社，2016 年 4 月版，第 228 頁。

〔註26〕李澤厚：《哲學是一種視角選擇——與梁燕城的對談》，載氏著：《李澤厚對話集》（九十年代），北京：中華書局，2014 年 8 月版，第 40 頁。

在物質上徹底擺脫貧困和落後，在制度上、心理上徹底肅清包括仁學結構所保存的小生產印痕和封建毒素（這是目前主要任務）之後，才也許有此可能。只有那時，以人類五分之一人口為巨大載體，仁學結構的優良傳統，才也許能成為對整個人類文明的一種重要貢獻。這大概最早也要到二十一世紀了。」〔註27〕然而，李澤厚並未等到二十一世紀就過早突顯了這一「貢獻」維度，在下節「巫史論」的「未來指向」維度我們將會看到，至少在 1991 年寫定的《哲學探尋錄》中，李澤厚的側重點已有所變化。這或許也是他晚年多次提出不願「談情本體」的原因，「我不願大講『情本體』，就是因為現在中國最需要的是建立公共理性，現在法律還不健全，而中國恰恰是人情太多了。」「所以我現在不願大講『情本體』，哲學上提出這個觀念是必要的，落實到眼下的現實，真沒到時候。」〔註28〕認為太超前了，至少對於中國來說如此。明知超前，為何還要提出？這構成 1990 年代之後李澤厚理論建構與現實關懷的某種張力，其中一個原因在於，他的「現實關懷」不限於中國，其「理論建構」則指向了世界。

就《中國古代思想史論》對於「巫術禮儀」的表述而言，儘管沒有明確突顯「巫—史」的理性化及其延續性，但是，對於「巫史論」的具體特徵呈現，比如「實用理性」「樂感文化」等都有了精彩的表述，構成後來「巫史論」的論述起點；而「天人合一」一節對於「天」的雙層含義、非人格神、天人相通等特徵也構成後來「巫史論」的先聲。

（二）《美的歷程》中的「巫史」表述

李澤厚問「美的歷程」「從哪裏起頭呢？」他說「得從遙遠得記不清歲月的時代開始。」然而在這「遙遠年代」很自然的他遇見了「遠古圖騰」與「巫術禮儀」。比如對於山頂洞人屍體旁的「礦物紅粉」，他說「上述種種『裝飾品』，這種原始的物態化的活動便正是人類社會意識形態和上層建築的開始。它的成熟形態便是原始社會的巫術禮儀，亦即遠古圖騰活動。」〔註29〕包括歐洲洞穴壁畫等原始的人類的意識形態活動，「亦即包含著宗教、藝術、審美等等在內的原始巫術禮儀就算是真正開始了。」這裡有個注釋：「關於巫術

〔註27〕 李澤厚：《孔子再評價》，載氏著：《中國古代思想史論》，北京：人民出版社，1986 年 3 月第 1 版，第 40 頁。

〔註28〕 李澤厚、劉緒源：《該中國哲學登場了？──李澤厚 2010 談話錄》，上海：上海譯文出版社，2011 年 4 月版，第 114 頁。

〔註29〕 李澤厚：《美的歷程》，載《李澤厚十年集》第一卷，合肥：安徽文藝出版社，1994 年 1 月版，第 10 頁。

（Magic 或譯『魔法』）與宗教的異同，關於巫術、神話（Myth）、禮儀（Rite）、圖騰（Totem）之間的相互關係、先後次序、能否等同諸問題，本書均暫不討論。」〔註30〕所以，本書提到「巫術禮儀」只是「美的歷程」之「一瞥」，如同《孔子再評價》只是一種附帶說明。並未過多論述。

此種附帶說明在「原始歌舞」中再次出現，「之所以說是『龍飛鳳舞』，正因為它們作為圖騰標記、所代表的，是一種狂熱的巫術禮儀活動。後世的歌、舞、劇、畫、神話、咒語……在遠古是完全揉合在這個未分化的巫術禮儀活動的混沌統一體之中的，如火如荼，如醉如狂，虔誠而蠻野，熱烈而謹嚴。」〔註31〕隨後引用王國維《宋元戲曲史》中關於「楚辭之靈」的論述，提出「遠古圖騰歌舞作為巫術禮儀，是有觀念內容和情節意義的，而這情節意義就是戲劇和文學的先驅。古代所以把禮樂同列並舉，而且把它們直接和政治興衰聯結起來，也反映原始歌舞（樂）和巫術禮儀（禮）在遠古是二而一的東西，它們與其氏族、部落的興衰命運直接相關而不可分割。」〔註32〕這裡可以看出「巫術禮儀」的政治功能，這裡突顯的不是個體的「通神」或者「靈魂慰安」而是氏族群體的興衰成敗，這在 1999 年的《說巫史傳統》中作為「巫的特質」之一表述出來。〔註33〕

「從燭龍、女媧到黃帝、蚩尤到后羿、堯舜，圖騰神話由混沌世界進入了英雄時代。作為巫術禮儀的意義內核的原始神話不斷人間化和理性化，那種種含混多義不可能作合理解釋的原始因素日漸削弱或減少，巫術禮儀、原始圖騰逐漸讓位於政治和歷史。」〔註34〕這一點明確提出了「理性化」概念，為後來「巫史論」的重點發揮內容，明確提出「巫術禮儀」而「政治歷史」可謂「巫史論」之發軔和濫觴。這在後來提到仰韶彩陶紋時李澤厚推測說可能是「幾千年前具有祝福意義的巫術符號」或是「巫術禮儀」的「簡化和抽象化。」

〔註30〕 李澤厚：《美的歷程》，載《李澤厚十年集》第一卷，合肥：安徽文藝出版社，1994 年 1 月版，第 11 頁、注釋②。
〔註31〕 李澤厚：《美的歷程》，載《李澤厚十年集》第一卷，合肥：安徽文藝出版社，1994 年 1 月版，第 17 頁。
〔註32〕 李澤厚：《美的歷程》，載《李澤厚十年集》第一卷，合肥：安徽文藝出版社，1994 年 1 月版，第 19 頁。
〔註33〕 李澤厚：《說巫史傳統》，載氏著：《由巫到禮 釋禮歸仁》，北京：生活·讀書·新知三聯書店，2015 年 1 月版，第 85 頁。
〔註34〕 李澤厚：《美的歷程》，載《李澤厚十年集》第一卷，合肥：安徽文藝出版社，1994 年 1 月版，第 20 頁。

由「動的巫術魔法而為靜的祈禱默告。」〔註35〕這也屬於「理性化」的範圍，由行為而符號、由具體而抽象、由活動而靜默。

在《青銅饕餮》一章中李澤厚寫「獰厲的美」時說「在上層建築和意識形態領域，以『禮』為旗號，以祖先祭祀為核心，具有濃厚宗教性質的巫史文化開始了。它的特徵是，原始的全民性的巫術禮儀變為部分統治者所壟斷的社會統治的等級法規，原始社會末期的專職巫師變為統治者階級的宗教政治宰輔。」〔註36〕這裡面涉及「巫君關係」固然沒有明確提出「巫君合一」，但是「君權」對於「神權」的壟斷及其支配性已明顯揭示。並且視「巫師」為當時的「精神領袖」「政治宰輔」，這些說法在後來「巫史論」中均有進一步表述。尤其是突顯了「巫」的政治輔佐功能而非其獨立通神意義。

在《先秦理性精神》裏談及對漢宋對詩的「比興」及「穿鑿附會」時說「這個原因是歷史性的。漢儒的這種穿鑿附會實質上是不自覺地反映了原始詩歌由巫史文化的宗教政治作品過渡為抒情性文學作品這一重要的歷史事實。本來，所謂『詩言志』，實際上即是『載道』和『記事』，就是說，遠古的所謂『詩』本來是一種氏族、部落、國家的歷史性、政治性、宗教性的文獻，並非個人的抒情作品。很多材料說明，『詩』與『樂』本不可分，原是用於祭神、慶功的，《大雅》和《頌》仍有這種性質和痕跡。」〔註37〕這是一個值得留意的現象，以詩為例，可以看出「由巫而史」的痕跡，由祭神而抒情；自然，我們知道在《左傳》中「詩」更多具有外交辭令等政治功能，由言「詩」可以看出一個人及其代表的國家的興亡成敗，言「詩」不當，被認為是不知「禮」，有性命之憂〔註38〕。為何會這樣？這是很值得進一步研究的。楊向奎先生論及此時說「詩與樂章之分，詩是舞曲也是史詩。原來歷史掌握在神巫手中，他們於樂舞祭祀時，以史詩作舞曲。巫以後是史，所以太史公自敘

〔註35〕李澤厚：《美的歷程》，載《李澤厚十年集》第一卷，合肥：安徽文藝出版社，1994 年 1 月版，第 22、24、35 頁。

〔註36〕李澤厚：《美的歷程》，載《李澤厚十年集》第一卷，合肥：安徽文藝出版社，1994 年 1 月版，第 39 頁。

〔註37〕李澤厚：《美的歷程》，載《李澤厚十年集》第一卷，合肥：安徽文藝出版社，1994 年 1 月版，第 62、63 頁。

〔註38〕關於「禍福」依據由「神」而「禮」的轉變可參考徐復觀：徐復觀：《中國人性論史》，上海：華東師範大學出版社，2005 年 8 月版，第 31 頁；李澤厚《說巫史傳統》一文對此有特別留意引用，詳見《由巫到禮 釋禮歸仁》，北京：生活・讀書・新知三聯書店，2015 年 1 月版，第 26 頁注釋①。

上及重黎，而孟子說『詩亡而春秋作』也正好說明了這種演變。」〔註39〕楊先生的說法很值得留意，他的觀點明顯是「由巫到史」的「巫史論」表述，首版序言顯示 1987.8.10 可見他提出「巫史論」是很早的；而且，就我目力所及，李澤厚與楊向奎二者並無彼此引用參考交集，對於楊先生的「巫史論」下節還會有進一步討論。

在《楚漢浪漫主義》中再次提及「巫術文化體系」。李澤厚說屈原的偉大影響在於「屈原的作品（包括歸於他名下的作品）集中代表了一種根底深沉的文化體系。這就是上面講的充滿浪漫激情、保留著遠古傳統的南方神話—巫術的文化體系。儒家在北中國把遠古傳統和神話、巫術逐一理性化，把神人化，把奇異傳說化為君臣父子的時間秩序。」〔註40〕這裡涉及神話的歷史化，以及由神而人的理性化，在後來「巫史論」皆有進一步論述。關於神話歷史化的問題，袁珂先生形象的說那是「神下地」的問題，與此對應還有「人上天」的問題〔註41〕。「神下地」說的是原有的神話式人物逐漸被合理化為部族首領，原來是神，如今成了人，而且一般是功勳卓著的首領；而「人上天」是說許多功勳卓著的人間領袖逐漸成了「神」，所以中國的神話傳說固然保存不多，遺失不少，但是在流失的同時還有「新神」被造出來。這是個極其有趣的現象。有論者指出「深刻的『歷史化』運動，悄悄隱去了這些遠古神祇的動物形體，洗之心，革之面，變之為近古帝王。」〔註42〕而關於屈原作品與神話、巫史的關係，過常寶先生的《楚辭與原始宗教》對此有詳細論述和展開，尤其是他詳細討論了「屈原的職掌」「楚國的巫史傳統」「《天問》《九歌》《楚辭》《離騷》的祭歌模式」〔註43〕這些分析細緻入微，對於李澤厚所說屈原文學與

〔註39〕 楊向奎：《宗周社會與禮樂文明》（修訂本），北京：人民出版社，1997 年 11 月版，362～363 頁。

〔註40〕 李澤厚：《美的歷程》，載《李澤厚十年集》第一卷，合肥：安徽文藝出版社，1994 年 1 月版，第 62、70 頁。

〔註41〕 袁珂：《古神話選釋》，北京：人民文學出版社，1982 年版，第 10 頁。

〔註42〕 謝選駿：《空寂的神殿》，成都：四川人民出版社，1987 年版，第 134 頁。

〔註43〕 本書為過常寶先生的博士論文，納入東方出版社的「中國文學史研究系列」，詳見過常寶：《楚辭與原始宗教》，北京：東方出版社，1997 年 6 月；本書重點分析了「《離騷》的祭歌模式」，因為《天問》《九歌》其內容有著明顯的祭神、巫術痕跡，過常寶先生進一步分析了《離騷》亦具有類似背景。過先生另一本關於「史」的研究同樣值得留意，詳見：過常寶：《原史文化及文獻研究》，北京：北京大學出版社，2008 年 3 月版，這本書對於「史」之職掌演進有著翔實描述，並涉及「史官文化」、「巫史知識」以及「君子立言」等分析，

巫術文化之關係有著翔實的論證。

在《佛陀世界》一章談及佛教中國化時，李澤厚說「清醒的理性主義、歷史主義的華夏傳統終於戰勝了反理性的神秘迷狂，這是一個重要而深刻的思想意識的行程。」〔註44〕「這當然是進一步中國化，儒家思想滲進了佛堂。與歐洲不同，在中國，宗教是從屬於、服從於政治的，佛教愈來愈被封建帝王和官府所支配管轄，作為維護封建政治體系的自覺工具。」〔註45〕「菩薩（神）小了，供養人（人）的形象卻愈來愈大……人世的生活戰勝了天國的信仰，藝術的形象超過了宗教的教義。」〔註46〕儘管這是關於隋唐佛教雕塑、壁畫的藝術巡禮，但是李澤厚的論述明顯道出了更多藝術之外的「文化—心理」及其顯現，尤其是在「人神關係」上，佛教中國化讓我們再次看到「君權高於神權」「民為神主」的特質，而這些內容在《說巫史傳統》中也確實再次成為論述重點。

對古典文藝的匆匆巡禮，這一「美的歷程」至今給我們更多「審美」以外的啟發。李澤厚在「結語」中說「凝凍在上述種種古典作品中的中國民眾的審美趣味、藝術風格，為什麼仍然與今天人們的感受愛好相吻合呢？為什麼會使我們有那麼多的親切感呢？是不是積澱在體現在這些作品中的情理結構，與今天中國人的心理結構有相呼應的同構關係和影響呢？」〔註47〕這個問題依然發人深省，記得1950年代文學界一個頭疼的問題是古典文學的「人民性」，李澤厚曾專門撰文討論〔註48〕，然而指出「文化—心理」結構的延續性與同構關係，應當說才真正對於「人民性」問題給出了有力揭示。儘管《美的歷程》

很精彩；他極為悲愴的指出「《史記》與原史傳統的終結」，秦漢統一之後「史官文化」由「君子立言」變為「御用文人」，他著重突顯司馬遷的悲壯堅守，但已是最後輓歌，其宮刑具有雙重寓意。

〔註44〕李澤厚：《美的歷程》，載《李澤厚十年集》第一卷，合肥：安徽文藝出版社，1994年1月版，第107頁。

〔註45〕李澤厚：《美的歷程》，載《李澤厚十年集》第一卷，合肥：安徽文藝出版社，1994年1月版，第115頁。

〔註46〕李澤厚：《美的歷程》，載《李澤厚十年集》第一卷，合肥：安徽文藝出版社，1994年1月版，第118～119頁。

〔註47〕李澤厚：《美的歷程》，載《李澤厚十年集》第一卷，合肥：安徽文藝出版社，1994年1月版，第202頁。

〔註48〕李澤厚：《關於中國古代抒情詩中的人民性問題——讀書箚記》，《光明日報》「文學遺產」，1955年6月19日、26日；此文後來收入李澤厚：《門外集》，武漢：長江文藝出版社，1957年12月版和李澤厚：《美學論集》，上海：上海文藝出版社，1980年7月版。

為中國古典文藝審美趣味的匆匆巡禮，但是，散見表述中對於「巫君關係」「巫史文化」「理性化」「人神關係」等後來「巫史論」的內容都觸及到了〔註49〕，此書結尾意味深長「俱往矣。然而，美的歷程卻是指向未來的。」下面我們將會看到「巫史論」不僅僅是思想溯源理論，更是「指向未來」的。

（三）《華夏美學》中的「巫史」表述

此書於 1988 年在新加坡寫成，而對於「華夏美學」，李澤厚的界定也是自覺的，他說「這裡所謂華夏美學，是指以儒家思想為主體的中華傳統美學。」〔註50〕關於儒家思想的研究李澤厚的三本「中國思想史論」皆已出版，對傳統之「文化─心理」結構可謂有清醒、確定之認識，而關於「美學」方面已有《美的歷程》這一「外篇」出版，所以對於「華夏美學」的寫作更突顯其「文化─心理」結構之審美層面的積澱與延續。

在《禮樂傳統》中，談及「美」的含義，李澤厚引用了他與劉綱紀先生共同主編的《中國美學史》的說法，認為「美的原來含義是冠戴羊形或羊頭裝飾的大人（『大』是正面而立的人，這裡指進行圖騰扮演、圖騰樂舞、圖騰巫術的祭司或酋長）……美字就是這種動物扮演或圖騰巫術在文字上的表現。」〔註51〕據李澤厚在 90 年代對談時的說法「說『美』字起源於巫術，也不是我發明的，我只是採納了別人的意見。」〔註52〕這裡對「美」字溯源依然是在論述「巫術禮儀」語境下的，李說「原始文化通過以『祭禮』為核心的圖騰歌舞巫術，一方面團結、組織、鞏固了原始群體、以喚起和統一他們的意識、意向和意志。另方面又溫習、記憶、熟悉和了實際生產─生活過程，起了鍛鍊個體技藝和團體協作的功能。」〔註53〕嚴格來講原始的歌舞巫術其具體活動、功能，

〔註49〕這本書 1981 年就出版了，可見李澤厚對「巫史」表述時間之早，1999 年的《說巫史傳統》只是集中表述而已。本書首版信息：李澤厚：《美的歷程》，北京：文物出版社，1981 年 3 月版。

〔註50〕李澤厚：《華夏美學》，載《李澤厚十年集》第一卷，合肥：安徽文藝出版社，1994 年 1 月版，第 209 頁。

〔註51〕李澤厚：《華夏美學》，載《李澤厚十年集》第一卷，合肥：安徽文藝出版社，1994 年 1 月版，第 211～212 頁。

〔註52〕李澤厚：《美是自由的形式──與高建平的對談（續）》，載氏著：《李澤厚對話集》（九十年代），北京：中華書局，2014 年 8 月版，第 72 頁，原文載《明報月刊》《美學與文藝學研究》，1994 年，高建平整理。

〔註53〕李澤厚：《華夏美學》，載《李澤厚十年集》第一卷，合肥：安徽文藝出版社，1994 年 1 月版，第 212 頁。

今天均無法得知；包括前面《美的歷程》所談山頂洞人紅粉、歐洲洞穴壁畫與巫術禮儀的關係均屬推測，只不過結合考古學、人類學的研究，這些可能是相對較為合理的推測而已。對「巫史」溯源方面的研究目前似乎很難突破這層限制。在此語境下，李澤厚的說法或可以接受「巫術禮儀和圖騰活動在培育、發展人的心理功能方面，比物質生產勞動更為重要和直接。圖騰歌舞、巫術禮儀是人類最早的精神文明和符號生產。」〔註54〕在本節，李澤厚多次引用 Clifford Geertz 1973 年英文版《文化的解釋》關於「文化模式」對人的影響等說法，很明顯李澤厚所說的「文化—心理」結構與 Geertz 的說法可相互印證〔註55〕。

　　對於演進方面，李澤厚說「遠古圖騰歌舞、巫術禮儀的進一步完備和分化，就是所謂『禮』『樂』。」〔註56〕這個說法值得留意，突顯了「禮樂」的「巫術」淵源，這一說法在《孔子再評價》和《美的歷程》均提出過。但是，需要留意的是，李澤厚的側重還是「禮樂傳統」而非「巫史傳統」，在這裡「巫史」溯源只是為了輔助性說明「禮樂傳統」。這在 1988 年 4 月 23 日在新加坡國立大學東亞哲學研究所做的演講可以作為類似旁證，其題目為「禮樂傳統與儒家美學」，當時報導稱「儒家崇舉的禮樂，實際正是遠古原始社會以來的圖騰、巫術、禮儀活動的自覺化。」〔註57〕這裡涉及「禮」「樂」的時候，李再次引用了 Ruth Benedict、Fingarette、Schwartz、Geertz 的英文論著，這些都是當時新近出版的著作，可見李對英文論著的關注及其研讀範圍，其中他引用 Fingarette 關於「禮」作為「神聖的儀式」，具有「巫術性質」，他說「H. Fingarette 說法的價值在於點出了儒家思想具有巫術禮儀的根源這一歷史真實。」〔註58〕然而

〔註54〕 李澤厚：《華夏美學》，載《李澤厚十年集》第一卷，合肥：安徽文藝出版社，1994 年 1 月版，第 216 頁。

〔註55〕 前面提到李澤厚的閱讀範圍，可單獨做一個專題予以梳理，通過一個學者的閱讀史去審視一代人的思想流變；前面也提到李澤厚對於當時的英文著作多有引用，這也是一例。另外，記得 2006 年前後拜訪趙汀陽先生時他專門提出研究「巫史傳統論」要留意李澤厚對 Clifford Geertz 論著的重視及其引用和影響。

〔註56〕 李澤厚：《華夏美學》，載《李澤厚十年集》第一卷，合肥：安徽文藝出版社，1994 年 1 月版，第 221 頁。

〔註57〕 李澤厚：《禮樂遠古已有，非孔孟所創造》，載氏著：《李澤厚對話集》（八十年代），北京：中華書局，2014 年 8 月版，第 127 頁，原載新加坡《新明日報》1988 年 4 月 24 日，演講報導執筆人李子毅。

〔註58〕 李澤厚：《華夏美學》，載《李澤厚十年集》第一卷，合肥：安徽文藝出版社，1994 年 1 月版，第 222 頁。

在側重上，Fingarette 注目於「禮儀」的神聖性及其對人性養成的意義〔註59〕。同時，李澤厚引用 Schwartz〔註60〕書中的看法：「說明敬神的儀式逐漸比神本身還重要。這也意味著，『禮本身具有至高無上的作用，正是『禮』本身直接塑造、培育著人，人們在『禮』中使自己自覺脫離動物界。所以，似乎是規範日常生活的『禮』卻具有神聖的意義和崇高的位置。」〔註61〕所以，就「禮樂」的「巫術禮儀」來源及其神聖性來講，這一現象為多位學者發現闡明，但是對此現象做專題論述並且將其指向未來回應後現代主題，這一點是李澤厚的「巫史傳統論」所特有的。

這裡我們還需要說明的是，儘管李澤厚看到「禮樂」的「巫史」淵源，但是這一時期其重點還是在「禮樂傳統」而非將「巫史」作為「傳統」重點處理，他說「華夏藝術和美學的這些民族特徵在實踐上和理論上都很早便開始了，它發源於遠古的『禮樂傳統』。」「古代華夏作為體制建構的『禮樂』傳統，已使原始的巫術禮儀、圖騰歌舞走上了非酒神型的發展道路和文化模式。它捨棄了那種狂熱、激昂、急烈、震盪的情感宣洩和感官痛快，著重強調『和』、『平』、『節』、『度』，以服從和服務於當時社會秩序和人際關係。這種『秩序』和『關係』，也就是當時的政治。『禮樂』是直接與政治直接相關而連在一起的。」〔註62〕這裡我們可以看出，李澤厚在此一時期的側重在「禮樂傳統」自身的所塑造「文化—心理」結構及其與政治的關係，他認為以儒家為主的華夏美學根源於「禮樂傳統」〔註63〕；這一點到 90 年代之後，他逐漸對「禮樂」溯源，尤其是他追問「實用理性」「樂感文化」「一個世界」來自哪裏？人的地位為何那麼高？由此而進一步突顯了作為「禮樂」源頭的「巫史傳統」。有此種側重上的不同，所以《華夏美學》裏面對於「巫術」等討論並不多，也在情理之中。

〔註59〕 赫伯特‧芬格萊特：《孔子：即凡而聖》，彭國翔，張華譯，南京：江蘇人民出版社，2010 年 7 月第 2 版，第 65～67 頁。

〔註60〕 李澤厚引用 Schwartz 的書是 1986 年哈佛英文版 49～50 頁，對應中文版為史華茲：《古代中國的思想世界》，南京：江蘇人民出版社，2008 年 8 月版，第 65 頁；此處觀點引用是 Schwartz 引用 Zaehner 的說法，詳見該頁注釋①。

〔註61〕 李澤厚：《華夏美學》，載《李澤厚十年集》第一卷，合肥：安徽文藝出版社，1994 年 1 月版，第 223 頁。

〔註62〕 李澤厚：《華夏美學》，載《李澤厚十年集》第一卷，合肥：安徽文藝出版社，1994 年 1 月版，第 235～283 頁。

〔註63〕 另可參見李澤厚：《華夏美學》，載《李澤厚十年集》第一卷，合肥：安徽文藝出版社，1994 年 1 月版，第 241、245 頁。

　　在第二章《孔門仁學》中談及生死時，李澤厚說「從巫術、宗教中脫身出來的先秦儒家持守的是一種執著於現實人生的實用理性。它拒絕作抽象思辨、也沒有狂熱的信仰，它以直接服務於當時的政教倫常、調協人際關係和建構社會秩序為目標。」〔註64〕在論及《易傳》之「天人同構」時說「這種天人同構、同類相感的觀念本也根源於原始人的類比連想和巫術宗教，以《周易》為最高代表的儒家丟掉了那些巫術、神話和宗教的解釋，將它世俗化、實用化、理知化，形成了這樣一個天人（即自然—社會）相通的哲學觀。」〔註65〕這裡李澤厚引用了 Frazer 英文版《金枝》關於「交感巫術」的研究。弗雷澤在《金枝》第三章談了「交感巫術」的問題，他說「如果我們分析巫術賴以建立的思想原則便會發現它們可歸結為兩個方面：第一是『同類相生』或果必同因；第二是『物體一經互相接觸，在中斷實體接觸後還會繼續遠距離的互相作用』。」〔註66〕他將前一原則稱為「相似律」，而後一原則被稱為「接觸律」或「觸染律」。巫師根據第一原則引申出他能僅僅通過模仿就可實現任何他想做的事；而根據第二原則他則斷定他能通過一個物體來對一個人施加影響，只要該物體曾被那個人接觸過而不論該物體是否為該人身體的一部分。弗雷澤繼續分析到「基於相似律的法術叫做『順勢巫術』或『模擬巫術』。基於接觸律或觸染律的法術叫做『接觸巫術』。」〔註67〕順勢巫術依據的是「相似聯想」，接觸巫術依據的是「接觸聯想」。這裡面「天人同構」尤其是後來的「天人感應」，固然在內容上與弗雷澤的「交感巫術」多有不同，但是，在思維形式上，二者確實有很多共通處，這是值得留意的。這也是李澤厚後來發揮「巫史論」是堅持認為「巫」的保存、延續的原因所在，馬克斯‧韋伯也提出儒教、道教中「巫文化之保留」〔註68〕。

〔註64〕李澤厚：《華夏美學》，《李澤厚十年集》第一卷，合肥：安徽文藝出版社，1994年1月版，第 260 頁。

〔註65〕李澤厚：《華夏美學》，《李澤厚十年集》第一卷，合肥：安徽文藝出版社，1994年1月版，第 276 頁。

〔註66〕弗雷澤：《金枝》，徐育新，汪培基，張澤石譯，北京：中國民間文藝出版社，1987年6月版，第 19 頁。

〔註67〕弗雷澤：《金枝》，徐育新，汪培基，張澤石譯，北京：中國民間文藝出版社，1987年6月版，第 19 頁。

〔註68〕馬克斯‧韋伯對中國儒教、道教的論述中提到「巫術園地的保留」和「儒教關注的只是此世事物」詳見馬克斯‧韋伯：《儒教與道教》，洪天福譯，南京：江蘇人民出版社，2003年版，第 181、128 頁。

　　在第三章《儒道互補》中李澤厚談到「儒道之所以能互補，我以為根本原因仍在於，它們二者都緣起於非酒神型的遠古傳統。」〔註69〕此種說法在1999年的《說巫史傳統》中表述為「『儒道互補』。之所以能互補，是因為二者雖異出卻同源，有基本的共同因素而可以相聯結相滲透，相互推移和補足。所謂『同源』，即同出於原始的『巫術禮儀』。」〔註70〕可見李澤厚學說的延續性，同時也可以看出90年代提法更多只是對80年代說法的展開和發揮，只是側重語境有所不同。在隨後第四章《美在深情》談及屈原「楚辭」以及「詩」的「比興」時再次提到「巫術」，這一點與《美的歷程》比較類似，他說「已有研究者指出，中國古代詩歌中比較常見或普通的『起興』如鳥、魚、植物，都有其特定的氏族的神話─巫術─宗教的遠古歷史背景。」他引用趙沛霖1987年社科版的《興的起源》一書說「興的起源即人們最初以他物起興、既不是出於審美動機，也不是出於實用動機，而是出於一種深刻的宗教原因。」〔註71〕前面在《美的歷程》部分我們談及楚辭以及詩的「祭歌模式」「祭神」「巫術」淵源，大約這是很值得留意的現象：最初的詩篇是寫給神的，最早的古歌是唱給神的；至於演變為後來外交辭令與抒情言志，大約都是這一最初「祭神」「聞道」的延伸和發揮，原初的宗教意義模糊了，後來的世俗意義突顯了；之所以外交辭令很看重「言詩」之「合禮」，抒情言志很看重真誠與虔誠，或許都與這一源頭上的神聖意義有關。

　　關於《詩經》的「祭祀」「巫術」意義，有論者稱《詩經》「大多數篇章反映的是祭祀內容，與上古時代的神本文化正相適應。」〔註72〕我們知道朱熹在《詩經傳序》中說「若夫《雅》、《頌》之篇，則皆成周之世朝廷郊廟樂歌之辭。」《毛詩・序》也說「頌者，美盛德之形容，以其成功告於神明者也。」由此可見「雅」「頌」諸篇均有其神聖性源頭，對於「風」一般認為來自民歌，多為愛情、勞動之反映，然而根據張岩對《詩經》的研究，《詩經》在流傳中

〔註69〕 李澤厚：《華夏美學》，《李澤厚十年集》第一卷，合肥：安徽文藝出版社，1994年1月版，第282頁。

〔註70〕 李澤厚：《說巫史傳統》，載氏著：《己卯五說》，北京：中國電影出版社，1999年12月版，第65頁。

〔註71〕 李澤厚：《華夏美學》，《李澤厚十年集》第一卷，合肥：安徽文藝出版社，1994年1月版，第343頁；這裡引用信息趙沛霖：《興的起源》，北京：中國社會科學出版社，1987年版，第247～248頁。

〔註72〕 程民生：《神人同居的世界──中國人與中國祠神文化》，鄭州：河南人民出版社，1993年3月版，第202頁。

不僅散失了一些內容，而且丟失了許多本義，尤其是本義之丟失，他說「筆者通過一個深入綜合性研究過程，發現在《國風》部分的多數詩篇，實際上是一些極為古老的祭祀儀式（包括圖騰祭祀以及與之有直接或間接關係的祭祀儀式）中所使用的祭祀樂歌的歌辭，亦即祭祀的禮辭。」對此他做了細緻的詩篇分析，得出結論說《詩經》是一個人類早期社會的儀式性禮辭的博物館。」〔註73〕基於此，程民生教授說「充斥於《詩經》中的祠神文化，是其基本精神，是其滿溢神彩，而且更具深邃的社會底蘊。詩言志、言情、言風俗；敬神是志，求神有情，祭祀乃風俗。詩——敬神的語言。」〔註74〕對於《詩經》的研究，此種結論有待深究，但是此種現象很值得留意，尤其是為何《詩經》涉及祭歌的篇章為何慢慢演進成為「外交辭令」並慢慢成為「抒情詠懷」？這也是一種理性化麼？由唱給神的歌，慢慢唱給人了，這個現象也是另一種「由神而人」的旁證麼？這涉及文學中的「比德」現象。

　　在論及「比德」時李澤厚說「首先是群體（氏族、部落）的原始神秘的意向、情感、觀念通由自然景物的『比興』而客觀化、對象化，然後是道德倫理的人格情操通過這種『比德』而客觀化、對象化。」「所謂『比德』，首先也是從音樂轉移到其他藝術包括文學上來的。『比興』和『比德』本來就聯在一起。正如古代的巫術、神話、宗教為儒家所道德化倫理化一樣，『禮樂』傳統中對『樂』的解釋論證便充滿了『比德』的內容，這也正好表現了具有巫術、宗教性能的禮樂傳統向儒家倫理過渡的痕跡。」〔註75〕他舉例屈原的作品大量運用「比德」手法，指出「在屈原這裡，既不再是那遠古的巫術、神話、宗教的神秘性的群體情感，也不只是儒家詩教所要求的那種道德倫理的概念說教，美人芳草、自然景色雖仍是道德的表徵，但同時已是某種不確定性、多義性的情感符號，它從而是一種真正象徵的形象。」〔註76〕而對於「日新之謂盛德」「生生之謂易」等說法，李澤厚說「儒家的宇宙觀以滲透情感為其根本特徵」，

〔註73〕張岩：《簡論漢代以來〈詩經〉學中的誤解》，《文藝研究》，1991年第1期；此處轉引自程民生：《神人同居的世界——中國人與中國祠神文化》，鄭州：河南人民出版社，1993年3月版，第206～207頁。

〔註74〕程民生：《神人同居的世界——中國人與中國祠神文化》，鄭州：河南人民出版社，1993年3月版，第207頁。

〔註75〕李澤厚：《華夏美學》，《李澤厚十年集》第一卷，合肥：安徽文藝出版社，1994年1月版，第346頁。

〔註76〕李澤厚：《華夏美學》，《李澤厚十年集》第一卷，合肥：安徽文藝出版社，1994年1月版，第347頁。

這是其 1991 年發揮的「有情宇宙觀」之張本，他隨後「儒家哲學將整個宇宙、自然、天地予以生命化、倫常化、情感化，其中就包含著巨大的想像，只是這想像由原始的巫術、神話、宗教的荒誕階段，進到『比德』的概念階段，再進到無概念痕跡的情感階段罷了。」〔註77〕這一點至少對於《詩經》由神而人，由祭神而外交而抒情之演變，可以作為一個初步的解釋。

從深層次講，若以李澤厚的「人活著」為問題圓心，詩歌對象、方式、語境的演變涉及「命運」問題，或許祭神—外交—抒情形式上的演進有著內在的一致性。它們都圍繞「命運」問題展開，無論是吉凶禍福還是人生意義，詩歌角色的轉變或許正意味著人們對「命運」及其「意義」解決方式的變化，吉凶禍福慢慢由依賴神而人，詩歌慢慢由唱給神而唱給人，這一歷程中對象、方式皆有變化，但是圍繞「命運」問題之「趨吉避凶」「去禍致富」其思路是一貫的，這是很值得留意的現象。徐復觀先生論及由神而禮時講「在過去，監察人的行為，以定人的禍福的是天命，是神；現在則不是神，不是天命，而是禮。《左傳》由禮以推定人的吉凶禍福，說的幾乎其應如響。」〔註78〕《左傳》中因「不知禮」（比如不知言，對錯詩而失禮、輕而無禮、祭於野而失禮等等）而被語言致「死」且「多言而中」的例子很多。徐復觀先生的觀察是敏銳的，這一現象也很值得留意，禮之所以被人看重因為關乎生死存亡，這如同「國之大事在祀與戎」二者也關乎存亡，然而由「天命、神」推斷人的「禍福吉凶」與由「禮」而推斷人的「禍福吉凶」其內在理路、思維依據不正相同麼？在此語境下，用禮來算命與以卜筮來算命是沒什麼不同的，固然《詩經》的演變，從形式上看，由神而人、由祭祀禮辭而外交辭令而抒情感懷；然而，就其原初功能來看，此種演進又是一種深層次的蘊藏和延續，其「原義」通過「新衣」為人所繼續沿用。這可能才是李澤厚「巫史論」延續性的深層寓意所在。在思維律上，還是上述弗雷澤所說的「交感巫術」之「相似律」和「接觸律」。

在第五章《形上追求》沒有涉及「巫術」內容，第六章《走向近代》論及王國維時提到「儒家哲學沒有建立超道德的宗教，它只有超道德的美學。它沒

〔註77〕李澤厚：《華夏美學》，《李澤厚十年集》第一卷，合肥：安徽文藝出版社，1994年1月版，第348頁。

〔註78〕徐復觀：《中國人性論史》，上海：華東師範大學出版社，2005年8月版，第31～32頁。

建立神的本體，只建立著人的（心理情感的）本性。它沒有去歸依於神的恩寵或拯救，而只有人的情感的悲愴、寬慰的陶冶塑造。如果說，王國維以悲觀主義提示了這問題，那麼可以說，蔡元培則是以積極方式提出了這問題：『以美育代宗教』。」〔註79〕這句話看似簡單，實則蘊含了後來「巫史論」特質及其未來指向。接續由人而神的思路，位格神始終未建立，因此人的意義不來自神而是來自人自己，路是自己走出來的，意義是自己建構的，先驗理性來自歷史經驗的提升，心理情感源自人自身的積澱建構，這是後來李澤厚三句教（歷史建理性、經驗變先驗、心理成本體）的先聲；而且，在未來指向上，突顯「心理本體」的自覺積澱、「情感本體」的發揚，不是再造新神，而是通過「審美」「自然人化」而自覺建構「悅智悅神」的新境界以應對「無上帝的人間世」問題。這不僅涉及傳統文化—心理資源的發揮，而且涉及對西學的融會，李澤厚稱「這似乎再一次證實著中國古典傳統（主要又仍然是以孔子為代表的儒學傳統）的頑強生命，以及它在近代第一次通過美學領域表現出來的容納、吸取和同化近代西學的創造力量。」〔註80〕儘管李澤厚稱自己的學說思路為「西體中用」，但是，拋開語詞上的紛爭，在文化層面，他其實更近於「中體西用」，以儒學為主融會中西，這一立場在 90 年代日益凸顯。

如同《美的歷程》一樣，《華夏美學》不僅僅是一種美學表述，更多是一種「文化—心理」結構的探尋，這與李澤厚 80 年代的問題意識是一致的。所以，他在「結語」中說「回顧是為了在歷史中發現自己，以把握現在，選擇未來，是對自己現在狀態的審察與前途可能的展望。這種發現、把握、選擇、審察、展望，都包含有自己的歷史性的『偏見』在內。這『偏見』其實就是某種積澱下來的文化心理結構和本體意識。」〔註81〕這裡的「本體只能是人」這與他的哲學圓心「人活著」是一致的，他固然看到「文化心理結構」的「偏見」，他還不止於此，因為通過「回顧過去」，他在「未來展望」中是要發掘、轉換性創造這種「偏見」而自覺建立「新感性」、培育新的「人性情感」。李澤厚的「巫史論」「哲學」「美學」在「文化—心理」之人性層面融合為一。

〔註79〕 李澤厚：《華夏美學》，《李澤厚十年集》第一卷，合肥：安徽文藝出版社，1994
年 1 月版，第 404～405 頁。

〔註80〕 李澤厚：《華夏美學》，《李澤厚十年集》第一卷，合肥：安徽文藝出版社，1994
年 1 月版，第 406 頁。

〔註81〕 李澤厚：《華夏美學》，《李澤厚十年集》第一卷，合肥：安徽文藝出版社，1994
年 1 月版，第 415 頁。

（四）《美學四講》中的「巫史」表述

《美學四講》對「巫術」涉及不多，在第一講「美學」第三節《馬克思主義美學》引用盧卡奇是說他「從學術上詳細論證了藝術源起於巫術，它模擬現實，作用於現實。」〔註82〕隨後對其「人類學本體論的美學」多有發揮，他再次強調哲學研究命運，因此「尋找、發現由歷史所形成的人類文化—心理結構，如何從工具本體到心理本體，自覺地塑造能與異常發達了的外在物質文化相對應的人類內在的心理—精神文明，將教育學、美學推向前沿，這即是今日的哲學和美學的任務。」〔註83〕這一說法很值得留意，其一、其理論視點由「中國」而「人類」。80年代李澤厚的問題意識中心是「中國命運」，「文化—心理」結構也主要是對中國傳統尤其是儒家傳統的反省探源，指向也是為中國的現代化掃清障礙，這在第一章的問題意識以及上面《華夏美學》的「結語」都可看到；然而在《美學四講》裏面，他提出的「人類學歷史本體論」很明顯不限於中國，「文化—心理」結構也不限於儒家。其二、其側重點由工具本體而心理本體，並自覺建構「心理—情感」。這也是他1990以後尤其是1991年《哲學探尋錄》著意發揮的地方。但是，在問題意識上，與80年代有所悖離，因為當時他側重的是中國現代化進程，很明顯以「工具本體」及其對應的科學、民主、法治等為中心。

在第二講「美」，他再次強調「不是個人的情感、意識、思想、意志等『本質力量』創造了美，而是人類總體的社會歷史實踐這種本質力量創造了美。」〔註84〕李澤厚論人分屬「個人」和「人類」雙重寓意，前者突顯偶然性、個性，後者則突顯其必然性、整體性。第三講「美感」，需要留意的是「建立新感性」這一說法。李澤厚說「從主體性實踐哲學或人類學本體論來看美感，這是一個建立『新感性』的問題，所謂『建立新感性』也就是建立起人類心理本體，又特別是其中的情感本體。」〔註85〕建立「新感性」成了一種積極的嚮往，因為「新感性」的培養使人由本能生活的人而成為一個審美的人，也即使

〔註82〕李澤厚：《美學四講》，《李澤厚十年集》第一卷，合肥：安徽文藝出版社，1994年1月版，第440頁。

〔註83〕李澤厚：《美學四講》，《李澤厚十年集》第一卷，合肥：安徽文藝出版社，1994年1月版，第440頁。

〔註84〕李澤厚：《美學四講》，《李澤厚十年集》第一卷，合肥：安徽文藝出版社，1994年1月版，第469頁。

〔註85〕李澤厚：《美學四講》，《李澤厚十年集》第一卷，合肥：安徽文藝出版社，1994年1月版，第493頁。

人經由認識、倫理而走向審美，所以我將建立「新感性」視為李澤厚的美學歸宿，而且他的「積澱」說、「自然人化」說都不僅僅是一種解釋的理論，而是一種建設的理論，建設的方向便是指向「新感性」的建立。而這正是他 90 年代以後著重發揮的主題，尤其是對「情本體」的強調，1994 年他與王德勝對談時說「情感本體」與建立「新感性」是一致的「『新感性』從美學角度講，更具體一些；『情感本體』從哲學角度講，層次不同而已。」〔註86〕

在第四講「藝術」，第三節《形象層與藝術積澱》中李提到「巫術對原始人來說，是非常重要的、獨一無二的『上層建築』，原始人類沒有它就難以生存。巫術（禮儀）通過原始歌舞即圖騰活動，一方面模擬二中生產活動，把生產活動中分散的東西集中起來，在操練、演習、回憶過程中，鍛鍊培養原始人的生存技能，另方面又使群體得到了協同、合作的鍛鍊、演習。在巫術活動中包含著科學的成份、宗教的成分和藝術的成分。」〔註87〕此種說法與《華夏美學》中的說法是近似的「原始文化通過以『祭禮』為核心的圖騰歌舞巫術，一方面團結、組織、鞏固了原始群體、以喚起和統一他們的意識、意向和意志。另方面又溫習、記憶、熟悉和了實際生產─生活過程，起了鍛鍊個體技藝和團體協作的功能。」〔註88〕他再次提到中國的音樂、舞蹈、詩歌都是從巫術中產生出來的，「巫術後來一分為三，反映認識客觀事物的方面分化發展為科學，強制、動員、組織群體活動的方面分化發展為宗教、政治體制和道德規範，而其過程形態的形式方面則發展成為藝術。」〔註89〕此種表述與 1999 年的《說巫史傳統》說法很不同：「西方由『巫』脫魅而走向科學（認知，由巫術中的技藝發展而來）與宗教（情感，由巫術中的情感轉化而來）的分途。中國則由『巫』而『史』，而直接過渡到『禮』（人文）『仁』（人性）的理性化塑建。」〔註90〕以後說為是。

〔註86〕李澤厚：《美學──中國人最高的境界──與王德勝對談（續）》，載氏著：《李澤厚對話集》（九十年代），北京：中華書局，2014 年 8 月版，第 114 頁，原載《文藝研究》1994 年第 6 期。

〔註87〕李澤厚：《美學四講》，《李澤厚十年集》第一卷，合肥：安徽文藝出版社，1994年 1 月版，第 551 頁。

〔註88〕李澤厚：《華夏美學》，載《李澤厚十年集》第一卷，合肥：安徽文藝出版社，1994 年 1 月版，第 212 頁。

〔註89〕李澤厚：《美學四講》，《李澤厚十年集》第一卷，合肥：安徽文藝出版社，1994年 1 月版，第 552 頁。

〔註90〕李澤厚：《說巫史傳統》，載氏著：《己卯五說》，北京：中國電影出版社，1999年 12 月版，第 43 頁。

　　總體上，《美學四講》關於「巫術」部分涉及不多，但是提出的「人類學歷史本體論」「建立新感性」「情感本體」等說法預示了李澤厚理論側重點的變化，由工具本體而心理本體，這一思路在 1991 年寫定的《哲學探尋錄》裏明確表述出來「從而『心理本體』將取代『工具本體，成為注意的焦點』」〔註91〕在 1999 年 9 月對談時再次提到：「工藝（科技—社會結構的工具本體）雖然從人類歷史長河上產生和決定了人們的文化—心理結構，但以此為歷史背景的後者，欲將日益取代前者，而成為人類發展和關注的中心。」〔註92〕而這一點，正涉及「巫史論」的未來指向，比如對情本體的發揮，有論者稱「『情本體』可算是李澤厚晚年體系的基石。」〔註93〕稱「基石」是不妥的，因為李澤厚歷史本體論的基石仍在歷史實踐，但是 90 年代以後自覺創造新的積澱、建立新感性、突顯情本體確實是李澤厚發揮的重要主題。這一思路與 80 年代注重新的積澱衝破舊的文化心理結構側重點是不同的，80 年代注重在「衝破」，90 年代注重「建構」。然而其理路不僅是對象和方式的不同，關鍵是問題意識在側重上的轉移，在下一節我們會著重論述這一點。

二、1990 年代及其以後關於「巫史論」的集中論述

　　如同上面所揭示，李澤厚關於「巫史」的論述可追溯至 1980 年的《孔子再評價》，並且貫穿於 80 年代的美學論述。但是，那些散見論述毋寧說停留在「巫術禮儀」的層面，更多是對「禮樂」傳統的輔助性說明，其重點還在「禮樂傳統」自身；問題意識上也側重於對以儒家為代表的傳統「文化—心理」的解構與反省。具體言之，一方面「巫史」論未形成獨立論述只處於理論輔助地位，另一方面「巫史論」更多是作為思想層面的反省與解構，作為一種重建的思想資源尚未成為理論重點。這兩個方面在 80 年代末 90 年代初及其以後，發生了理論側重上的逆轉，「巫史論」不僅作為獨樹一幟的理論假說被提出具有獨立的理論詮釋地位，而且由思想溯源走向了理論重建。這一方面回應了《孔

〔註91〕李澤厚：《哲學探尋錄》，載氏著：《李澤厚哲學文存》（下），合肥：安徽文藝出版社，1999 年版，第 503 頁。

〔註92〕李澤厚：《「六經注我」和「我注六經」——與呼延華的對談》，載氏著：《李澤厚對話集》（九十年代），北京：中華書局，2014 年 8 月版，第 296 頁，原載《芙蓉》雜誌 2000 年第 2 期。

〔註93〕丁耘：《啟蒙主體性與三十年代思想史——以李澤厚為中心》，載趙士林主編：《李澤厚思想評析》，上海：上海譯文出版社，2012 年版，第 11 頁，原載《讀書》2008 年第 11 期。

子再評價》的思想溯源工作，另一方面也是對「為儒學未來把脈」的具體展開。在理論側重上，其理論建構分量越來越重，「情感本體論」日益凸顯，「三句教」呼之欲出，「中國哲學登場」之伏筆早已埋下。這也是前面我們在探究李澤厚問題意識時反覆說明的「回顧─展望」模式之雙向展開，隨著李澤厚理論體系的不斷完善及其對於現實人類困境的深度考量，其「回應現實─展望未來」之份量日益加重。具體到他的「巫史論」上，我們可以看出此假說不僅僅是在溯源過去，毋寧說更重要是「指向未來」的。這一立論，在 80 年代的「巫史」散見論述中尚無著墨，然而在 89 年以後則大放異彩。

　　或許只是偶然，然而值得留意，李澤厚的代表性論著多成就於「年代末」，比如 50 年代末（美學結集與康有為譚嗣同研究）、60 年代末（9 個提綱）、70 年代末（康德研究與近代思想史出版）、80 年代末（哲學探尋、巫史論等系列論述）、90 年代末（己卯五說、論語今讀、世紀新夢等）等等，包括 2010 年前後的對話集系列、倫理學論述等都具有創發性意義，並且在不同程度上引領了某種思潮，至今依然。在這些系列論著中，尤為值得留意的是 89 年前後的「哲學探尋」和「論語今讀」工作，前者是一個初步的哲學體系提綱，而後者則以「我注六經」的文體完成了「六經注我」式的「轉換性創造」，而這正是對於前者初步體系的具體落實。具體到理論創造上，則圍繞「巫史論」的思想溯源與未來指向展開。而關於「巫史論」的集中論述則較早大量出現於《論語今讀》中，並且作為「五說」之一收錄於《己卯五說》中，此後在對談集及其他論著中反覆出現。所以，關於「巫史論」的集中論述環節，我們將圍繞《論語今讀》《說巫史傳統》和「其他論著集（含對談集）」展開。

（一）《論語今讀》中的「巫史」論述
1. 關於「巫史傳統論」之提出時間與思想格局

　　2005 年我在趙士林教授指導下做碩士論文《李澤厚「巫史傳統論」研究》時，精力集中於《己卯五說》中的第二說《說巫史傳統》一文，畢竟李澤厚關於「巫史論」之典型而由集中表述確實是在本文中提出的，隨後在一些對話集以及《歷史本體論》和《實用理性與樂感文化》等論著中反覆提及。這些年的研究，尤其是對於李先生論著的逐一排讀，我嘗試尋出「巫史論」提出的具體歷程，在此過程中，我發現《論語今讀》極為值得留意：正是在《論語今讀》中，「巫史論」得到了集中論述，1999 年出版的《己卯五說》只是《論語今讀》

的「理論摘要」。而且，值得留意的是，《論語今讀》之「記」不僅涵蓋了「說巫史傳統」而且蘊含了「儒學四期」「儒法互用」「人自然化」「歷史倫理背反」「情感本體建設」「西體中用」「告別革命」等種種論說。《論語今讀》在李澤厚的論著系列中，是承前啟後的關鍵；在理論指向上，則承載了過去，開啟了未來。所以關於「巫史論」之正式提出時間，如上面追溯可以成立的話，肇始於 1989 年秋冬，完成於 1994 年春。此前的種種「巫術禮儀」論述只是鋪墊。此種時間判定依據於《論語今讀》一書的寫作時限。

　　尤為要者，《論語今讀》在思想格局上是對《批判哲學的批判》的深化和完成。需要說明一點，《論語今讀》雖然在李先生自謙為「初稿」，但是此書在李先生生涯中則是一本「痛定思痛、嘔心瀝血」之作。若與《批判哲學的批判》相比較的話，便可看出此書的獨特性。第一、固然不像寫《批判哲學的批判》時那樣的驚心動魄，但卻更為「殘酷」和「傷感」，他說「脫身到如此優美寧靜的氛圍中，怎能不使人更為傷感，更想起那些一去不再復回的悲慘的盛夏的生命？……學費竟如此高昂，這未免太殘酷了。你能感受（不只是認識）這歷史的殘酷嗎？」〔註94〕第二、此書寫作時間和出版時間都是延續最長的。《批判哲學的批判》寫作時間在「1972～1976」年間（詳見《李澤厚學術年譜》），而《論語今讀》則「著手於 1989 年秋冬，時斷時續，於 1994 年春完成。」〔註95〕在出版時間上，《批判哲學的批判》充滿傳奇色彩，《論語今讀》依然經歷曲折，在「港臺版三后記」之二中李澤厚說「本稿原交大陸某出版社，清樣早排好，因《告別革命》一書引起大批判，此書遲遲不能出版，擱置已近兩年。現承再復盛意，紹介先出香港版，可惜仍不及多作修改，只好見笑於香港讀者了。謹此向再復和『天地圖書公司』致謝。」（1998 年於 Swarthmore）大陸版《論語今讀》〔註96〕在 1998 年 10 月才由安徽文藝出版社出版。我們知道《批判哲學的批判》是 1976 年 8 月完稿，1979 年 3 月由人民出版社出版的，而

〔註94〕 李澤厚：《晚風（外一章）》，載氏著：《世紀新夢》，合肥：安徽文藝出版社，1998 年 10 月版，第 51 頁。

〔註95〕 李澤厚：《論語今讀》，北京：生活・讀書・新知三聯書店，2004 年 3 月版，前言第 1 頁。

〔註96〕 《論語今讀》版本可參考「《論語今讀》始屬稿於 1989 年，成書於 1994～1996 年，1998 年初版於香港天地圖書公司，臺北允晨、安徽文藝、天津社科、三聯書店、江蘇文藝相繼先後出版並多次印行。各版正文前均冠有『初稿』字樣，蓋表不甚滿意而擬作補改修訂之意。」參見李澤厚：《論語今讀》，北京：世界圖書出版公司，2018 年 10 月版，序言。

《論語今讀》在 1994 年春完成，出版則在四年半之後了。而且在論著字數上
《論語今讀》也首屈一指〔註97〕。第三、在李澤厚的思想格局中《論語今讀》
遠在《批判哲學的批判》之上〔註98〕。丁耘先生說「李澤厚並不是什麼康德專
家，他的《康德述評》也很難說是康的研究的必讀書。在用康德解釋把握時代
命脈甚至推動時代精神的意義上，李澤厚無人可比。」〔註99〕坦白說，在康德
的專業研究領域，李澤厚的著作或許充滿爭議；就當時來看，其思想解放意義
大於學理探究；而且集中在中國大陸。拋開那個時代背景，無論是在思想解放
層面還是在學理研究層面，其書之影響均可告老還鄉，若沒有《論語今讀》之
後的「巫史論」「情本體」的新理論框架的話。如果說在專業研究上，李澤厚
的康德研究很難說是「必讀書」，那麼在對中國傳統思想尤其是《論語》的專
業解讀和「轉化性創造上」，李澤厚的「直探心魂」工作則無法繞過，而他所
提出的系列理論、系列術語則被廣泛的使用著、熱烈的討論著，這種廣泛而切
實的影響是《批判哲學的批判》所無法相比的。另外，如果說《批判哲學的批
判》在思想格局上更多是「主體性」理論在「把握時代命脈甚至推動時代精神
的意義」層面，那麼《論語今讀》則不僅在溯源過去而且在建構未來。恰恰正

〔註97〕字數不是問題，只是參考，我手邊《論語今讀》（三聯版）版權頁顯示 460 千
　　　　字（全書 567 頁，拋開《論語》原文，字數仍然可觀）；《哲學綱要》（中華書
　　　　局版）版權頁顯示字數 388 千字；《批判哲學的批判》（修訂第六版）348 千字；
　　　　當然青島版的《人類學歷史本體論》字數最多，是《哲學綱要》的擴大版（增
　　　　補了十一篇十三萬字），煌煌 664 頁，只是追隨者所為，類似於一個理論文集
　　　　選本，李澤厚堅持要在封面注明「原名《哲學綱要》」（編選者雖不太樂意但還
　　　　是遵循李先生意見），可見此合集與李澤厚自己出版的其他論著集不可同日而
　　　　語。李澤厚的書以「提綱式」寫作見長，洞見十足；但是，正是這樣的學者卻
　　　　花費了近五年精力於《論語》注譯，而且是自覺有意為之。這是值得留意的現
　　　　象。自然，同樣值得留意的是，即便是「注疏體」還是讓我們看到了「六經注
　　　　我」式的濃烈風格，這本是就是「轉換性創造」的工作。或許可讓我們反思，
　　　　關鍵不在何種文體而在洞見；若無洞見，任何文體都是蹩腳的浪費；正如同當
　　　　年周氏兄弟所發現的關鍵不在文言或白話而在思想之新舊一樣，若思想守舊，
　　　　說白話依然可以保守，而且更嚴重。
〔註98〕李澤厚多次提到「孔子高於 Kant」，比較完整的說法是：「孔子高於 Kant，但
　　　　生活高於孔子。孔子的情理結構優於 Kant 的純粹理性。生活的進步、變遷，
　　　　又優於孔子的情理結構。」參見李澤厚：《為什麼說孔夫子加 Kant》，載氏著：
　　　　《由巫到禮 釋禮歸仁》，北京：生活・讀書・新知三聯書店，2015 年 1 月版，
　　　　第 210 頁。
〔註99〕丁耘：《啟蒙主體性與三十年代思想史——以李澤厚為中心》，載趙士林主編：
　　　　《李澤厚思想評析》，上海：上海譯文出版社，2012 年版，第 2 頁，原載《讀
　　　　書》2008 年第 11 期。

是在「指向未來」層面，李澤厚提出「孔夫子加 Kant」，而且明確提到以儒家立場融會康德和馬克思，李澤厚明確說「人類學歷史本體論以孔夫子為主，吸收和消化 Kant 與 Marx。」〔註100〕由此也可以看出《論語今讀》在思想格局上是對《批判哲學的批判》的深化和完成，由啟蒙而反思、重建，由中國而人類、世界。此種思路都在「巫史論」的假說下予以集中論述並貫穿始終。

《論語今讀》中關於「巫史論」的論述集中在「理性化進程」「一個世界」「實用理性」「樂感文化」和「情感本體」建設等五個方面，而這些也正是 1999 年出版的《己卯五說》之《說巫史傳統》以及後續《說巫史傳統補》的核心內容。由於《論語今讀》的注疏文體形式，在論述中多以「記」的形式分散展開，所以在文體上不如《說巫史傳統》以及《說巫史傳統補》集中有條理，但是，在觀點上《論語今讀》毋寧說涵蓋了後者並且更加豐富。下面圍繞「思想溯源」和「未來指向」兩個方面簡要介紹「巫史論」在《論語今讀》中的呈現。

2. 由「直探心魂」而溯源歸宗於「巫史傳統」

李澤厚在《論語今讀》前言中稱「儘管我遠非鍾愛此書，但它偏偏是有關中國文化的某種『心魂』所在。我至今以為，儒學（當然首先是孔子和《論語》一書）在塑建、構造漢民族文化心理結構的歷史過程中，大概起了無可替代、首屈一指的嚴重作用。」〔註101〕此種「直探心魂」工作是對 1980 年代工作的延續，當時原話為「對孔子和儒家的論述和重視，並非把它當作一種思想、學說或學派來提倡、鼓吹。……我的興趣……主要是想探索一下兩千多年來之融化在中國人的思想、意識、風俗、習慣、行為中的孔子。看看他給中國人留下了什麼樣的痕跡，給我們民族的文化心理結構帶來了些什麼長處和弱點。」〔註102〕區別在於，當時理論側重上確實以反思為主：「並非把它當作一種思

〔註100〕 李澤厚：《為什麼說孔夫子加 Kant》，載氏著：《由巫到禮 釋禮歸仁》，北京：生活·讀書·新知三聯書店，2015 年 1 月版，第 238 頁；另外值得留意的是前面說「巫史傳統」的未來指向，在此篇中李澤厚說「孔夫子加 Kant（如《判斷力批判》）都有它的重要蘊涵，這也正是巫史傳統的今日延續。」詳見：李澤厚：《為什麼說孔夫子加 Kant》，載氏著：《由巫到禮 釋禮歸仁》，北京：生活·讀書·新知三聯書店，2015 年 1 月版，第 237 頁。

〔註101〕 李澤厚：《論語今讀》，北京：生活·讀書·新知三聯書店，2004 年 3 月版，第 1 頁。

〔註102〕 李澤厚：《關於儒家與「現代新儒家」》，載氏著《走我自己的路》，北京：生活·讀書·新知三聯書店，1986 年 12 月版，第 223 頁，此處說法原載《北京晚報》1984 年 11 月 24 日；後收錄於李澤厚：《李澤厚對話集》（八十年

想、學說或學派來提倡、鼓吹」，而《論語今讀》的思想架構中則側重對儒家思想資源的正向發掘、「轉換性創造」和發揚重建，甚至提出「以孔夫子為主，吸收和消化 Kant 與 Marx」，此種「提倡、鼓吹」不言而喻，在 80 年代是不可想像的；然而正是此種「未來指向」維度讓我們看到作為國際思想家的李澤厚，其積極意義及其限度。「未來指向」隨後專論，此處不贅。

在對比語境下，李澤厚說「與西方『罪感文化』、日本『恥感文化』（從 Ruth Benedict 及某些日本學者說）相比較，以儒學為骨幹的中國文化的精神是『樂感文化』。『樂感文化』的關鍵在於它的『一個世界』（即此世間）的設定，即不談論、不構想超越此世間的形上世界（哲學）或天堂地獄（宗教）。它具體呈現為『實用理性』（思維方式或理論習慣）和『情感本體』（以此為生活真諦或人生歸宿，或曰天地境界，即道德之上的準宗教體驗）。『樂感文化』『實用理性』乃華夏傳統的精神核心。」〔註103〕這裡需要留意的是「一個世界（人生）」的說法，在李澤厚的「巫史論」中處於「中介」地位，比如「實用理性」「樂感文化」「情感本體」等在 80 年代李澤厚早有論述，但是，它們何以可能？來自哪裏？在《哲學探尋錄》以及 90 年代初李澤厚在清華座談和中山座談中明確提出「一個世界（人生）」作為解讀中國傳統思想的理論設定。並且用來回應國外學生的困惑：無上帝的人間世何以可能？由此李澤厚提出對比語境下的「一個世界」。李澤厚稱「孔門儒學確認『真理』總是具體和多元的，即在此各種各樣的具體人物、事件、對象的活動、應用中，即『道在倫常日用之中』。離此多元、具體而求普泛，正如離此人生而求超越，為儒學所不取。孔門儒學在信仰上不談鬼神，思維上不重抽象，方法上不用邏輯，均此之故。此『實用理性』所在，亦『情感本體』而非理性本體所在，亦『一個世界（人生）』而非『兩個世界』之特徵所在也。」〔註104〕

進一步，同樣的疑問是，「一個世界」淵源何在？這便是他「巫史傳統論」的提出語境。他說：「中國之所以是『一個世界』，蓋因巫術世界觀之直接理性化（通過三禮、《周易》），此乃中國古史及思想史之最大關鍵，亦梁漱溟所謂

　　代），北京：中華書局，2014 年 8 月版，第 13 頁，題名「美學熱與學術研究」（為 1978～1985 幾家報刊訪問匯總）。

〔註103〕李澤厚：《論語今讀》，北京：生活・讀書・新知三聯書店，2004 年 3 月版，第 25 頁。

〔註104〕李澤厚：《論語今讀》，北京：生活・讀書・新知三聯書店，2004 年 3 月版，第 55 頁。

中國文化之『早熟』（《東西文化及其哲學》）。」〔註105〕「巫的特徵之一是人能主動地作用於神，重活動、操作，由此種種複雜的活動、操作，而與神交通，驅使神靈為自己服務，這與僅將神作乞求恩賜的祈禱對象，人完全處在被動祈禱的靜觀地位頗為不同。各原始民族都有巫術，今日現代生活中也仍有巫的痕跡。但中國巫術傳統因與政治體制和祖先崇拜相交融混合，並向後者過渡而迅速理性化，就形成了一種獨特傳統：巫（宗教領袖）也就是王（政治領袖），禹、湯、文王都是大巫師，死後更成為崇拜對象。祖先成為祭祀的中心，經由巫術中介，人神聯續（祖先原本是人），合為一體，這正是中國『一個世界』的來由。」〔註106〕

此種溯源工作在《說巫史傳統》中有了直接而凝練的表達，他說「實用理性」、「樂感文化」、「情感本體」、「儒道互補」、「儒法互用」、「一個世界」等等「上述我以之來描述中國文化特徵的概念，其根源在此處。」〔註107〕而用「巫史傳統」一詞「統攝之」，這一點在《論語今讀》裏則以「巫史文化」予以表述，他說：「中國遠古之巫術沒走向對象崇拜的宗教（也許這種供奉的行為，因走入這個方向而為孔子反對？）卻理性化地與歷史、政治相結合，而形成『巫史文化』。……易經乃卜筮之書，其中卻蘊涵講說著好些歷史史實和經驗故事，功能又仍在使人去影響客體、作用對象，主觀選擇性能動性甚強，並不同於匍伏、祈禱、自甘受制於對象的宗教崇拜。這是瞭解中華文化的要點，也是我強調『一個世界』『情本體』『實用理性』『樂感文化』的歷史根源。」〔註108〕而且中西對比語境依然明顯，他在《說巫史傳統》中說「西方由『巫』脫魅而走向科學（認知，由巫術中的技藝發展而來）與宗教（情感，由巫術中的情感轉化而來）的分途。中國則由『巫』而『史』，而直接過渡到『禮』（人文）『仁』（人性）的理性化塑建。」〔註109〕此種觀點在《論語今讀》中也早

〔註105〕 李澤厚：《論語今讀》，北京：生活·讀書·新知三聯書店，2004 年 3 月版，第 32 頁。

〔註106〕 李澤厚：《論語今讀》，北京：生活·讀書·新知三聯書店，2004 年 3 月版，第 89 頁。

〔註107〕 李澤厚：《說巫史傳統》，載氏著：《己卯五說》，北京：中國電影出版社，1999 年 12 月版，第 33 頁。

〔註108〕 李澤厚：《說巫史傳統》，載氏著：《己卯五說》，北京：中國電影出版社，1999 年 12 月版，第 148 頁。

〔註109〕 李澤厚：《說巫史傳統》，載氏著：《己卯五說》，北京：中國電影出版社，1999 年 12 月版，第 43 頁。

已成形：「中國從巫術中脫魅途徑不是將宗教（情感、信仰）與科學（思辨、理性）分離，而是融理於情、情理合一，從而既不是盲目的迷狂執著，也不是純冷靜的邏輯推理，終於形成了『實用理性』『樂感文化』的傳統而構成『一個世界（人生）』的宇宙觀。」〔註110〕

3.「巫史傳統」之未來指向：歷史進入形而上

正如本章導論部分所說，「巫史論」在思想溯源上只是鋪墊，其理論詮釋力則在於指向未來。這是李澤厚「回顧—展望」模式的「展望：指向未來—轉換性創造」維度。正是在這一層面，「巫史論」的「一個世界」「實用理性」「樂感文化」等理論不僅僅為近現代以來的儒學危機提供思想資源而開出「儒學四期」，而且接續上述以中國命運為中心的「中國現代性」提供理論支持而走出「中國道路」。再次，「巫史論」為李澤厚「歷史本體論」合法性提供依據。這一方面是「一個世界」的落實和完成，另一方面也是「歷史本體論」的具體展開和實現。而其問題回應領域不限於中國命運、儒家危機，而是直接回應後現代帶來的意義迷失。因此「巫史論」所蘊含的「理性化」「一個世界」「實用理性」「樂感文化」等因素則預設了「上帝死後」意義重構的獨特資源，也是「情感」「心理」自覺培育、建構的理據所在。此種對於後現代危機的直接化解，對於「上帝死後」意義的自覺重建，恰恰正是「巫史論」未來指向的題中之義，只是伴隨後現代危機的世界性，因此這一層面李澤厚自覺突顯了「巫史論」的「可普性」意義。

在《為什麼說孔夫子加 Kant》一文中李澤厚多次提到「孔子高於 Kant」，他說「孔子提出的情理結構，高於 Kant 的理性至上，這一點卻並無變化。所以就總體說，仍然是孔夫子為主，吸收 Kant。Kant 的理性是超人類的，可以與情感無關，孔子的情理結構是專屬於人的，因之離不開情感。」〔註111〕可見，諸如「情本體」重建之類正是「巫史傳統的今日延續」和「未來完成」，他說「歷史進入形而上，人類學本體論才算完成，也才是《說巫史傳統》的完成，也才真正繼承了『一個世界』的中國傳統所說的體用一源、顯微無間，理不離氣、道在器中。」「孔夫子加 Kant（如《判斷力批判》）都有它的重要蘊

〔註110〕 李澤厚：《說巫史傳統》，載氏著：《己卯五說》，北京：中國電影出版社，1999年12月版，第175頁。

〔註111〕 李澤厚：《為什麼說孔夫子加 Kant》，載氏著：《由巫到禮 釋禮歸仁》，北京：生活・讀書・新知三聯書店，2015年1月版，第203頁。

涵，這也正是巫史傳統的今日延續。」〔註112〕《為什麼說孔夫子加 Kant》一文撰寫於 2014 年 8 月，然而在 1994 年二月撰寫的《論語今讀》「前言」中類似思路已基本成形，他說「將重視人際和諧、群體關係、社會理想以及情理統一、教育感化、協商解決等特色，融入現代政治的民主體制建構中，而開闢某種獨創性的未來途路。」〔註113〕「這建立並不是康德的道德理性，而是包容量度更廣的情感本體。這也就是不同於西方基督教『罪感文化』、日本大和魂『恥感文化』的華夏『實用理性』和『樂感文化』的實現。」「培育人性情感、瞭解和區分宗教性私德與社會性公德、重視和把握個體命運的偶然，我以為乃《論語今讀》三重點。」〔註114〕

記得魯迅當年說「『要我們保存國粹，也須國粹能保存我們』。保存我們，的確是第一義。只要問他有無保存我們的力量，不管他是否國粹。」（魯迅：《熱風・隨感錄三十五》）李澤厚則稱「我講的『體』，是日常生活。孔子高於 Kant，但生活高於孔子。孔子的情理結構優於 Kant 的純粹理性。生活的進步、變遷，又優於孔子的情理結構。」〔註115〕這種「生活」優先於「理論」的思路可謂一脈相承，我們知道李澤厚在《哲學探尋錄》里正是以「人活著」為他的哲學起點和圓心，所以其任何哲學提綱、理論假說最終都服務於「人活著」。由此也可以看出「巫史傳統論」固然用於揭示傳統起源的「秘密」，但是，其理論指向則不限於「詮釋過去」，關鍵在於「建構未來」。這種思路在《論語今讀》中論述「巫史傳統」時已然成形。進一步講，這涉及李澤厚由「工具本體而心理本體」的理論轉向，生存是重要的，但是人生不限於溫飽，關鍵還在於「心理」「情感」和「審美」，這才是李澤厚 90 年代以後的工作重心，這是對蔡元培「美育代宗教」的接續。「巫史論」原初指向人的生存（側重趨吉避凶以及安全穩定、治理上的神道設教等），李澤厚則更多用它來重建「情感本體」「心理敬畏」和「神聖意義」，說白了，這也是一種「神道設教」，可謂「巫史論」的新開展。同樣，也正是這一部分昭示了李澤厚理論的限度，尚有很多工

〔註112〕 李澤厚：《為什麼說孔夫子加 Kant》，載氏著：《由巫到禮 釋禮歸仁》，北京：生活・讀書・新知三聯書店，2015 年 1 月版，第 224、237 頁。

〔註113〕 李澤厚：《論語今讀》，北京：生活・讀書・新知三聯書店，2004 年 3 月版，第 7 頁。

〔註114〕 李澤厚：《論語今讀》，北京：生活・讀書・新知三聯書店，2004 年 3 月版，第 19 頁。

〔註115〕 李澤厚：《為什麼說孔夫子加 Kant》，載氏著：《由巫到禮 釋禮歸仁》，北京：生活・讀書・新知三聯書店，2015 年 1 月版，第 210 頁。

作可做，比如說「歷史進入形而上」，破費思量；估計要放入「三句教」中方可得到某種解釋，依然很難論證。但是，他開創的此維度則極為值得重視，這似乎印證了「傳統比現在擁有更多未來」的洞見。

下面簡要談下一《巫史傳統論》中的「巫史」論述。

（二）以《說巫史傳統》為中心文本的「巫史」論述

毋庸諱言《說巫史傳統》一文文筆凝練、洞見迭出，想像力豐富同時不乏論證，假說之大膽令人瞠目，論述之巧妙亦令人結舌。慢慢發現，分析哲學的精細技術固然令人佩服，但是學理研究之神髓在於洞見和想像力。若無洞見，無論論證如何嚴謹終是精細的廢話；若無想像力，材料鋪陳再多，終是數據陳列。記不清誰說過「一兩的洞見超過一斤的重複」，人若無創見，所做的只是重複。李澤厚對漢語學界的最大貢獻，在我看來，其中之一在於任何時候他堅守「思者」信條韌性戰鬥，維護了「思」者的騎士尊嚴。批評他的理由很多，但是，他理論之大膽、想像力之豐富而且那種獨立自由之精神始終是我們共同的思想遺產。儘管他多處謙虛說「史料論證」「均頗疏闊」，但是《說巫史傳統》一文從他廣博的引用來看，他是嘗試著認真給予論證的，思想家的李澤厚往往掩蓋了學者李澤厚的勤研一面。前面我提到過他一直有下「苦工夫」的一面，從他的論著引用裏可以看出他一直在研讀新出的文獻，而《說巫史傳統》一文則更為凝練，並且有著翔實的文獻支撐。但是，這個問題太大，涉及文獻太多，而且是個跨學科工作，所以如他所說「帶有很大的假說性質」。〔註116〕熟悉李澤厚文本的人，大約會有類似感想，不限於《說巫史傳統》，《己卯五說》之五篇均有很多頗富啟發的「洞見」而且可以看出他思想的馳騁與想像力的豐富，他在港臺版《波齋新說》序言中稱「《巫史傳統》、《自然人化》擬究天人，《儒法互用》、《歷史悲劇》思通古今，《儒學四期》則統四說成一家之言。」〔註117〕這種理論野心可謂躍然紙上，他原來想將《己卯五說》「擬作為自己的封筆之作」〔註118〕，可見其理論自覺。前面我說過「巫史論」是指向未來的，此處

〔註116〕李澤厚：《由巫到禮　釋禮歸仁》，北京：生活·讀書·新知三聯書店，2015年1月版，第108頁。

〔註117〕李澤厚：《己卯五說》，北京：中國電影出版社，1999年12月版，序；李澤厚引用太史公的話很有趣，因為「巫史論」與太史公有很深的淵源。

〔註118〕詳見李澤厚：《歷史本體論·己卯五說》，北京：生活·讀書·新知三聯書店，2003年5月版，「歷史本體論」序；《歷史本體論》原標題是「己卯五說補」，可見其思想延續。其實後來李澤厚多次聲明封筆，但似乎很難嚴格執行，一

說法可作為一種印證，因為作為「統四說成一家之言」的「說儒學四期」正是指向未來的，可謂儒學的新開展（對於新儒家及其儒學三期的批評也以此文最為精彩）。

主要觀點上，如上面所言，《論語今讀》裏面基本早有先聲，所以圍繞《說巫史傳統》一文的「巫史」論述，儘量做點「避免重複」的工作。

毋庸置疑，「巫史論」之經典文本為《說巫史傳統》一文，該文最初作為《己卯五說》之一於 1999 年在兩岸三地同時出版（港臺版題名《波齋新說》）。關於此文內容，2001 年 6 月 26 日應邀在香港城市大學中國文化中心做了「由巫到禮」的演講〔註 119〕。隨後收錄於 2003 年 5 月版的《歷史本體論・己卯五說》（北京三聯版店）中，其中「歷史本體論」原標題是「己卯五說補」，可見其思想延續。在《歷史本體論》中，第二章正命名為「巫史傳統與兩種道德」。而關於「歷史本體論」的進一步展開則為寫於 2004 年的《論實用理性與樂感文化》〔註 120〕，側重在於「度」的本體性和「情本體」重建，從思想格局上看，這些內容基本在《哲學探尋錄》以及《論語今讀》裏早有涉獵。這裡需要留意李澤厚思想的「一貫之道」，比如說「三句教」「經驗變先驗，歷史建理性，心理成本體」之論說正落實於「巫史論」之未來展開之中，二者的關係類似於前者言理，後者論事；然而在李澤厚的語境中則是「事先於理」「理在事中」的。若為了理解方便，可將他的哲學提綱系列作為一種理論說明，而他的「巫史論」「儒學四期」則是理論提綱的落實和完成，最終落實和服務於「生活」；這是理解其「三句教」、「巫史論」和「情本體」的關鍵。

接續上面，2005 年李澤厚撰寫了《說巫史傳統補》〔註 121〕一文，此文與《說巫史傳統》在側重上有很大變化。從內容上看《說巫史傳統》側重「由巫

來重情，二來有思。若考慮一下 2000 年以後也即李澤厚 70 歲以後的新思新論，他會讓很多年富力強、風頭正健的學界中人（你我他）慚愧汗顏、相形見絀……。

〔註 119〕 演講錄音文字版經予沉整理首刊於《中國文化》2014 年春季號，參見李澤厚：《由巫到禮》，載《由巫到禮 釋禮歸仁》，北京：生活・讀書・新知三聯書店，2015 年 1 月版，第 116 頁。

〔註 120〕 收錄於李澤厚：《實用理性與樂感文化》，北京：生活・讀書・新知三聯書店，2005 年 1 月版；此書另收李澤厚的「哲學答問」「哲學探尋錄」「主體性哲學論綱」等論著。

〔註 121〕 李澤厚《說巫史傳統補》首刊於陳明，朱漢民主編《原道》2005 年第十一輯，後收錄於 2008 三聯版《歷史本體論・己卯五說》（增訂本）中。

到史」的理性化，對此「理性化」論述豐富而複雜；《說巫史傳統補》則認為「理性化的核心乃是由『巫』到『禮』」〔註122〕並且以「祭」為中心展開，側重論述「倫理政治宗教三合一」，這在《論語今讀》裏也有涉及，洞見在於關於「天道與天主」的論述。2014年6月李澤厚則撰寫了問答體《釋禮歸仁》，這是對《說巫史傳統》一文的另一展開，其洞見在於自覺突顯「巫史論」的「未來指向」維度，重建意味明顯。與2014年8月撰寫的問答體《為什麼說孔夫子加Kant》如出一轍，「未來重建—情本體」部分構成了李澤厚80歲以後理論側重之所在。

值得留意的是，上述關於「巫史論」的文章集中收錄於《由巫到禮　釋禮歸仁》中，本書除收錄了《說巫史傳統》（1999）、《「說巫史傳統」補》（2005）、《由巫到禮》（2001、2014）、《釋禮歸仁》（2014）外，另附錄三篇：《中華文化的源頭符號》（2005）、《初擬儒學深層結構說》（1996）和《為什麼說孔夫子加Kant》（2014），因為這三篇「一講巫史傳統之前，一續釋禮歸仁之後，一談當今及前景。」〔註123〕可見此書結集之用心〔註124〕，就我目力所及，若研究聚焦於「巫史論」當以此書為核心文本，同時參照《歷史本體論·己卯五說》（增訂本）。

就文體表述上講，以《說巫史傳統》為中心確實更加精練、細緻、流暢，但是就內容上說，就我目力所及，這些思路在《論語今讀》裏面早有先聲。就「巫史論」的思想格局而言，無論是「思想溯源」還是「未來重建」，《說巫史傳統》都是在論說《論語今讀》的先聲，只是關於「一個世界」「實用理性」「樂感文化」「情感本體」之論述更細緻而已。而且，由於《論語今讀》體例靈活、隨感而發，反而更值得精讀留意，因為那是李澤厚「直探心魂」的過程呈現，他的「轉化性創造思路」更能靜觀把握，散而不亂，是一個活的標本。

〔註122〕李澤厚：《說巫史傳統補》，載《由巫到禮　釋禮歸仁》，北京：生活·讀書·新知三聯書店，2015年1月版，第39頁。

〔註123〕李澤厚：《釋禮歸仁》，載《由巫到禮　釋禮歸仁》，北京：生活·讀書·新知三聯書店，2015年1月版，第143頁。

〔註124〕這本書還獲了「國學成果」獎，考慮到李澤厚對「國學」的態度，這是很有趣的；2016年10月29日晚在湖南大學舉行的「致敬國學：第二屆全球華人國學大典」中《中國古代物質文化》（孫機）、《由巫到禮　釋禮歸仁》（李澤厚）、《論天人之際：中國古代思想起源試探》（余英時）等二十九部著作獲獎，詳見 http://demo1.zving.com/sp/dejqqhrgxdd-zjgx.shtml#；參見 http://blog.sina.com.cn/s/blog_63959b6d0102wtfm.html。

除卻這些論著，有幾本對話集很值得留意，部分內容較集中的談到了「巫史傳統論」。

（三）其他對話集中的「巫史」論述

李澤厚的對話集系列很值得留意，很多人找他對話，他似乎也樂意對話，更有出版社願意出版，因此我們便有參與旁聽對談的幸運，雖然對話老是給李澤厚帶來麻煩：「大批判」或「爭議」。另外，李澤厚願意花費幾年功力做《論語今讀》那樣的工作同樣值得留意，他多次引用魯迅晚年有意不寫大部頭著作而寫討人嫌的「雜文」，他自己似乎也是自覺為之的。為什麼？這是值得留意的現象。

回到對話集，李澤厚對話集系列中發人深省的是 1997 年香港天地圖書有限公司出版的「李澤厚劉再復對話錄」《告別革命：回望二十世紀中國》，當然這本書也令李澤厚再度引起「大批判」，他在港臺版《論語今讀》後記中透露說「本稿原交大陸某出版社，清樣早排好，因《告別革命》一書引起大批判，此書遲遲不能出版，擱置已近兩年。……」（1998 年於 Swarthmore）。其實「回望二十世紀中國」尤其是冷靜的直面回望 1949 年以後的「當代中國」是很值得重視的課題，否則因淡忘而隔膜，將來若想瞭解這段歷史可能需要請教漢學家了，這是一種悲哀，記得當年有種感歎「敦煌在中國敦煌學在日本」，陳寅恪更說「敦煌者，吾國學術之傷心史也！」此種理論上的尷尬不能重蹈覆轍；除本對談外，李澤厚的《馬克思主義在中國》（2006 年 9 月香港明報出版社），觀點暫且不論，他這種直奔主題的勇氣就令人佩服，研究二十世紀中國若迴避馬克思主義那才是笑話。

而在大陸出版且引起士林較多非議的對話集，則是 2002 年 1 月華夏出版社的《浮生論學：李澤厚、陳明 2001 年對談錄》。兩個人談的津津有味，只是不知不覺無意冒犯了許多評頭論足的對象，差點引起某種官司〔註 125〕，而《浮生論學》出版時亦有附錄「趙士林受李師委託就《浮生論學》一書致讀者」〔註 126〕。其實，李澤厚的許多「對談」發人深省，包括後來與易中天先生的對談也招致種種爭議，其實若我們平心靜氣的話，對於臧否人物評

〔註 125〕 參見李澤厚與陳明在 2001 年 12 月 19、20 日的兩封通信，來源參考：http://blog.sina.com.cn/s/blog_63959b6d0101ffmr.html。

〔註 126〕 李澤厚、陳明：《浮生論學：李澤厚、陳明 2001 年對談錄》，北京：華夏出版社，2002 年 1 月版，附錄第 331 頁。

論時局，有則改之無則加勉；他的許多言論大多屬於「忠言逆耳」「用心良苦」之類。只是，我們似乎聽慣了「那麼，你得說：『啊呀！這孩子呵！您瞧！多麼……。阿唷！哈哈！Hehe！he，hehehehe！』」（魯迅《立論》1925年7月8日）對於其他有內容的「立論」往往無地自容、相形見絀。記得魯迅當年的小說人物往往因其傳神而讓讀者不安（總疑心是寫自己），而李澤厚的指名道姓，確實有點「不合時宜」了，但是，那是一面鏡子，人情世故本就是士林生態之一面，只要是人，總有七情六欲，也要吃喝拉撒，沒什麼不好意思的；沒必要老是板起道學家面孔，《論語》裏的孔子師生尚且活靈活現，我們今天反而害怕「不正經」；其實，人不能老是「正經」，「假正經」更可怕。臧否人物評論時局有洞見也有漏洞，正因為此才瑕瑜互見、耐人尋味，但是，我們有時候確實沒有聆聽評點自己（尤其是批評）的勇氣，所以，我們確實需要重建自信，正因為自卑狹隘和弱不禁風。但是，又總覺老是聽或說「啊呀！這孩子呵！您瞧！多麼……。阿唷！哈哈！Hehe！he，hehehehe！」不行，不僅無聊，而且失職。所以，李澤厚的「對談集」是有趣的，因為其洞見迭出總能發人深省、耐人尋味。容我說一句題外話，他的文字有某種魔力；無論是行文還是對談，不僅令人思想啟發愉悅而且提供審美趣味的滿足……。

其對話較為集中的結集出版，自然首推 2014 年 8 月中華書局版的《李澤厚對話集》系列（分為「八十年代」「九十年代」「二十一世紀」一、二「浮生論學」「與劉再復對談」「中國哲學登場」），編輯申作宏先生此舉確實讓學界關注當代中國四十年來思想演進的學人方便不少，因為李澤厚的一些訪談、對談不易見到原本，比如說《告別革命》和《浮生論學》；自然對話集系列出版的同時，難免要忍受一些「刪削」，或者說，正因為接受這些，所以才能出版，李澤厚說「原因『你懂的』」（參見對話集「序」），李澤厚似乎真如他所言把握了某種「神髓」，比如是「實用理性」的踐行者、發揚者。

對話集中關於「巫史論」的集中論述，值得留意的是四本：《自然說話》（1998）、《浮生論學》（2001）、《該中國哲學登場了？》（2010）和《中國哲學如何登場》（2011）。

1.《自然說話》（1998）中的「巫史」論述

首先要注意的是《自然說話》，這本書似乎學界留意不多。就我目力所及，在對話集系列中，較明確提出「巫史傳統」思想是在 2002 年出版的對話集

《自然說話》中，書雖在 2002 年出版，但其對話時間是在 1998 年 9 月 13 日〔註 127〕，他說「中國人的特點，是所謂天人合一，與外國的兩個世界不一樣，我解釋為一種巫術傳統。」〔註 128〕他還說「古希臘的航海業的發展，把過去傳統衝破，形成了城邦制。而中國的周公把巫史理性化，便成了一個很強的政教合一的權力。集大成者不是孔子，而是周公，周公把整個中國的文化進行了一次完成，把它固定化，孔子是對周公的東西作了新的解釋，講究內在的人性完成，周公是做了外在體制的建構，把巫史文化鞏固下來。」〔註 129〕很明顯此種論述是接續《論語今讀》的內容而為《說巫史傳統》一文的雛形，對談與行文先後次序無法看出，但是反覆論說可見他對此論的重視。另外，他還提到「中國知識分子本來起的作用就是巫師的作用。一個是幻想，一個是批判，這些都是巫師的作用。」〔註 130〕這個更近似於夫子自道，傳統上巫師的「幻想」「想像」「詮釋」部分是有的，但「批判」則先天缺乏，至少在「絕地天通」之後「神道設教」才是主流，巫師只具有輔助性功能，而且一直處於君權的陰影之下。神的地位不高（如「民為神主」「先人後神」等），這是很值得留意的現象。廟宇再大，若無神明，敬畏難立。總感覺，李澤厚以「巫史論」解讀傳統，固然他有重建的正面考量，以「巫」解讀傳統還是最嚴厲的批判，比五四更深刻，是一種顛覆性的批判，似乎揭去了「光明傳統」的最後遮羞布，如同弗洛伊德對人性潛意識的發掘一樣，神聖性不再。

2.《浮生論學》（2001）中的「巫史」論述

其次，值得留意的是《浮生論學》，這本書飽受爭議。若聚焦於「巫史論」論述，《自然說話》在《己卯五說》出版之前，而《浮生論學》則在出版之後，而且在《浮生論學》中讓我們看到了某種「超脫釋然」的李澤厚，口無遮攔難免傷人，但是，也讓他的洞見才思肆無忌憚的流淌。李澤厚九十年代的對話集難免讓人感到苦澀、酸楚、糾結；八十年代的對話集則讓人看到李澤厚的匆忙、睿智與正聲；二十一世紀之後的李澤厚對話集以《浮生論學》打頭，讓人看到

〔註 127〕 據《自然說話》第 83 頁顯示「時間：1998 年 9 月 13 日晚上 8 時 30 分至 11 時 50 分，地點：都江堰市鶴翔山莊 303 房」。

〔註 128〕 李澤厚等編著：《自然說話》，長沙：湖南美術出版社，2002 年 12 月版，第 87～88 頁。

〔註 129〕 李澤厚等編著：《自然說話》，長沙：湖南美術出版社，2002 年 12 月版，第 90 頁。

〔註 130〕 李澤厚等編著：《自然說話》，長沙：湖南美術出版社，2002 年 12 月版，第 91 頁。

一位七十歲睿智長者的「從心所欲不逾矩」。八十年代的李澤厚更像是一位思想導師，鼓勵青年人、傳遞正能量；九十年代的李澤厚則似一位流浪先知；二十一世紀的李澤厚則讓人看到一位哲學王的身影，依然那樣睿智、自信；懷著故土情懷在世間遊走，沉思過去，反省現代，重建未來。他不再期待原初期望的「青年人」，只是默默負軛前行，一如既往「走自己的路」，由中國而世界。

　　正是在《浮生論學》中，李澤厚口無遮攔的說了一些關於「巫史論」的大話，陳問及巫史文化是「值得關注的一個成果？」李澤厚則認為這種說法份量不夠，他說「怎麼樣估計我都不覺得過分。」而且陳明說是否與《孔子再評價》《宋明理學片論》「約略當之？」，李澤厚則明確說「比那些文章要好」「比那些重要」〔註131〕。由此可見一斑，熟悉李澤厚文本的人知道《孔子再評價》與《宋明理學片論》都是其論著系列中的宏文瑰寶，關於孔子的研究，他在日本演講時更是給人「驚豔」之感。但是，李澤厚則感覺「巫史論」比那些都重要。這是值得留意的。而且需要留意的是《浮生論學》是陳明有所準備的對談，有專門的問題設定，即便在這樣的安排下，我們還是看到在「一」和「九」中兩次重點談到「巫史傳統」並題為「這十年的得意之作」。自然，在內容上並無超出《論語今讀》《己卯五說》的論域範圍，但是，願意一談再談，足見李先生對「巫史論」的看重。前面我說過，這不僅是一個「詮釋過去」的理論，關鍵在於為「歷史本體論」提供重建依據，比如世俗間的神聖何以可能？「巫史論」恰好具有這種既世間又神聖的特質；沒有上帝之人間世的敬畏何以可能？「巫史論」恰好可以提供這方面的思想資源，因為傳統就是這樣過來的。

　　在此對談中，還有一點值得留意的是陳明的觀點，前面關於李澤厚的思想談了很多，後面還會有更多論證，但是在《浮生論學》中，陳明的這個說法，很值得留意，他說：

> 在這兩天的我們的談話溝通過程中間，當你把你的這個巫史傳統的內涵做了更清楚的闡述之後，我覺得實際上我的觀點和你的觀點是應該說是互補的。這不是要去攀附你，你也知道的，我在80年代的時候就寫過一個文章，在87年的時候就寫了這樣一個文章。我的博士生導師余敦康先生，他在《中國哲學發展史》裏面寫了一個《從易經到易傳》，他比較強調易傳對易經的超越，大意是說正是因為拋棄

〔註131〕李澤厚、陳明：《浮生論學：李澤厚、陳明2001年對談錄》，北京：華夏出版社，2002年1月版，第16頁。

了《易經》那個巫術的外殼而《易傳》才成為哲學，才成為中國文化中的經典，主要的意思是這樣。而我的那個文章呢，正好是相反，我指出《易傳》對《易經》有超越的一面，但也有深層勾連的一面，就是巫術型思維模式。它作為一種形式因，在中國文化的結構中間的意義，同樣是非常地值得重視的，尤其在全球化時代進行文化研究或交流的時候。但是為什麼我又反對你這個巫史傳統裏邊的一些提法呢？首先我從陳來那個《古代宗教與儒家倫理》那裡談起，他也是把這個巫什麼的，作為一個階段來理解定位的，然後就被超越了吧，跟余先生的觀點是差不太多的。只是他還是比較受張光直的那種影響吧，他對這一點的重視要比余老師要更多一點。應該說是跟你一樣，巫的思維形式的東西我認為是貫穿始終，通過原生性社會發展道路延續至今，是人類文化豐富性的表徵。但是我覺得中國的這個巫的東西即shamanism，不宜像你這樣把它抽象獨立出來強調，用它去解釋歷史上的現象、思想，而應該是把它作為一種識知的背景或條件，將它納入現象和思想之中，做歷史的把握。因為巫的這種思維方式，它是一個形式因一樣的東西，它在不同的階段是與不同的質料結合在一起，像 totemism、ancestor、worship、hero、worship 等，因這結合才有意義。而你抽象獨立地強調這一點的時候就會容易導致對另一方面的遮蔽，也就不符合歷史上真實存在的景況了。總之，我認為你把它從哲學角度完全抽象出來是不可解的，很多東西是說不通的。〔註132〕

陳明先生提到《易傳》與《易經》的「深層勾連」確實可以與「巫史論」互補印證，而且 80 年代陳能不同於導師觀點獨立提出，可見他的敏銳。後面他對李的批評我是不同意的，李談的「巫史論」並非哲學抽象，但是，尊重他的批判立場，所以全部引用出來便於大家參考。

3.《哲學登場》（2010、2011）中的「巫史」論述

當大陸學界不斷傳出「李澤厚過時」之聲時，李澤厚的國際影響則聲譽日隆。先是有 2006 年 5 月 17 日紐約大學的「李澤厚 2006 年春季紐約大學講座」，後有 2007 年哥倫比亞大學出版社《二十世紀哲學指南》出版稱其為「當代中國最著名的社會批評家之一」；影響的巔峰還在於 2010 年《諾頓理論和

〔註132〕李澤厚、陳明：《浮生論學：李澤厚、陳明 2001 年對談錄》，北京：華夏出版社，2002 年 1 月版，第 224～225 頁。

批評選集》（諾頓出版公司）第二版出版，李澤厚《美學四講》第八章「形式層和原始積澱」被收錄。這與 1988 年當選為巴黎國際哲學院院士可以呼應。雖然在國內學界並沒有大肆渲染，但是，大家心知肚明，這些對於一個華人學者的分量何在。具體因果關係尚不明晰，至少我們看到 2010 年後的李澤厚在大陸學界反而更加活躍，無論是「對談集」（2010、2011）還是「研討會」（2011 北大），無論是「討論班」（2014 華師大）還是「國學獎」（2016 湖南大學）總能見到李澤厚的身影，關於他的散篇對談更是絡繹不絕。李先生年近九十，我們還是應尊重一個前輩的寧靜，他為學界已經貢獻夠多了，研讀批判其論著才是對他最大的致敬。

　　無論如何，《該中國哲學登場了？》《中國哲學如何登場？》還是讓學界眼前一亮，李澤厚寶刀不老，老驥伏櫪志在千里之精神再次令人感動。他「夫子自道」的部分自然可以滿足追隨者的好奇心；但是，他提出的問題則更令人震撼：他依然當之無愧的是時代脈搏的拿捏著。當我們沉醉於「李澤厚老了」之時，恰恰是他信手拈來的「笑談」讓我們看到什麼才是「思」的尊嚴和責任。

　　關於「巫史論」，我們看到《該中國哲學登場了？》除了學術梳理外，李澤厚更多談的是「情本體」「樂感文化」和「人性情感」，而這些正是前面我說「巫史論」的「未來指向」部分。李澤厚說「我七十歲以後的書其實很重要，很短，但分量比以前重要。」「最近的一本，《人類學歷史本體論》最重要。」〔註133〕前面我們看到 2001 年李澤厚與陳明對談時他提到「巫史論」的重要，而「歷史本體論」原來題名是「己卯五說補」，而且，我反覆提到 90 年代以後李澤厚的理論側重是有變化的，這在他所說的「七十歲以後的書」中可以明確看出來，比如關於「情本體」的反覆論述。

　　李澤厚說「我的哲學構想，和國內的思潮，好像沒有太大的關係；但和世界的思潮有關係。沒有海德格爾，沒有現在這種世界性的難題，也不會有情本體。就是我前面說過的，人類走到這地步了，個人也走到這地步了，人不能不把握自己的命運了。人的孤單、無聊，人生的荒誕、異化，都達到空前的程度，在這樣的時候，面對種種後現代思潮，我提出情本體，也可以說是世界性問題使然吧……這是一種世界的視角，人類的視角，不是一個民族的視角，不只是中國視角。但又是以中國的傳統為基礎來看世界。所以我說過，是『人類視

〔註133〕李澤厚、劉緒源：《該中國哲學登場了？──李澤厚 2010 談話錄》，上海：上海譯文出版社，2011 年 4 月版，第 186～187 頁。

角，中國眼光』。」〔註134〕李澤厚多次表示「我不願大講『情本體』，就是因為現在中國最需要的是建立公共理性，現在法律還不健全，而中國恰恰是人情太多了。」「所以我現在不願大講『情本體』，哲學上提出這個觀念是必要的，落實到眼下的現實，真沒到時候。」〔註135〕所以本書雖然反覆提到李澤厚「巫史論」的「思想溯源—未來展望」這一雙重維度，但是，本書自覺將問題聚焦於「思想溯源」並進一步反省現實。因為「情本體」在當下中國的重建，如李澤厚所說「哲學上提出這個觀念是必要的，落實到眼下的現實，真沒到時候。」「情本體」對世界有意義，但我更關注中國問題。

在《該中國哲學登場了？》對談裏還涉及與陳來老師《古代宗教與倫理》的對比，李澤厚說「他覺得我跟他的那本《古代宗教與倫理》好像沒什麼區別。其實很不同。他認為巫術後來轉化為宗教了，我認為在中國，恰恰沒有；陳來講巫術只是個階段，我則認為中國的巫並沒有消失，中國始終沒有建立那種唯一人格神的崇拜，所以我講在中國『天』不是『天主』（God）而是『天道』。我認為中國的巫術，形式方面成為道教的小傳統，精神則轉化成中國獨有的禮教傳統。巫術特徵保留在禮制—禮教中，沒有變為宗教。所以中國沒有產生、也較難接受基督教、伊斯蘭教等等，特別在上層社會。」〔註136〕關於「巫史論」的對比問題，我在後面章節單獨處理，包括他與余英時的對比，與雅斯貝斯「軸心文明」的對比等等，都在後面專題處理，此處不贅。

而《中國哲學如何登場？》似乎沒有《該中國哲學登場了？》反響強烈，但是，還是提了一些有趣的發人深省的說法。當然，多有重複，先前的對談、訪談都間或提到過。比如「理性神秘」「文明調解」等等。關於「巫史」論述，值得留意的是「『理性的神秘』與宗教經驗」、「巫史傳統的情理結構」、「『情本體』的外推與內推」「人所培育的情感心理即『情本體』」等。李澤厚說「『理性的神秘』，也可以說是中國巫史傳統的延續，是巫史傳統所構建的『一個世界』的發揚。」〔註137〕他說與現在搞「國學」的不同，他「不是從『子曰詩

〔註134〕 李澤厚、劉緒源：《該中國哲學登場了？——李澤厚 2010 談話錄》，上海：上海譯文出版社，2011 年 4 月第 1 版，第 79～80 頁。

〔註135〕 李澤厚、劉緒源：《該中國哲學登場了？——李澤厚 2010 談話錄》，上海：上海譯文出版社，2011 年 4 月版，第 114 頁。

〔註136〕 李澤厚、劉緒源：《該中國哲學登場了？——李澤厚 2010 談話錄》，上海：上海譯文出版社，2011 年 4 月版，第 23 頁。

〔註137〕 李澤厚、劉緒源：《中國哲學如何登場了——李澤厚 2011 談話錄》，上海：上海譯文出版社，2012 年 6 月版，第 71 頁。

云』出發，而是從這個民族生存延續發展到現在這樣一個巨大『時空實體』何以可能和問題何在這個歷史現實出發，從這樣的角度去探討『中國古典思想』，去看孔、孟、老、莊、荀、韓、程、朱、陸、王。我重視的是儒學的『神』而非『形』（這我講過多次），首先是從民族生存發展，而不是從文本、觀念、範疇、人物出發，這大概就是我不同於『國學派』的地方。」〔註138〕關於承繼儒學之「神」李澤厚確實多次表示〔註139〕，在 1996 年 2 月與梁燕城的對談時稱「我認為自己是非常具體地繼承了中國哲學。」〔註140〕前面我們引用魯迅所說「『要我們保存國粹，也須國粹能保存我們』。保存我們，的確是第一義。只要問他有無保存我們的力量，不管他是否國粹。」（魯迅：《熱風‧隨感錄三十五》），可以看出李澤厚在「第一義」上是魯迅衣缽的承繼者。關於「巫史論」論述，《中國哲學如何登場？》多有重複，甚至有明顯的段落引用痕跡，但是回到「第一義」上來，或許是有必要的，正是這一點，讓我們看到「巫史論」不僅僅是一種「子曰詩云」的文獻梳理，毋寧在於「未來出路」的展望探尋。

第三節　「巫史論」架構中所蘊含的問題

　　「巫史傳統論」是個想像力豐富的傳統文化—心理解釋框架，對應有很多的支撐材料，也可以找到很多跨學科的研究佐證，即便如此，仍需留意：

　　第一，我們當留意此「巫史論」理論框架的「假說」性質。李澤厚很自覺的多次提到「假說式的斷定」「這個問題有難度，因為材料不夠，帶有很大的假說性質。還是推測。」〔註141〕「只就所能猜測的現象，做些假設論斷。」〔註142〕關於思想起源的任何論斷其實都難免此種「假說」性質，後面我會討論「歷史之真」與「思想之真」的特點，此種「真」也只是「假說」上的自洽，

〔註138〕 李澤厚、劉緒源：《中國哲學如何登場了——李澤厚 2011 談話錄》，上海：上海譯文出版社，2012 年 6 月版，第 71～72 頁。
〔註139〕 參見 2005 年 9 月 11 日與陳明對談「繼承傳統的『神』而非『形』」，詳見楊斌編著：《李澤厚學術年譜》，上海：復旦大學出版社，2016 年 4 月版，第 228 頁。
〔註140〕 李澤厚：《哲學是一種視角選擇——與梁燕城的對談》，載氏著：《李澤厚對話集》（九十年代），北京：中華書局，2014 年 8 月版，第 40 頁。
〔註141〕 李澤厚：《由巫到禮 釋禮歸仁》，北京：生活‧讀書‧新知三聯書店，2015 年 1 月版，第 3、108 頁。
〔註142〕 李澤厚：《說巫史傳統》，載《由巫到禮 釋禮歸仁》，北京：生活‧讀書‧新知三聯書店，2015 年 1 月版，第 12 頁。

很難坐實而達到類似於「絕對真理」的論斷，問題性質使然。這意味著「我們對於歷史的認知是動態的」，記得當年胡適在介紹「詹姆士論實驗主義」時說「實在是我們自己改造過的實在。這個實在裏面含有無數人造的分子。實在是一個很服從的女孩子，她百依百順地由我們替她塗抹起來，裝扮起來。」〔註143〕後來被演繹為「歷史是任人打扮的小姑娘」〔註144〕拋開這種陰差陽錯的「靠不住的歷史」，胡適對於「實在」的說法倒是有道理的，至少康德以來的認識論就是這樣的思路，對於「歷史」更是這樣，任何「歷史」都有現代人的「裝扮」（詮釋）。

第二、我們當留意「巫史論」的詮釋力。下面我會指出「巫史論」無論是「界定」還是「論證」，包括一些「表述」都有很多漏洞；涉及許多跨學科的問題，在考古學、人類學學者看來或不以為然。但是，我們應留意此理論框架的詮釋力。前面我們已經說明，李澤厚對此理論非常得意，大約不是孤芳自賞，因為他似乎確實看到了傳統文化心理的形成秘密。他以及其他學者對傳統中國文化心理提出了許多「描述」比如「心性論」「倫理本位」「血緣宗法」「實用理性」「生命哲學」等等；許多學者也在對比語境裏看到了傳統的人神關係、政教關係很特別，李澤厚也用倫理宗教政治三合一表示；包括我們盛稱的「天人合一」「與天地參」等等，後來又疑問「為什麼中國沒有科學」之類。另外值得留意明末清初傳教士面對中國人那種堅如磐石的「鐵石心腸」的困惑與無奈：「磐石呀！磐石呀！什麼時候可以開裂，歡迎吾主啊！」〔註145〕不要忘記他們千里迢迢跋山涉水來傳教，那是何等的信心，然而說出這樣的話又是經歷何等的挫敗與心灰意冷「一些跟中國人打過交道的人說，要爭取他們純粹是白費時間，就像要把埃塞俄比亞人變成白種一樣。連沙勿略那樣以其熱情和努力，都沒能進入中國；另一些努力以他的奮鬥為榜樣的教師也絕望地放棄

〔註143〕 參見胡適《實驗主義》，北京大學出版社 1998 年出版的《胡適文集》（2）第208 至 248 頁收入了《實驗主義》一文。這篇文章很長，本是胡適在民國 8年春的一篇演講，發表在 1919 年 4 月 15 日新青年第 6 卷第 4 號上，後又收入 1919 年北京大學學術演講會編印的學術演講錄《實驗主義》。

〔註144〕 據謝泳先生《靠不住的歷史》考證或與馮友蘭批判胡適時說「歷史像個『千依百順的女孩子』」有關，參見 1955 年 1 月號的《哲學研究》雜誌，刊登了馮友蘭先生的一篇文章《哲學史與政治——論胡適哲學史工作和他底反動的政治路線底關係》。

〔註145〕 董叢林：《龍與上帝：基督教與中國傳統文化》，桂林：廣西師範大學出版社，2007 年 2 月版，第 34 頁。

了這個念頭。」〔註 146〕後來的故事，我們大都知道了利瑪竇終於「敲開磐石」，但是再後來的故事便似乎不容樂觀，以至於今日。

　　對於這些，似乎大家都想問，原因何在？僅僅停留在上面描述層面是不夠的，我們總想追問導致這些現象的源緣何在？正是在這樣的語境下，李澤厚的「巫史論」具有相當的詮釋力，既可以回應傳統人神關係的複雜性也可以回應政教關係的互補性，而且對於世俗的神聖性也可以給出某種合理解釋，種種現象性描述可以由此得到思維方式上的澄清與辯護。不僅如此，李澤厚的「巫史論」指向未來，他不僅在思想溯源，關鍵在啟迪未來；所以說，「巫史論」的真正詮釋力在於他將傳統看似陳舊腐朽的東西，點石成金與後現代「接上頭」而「轉化性創造」為人性尊嚴重建的思想資源。

　　儘管「巫史論」假說有著豐富的詮釋效力和開放的未來指向，但是，我們還應看到「巫史論」所蘊含的問題難以迴避，更難論證。下面簡要陳述出來，下一章之後逐一有所側重的予以化解和論證。

一、「巫史論」的核心範疇界定

（一）「巫」與「史」如何界定？

　　首先我們面臨的是「巫」和「史」的界定問題。依照現代學術規範，論說前似乎總要有所界定，否則論域不定。但是，「巫」和「史」都是個意蘊豐富的概念，有著廣闊的解釋空間。面對這樣的思想格局，李澤厚的《說巫史傳統》反而沒有嚴格的界定，在《「說巫史傳統」補》中嘗試有所「補充」，但還是有很大漏洞。一般來講，若無語義上的界定，尤其是核心術語若無定義，「巫史論」論述便很難展開與證成。這涉及到史料選擇，也涉及到語義的自覺限定。

（二）「由巫到史」的「理性化」如何界定？

　　進一步，李澤厚「巫史論」的第三個核心術語是「理性化」，這又是一個爭議甚廣的詞彙。在《說巫史傳統》及其後續研究中，對此使用仍是寬泛的、廣義的。他所論述的似乎不是「理論理性—實踐理性」語境下的，更多是一種「實用理性」和「歷史理性」，他說前兩者都匯總於「歷史理性」。這是個很大的問題，這樣論說總覺得有失簡單，且有獨斷論嫌疑。在此過程中，

〔註146〕利瑪竇、金尼閣：《利瑪竇中國箚記》，何高濟、王遵仲、李申譯，何兆武校，
　　　　　北京：中華書局，1983 年版，第 143 頁。

說「巫君合一」又當如何界定？要不要有時間限制？將湯武文王周公等都說成是「大巫」是否妥當？「由巫到禮」此具體演進能否得到合理辯護？在對比語境下提出西方由巫而走向「科學與宗教之分野」中國則走向「理性化塑建」，這是如何可能的？為何同源而殊途？「理性化」似乎無法回答自己的出身問題。

二、「巫史論」的情理結構論證

「巫史論」的論證部分蘊含兩個問題：（一）「巫史論」的論證材料問題；（二）「巫史論」的論證方法問題。「巫史論」的核心情理結構為「一個世界」「實用理性」「樂感文化」與「情感本體」，但是如何論證？情理結構的幾個核心範疇又有何種關係？論證時當選擇何種材料予以支撐？又依據什麼方法？這些在我看來是「巫史論」研究中的重中之重，但又難上加難。

三、「巫史論」的爭議、辯護與反省

「巫史論」的辯護部分至少要處理兩個問題（一）如何看待不同的「巫史論」版本？（二）如何評價「巫史論」與「軸心說」及其他思想起源理論模型？李澤厚的許多說法在其他學者那裡都有體現，關於「巫君合一」研究弗雷澤的《金枝》更經典，而「一個世界」安樂哲在《孫子兵法》裏早就提過，「太初有為」更多借用了歌德的說法，「樂感文化」梁漱溟早有論及，「實用理性」在耶穌會士論著裏早就有所論列；「巫史」論版本更多，馬克斯・韋伯的《儒教與道教》中早有論述，其他學者比如楊向奎、陳來、謝遐齡等等都有論述，對於這些當如何看待？關於思想起源部分，可能更多應參照考古學者的研究，比如蘇秉琦的「滿天星斗」說；除此外影響甚遠的「軸心說」多次被用來論證中國的先秦文明，那麼如何看待「巫史論」與「軸心說」以及其他文明起源理論的異同關係？這些問題是有待反省和辯護的。

四、「巫史論」的未來重建指向

「巫史論」的未來重建部分是最難的，儘管李澤厚晚年更看重此維度。其中涉及的癥結至少蘊含但不限於（一）重建所針對的問題；（二）重建所依據的資源；（三）重建所使用的方法。對於這些問題，李澤厚的「重建」更多是一種「洞見」而非論證。他敏銳的把握到了現代性弊病以及後現代以來的問題，但是，在如何重建上，他更多是一種理論構想而缺乏論證。依照馮契「把

握在思想中的時代」的說法，我們離此似乎還比較遠。因為，僅僅敏銳是不夠的，對於「所針對的問題」要有理論自覺和論證，對其化解要有開放的資源運用而不能限於「巫史傳統」，對其論證要有方法上的可辯護性。對於這些，都還有很多的工作要做。

本章小結　對「巫史論」所蘊含問題展開論證的可能性

　　儘管面臨上述重重問題，接下面的章節，本書嘗試給出力所能及的論證。

　　第三章嘗試處理「巫史論」的界定問題，重點處理「巫」「史」之界定及其材料選擇的方法論問題。尤其是突顯「巫」的功能與「命運主題」預設。

　　第四章則處理「理性化」的論證問題。嘗試以「卜筮」為例予以展開。

　　第五章處理「一個世界」的論證問題。嘗試以「生、死、愛」為例展開。

　　第六章處理「實用理性」和「樂感文化」的論證問題。嘗試以「認知模型」、「人性論檢討」為例展開。

　　第七章處理「爭議辯護」和「未來指向」問題。嘗試與「軸心說」比較展開。

　　最後為結語。嘗試提出關於「巫史論」後續研究的進一步想法。

第三章　李澤厚「巫史傳統論」之界定：
「巫」、「史」與「命運」

問題引入　從李澤厚對李零的「期望」談起

關於「巫」「史」之研究，首先要提及李零先生的著作。儘管他的書名是《中國方術考》（正考＋續考），但是，就內容而言「方術」與「巫」雖不等同，但是重疊內容甚多，巫術其實就是巫師所使用的方術，演化細分是後來的事，至少較為自覺的分類是從《漢書・藝文志》開始的。此前的知識、技術大約都是重疊的；操作上自然有板有眼，但是，作為研究者視野中知識上的分類是一種「回溯」，當時的情形是難以知曉的，或許他們也有細緻分類，只是我們不得而知，所追溯的明確分類還是以「藝文志」為準。歷史是一種拼圖遊戲，在沒有確定標準答案的情況下，拼圖方式蘊含了無限可能。

在關於「方術」這一拼圖遊戲中，李零先生的研究，用他「不誇張的說法」「用考古材料添補空白，系統總結中國早期的方術知識（主要是戰國秦漢的方術知識，或道教、佛教以前的方術知識），這是第一部——雖然，有些同行，自視比我高明，未必承認這一點。」〔註 1〕就我目力所及，李零先生的研究不僅是添補空白之作，而且發人深省、啟迪甚多。這倒不是他做的早、材料多，而是一種運用史實材料重建知識譜系的史觀使然。說白了，他是個明白人；學者犯糊塗更可怕，他則有那種敏銳的問題意識與清醒的史家立場，

〔註 1〕李零：《中國方術續考》，北京：中華書局，2006 年 5 月版，新版前言，第 1 頁。

出土材料是死的，他卻把它看活了。這一點在李澤厚對他的期望中可以看出來，在「新版前言」中李零憶及「前兩年，我在香港城市大學當客座教授。湊巧，李澤厚先生也在那裡，他很重視我的研究，問我下一步有何打算。他希望我能擴大戰果，最好是三考、四考，不斷寫下去。我很感謝他的鼓勵，但自己的想法卻是趕緊收攤。因為，我覺得，更重要的事情，不是就方術談方術，而是另開局面，把它後面的東西，更高層次的東西，再發掘一下。」〔註2〕李澤厚先生確實很重視李零的研究，在「巫史論」的相關論述中，李確實引用了李零的研究，李零的「方術考」確實可以給「巫史論」提供很多證據支撐。但是，李零先生很明顯不樂意停留在「證據提供者」的技術層面，他嘗試「進技於道」，嘗試發掘「後面」「更高層次」的東西，這是他的學術敏銳與過人之處：有考證工夫而不沉溺於材料。其實，他所說的「更高層次」的東西在學界是早有人在做的，他或是不滿於此，而且嘗試由考證而做進一步的發掘。另外，李澤厚的「巫史論」同樣是側重「更高層次」的東西發掘，但是，他與李零的研究貌合神離〔註3〕，不是觀點相左，而是側重不同；而且，與學界的「巫史」研究也不同路數。

基於此，下面先簡單回顧一下學界對「巫」「史」的相關研究，然後回到李澤厚「巫史論」的獨特性上來，並嘗試基於人類學的「巫文化」研究給出一些辯護。

第一節　學界對「巫」「史」之相關研究

一、新材料與舊偏見：方法論審視

作為研究中國哲學史的開山之作，胡適的《中國哲學史大綱》明確講「我們現在作哲學史，只可從老子、孔子說起。」〔註4〕這固然是一種對於史料審

〔註2〕李零：《中國方術續考》，北京：中華書局，2006年5月版，新版前言，第2頁。

〔註3〕在《九九陳願》中李零稱他想寫一組關於「現代化」的古代思考：《絕地天通》（「天人分裂」）《禮壞樂崩》（「雜亂無章」）《兵不厭詐》（「造反有理」）若有餘力《四大奇書》（「男女關係」），詳見李零：《中國方術正考》，北京：中華書局，2006年5月版，九九陳願～2001年修訂本前言，第2～3頁；這四個選題可見李零先生確實有「進技於道」、把握傳統神髓乃至於反省現代的衝動；然而就其側重而言，與李澤厚路數還是不同。下面再講。

〔註4〕胡適：《中國哲學史大綱》，北京：北京理工大學出版社，2016年版，第22頁。

慎的態度，然而老子、孔子思想緣何而起？尤其是孔子念茲在茲的「述而不作」，其「述」何自？這便很自然會溯及老子、孔子的思想起源及進一步探究中國思想的起源問題。依據審慎的「疑古」態度，春秋戰國時期之簡帛文獻、周代之金文、甲骨文以及殷商晚期豐富之甲骨文，似乎都理應納入中國思想起源探討的進程中來。對於三皇五帝之解讀限於「傳說時代」較為穩妥，但是，商代及以前之考古材料（以古城遺址、墓葬較多）昭昭揭示著先人的文明遺跡，固然由於文字材料的限制，但是推論其思想起源的久遠及其豐富是可信的。無論如何，基於豐富的考古學材料，對於老子、孔子以前的思想起源及演進問題學界理應做出對應的推進是義不容辭的責任。只是在「中國哲學史」研究領域，似乎對於考古學研究的成果借鑒不多，對於新出土文獻材料又缺乏解讀能力（比如文字學、訓詁學），因此，中哲學界對胡適所奠定的「格局」拓展很有限。這意味著，我們對孔子之前的思想史演進還有很大的溯源空間。除了學科分類的「老死不相往來」外，面對新材料，無論是哲學還是史學，確實有些方法論上的問題難以克服，卻無法迴避。

因為，新材料並不意味著新見解，中間隔著論證方法的合法性問題。隨著近些年來出土材料日益豐富，學界據說有「走出疑古時代」「重寫思想史」的雄心壯志，然而新材料的問題至少有兩個困境難以跨越：第一、詮釋學鴻溝，第二、真實性悖論。

（一）詮釋學鴻溝

我們所說的「新材料」其實是「新出土的舊材料」，而且更看重其「舊」，目的則在於「新」，這是一個漫長的過程：由「舊材料」到「新觀點」中間經歷了很多跨越。若放慢速度予以省察，我們更可能發現一種現象用「新出土的舊材料」證成、并加固了原有的「舊偏見」。拋開這一點，「材料」與「觀點」之間的詮釋學鴻溝還是無法跨越。因為「材料」確實是新出土的，但是，研究者還是原班人馬，其解讀視角、解讀方法還是老一套；若無嚴格的論證方法，用「舊眼光」看什麼「新材料」都是舊的。這是很無奈的事情，據說晚清文人孫寶瑄說過一句話，頗值得玩味：「以舊眼讀新書，新書皆舊；以新眼讀舊書，舊書皆新。」〔註5〕如魯迅所說，「維新以後，中國富強了，用這

〔註5〕轉引自：陳平原：《「新文化」的崛起於流播》，北京：北京大學出版社，2015年4月版，第38頁。

學來的新，打出外來的新，關上大門，再來守舊。」他們的稱號雖然新了，我們的意見卻照舊。因為「西哲」的本領雖然要學，「子曰詩云」也更要昌明。換幾句話，便是學了外國本領，保存中國舊習。本領要新，思想要舊。要新本領舊思想的新人物，駝了舊本領舊思想的舊人物，請他發揮多年經驗的老本領。一言以蔽之：前幾年渭之「中學為體，西學為用」，這幾年謂之「因時制宜，折衷至當。」〔註6〕這樣的思想史教訓，除了別有用心之外，可能與此「詮釋學鴻溝」有關。

在此，我倒樂意為顧頡剛的「古史辨」學派提供一種辯護，那不是「疑古」「信古」或「釋古」的問題，無論是「疑」是「信」都是一種「解釋」，其涉及的問題癥結在於「詮釋方法」。任何「詮釋」都有「先見」客串，正因為此，「古史辨派」嘗試基於「假設─論證」思路予以迴避，在我看來這倒是合理的選擇，換句話說，至今如此的史學研究還是這一思路。他們固然提了一些奇奇怪怪的「大膽假設」，但是，他們的方法沒有錯，並未停留於那些「假設」上更沒有以「假設」坐實為「歷史之真。」倒是後來「走出疑古時代」的一些學者反而偏離了「假設─論證」方法，他們既沒有考慮到「詮釋鴻溝」的複雜性，又對前輩學者的「論證材料」限制缺乏同情暸解，因此種種撻伐，在我看來是一種倒退。後來者的優勢在於有更多的出土材料可資借鑒，但是，我們只是佔了「後發優勢」的便宜，倒是愧對了那麼多出土材料；試想顧頡剛他們若有我們這些年的出土材料，他們又有什麼創見呢？詮釋學鴻溝是大家共同的研究背景，其實就史學界主流而言，我感覺還是接續顧頡剛他們的「假設─論證」路徑，似乎並無突破。李零的說法或可以參考：「中國的新文學之路和新史學之路，都走的是五四之路。大陸這邊是這樣，臺灣搬去的傳統也是這樣（如史語所）。其文化定位要遠勝於當年的國粹論，也遠勝於如今的新儒家。」〔註7〕可見，「古史辨」與「走出疑古篇」其實所用方法是一脈相承的，區別則在於出土材料的多少問題，這是機遇問題；所以，「古史辨」派的方法恰恰是為我們繼承了的，他們的方法沒問題。

然而，若這種說法可以成立的話，我對現代史學界的反思則在於，對於史學方法尤其是歷史哲學的推進不夠；占盡了「考古材料」的便宜，而在理

〔註6〕魯迅：《隨感錄四十八》，《熱風》，《魯迅全集》第一卷，烏魯木齊：新疆人民出版社，1995年版，第288頁。

〔註7〕李零：《中國方術續考》，北京：中華書局，2006年5月版，新版前言，第14頁。

論上沒有多大推進〔註8〕。說白了，這是一種「坐吃山空」的敗家行為，自然，這似乎是文史哲的「通病」。李零的一個說法或許可以作為參證：「港臺有一種偏見，我不同意。他們說，大陸的人文學科都不行，只有考古，一枝獨秀。他們說的『獨秀』，其實是發現，不是學科。發現是托祖宗的福。我的同行我知道，眼界、見識和水平，哪裏就比別人高？」〔註9〕我們做哲學的何嘗不是如此呢？儘管各種「知名學者」不可勝數，自稱或被稱的「大師」絡繹不絕，但是作為「同行」我們還是有些估量的，只是缺乏坦誠的勇氣。「新材料」層出不窮，若無新方法、新視角，新材料很快成了「死材料」；學問上還是不「預流」。

（二）真實性悖論

新材料的第二個問題在於「真實性悖論」。首先、「新材料」無論多麼「老」、多麼「好」，問題在於它是「死」的，因為在歷史演進中它一直缺位。這不是材料自身的「真」「偽」問題，即便是「真」的，但它也是真的沒發生影響。李澤厚在《論語今讀》「後記」中提到白牧之、白妙子《論語辨》大有將「中國古代哲學『重寫』」之勢，然而問題在於考證出哪些話確係孔子所說，哪些是後來杜撰「甚至不大可能」「重要的是，自張候論以來，《論語》和孔子就以這樣的面貌流傳至今。」〔註10〕任何出土材料無論多麼重要，都無法替代「傳承經典」的歷史性影響。所以，在層級上，「出土材料」只具有輔助性詮釋地位。因為，「出土材料」不是封閉個體，它若由「東西」變成「文物」再變成「證據」便只能納入現有的「知識譜系」〔註11〕；它若要具有「詮釋力」也只能以接受現有

〔註8〕　這似乎是「不合時宜」的大話，而且看似題外話，實則為題內之意。這是個值得留意的「大話」，我們從不缺乏「材料」，只是對「材料」過於貪婪，佔有欲過強，卻沒有駕馭的能力，只是「守材奴」而已。

〔註9〕　李零：《中國方術續考》，北京：中華書局，2006年5月版，新版前言，第3頁。

〔註10〕李澤厚：《論語今讀》，北京：生活·讀書·新知三聯書店，2004年3月版，後記第539頁。

〔註11〕比如郭靜云（Olga Gorodetskaya）教授的《夏商周》「敘述了一個全新的中國上古文明起源故事」（書封語），據說此書引起了學界一些爭議，比如許宏與她的爭論。無論是詳實資料還是論證方法，這位來自俄羅斯的猶太女學者都令人蕭然起敬，那麼多史料，即便有現代檢索工具，整理出來還是需要下很大工夫的；但是，拜讀她的大作，我接受起來很有難度，初步感覺是她運用大量出土材料建立了另一個「想像系統」，這與現有的「知識譜系」不兼容；自然，可以說這是「創新」和「顛覆」；另一方面，也可以說這是不「預流」，出土材料必須納入現有「知識譜系」才有創新可言，所以封面語「敘述了一

的詮釋框架為前提。一旦接受了現有的「詮釋框架」，出土材料或許具有「詮釋力」或新的論證效力，但卻是最沒有歷史影響力的，因為其歷史角色一直處於封存狀態。其材料是「真」的，但是在詮釋框架中，其存在是「缺失」的。

學界多年來熱衷於「出土材料」，其實只是占盡了「祖宗便宜」，如何給予新的詮釋，尤其是發展出新的詮釋方法、詮釋理論，毋寧說是難以啟齒的、付之闕如的。所以，沒有新的「方法」和「視角」，我們只是停留在「守材奴」的層面，「材料」還是死的，無論如何折騰、炒作都是白忙活，因為方法論層面不突破、沒有新的詮釋視角，「東西」最多只是「文物」，若停留於舊的「知識譜系」，新材料只是新配角，可有可無。還是無法「預流」學問。這是個困局，李零的說法固然苛刻卻一針見血：考古學一枝獨秀其實只是「發現」層面而非「學科」層面的。若納入「學科」層面，出土東西必須變成「論證材料」，這就需要對應的問題意識、論證方法與詮釋視角。只可惜，我們更多只是充當了「民工」角色，哲學家和歷史學家的角色最為缺乏。

其次、「真實性悖論」的更嚴重問題在於判斷標準的缺失。如同上面的「《論語》真偽」問題，真假的認定必須有確鑿標準，若無標準，便無所謂真假。「孔子原話」的標準何在呢？我們只是用一種文獻論證另一種文獻，這依然是假說層面；當假說缺乏真假標準，它只能是假說，只能靠論證有效性維持門面。轉了一圈，還是回到歷史的真實影響上來。然而「歷史之真」與「思想之真」更是真假難辨、錯綜複雜。這倒不是「二重證據」與「三重證據」〔註12〕

個全新的中國上古文明起源故事」便成了一種隱喻，畢竟考古和史學不以講故事擅長。她的另一部大作 123.8 萬字的《天神與天地之道》也給我類似印象，她講的故事很有啟發，很可愛，但總覺得不太可信。從論證上看，不是她缺乏想像力，也不是她缺乏材料和證據，而是她的證據太確鑿了，反而給人一種「不確定感」；從知識論上看，史學著作是要合乎「證偽」可能性的，當證據充分坐實，反而給人「造作」之感。這種感覺很奇怪，我也不是上古史專家，只是記下來，立此存照；作為學者，我還是很敬重這種翔實的論著，不僅觀點大膽，而且研讀勤奮，這在華人學者中是不多見的，我們一般是要麼膽小，要麼懶惰。郭教授的兩本著作信息如下：郭靜云：《夏商周：從神話到史實》，上海：上海古籍出版社，2013 年 11 月版，74.1 萬字；郭靜云：《天神與天地之道：巫覡信仰與傳統思想淵源》（全二冊），上海：上海古籍出版社，2016 年 4 月版，123.8 萬字。

〔註12〕 楊向奎先生說「鑒於中國各民族間社會發展之不平衡，民族學的材料，更可以補文獻、考古之不足，所以古史研究中的三重證代替了過去的雙重證。」參見：楊向奎：《宗周社會與禮樂文明》（修訂本），北京：人民出版社，1997 年 11 月第 2 版，序言，第 1 頁。

的問題。因為上述的困局在於論證方法的突破而非例舉材料的疊加。而且，無論是文獻、考古還是民族學材料，在論證的時候都面臨「真實性悖論」問題，我們嘗試還原或接近歷史真相，但是，歷史不可重演，所以，我們只好根據文獻、考古以及民族學材料去猜，即便猜中了，我們也無法斷定。《柏拉圖對話集》中提到「美諾悖論」，又稱「真理悖論」，此悖論在歷史詮釋中更為嚴重。而且根據概率論，我們猜中的機會很少，也意味著我們與「歷史之真」擦肩而過的可能性很小，倘若我們接受歷史一元論的話，當只有一種答案符合「歷史之真」，那麼將會有「無限」的機會與真相「失之交臂」，這樣的格局，其實那一種「猜中」，完全可以忽略不計的。這意味著，「真實性悖論」的嚴重性不在於我們因為不知道真相而與「真理擦肩而過」，而在於，壓根兒我們就沒有與真理面對面的機會。所以，我們只能猜，由於沒有終極標準，所以只是猜；從概率上講，還猜不中。你當然會說，「雖不中不遠矣」，接受「猜不中」的格局，但可以「盡人事知天命」不斷接近。從知識論的立場而言，不斷接近的說法是荒謬的，若真理標準缺失，任何一種「猜」都處於相似的境遇，都是猜，沒有地標，無所謂遠近；沒有標準，你能接近什麼？只是猜，沒有謎底的猜。這是「真實性悖論」的殘酷之所在。我之所以不輕信任何版本的「重寫思想史」，就在於他們只是用「新材料」玩「老把戲」，而且還注定「玩不好」，正因為這個「詮釋學鴻溝」和「真實性悖論」他們體認不足，甚至沒有走到克羅齊所說「一切真歷史都是當代史」的層面。

　　我們可以舉一個例子。王國維先生運用殷卜辭論證商王譜系自然是精彩的經典二重證運用。但是，即便那樣，我們也只能作為一種相對融洽的知識譜系接受，無法確證「先公先王」之歷史真相。因為，分開來講，《史記》的「殷本紀」只是一種「文獻材料」；出土的「卜辭」只是一種「出土材料」；嚴格來講，放慢速度的話，我們用「文獻材料」＋「出土材料」無論如何無法得出「歷史之真」的答案。這也是上面我說不是「三重證」的問題，因為「文獻材料」＋「出土材料」＋「民族材料」還是無法得出「歷史之真」。這是個淺顯的道理，「歷史之真」只是一種「預設」，是一種「信仰」，是一種「想像」。據說美國著名管理學大師詹姆斯‧馬奇說過：「我們認為的真理，不過是人類可理解的共識，往往與真相無關。」這大約與上述克羅齊的名言有異曲同工之妙。它就像康德所說的「物自體」，或許有，我們也想像它有，甚至相信其存在，但是，無論如何，也無法認識。所以，嚴格來講，「二重證」或「三重證」玩的

還是沒有謎底的猜謎遊戲。許多「真」更多是基於信仰，而非嚴格的理性論證；「真」只是一種人為構造，理性論證中「暗度陳倉」的產物，我們信以為真，但卻無法心安理得，所以，有時時檢視的可能與必要；有批判辯論的可能與必要。這是言論自由的合法性依據。但是，言論自由只是一種意見之爭，言論自由還是無法得出「歷史之真」，言論自由只是在某些時候優於「獨斷論」（長遠來看優勢更明顯），但是與「歷史之真」無關；言論自由，也是一種信仰，是一種對進步和平等的期待與想像。

再舉個例子，殷墟卜辭數量很多，但據此推論商王的「鬼治主義」，也只是為周王背書而已，與「歷史之真」無關。這不僅是「材料」與推論的問題，而是一種歸納法問題，依據不完全歸納的死材料論證普遍性的行政模式，這是無效論證。因為，殷墟卜辭確實很多，但是，我們沒見到的商代材料更多；圍繞卜辭立論，有很多卜辭也無法推論它們在當時的次序與解釋模式。我們由這殘缺不全的「新材料」只是論證我們默守陳規的「舊偏見」，進一步「信以為真」，這是個離譜的荒誕想像。甚至忽視了其他「文獻材料」的證據以及合乎常識的行政模式。許多時候，墨守成規的「偏見」讓我們對許多更可信或合乎直觀的證據「熟視無睹」。正因為如此，上面我說，對於「新材料」不可過於興奮，不要在「守材奴」的道路上自以為是。也正因為如此，我們亟待在新方法、新視角、新的詮釋模型上著力，而非一如既往的勞民傷財去「發掘文物」並以此作為「學科發展」一枝獨秀的證據。有時候我想，學科的發展受限，與我們缺乏想像力有關；許多說法連偏離常識都太遠，哪裏給想像預留空間，更遑論創造？

對於出土材料，我們至少要區分「符號之真」、「歷史之真」與「思想之真」。

第一、「符號之真」的問題在於「符號」之外的美學想像與善良期待。從廣義角度看，無論是古文字材料還是出土實物都是「符號」，「符號之真」的問題在於「符號」之外的「歷史之真」預期。這些「符號」的問題癥結在於人們的想像和期待：符號意味著什麼？符號之外有什麼？越是有想像空間，便越受人重視，比如陶器之類出土也不少，但是給人的想像空間不大；但是，陶罐上有「舞」圖便引人遐想，備受重視〔註13〕；動物模型也出土不少，但是隨葬

〔註13〕參見張光直：《仰韶文化的巫覡資料》，載氏著：《中國考古學論文集》，北京：生活‧讀書‧新知三聯書店，2013 年 3 月第一版，第 134 頁，「舞蹈紋彩陶盆」。

「龍虎圖」〔註14〕便讓人驚歎不已，為什麼那樣？啥意思？越是想不通的越是受重視；另外人獸互抱人頭卻在獸口中〔註15〕，同樣令人浮想聯翩？「符號」的難題實在「符號」之外，正是這樣的語境，我們更看重出土實物中被「推斷」為「禮器」「法器」〔註16〕的物什，而對「生活用品」則關注不夠；同樣的理由，我們對於出土文字或接近文字的「符號」尤為著迷，無論是銘刻還是書籍，都令人浮想聯翩，原因還是一樣的，實物總對應活動，而文字是對活動、實物，尤其是思想世界的抽象與保留；說白了，我們真正感興趣的倒不是那些實物，而是古人的心靈，但這卻是最難的部分，近乎不可能，但是，正因為難乎其難，給我們預留了無限空間，給想像以無限誘惑，因此，我們對文字材料變得欲罷不能；試想，倘若殷墟只是出土幾片龜甲，若無刻畫，估計還只是用來「熬湯」；有了刻畫，尤其是有了字符，關鍵是被半懂不懂的行內人看到了，其身價百倍，原因就在於我們蘊含了無限期待，像救命稻草一樣，感覺那畫符蘊含了無限商朝秘密；其實，這只是一種想像，而且，或許可以說，與拿來「熬湯」蘊含的神秘想像別無二致。

　　所以，「符號之真」的問題固然有解讀障礙，有技術辨偽，但是，真正的糾結還在於「符號」所蘊含的，至少是我們期待它蘊含的「歷史真相」。但是，如同上面的「詮釋學鴻溝」所揭示的，「歷史之真」只是一種美學想像和善良期待，至少超越了人目前的認識能力。或許，將來「平行宇宙」或「穿越技術」發達了，可以解決部分問題，但是，「道高一尺魔高一丈」，人的想像是個無底洞，「困惑」的癥結在於「不可解性」，對於易解問題我們反而不困惑並且沒有想像的欲望。技術發達了，我們便有超乎技術之上的新困惑與新想像，所以，「平行宇宙」或「穿越」之後我們的困惑或許更多，因為理性的特點總是對於

〔註14〕 張光直：《濮陽三蹻與中國古代美術上的人獸母題》，載氏著：《中國青銅時代》，北京：生活‧讀書‧新知三聯書店，2013 年 3 月第一版，第 328 頁；另可參見馮時：《河南濮陽西水坡 45 號墓諸遺跡的天文學研究》，載氏著：《中國天文考古學》，北京：中國社會科學出版社，2010 年 11 月第 2 版，第 374 頁；另參見李零：《中國方術正考》，北京：中華書局，2006 年 5 月版，圖版三「龍虎圖」。

〔註15〕 張光直：《商周青銅器上的動物紋樣》，載氏著：《中國青銅時代》，北京：生活‧讀書‧新知三聯書店，2013 年 3 月第一版，第 457 頁；另可參見收入本書第 409 頁的《商周神話與美術中所見人與動物關係之演變》。

〔註16〕 張光直：《談「琮」及其在中國古史上的意義》，載氏著：《中國青銅時代》，北京：生活‧讀書‧新知三聯書店，2013 年 3 月第一版，第 299 頁；另可參見收入本書第 315 頁的《說殷代的「亞形」》。

「理性之外」的神秘問題欲罷不能，而這無關技術。無論是實物、銘刻還是書於布帛，後人總對前人不經意的作品感興趣，尤其是對那些琢磨不透也無法實證的作品感興趣。若只是一片死龜或蓍草，沒人感興趣，但是，經過某個人的把玩，他又或許是隨手不經意的留下痕跡，恰恰又保留下來被後人發現，這片龜甲便「驚天下」。

對於出土文物，我們至少要留意兩點，其一、為概率論，總有一些東西留下來，而且無法保證留下來的東西在當時的地位；其二、為預期論，我們是帶著「偏見」和「預期」去看待那些實物的，由於別無選擇，所以，許多偶然留下來的物什成了我們理性論證的救命稻草。但是，從方法論上審視，這其實是個很脆弱的、無效的，至少是不靠譜的論證。聊勝於無，但是，還是要謹慎這些實物的說服力。因為，遺物—文物—符號—證據，這是一個漫長的選擇過程，而且往往是別有用心的選擇。由此而來的證據總覺應當慎重對待，否則，我們是不合格的判官。這裡並非輕視實物證據，相比其他論證，出土實物依然有無可替代的作用，它優越於其他論證的地方在於其現實性，其他只是想像，而基於實物的想像則多了「實物」證據，只不過這個「實物」證據對應什麼，我們知道的太少，在「無知之幕」下，對「實物」的優先發現、優先擁有、優先解讀便意味著優先權威，但是，這種權威，從方法論上講，是基於脆弱的近似無效的依據。因為，我們不滿足於「符號」自身，而是想像「符號」之外的世界，並嘗試建構「歷史之真」，這就遠遠超越了「符號」的承載，是它無法承受的期待。因此，我們便用現有成見去論證，「符號」只是充當了某種「點綴」和「澆頭」，它看似具有「畫龍點睛」的意味，實際上它只是個傀儡和象徵。當大家心照不宣，歷史之真這事就成了。許多「真理」「真相」似乎都有類似「心想事成」的痕跡。問題在於「歷史之真」是動態的，形成中的，這意味著它沒有固定的所在。

第二、「歷史之真」的問題在於歷史處於變動生成中。一方面我們信仰一元史觀，認為歷史是單向度的，歷史之真是唯一的；但是，這只是一種基於想像和推測而來的信仰，換句話說其他想像和信仰具有同等地位。另一方面，在不同的時代、依據不同的材料我們對於「歷史之真」又有著變動不居的想像。由此以來，造成的思想格局是：「歷史之真」只能想像，而且想像處於變化中，這意味著「歷史之真」也是變化的，至少對於「把握在思想中的歷史」是這樣。對於真實的歷史，若不把握在「思想」中，我們又無可言說，唯有神知道，這

也是想像。對於歷史、現實、他人，一旦我們有理解的欲望，他們都出於「思想」，都是「把握在思想中的時代」。思想，其實只是一種想像，而想像是最不穩定的，說白了最不靠譜。所以，「歷史之真」只是依賴於不靠譜的想像。

當然，有人會說，總有些可靠的東西，比如中國近現代以來的大事件鴉片戰爭、甲午海戰、國共內戰、文化革命、改革開放等等諸如此類，它們怎麼會是想像？它們是確定的，但是，人性的可悲或高貴在於不滿足某些確定的年代、事件，而是總好奇「之外」的事情。比如我們習慣於說 1840 年鴉片戰爭，但是，其實我們更感興趣的是為何會有鴉片戰爭？以及為何會有那樣的戰敗？以至於中西文化之差異？如何自保？這些恰恰是最易發揮想像力也最難確定的部分，當然也是我們最感興趣的地方。其他事件也類似於此，對於某些事件，其實我們也更多依賴於想像，比如「文化大革命」、比如「林彪事件」、再比如「改革開放」，這些都是影響甚大的歷史個案，但是，具體原因何在？前因後果何在？真相何在？說實話，具體到我們當下，我們自己家人，許多事情還是「想像居多」，當「真相」處於變動中，「自以為是」看似是最為靠譜的策略，但，說白了只能是「權益之計」的想像和推測，更多出於心安理得的心理預期。

若上面的幼稚分析可以得到辯護的話，我想進一步指出的問題倒不是我們缺乏面對「歷史之真」的勇氣，而是弱化了對「歷史之真」想像的能力。中西遭遇後，思想界最為悲催的事件，倒不在於我們先是半推半就的「中體西用」，也不是後來幡然醒悟的「全盤西化」，更不是延續至今亦步亦趨的唯馬首是瞻，關鍵在於我們想像力的喪失。一直在刻意學習、模仿歐美強國，無論是語言、教育，還是種種人倫日用，無不如此；這在所難免，也是文化群體「自保」免疫系統的正常反應。但是，可悲在於，創造力的喪失，連想像都是別人的，這便不再是「自保」而是「迷失自我」了。創造力是否可以學？想像力是否可以學？做夢是否可以學？有些東西是「自我」的，這是人性最為光輝的尊嚴所在，是無法模仿、無法複製的。當夢想、想像、理想都去模仿，這日子不用過了，沒意思，不值得過。但是，百年來學界的癥結正在於，想像力缺乏。學習他者的好處在於強身健體，後遺症在於壓制個性；大家都中規中矩，看似得乎西學神髓，在我看來只是「襲取膚表」，成了西學的傀儡，代理人，促銷員。如果說因無法「重回過去」而達成「歷史之真」是大家共同的思想困境的話，我們的真正可悲倒不在於難以「重構過去」，關鍵在於慢慢適應了由別人「代寫未來」。

當哲學家不再遙望星空，當詩人不再夢想遠方，原來我們感覺大家都「腳

踏實地」豈不更好，但是，慢慢發現，若只停留於「腳踏實地」，發現我們已經沒有了前進動力而只學會了「止步不前」。歷史由先人演繹，未來由別人代寫，我們終於只會腳踏實地止步不前了。一句話，百年來的思想界恥辱在於，知識階層始終未獲獨立地位，理性的權威地位未達成共識，知識分子不但未形成學術共同體而發展學科，也沒堅守理性的獨立地位而去「把握時代」，只處於一種輔助性地位，用魯迅的話說，還是「幫忙幫閒」的傳人。再向前溯源，用李澤厚的話說，是巫師的傳人，只是從「絕地天通」之後，巫師就一直處於「幫忙幫閒」狀態。有人一直痛心疾首的吶喊「復興呀」「傳統呀」，從「神」上看，我們何嘗離開傳統？區別在於，傳統的思想世界蘊含豐富想像自成系統；現在呢，陰陽五行是談不來，更不用說奇門遁甲了。對於西學我們還停留在學徒工層面，琢磨於如何「中規中矩」，哪來想像和創造？規矩的目的就在於壓制個性和想像力。總感覺，老這樣下去不對。倒不是期待「歷史之真」可以達成，而是，我們不能放棄對「歷史之真」的想像與構造。許多事情可以請別人代理，但是，唯獨「思想」，不能讓人代辦；若「我思故我在」有幾分道理，那麼放棄「我思」其實是最為嚴重的「自我放逐」「自我迷失」和「自暴自棄」。因為「歷史之真」至少可以部分在「思想之真」中得以完成。

　　第三、「思想之真」指向「生活存在」。前面談到，對於任何符號，無論是出土實物、墓葬考古，還是銘文卜辭、書於布帛，其實我們都嘗試建構「歷史之真」，尤其是當時的「思想世界」，其實我們都有「窺心癖」。對歷史「思想世界」的好奇、窺探，更多不是或不僅僅是一種純粹的「愛智熱忱」，其實都是一種「沉屙遍地」的現實關懷和「古為今用」的衝動使然。說白了，我們對歷史的好奇，既有自我療傷的難言之隱，又有未來尋路的別有用心。其實，這一切都是「紙上談兵」，不僅是用一種文獻符號（廣義）論證另一種理論架構，更在於這是用一種對過去的想像和期待來救治現在並建構未來。但是，除此之外，我們沒有更靠譜的選擇，因此，無論是對「符號之真」的想像還是對於「歷史之真」古為今用，都只能將它做的「更加靠譜」。「紙上談兵」的真實寓意在於「思想實驗」，這是知識階層的責任和尊嚴所在。若無思想把握時代的衝動，古今之變、天人之際只是另一種與我們無關的「自在之物」，是思想為「六合之內」安排秩序、制定規則，而這便依賴於我們對「六合內外」的想像。偏偏在這一點，知識階層在自暴自棄上最為徹底，想像力缺失的嚴重後果不在於「歷史之真」的殘缺不全，而在於現實生活的「無法無天」。無論如何想像歷史，都無法

改變過去，但是，如何審視歷史，卻深刻的建構著現在，並影響著未來。想像力的缺乏直接導致現實生活的雜亂無章。這是思想界偷懶種下的惡果。

當「歷史之真」沒有終極地標，我們無法說達到，或接近；但是，若回到「思想之真」的現實語境，我們可以說，不同的想像，不同的論證方案所建構的「思想之真」確實可以有是否合理的判斷。因為，「現實生活」便是最好的地標。許多想像的問題因為回到「活著」這一圓心標準，用魯迅的話說是「保存」這一第一義，許多對「符號之真」、「歷史之真」的解讀變得荒誕不堪而經不起現實考驗。同樣，許多理論問題上的漏洞倒不是因為我們不合規矩、不守法則，而是中規中矩，但是偏離了「存在」第一義。這一切反證了「思想實驗」不僅僅是紙上談兵，認真的思考，作為思想界的責任與尊嚴，其實是在盡可能避免現實生活中的悲劇重演。生活的複雜讓「思想實驗」變得責無旁貸，困難重重，正因為此，想像力才成為必需品，才有用武之地。說白了，「思想實驗」離不開想像力，否則，這個遊戲沒法持續；或者無效，或者無聊，難以為繼。放棄「思想實驗」的後果，是請別人「代理現在」，並且，「代寫未來」。總覺得，事情這樣辦，難以心安理得，難免忐忑不安。

上面我做了一些近於知識論視角的「懷疑論」剖析，「懷疑論」在歷史上大多充當著令人掃興而無奈的「游牧民族」角色，一般不招人待見；但是，作為「思想實驗」的必帶裝備，卻是相愛相殺，不可缺失。因為，從一方面看，它是「無敵破壞王」；從另一方面看，它是「品質捍衛者」，任何思想碉堡、理論方案，無論是「甜言蜜語」還是「富麗堂皇」，在懷疑論的無情拷問下，我們都會看到「敗絮其中」和「偷工減料」難以遁形。所以，作為思想實驗，這種實時「體檢」是必要的。許多時候，與其說我們是討厭於懷疑論的無情質疑「嘴臉」，倒不如說是我們恐懼於自己脆弱不堪的「內心」。弱不禁風的人對任何風吹草動都驚恐萬狀，然而結束這種局面的唯一出路，還在於檢討自我、強身健體和重建自信，而非繼續在獨斷論迷夢中孤芳自賞、封閉自我和自以為是。重建自信需要勇氣，也需要智慧，而且無法逃避。因為，「保存我們」是第一義，但「保存我們」並不等於苟延殘喘。正是在「保存」第一義上，我們看到想像力的重要。「保存自我」需要極大的想像力空間，因為「活著」並不意味「木乃伊陳列」而是要追求正義、表達情感、仰望星空和建構意義。也正是這一點，我們看到李澤厚的「巫史論」研究，復活了過去，點亮著未來，在理論上重新有了異彩紛呈的想像力，昭示著某種理論自信。而有別於學界對於

「巫」「史」的研究。

　　學界對「巫」「史」的研究可謂五光十色、絡繹不絕。一方面因為「巫」蘊含了無限想像，另一方面學者「促生產」需要，各個學科的知識生產馬不停蹄，但是，基本處於各自為戰階段，重複在所難免。這樣讓這方面的文獻材料變得疊床架屋歎為觀止，但是，流光溢彩部分也令人大開眼界。下面的介紹只能「自限家法」，有選擇的側重與本書主題相關者予以介紹，不必面面俱到。隨後，對比意義上著重處理李澤厚「巫史論」的獨特性。

二、學界關於「巫」「史」研究的幾個面相

　　李零說「學術有專攻，但問題是沒有學科的」〔註17〕，可謂有見諦。關於「巫」「史」，尤其是關於「巫」的研究更是模糊了學科界限，不僅蘊含的問題是跨學科的，而且「巫」自身似乎就是各學科知識的淵源所在。分科只是後來的事，分類也是一種權宜之計，這是思想實驗的自有特質。但是，跨學科並不意味著混同學科而處於「混沌」；因為，若想理解任何問題，都要將其納入「思想框架」。由此，任何「混沌」或「對象」在「思想中的把握」都是分門別類、有條有理的。我們認可「混沌」的存在，但是，無法做到以「混沌」的方式把握「混沌」。人類或任何的理性官覺類所能夠把握的對象都是「思想中的」，「物自身」只是一種想像。對於「巫」的問題也是這樣。我嘗試從考古、文字文獻、史學三個視角予以提要式介紹。只能是不完備的，因為「完備」也是另一個沒完沒了的想像；那樣的話，後面的章節永無出頭之日。

（一）考古學中的「巫」「史」研究例舉

　　沒有對考古學諸君不敬的意思，但是，我對考古學卻有種不祥的預感：考古學界的文物出土近似於知識階層乘船出海所聽到的「塞壬歌聲」，充滿誘惑，充滿想像，欲罷不能，無限期待。但是，實際上，考古學界對人類知識譜系的增益是有限的，若嚴格依照上述知識論立場，考古學界更多只是「實物」發現者，這距離考古學科發展還有很遠的距離，與知識譜系重建豐富，相隔甚遠；所以，李零說，考古學界的「一枝獨秀」假象，其實只是「發現」而非「學科」，只是「托祖宗福」；這是運氣問題，無關學科發展，「重寫思想史」只是基於假象的想像。然而，考古學界的可貴正在於此，它能不斷給知識階層帶來「驚喜」，並且是意想不到的「驚喜」；關鍵這種「驚喜」又多是猜不透的

〔註17〕李零：《中國方術正考》，北京：中華書局，2006 年 5 月版，新版前言，第 4 頁。

「謎」，這就蘊含了無限想像，給人無限憧憬，無限期待，而且以「實物」的形式出現，「實物」往往給想像和驚喜無限空間，而且給人自以為是的理由，甚至是充當證據的幻覺。但是，拋開考古學出土實物去探究歷史，其他路徑更不靠譜，因為只剩下「想像」，沒有支點。考古學的可貴在於它不斷提供一些「支點」，只是我們不知道這些「支點」應安放何處，又有何種用途；但是，聊勝於無，我們有的是時間、精力，當然也出於「促生產」需要，所有，前赴後繼的去「猜謎」，其實，這是個沒有「謎底」遊戲；但是，恰恰沒有「謎底」，猜謎可以沒完沒了進行下去。

在考古發掘中，較引人注目的是墓葬考古，這意味著很大一部分歷史想像建基於古人死後墓葬的歷史發現，對古人的瞭解無法擺脫這種死後通道。其實我們通過他們「死後」想探知的倒不是他們如何死去而是如何「活著」，這又是一個無法彌合的跨越。現代人為古人掘墓，然後建構未來，這其實是一件荒謬的事情。想像一下五千年後，倘若我們的某處公墓存在，後人發現據此建構我們的生活世界並想像他們的未來，那會是多麼不靠譜的事情，但是，還有什麼辦法呢？揭示這種無奈，不是對考古學吹毛求疵，而是對於人類的任何知識生產都要有某種檢點習慣和限度自覺，基於此，或許才真的有可能由出土「發現」而「發展」學科。我們對知識生產要有限度自覺，這也意味著，我們要對自我的知識秉承要有某種「審視自覺」，「未經審視的人生不值得過」，其實若真是認真審視人生，可能發現真的不值得過，或不願意過了。但是，作為知識階層，這種「知識現狀、來源」的審視則是必要的，因為「思想實驗」的前提是我們要明白「自我家底」，有什麼思想材料，然後才有思想依據和想像空間。

在這一過程中，考古學讓我們變得難以自處，出土文物的層出不窮讓我們現有的知識框架變得越來越無地自容，難以自洽。李零在提到方術研究時說「因為出土發現，這種東西越來越多，抓耳撓腮讀不懂……中國方術，現在的知識，中國近代化以前的知識，主要是宋以來的知識。宋代以前，早期的知識，主要靠考古發現。」〔註18〕若具體一點，我們的知識無論是宋代以前還是宋以後，我們都是從書本上學來的，而某一時代的「知識教育—知識生產—知識想像—知識灌輸」又往往是一種意識形態宣教，任何朝代的更替，關鍵在於權力話語的獨斷論地位確立，上到天文，下到地理，權力話語籠罩了一切，我們在

〔註18〕李零：《中國方術正考》，北京：中華書局，2006年5月版，新版前言，第3頁。

這樣的背景下，終於獲得了關於宋代以前及以後包括未來的所有知識。傳統上，一個好的朝代，便是話語權力籠罩一切的時代，不僅詮釋著過去，而且建構著未來。正是在這樣的語境下，考古學變得「一枝獨秀」，考古實物默無言說，但是卻會讓原來的知識譜系相形見絀、漏洞百出，有人熱衷於「考古」一方面與斂財有關，另一方面與「補洞」有關，畢竟獨斷論的權威地位是不易維護的。

其實，這種讓現有知識譜系「漏洞百出」的方法，倒不限於考古實物，而且考古學也不占優先地位。真正檢點知識譜系的方法，還在於思維方式訓練和理性權威地位的確立；這才是根底。若無這一點，現有文獻只是舊道具，考古發現只是新道具，大家可以繼續「幫忙幫閒」，心照不宣，相安無事。但是，理性思維方式的訓練，卻會讓人變得寢食難安、欲罷不能。所以，傳統教育培養順民是安邦治國大法，理性權威如同懷疑論一樣，總是麻煩製造者；同時，也是希望開拓者。任何民族的衰落都在於它們選擇了穩妥的方式葬送自己，否則，一個偌大民族，轟然倒地猝死，是不可想像的。這意味著理性思維方式的訓練，固然有種種不便，固然讓我們常常寢食難安、啞口無言，但卻是真正的安邦治國大計；是自我身心、天人關係、不同文明共存善在的最優路徑。獨斷論迷夢終須打破，才是真正的思想解放，然後，大家才可以想像未來。

在上述語境下，我們對「巫」「史」現有知識框架，在理性審視和考古學衝擊下，變得脆弱不堪，搖搖欲墜。「巫」若不是「巫婆神漢」，「史」若不是「史官」，又是什麼？在歷史中有何演進？二者又有何種關係？現有的考古材料，無法直接回應上述發問，但，毋庸置疑，卻給人無限遐想空間。關於「巫」的研究，李學勤先生說「在中國學術史上，對古代巫術的專門研究，可以追溯到 20 世紀的 30 年代前後。當時有一些學者就傳世載籍中有關巫術的記述作了開拓性的輯集和研究。他們大都受當時流行的西方文化人類學的影響，如英國弗雷澤的《金枝》，由之產生了一系列膾炙人口的作品，如江紹原的《髮鬚爪》、鄭振鐸的《湯禱篇》。」〔註19〕在運用考古學研究「巫」文化（巫術、方技等），在這裡我想圍繞本書主題以幾位代表性人物（陳夢家、胡厚宣、張光直、李零、馮時等）為例予以討論。

對巫術的研究，固然有李學勤先生所說「他們大都受當時流行的西方文化人類學的影響」，考古學的直接淵源與衝擊則要溯源至「甲骨」的意外發現

〔註19〕趙容俊：《殷商甲骨卜辭所見之巫術》（增訂本），北京：中華書局，2011 年 9 月版，李學勤「序」。

以及後續「殷墟」的組織發掘，這裡自然要提到董作賓、王國維、李濟〔註20〕
等先生的貢獻。然而，有針對性的處理「巫術」問題當以陳夢家為代表，他在
1936 年《燕京學報》第 20 期發表了《商代的神話與巫術》一文成為此領域開
創性的經典，五十多年以後張光直先生撰文《商代的巫與巫術》名言為「紀念」
之作〔註21〕（1987 年安陽「中國殷商文化討論會」參會論文）。其實在 1930 年
《燕京學報》發表有瞿兌之《釋巫》一文，然而更多是文獻學梳證，經典之作
還是以陳夢家先生文為要。自然陳先生的後續研究自然以《殷虛卜辭綜述》為
代表，不但對於甲骨發現、文字文法等有系統研究，而且對於當時「宗教」「祭
祀」「巫術」等都有著精彩的論斷，他說「占卜本身乃是一種巫術，藉獸胛骨
與龜甲為媒介，以求獲得『神明』對於人們所詢問的問題的回答。」〔註22〕自
然，陳夢家對王國維鴻文《殷周制度論》之批判〔註23〕同樣值得留意。

　　後續的研究由殷墟卜辭而嘗試建構殷商史之努力則首推胡厚宣先生的
《甲骨學商史論叢》，涉及到巫術的部分《殷代之天神崇拜》《論殷代五方觀念
及中國稱謂之起源》《殷人疾病考》《殷人占夢考》《殷代卜龜之來源》都是令
人印象深刻至今值得借鑒的篇章〔註24〕。其實由卜辭而建構「古代社會」的更
早努力當以郭沫若為代表〔註25〕，他的《中國古代社會研究》「1928 年開始寫

〔註20〕1973 年日本學者國分直一拜訪李濟教授時，李先生說「在我閉上眼睛以前，
　　　　還打算寫一本書。」預計是出版英、日文本，大約有向國際學界介紹中國考古
　　　　的意思，後來便是《安陽》一書（1977 英文版，1982 日文版），後來 1990 年
　　　　中譯本由中國社科出版。詳見：李光謨：《李濟和他的〈安陽〉》，載李濟：《安
　　　　陽》，北京：商務印書館，2011 年 12 月版，第 276 頁。
〔註21〕張光直：《商代的巫與巫術》，載氏著：《中國青銅時代》，北京：生活・讀書・
　　　　新知三聯書店，2013 年 3 月第一版，第 261 頁。
〔註22〕陳夢家：《殷虛卜辭綜述》，北京：中華書局，1988 年 1 月版，第 561 頁。
〔註23〕陳夢家：《殷周制度論的批判》，載《殷虛卜辭綜述》，北京：中華書局，1988
　　　　年 1 月版，第 629 頁。
〔註24〕胡厚宣：《甲骨學商史論叢初集》（外一種）上下，石家莊：河北教育出版社，
　　　　2002 年 11 月版。
〔註25〕據《甲骨學商史論叢初集》「前言」胡振宇的介紹：「《論叢》在學術界引起很
　　　　大反響，就在初集第一冊剛剛印出的 1942 年，《論叢》即獲得教育部學術審
　　　　議委員會的科學發明獎。學術審議委員會馬衡先生是這樣評價的：『甲骨文字
　　　　之研究，始於孫詒讓。取其材料以研究商史者，始於王國維。惟其時材料零
　　　　亂，整理開始，筆路藍縷，僅啟萌芽。逮中央研究院正式發掘殷墟後，材料始
　　　　有系可言。又經董作賓等以科學方法，從事整理，分析時代之先後，於是史
　　　　料乃可完全應用。……如《卜辭下乙說》、《四方風名考證》等文，皆能有所發
　　　　明，可為不易之論也。』參見胡厚宣：《甲骨學商史論叢初集》（外一種）上

作、1930 年彙集出版。」〔註26〕郭沫若的關於甲骨、青銅研究突顯了他過人的才華、睿智與膽識，其「先秦天道觀之進展」更是意味深長，不知是否受「十批不是好文章」等影響，就我目力所及，若單就學術而論，郭沫若在 1950 年代以前的學術地位無可置疑，他的詩篇還在其次。據洪謙回憶石里克常自言「我們都是被阻礙的詩人吧」（Wirsindalleverhinderte-Dichter），郭沫若則是「被阻礙的天才史學家」。

基於考古對於殷商有著國際聲譽的自然首推張光直先生，他 1950 年在臺大攻讀人類學師從李濟〔註27〕後負笈美國完成學業於哈佛，因其系統訓練與專業研究為業界翹楚，其論著《中國青銅時代》《美術、神話與祭祀》在 1980 年代（1983 年三聯書店、1988 年遼寧教育出版社）出版，所以其研究不僅在國際上知名、在中國也早有盛譽。其論著對中國考古學界影響甚大。比如前面提到的 1987 年參會論文《商代的巫與巫術》，另外關於「殷商起源」「殷周關係」「商王廟號」「殷禮二分」「人獸母題」等文〔註28〕都有著或原創或發人深省的籠罩性影響，另外《中國遠古時代儀式生活的若干資料》、《仰韶文化的巫覡資料》等文〔註29〕亦不同凡響。但是，張光直先生的研究有個問題值得留意，其研究方法有類似「反向格義」〔註30〕的嫌疑，這一點我們可以參考李零的批評。李零在《先秦兩漢文字史料中的「巫」》（下）中提了一些有別於漢學

下，石家莊：河北教育出版社，2002 年 11 月版，「前言」第 11～12 頁；書中徐中舒、高亨等序確實都給予了很高評價。這裡提一句，後來由其子後續完成的《殷商史》（胡厚宣、胡振宇合著，上海人民出版社 2003 年 4 月版）則令人有些失望，遠不如張光直的作品。

〔註26〕郭沫若：《中國古代社會研究》（外二種）上下，石家莊：河北教育出版社，2000年 12 月版，「前言」第 4 頁。

〔註27〕除了上述《安陽》外，李濟的另一本英文演講集（1955 年華盛頓大學三次演講）也值得留意，中譯本 1970 年在臺北商務出版，大陸版參見李濟：《中國文明的開始》，南京：江蘇教育出版社，2005 年 8 月版。

〔註28〕均收入張光直：《中國青銅時代》，北京：生活‧讀書‧新知三聯書店，2013 年3 月版一書。

〔註29〕參見張光直：《中國考古學論文集》，北京：生活‧讀書‧新知三聯書店，2013年 3 月版一書。

〔註30〕關於「反向格義」問題可參考劉笑敢：《詮釋與定向——中國哲學研究方法之探討》，北京：商務印書館，2009 年 3 月版，第三章（中西篇——「以中釋西」還是「以西釋中」？）及附錄（關於「反向格義」之討論的回應與思索），張汝倫、張祥龍、郭曉東等對此均有所討論，其中以張汝倫論文《邯鄲學步，失其故步——也談中國哲學研究中的「反向格義」問題》，《南京大學學報》2007年第 4 期，尤為值得留意。

家的一些看法，並且他指出了原因，他說「西方的漢學研究中，『巫』之所以引人注目，原因是它同中國宗教／科學的背景有關……他們習慣的看法是，對任何文化來講，宗教統治都必不可少：要麼『王』之上有祭司、僧侶，要麼『王』本身就是祭司、僧侶，早期文化一定如此。而甲骨文，作為中國最早的文字材料，在他們看來，又正好支持了這種想法。本來，商代文字有很多種，甲骨文只是其中一種〔註31〕，只是當時王室占卜的流水帳，但是由於它的發現是在本世紀初，是在中國學術『現代化』的關口，很多學者都把這類材料直截了當地看作商代的『史料』，而且是唯一的『史料』。在他們看來，商代『歷史』的內容既然主要是占卜，『貞人』在這類活動中最活躍，甚至就連商王本人都參與占卜，所以有不少人都相信，商代是個『巫』統治的時代。過去甲骨文專家陳夢家曾提出『商王為群巫之長』（《商代的神話與巫術》）說，這一說法在西方學術界很受歡迎，原因就在這裡。」〔註32〕

　　這類似於前面李學勤先生說「在中國學術史上，對古代巫術的專門研究，可以追溯到 20 世紀的 30 年代前後……他們大都受當時流行的西方文化人類學的影響。」〔註33〕其實，關於「商王為群巫之長」的說法以及後續研究最為典型的當推張光直先生，他的《商代的巫與巫術》自覺的接續陳夢家先生的《商代的神話與巫術》而且有更多發揮，他說「殷商王室的人可能都是巫，或至少都有巫的本事。」〔註34〕而且他關於「巫的職務與技術」「巫師通神的工具和手段」都說的有鼻子有眼，前面提到的「玉琮」「人獸母題」等研究也遵從類似思路，而成為學界影響較大的看法，因為在知識譜系上這種解釋確實與人類學以及早期宗教信仰狀況是兼容的；說白了，如同前面所討論的，這樣解釋符合人類知識譜系的想像現狀。可是在李零先生看來，只符合漢學家知識譜系的想像是不夠的，似乎不是那回事，比如關於將「巫」解釋為「薩滿」，

〔註31〕可參考裘錫圭：《文字學概論》（修訂本），北京：商務印書館，2013 年 7 月版；該書對「漢字的形成和發展」有著較為詳實的介紹，其中 33 頁提到黃德寬：《殷墟甲骨文之前的商代文字》，北京：商務印書館，2006 年版，值得留意。

〔註32〕李零：《先秦兩漢文字史料中的「巫」》（下），載氏著：《中國方術續考》，北京：中華書局，2006 年 5 月版，第 57～58 頁。

〔註33〕趙容俊：《殷商甲骨卜辭所見之巫術》（增訂本），北京：中華書局，2011 年 9 月版，李學勤「序」。

〔註34〕張光直：《商代的巫與巫術》，載氏著：《中國青銅時代》，北京：生活·讀書·新知三聯書店，2013 年 3 月第一版，第 266 頁。

李零根據出土實物認為「他們都把目光投向中國的西部而非東部，這同『巫即薩滿』說正好換了一個方向。」〔註35〕

這裡面蘊含了幾個有趣的問題，比如商代的政教關係，有巫師、有占卜大約可以確定，有王參與也可以確定，但是，能否進一步說「王」＝「巫師」？這是需要進一步研究的；再比如，卜辭確實是難得的「史料」，但是，如何解釋這些史料？他們在商代思想構建上又處於何種位置？這才是關鍵。李零的提醒是值得留意的，至少他看到將「卜辭」作為唯一的「史料」來論證商代情形不合法；我們「唯一」擁有的並不等同於實際上「唯一」存在的，但是，在實際論證過程中，我們只能將「擁有的」作為「唯一」可用的，模糊的將二者重疊起來，而認為就是「唯一」存在的，這是一種論證的無奈。但是，還是要有某種警醒和自覺。這個問題癥結還在於「史料」的「詮釋學鴻溝」。出土實物就如一片「拼圖」，它是真實的、可貴的、無可替代的，但是，其侷限在於，若將它「懸空」觀賞，它只是個「廢材」，沒有任何價值，只有將它貼到現有歷史圖像中，它的價值才能激活。用一個比喻，這篇「拼圖」就好比一個「單面值硬幣」，若「懸空」它是無用的，因為硬幣需要「雙面」而且面值一致才正常；但是把它貼到「歷史圖像背景」上它則是「無價」的，而且隨著貼的位置變化，其面值可以增益。這個遊戲的奇妙處就在這裡。

所以，李零的提醒在於，我們不應那樣心安理得的就將「卜辭」那些拼圖那樣名正言順的貼到漢學家的「知識譜系──歷史拼圖」上，我們得有自己的貼法，我們得有自己的「想像圖景」，因為，我們的「歷史拼圖遊戲」和他們不是同一個。然而，問題在於，我們大致認可我們有著不同的歷史拼圖，但是，關於歷史拼圖的一般想像、一般知識譜系，則是源自西方的嫁接。這就是李零所說的「商代文字有很多種，甲骨文只是其中一種，只是當時王室占卜的流水帳，但是由於它的發現是在本世紀初，是在中國學術『現代化』的關口……這一說法在西方學術界很受歡迎，原因就在這裡。」〔註36〕問題的癥結就在這裡，歷史是我們的，卜辭也是我們的，但是對於歷史的研究、卜辭的研究，無論是考古方法、詮釋方法還是初民社會的歷史想像則是從西方「知識譜

〔註35〕 李零：《先秦兩漢文字史料中的「巫」》（上），載氏著：《中國方術續考》，北京：中華書局，2006 年 5 月版，第 57～58 頁。

〔註36〕 李零：《先秦兩漢文字史料中的「巫」》（下），載氏著：《中國方術續考》，北京：中華書局，2006 年 5 月版，第 57～58 頁。

系之樹」上嫁接過來的。說白了，東西是我們的，但是對材料的想像主要來自西方的知識譜系；這讓問題變得更加複雜。順便說一句，李澤厚對巫的看法基本上沿用了陳夢家、張光直的看法；但是「巫史論」則有別於西方的知識想像。這是很值得留意的一點，此不贅論，後面專論。

　　在這裡我可以舉個例子，關於「大熊貓的發現」。雅安人民天天看見大熊貓，但是為什麼我們說是法國傳教士「發現」了大熊貓呢？李連江先生在講研究方法時對此予以解釋，令人印象深刻，他說「最早發現熊貓的是個法國傳教士。為什麼這個傳教士能在四川雅安發現熊貓，而在那裡世世代代居住的雅安人民發現不了熊貓呢？對雅安人民來說，熊貓就是一種常見的動物，那個法國傳教士是有動物學訓練的，他掌握了動物分類的概念框架。所以當他看到熊貓，就知道機會來了，他看到了一個在歐洲動物學分類裏沒有的東西。」〔註37〕這裡的問題就在於「看見」與「發現」不同，看見只是個體性的，類似於將上面說的「硬幣」懸空，毫無價值；「發現」則在於將「硬幣」貼入拼圖，價值連城；那不再是個體感覺，而成為知識譜系的一部分。傳教士是歐洲人，但是他所依據的動物學分類知識譜系則屬於全人類，那是一種對動物種類的理論化、知識化。考古拼圖也是這樣的「大熊貓」，甲骨在「發現」以前，被「熬藥湯」多年，後來的故事，我們知道「一片甲骨驚天下」，正在於它納入了相關「知識譜系」，才能為人認識，才是無價的；否則，那只是「枯骨死草」，一無是處。說句不合時宜的話，連「熬湯」都配不上。

　　甲骨作為藥材「龍骨」「熬湯」也是一種知識譜系認可。換句話說，同是甲骨，納入中藥的知識譜系與納入人類學殷商文化的知識譜系，套路是一樣，區別就在於「知識譜系」所用的網不同。但是，若不貼到拼圖背景上，甲骨不會被用來「熬中藥湯」，要有說法，而且說法要符合「中藥知識譜系」的想像背景和預期。中藥是有講究的，比如「先買藥，再尋藥引」、「蟋蟀一對，旁注小字道『要原配』。」（魯迅《朝花夕拾‧父親的病》）。其實，任何知識譜系都是一種講究；大熊貓的發現就是一種講究。問題在於講究的依據不同，我的意思是，我們當留意知識譜系動態生成與想像層面。表面上看，知識譜系是客觀的，甚至有真理的嫌疑，但是，實際上，知識譜系只是看起來像真理，只是類似「歷史之真」，它其實只是一種歷史拼圖。歷史拼圖是不斷生成

〔註37〕李連江：《不發表，就出局》，北京：中國政法大學出版社，2016 年 9 月版，第三講（研究是原創），第 77～78 頁。

的，其生成過程部分源自「想像」，比如魯迅提到的「梧桐葉藥引」和「敗鼓皮丸」；而且是多元的，比如同一片甲骨，在人類學家、考古學家、古董商人和中醫郎中那裡，感覺是很不一樣的，因為他們依據的歷史拼圖不同。問題的複雜就出在多張網上，這不僅涉及詮釋學鴻溝問題，而且涉及知識的權力話語選擇問題。

近現代的許多糾結，就出在知識譜系的拼圖選擇上。一方面我們不得不在「現代化」的端口鏈接西方學者的人類學、考古學知識譜系，另一方面我們又感到將甲骨貼到他們的歷史拼圖上，意猶未盡。就如同魯迅當年對於「蟋蟀一對要原配」拿來熬中藥、「敗鼓皮丸」來消腫終於不願「再和陳蓮河先生周旋」感覺是一樣的。這裡的問題在於，若不借鑒人類學、文字學的「知識譜系」，甲骨只是熬中藥的龍骨；在人類學的知識譜系上，我們沒有對應的歷史拼圖，因此感到「衣不蔽體」，尷尬的難受；若在「現代化」端口鏈接現有的人類學知識譜系，把甲骨貼上去，固然可有所說明，西方漢學家也大表歡迎，但是，我們自己卻無法心安理得，總感覺不是那回事，不再「衣不蔽體」，但是「捉襟見肘」，還是難受。這就需要再造新的歷史拼圖，但又需要新的想像。

問題就出在，這新的想像如何產生？依據什麼？若不是空想的話，新的想像總不能回到「龍骨」的中藥知識譜系上，但是，確實又離不開人類考古文字學的現代化知識鏈接。新的想像是在西方知識譜系籠罩下的，我們的任務則是要超越這種「捉襟見肘」的籠罩。難就難在這裡。知識譜系至少有兩點假象。第一、知識譜系將時代「把握在思想中」，但是卻給人一種把握「歷史之真」的幻覺，好像把握了真理，歷史就是那麼一回事。其實，任何知識譜系只是一種思想，說白了是一種想像的知識化。第二、知識譜系源自經驗知識理論化，但是卻給人一種「先驗普遍」的假象，好像是一種普遍標準，其他地方都應達標。其實，任何知識譜系都具有地域性，只是一種地域經驗的理論化。

但是，兩種假象又確實有其合理性，若人們無法重建「歷史之真」，那麼「思想之真」便是唯一選擇，我們理解的歷史真實只能以「思想之真」的形式呈現出來。而知識譜系固然是一種地域經驗的理論化、知識化，但是，理論化、知識化便具有可普性，不再是不可傳的個體感受，而成為可交流共享，並進一步具有解釋開放性的理念。在這個意義上講，無論是「甲骨」還是「龍骨」，在各自知識譜系上都是自洽的；問題出在他們在面對生活存在時，在同

一個問題上，比如治病，原配蟋蟀和敗鼓皮丸不斷失效；自然這也可以得到原有知識譜系的解釋圓融，比如它們其實不是原配（不是治病方法不對而是蟋蟀失去了貞節導致藥效不行）。所以，真正的衝擊，在於西醫的出現，不僅對於水腫有新的知識譜系，而且對於原配蟋蟀的失效有著新的說明。這看似是一張網代替了另一張網，實際上，是用一張大網將原來的種種網片各安其位，還是有治不好的病，還是有蟋蟀和浮腫，還是要消腫，只是消腫不再用「敗鼓皮丸」或「原配蟋蟀」。事實上，即便如此，還是有消不了的腫，還是有治不好的病。但是，解釋的原因是依據新的知識譜系，而不再去考究蟋蟀的貞節問題了。

回到李零對陳夢家的批評上來，固然陳夢家確實在「現代化」端口鏈接了西方漢學家傳來的人類學知識譜系，但是，也只能這麼辦；不這樣，我們便衣不蔽體，畢竟我們原來沒有人類學等相關學科，而且早就不信把甲骨當龍骨「熬中藥」了。若繼續這樣，將源自其他地域的經驗知識心安理得的籠罩新的經驗類型，不考慮「捉襟見肘」的感受，那只能說是咎由自取。我們必須在那張舊網上彌補新洞、錦上添花，而不能僅僅坐享其成。這裡，我排除了「另起爐灶」，那是不可能的，那樣的話，要麼回到「熬中藥」和「蟋蟀要原配」老路，要麼將「甲骨」那片拼圖懸空，連「熬中藥」還不如。知識譜系是需要不斷發展完善的，這個過程不是替代性的，而是修補完善性的，邊走路邊尋路，更類似於「航行中調整方向」而非「不斷回到原點重新出發」。西醫之無法完全取代中醫，原因就在這裡；對於個別問題，比如不再依據蟋蟀貞節治病可以終結，但是，中醫的其他「治療理念或技術」總有合理性，在人類醫藥知識譜系這張大網上，中醫有它的位置，至少是其中的一片空間；西醫也一樣，也只是其中的一片，而且都需要進一步的發展完善和彌補漏洞。無論中西醫如何發達，還是有漏洞，總有消不了的腫，總有治不好的病，說白了總會死人的。人類的任何知識之網，都是漏洞百出。

這意味著我們不能坐享其成，更不能袖手旁觀。我們需要新的想像，需要不斷去猜，去完善拼圖遊戲。所以陳夢家、張光直的工作是合理的，李零的批評也是必要的。其實與李零批評陳夢家在「現代化」端口鏈接西方漢學家的知識譜系相類似，Stanley 當年就批評過維多利亞時代的人類學家泰勒和弗雷澤，他們好像更多依靠傳教士道聽途說來建構人類學想像，而與後來注重田野調查的人類學家馬林諾夫斯基不同，他們只是「坐在他們舒適的安樂椅中，

根據進化之樹和進步的階梯安排收到的信息。」〔註 38〕張汝倫教授似乎認可 Stanley 的嘲諷並嘗試為「巫術」「平反」，其實，大可不必。因為，無論是接續「理性」「非理性」的啟蒙話語，還是接續後來的「反思啟蒙」話語，這都是「坐在他們舒適的安樂椅中，根據……安排收到的信息。」無論是遵循巫術→宗教→哲學→科學，還是認可巫術宗教與哲學、科學的互滲，詮釋模式並沒有變，只是看法有所損益，因為「根據……」的標準變了，還是同一張網，只是編排次序有所變化而已。順便說一句，儘管泰勒和弗雷澤或許確實是「坐在他們舒適的安樂椅中」來接收信息，但是無論是泰勒還是弗雷澤他們的人類學論著，至今還是經典，尤其是《金枝》。問題倒不在於獲取信息的途徑，而在於對信息的處理方式。這還是上面的「大熊貓發現」問題，雅安人民的田野實踐肯定比傳教士豐富，但是，即便傳教士坐在安樂椅中瞭解到了大熊貓，他還是「大熊貓的發現者」，因為這裡依據的倒不是「舒適的安樂椅」而是安樂椅背後相對成熟的「動物學分類」這一「知識譜系」。當然，「知識譜系」不是先驗的不變的，而是基於新的物種，不斷完善豐富；但前提是，接受現有的「動物分類知識譜系」。

甲骨卜辭的問題，與此同類。固然，鏈接「現代化」端口有多麼不妥，還是要先進入前提，才有反思完善的可能。其實，李零的研究，只所以為學界所重，用他不誇張的話說運用「考古學填補空白」，正在於他有著較好的考古學、文字學、文獻學等規範訓練，而他又不止於此，基於考古文獻新材料，嘗試對原有知識譜系有所改進，甚至他想「進技於道」，通過研究方術而考察中國的政教關係。他不但充分運用了原有的知識譜系，而且充分運用了考古學實物證據，然後來發展更新知識譜系，甚至更新中國原有的政教關係認知，比如他大膽的說，其實不是「天人合一」而是「天人分裂」〔註 39〕，從「絕地天通」的視角立論，他的說法倒不是「譁眾取寵」，而是言之成理、持之有

〔註 38〕 轉引自張汝倫：《巫與哲學》，《復旦學報》，2016 年第 2 期，第 17 頁；原版載 Cf. Stanly Jeyaraja Tambiah, *Magic, Science, Religion, and the Scope of Rationality*, Cambridge: Cambridge University Press, 1990, p42.

〔註 39〕 李零：《中國方術續考》，北京：中華書局，2006 年 5 月版，新版前言，第 5 頁；與李零的側重不同，錢穆晚年則突顯了「天人合一」論說。余敦康先生關於「絕地天通」的論述值得留意，他似乎還是延續了「天人合一」的解釋。參見：余敦康：《夏商周三代宗教──中國哲學思想發生的源頭》，載《中國哲學》第二十四輯，瀋陽：遼寧教育出版社，2002 年 4 月版，第 19～21 頁；關於「絕地天通」之研究論著很多，可參考林富士《巫者的世界》第 6～8 頁的梳理。

故。但是，「絕地天通」更多彰顯的是「政教關係」，君權壟斷神權，而非「天人關係」，從一般的「天人關係」立論，還是「天人合一」，這源自「人神不隔」，人可以通神，可以成神；神換成天命，解釋模式沒變〔註40〕。「天視天聽」「替天行道」「立心立命」「神道設教」，似乎還是「天人合一」的路數。李澤厚在《說巫史傳統補》中突顯「天主與天道」的區分，頗富洞見。但是，這裡順便說一句，說我們是天人合一，說基督教世界是「天人相分」或者「兩個世界」，在我看來也是不妥當的。因為，固然天主與人有著無限—有限、創造—受造的區分。但是，由此說他們此岸—彼岸截然二分，仍有待重估；在《創世紀》中關於兩次「造人敘事」，明明突顯了「有靈活人」「人是上帝肖像」的維度，在「靈」上，人與天主恰恰是不隔的，突顯人特質的恰恰不是「塵土」和「肉身」而是「靈魂」。所以，在人之所以為人，基督教的人神關係依然是「天人合一」式的，非說他們「天人分裂」在我看來是異端想像遺留。政教二分，神權高於政權，並不意味天人分裂；正如同政教合一，政權高於神權，並不意味天人分裂一樣。

　　有許多說法有待重估，有許多定論有待反省，我們只是在現有的「知識譜系」上重構新的想像，其最終依據則在生活自身。這裡所說的生活指的是統治階層的政治生活，包括他們的生老病死都不是生理問題，而是關乎族群生死存亡的政治問題。所謂的治病、占夢、問卜、測吉凶原初似乎都圍繞君王及其政治生活展開，後來民間的算卦、測字、起名、看風水似乎只是「普天之下莫非王土」另種流風遺韻而已。原初的占卜是一件很正經、莊嚴的事，如同後來的拿「龍骨」熬中藥也是一件正經、莊嚴的事一樣，而且很昂貴，不是人人都有份的。那是一種特權，無論是材料還是解釋，都有權力話語相配套。這種模式具有籠罩性，李零研究的方術大多在其籠罩下。尤為要者便

〔註40〕　可參見：錢穆：《中國傳統思想文化對人類未來可有的貢獻》，載《中華文化的過去現在和未來——中華書局成立八十週年紀念論文集》，1992 年 4 月版，第 39〜41 頁；這裡有個現象很值得留意，一些前輩學者比如季羨林、錢穆晚年多有對中國文化的「擔當」論述，從其文字看，倒不是老人的「廣告」，情真意切，似乎他們真的就是那樣認為的；比如錢穆先生，年逾九十六，似乎有「其言也善」的寄託；李澤厚所謂的「新天人合一」「情本體」等也是這樣的思路。這是很值得留意的，就如同 1949 年以後一些知識分子的檢討，原來有種說法他們是迫於壓力「被檢討」，後來發現，至少一部分知識分子，其檢討是真誠的、自願的、發自內心的。這些學養深厚而又發自內心的言論，或許我們至今不同意，但是，作為一種現象，很值得再檢討，他們出於何種理由發此言語？

是占星術，也就是我們現在說的天文學；很奇怪，我們不把殷周占卜視為科學，我們卻把考古發現的占星術稱為中國古代科學，其實占卜、占星都是方術，他們是兄弟一家親。這裡我們可以舉個例子，馮時先生有本代表作《中國天文考古學》，他作了很系統的考證，比如「熒惑守心」現象，他引用了黃一農的研究，二十三次記錄，十七次虛構；真實發生的近四十次「熒惑守心」現象則不予記錄〔註41〕。說白了，占星術根本不是什麼天文學，而是政治權謀，與「魚腹帛書」之類同樣，用李零的話說，這些都是「方術」，是政教關係的「道具」而已。關於中國傳統「天文現象」與「政治權謀」的關聯，江曉原教授《天學真原》〔註42〕早有論述。

　　宋會群教授考證古代「天文」的含義與今日之「天文學」不同，「所謂『天文』實質上是『星占』術語的同義語。」〔註43〕他說「古代科學意義上的天文曆法之所以歸於術數範疇，真相可以大白。古人察天文、觀天象是為了知道天將垂示怎樣的『象』，給人示以災異禍福；制曆法，定曆數是為了知道神將用怎樣的『數』，給人示以吉凶妖祥。天象、曆數都被納於占卜的象數系統中，天文曆法的實質在那個年代都是占卜。⋯⋯古人決沒有為科學而科學的思想，也沒有為占卜而科學的思想，但古人則有為『參政』、為知『天命』而占卜的思想，正是為了探知天意神意的需要，古人才『仰以觀於天文，附以察於地理』。」〔註44〕中國現代意義上的「天文學」以及天文曆法的獨立與傳教士帶來的西方科學有關，這可以《四庫全書》的「子部」關於「天文算法類」提要

〔註41〕馮時：《中國天文考古學》，北京：中國社會科學出版社，2010 年 11 月版，第 104 頁；黃一農的研究參見黃一農：《星占・事應與偽造天象——以「熒惑守心」為例》，《自然科學史研究》，1991 年第 2 期；黃先生另一本關於明末清初天主教徒的研究同樣值得留意《兩頭蛇：明末清初的第一代天主教徒》（上海古籍出版社 2006 年版）。

〔註42〕這本書多次再版，遼寧教育出版社，1991、1992、1995、2004、2007；臺灣洪葉文化事業有限公司繁體字版，1995。1992 年獲中國圖書獎一等獎；另外江曉原教授的《星占學與傳統文化》（上海古籍出版社 1992 年版）同樣值得留意；他似乎有很多得意之作，比如運用天文學知識考證了武王伐紂的具體年代為公元前 1046 年。另外他關注的「科學與政治」問題又有新作江曉原、方益昉：《科學中的政治》，北京：商務印書館，2016 年 1 月版，對於「轉基因主糧爭議」「黃禹錫事件始末」等敏感問題都有著驚心動魄的論述，讓人不可思議，政治的籠罩性影響，甚至讓我感到很符合殷周的政治情形。「學術與政治」似乎難捨難分，馬克斯・韋伯的「兩種志業」更多是一種美善期待。

〔註43〕宋會群：《中國術數文化史》，開封：河南大學出版社，1999 年版，第 157 頁。
〔註44〕宋會群：《中國術數文化史》，開封：河南大學出版社，1999 年版，第 157 頁。

看出。關於「術數類」則單獨分開，這與《漢書‧藝文志》《隋書‧經籍志》已發生了很大變化。這裡順便提一句「數學」，《四庫全書總目提要》的界定為「物生有象，象生有數，乘除推闡，務究造化之源者，是為數學。」〔註45〕很明顯，這一定義還是「術數」層面的，與我們今天的「數學」不同；今天的「數學」來自哪裏？大約不是《九章算術》的後裔。恐怕還與上面李零說的「現代化」端口的知識鏈接以及明末清初傳教士的譯介有關。

　　關於「巫」「史」的考古學研究，值得留意的還有幾本著作，比如羅泰的《宗子維城》〔註46〕、劉源的《商周祭祖禮研究》〔註47〕、吳十洲的《兩周禮器制度研究》〔註48〕。另外，兩名韓國學者的研究朴載福的《先秦卜法研究》〔註49〕和趙容俊的《殷商甲骨卜辭所見之巫術》〔註50〕。尤其是後兩

〔註45〕《四庫全書總目》卷一百八‧子部十八〇‧術數類一‧提要。

〔註46〕（美）羅泰：《宗子維城：從考古材料的角度看公元前1000至前250年的中國社會》，吳長青等譯，上海：上海古籍出版社，2017年6月版；本書英日版本2006年同時出版，韓文版也早就出版；關於中國考古學的書籍卻最晚出版；據說與羅泰的嚴謹挑別有關；本書基於考古學立場對於周秦之際的研究值得留意，儘管作者自謙說由於新的考古材料而使本書「顯得更加過時」，作者基於禮器「特殊組合」以及禮器→明器之象徵性變化論述東周時期的宗教轉變，值得留意；或可印證李澤厚所說的「理性化」進程。

〔註47〕劉源：《商周祭祖禮研究》，北京：商務印書館，2004年10月版；劉源的基於「祭祀動詞」分類重建祭祖儀式以及當時的祖先觀念，富有洞見；對原有觀念比如「鬼神崇拜」「現實和理性態度」給出了很好的印證。

〔註48〕吳十洲：《兩周禮器制度研究》，北京：商務印書館，2016年4月版；本書嘗試有實物而禮制而思想建構，尤其是禮制內容部分，分門別類、細緻入微。

〔註49〕朴載福：《先秦卜法研究》，上海：上海古籍出版社，2011年12月版；這本書讓人歎為觀止，出自韓國留學生之手更是令人不可思議。類似主題比華人學者要更精細，崔波教授的博士論文《甲骨占卜源流探索》（中國文史出版社2003年版）可參考。據好友鄀向平博士相告，朴載福博士有兩大特點，一是勤奮好學，二是熱情待客；而常常請人吃飯還是為了請教學問而非像他所說的「物美價廉」。關於龜卜的研究另外值得參考的是劉玉建：《中國古代龜卜文化》，桂林：廣西師範大學出版社，1992年4月版；這本書很有趣，可讀性強，劉大鈞先生做序推薦；另外艾蘭：《龜之謎：商代神話、祭祀、藝術和宇宙觀研究》（增訂版），汪濤譯，北京：商務印書館，2010年12月版；這是「艾蘭文集」四部曲之一，漢學家的著作往往有很吸引人的題目，但是，內容上則往往與我們的側重不同；不過，又不能忽略，她的《水之道與德之端》《世襲與禪讓》都是很有趣的選題。

〔註50〕趙容俊：《殷商甲骨卜辭所見之巫術》（增訂本），北京：中華書局，2011年9月版；又是韓國留學生的作品，而且是趙容俊博士在臺大師從許進雄教授的碩士論文完善而成，2003年在臺灣文津出版社出版；中華書局版為增訂本。本書由

書，細緻入微。劉源的祭祀「動詞」研究頗富啟發性。其實，任何考古學研究，都有著越俎代庖的衝動，他們不限於「符號」，總想進一步探究「思想之真」和「歷史之真」。這是按耐不住的衝動，包括前面張光直的研究、馮時的研究，都是這一路數，包括李零，「進技於道」才能滿足學者的貪婪欲望。理性的僭越、對「無限」的衝動與嚮往自身，本來就是不可解之謎。然而這種由「符號」而「思想之真」「歷史之真」衝動的第一步便是「文字」解讀。思想建構是從認字開始的。所以，下面我們就簡要論述一下「文字文獻學」關於「巫」「史」的研究。

（二）文字文獻學中的「巫」「史」研究例舉

按理說，「思想建構從認字開始」；實際上，大多研究先秦的學者，至少部分考古學者、文獻學者，大部分哲學學者都不是這樣，其實，我們大部分是從某種「知識譜系」出發的，也就是說往往是從某種「成見」出發的，然後才來「識字」，「識字」更多還是為了「圓一個謊」：使原有的「成見」能自圓其說而已。所以，很多「按理說」其實只是後來的想像，更多時候，我們需要回到「現實」情境；「理論總是灰色的」，不合理論的事情層出不窮，許多時候我們可能需要「修正理論」，而不能說是「事實錯了」，理論是詮釋性的，為現實服務，而非相反。林芸先生提到一個有趣的例子，他說傅東華在《字義的演變》一書說「按理論講，似乎應該先有本義然後才有轉義，但是，事實上卻往往是轉義先出現的。我們查看一下商、周時代的甲骨文和金文，有很多字都用假借義而不用本義，這是由於古時字少，不得不用同一個字來兼表幾個意義，後來那幾個意義分化定了，方才給各個意義造出專字來，使它們各具本義。」〔註51〕這是個很值得留意的現象，正是出自研究文字學的「理論」。我們很多的「按

李學勤先生做序，因為趙容俊碩士畢業後來清華隨李先生讀博。其後研究側重巫術與醫學及藝術起源。巫術與醫學部分與臺灣學者林富士的研究領域有重疊。關於「巫覡」研究還有一個韓國學者值得留意文鏞盛：《中國古代社會的巫覡》，北京：華文出版社，1999年7月版；這本書側重歷史文獻學梳理，他在北京師範大學師從何茲全教授；關於漢代「巫覡」研究當然首推林富士：《漢代的巫者》，臺北：稻香出版社，民國88年1月再版；這本書也是林先生的碩士論文，完成於1987年，1988年初版，1992年售罄，我查到有1988年河南人民出版社版本，未見原書；所用版本為1999年的稻香版。其導師便是大名鼎鼎的杜正勝先生（與韓復智先生聯合指導）。大陸版另可參考林富士：《巫者的世界》，廣州：廣東人民出版社，2016年11月版；類似論文集，蔚為壯觀。

〔註51〕林澐：《古文字學簡論》，北京：中華書局，2012年4月版，第161～162頁。

理說」恰恰是最不講道理的，因為，比如對於「文字學」沒有研究。所以，我們的「按理說」其實只是我們的「想像」，而完全偏離了「文字學」理論。儘管「文字學理論」是另一種想像，但是，文字學者關於「文字學」的「知識譜系」─「理論想像」，與非「文字學」學者關於「文字學」的理論想像相比，其實，更靠譜。其區別在於，前者是「文字學」理論想像的知識化、理論化，後者則只是一種「想像」。這就如同前面「大熊貓」的發現，依據「動物學分類」理論與雅安人民的熟視無睹是不同的。

關於「巫」「史」的界定也有類似問題，按照現在學術規範，我們總喜歡先有個定義，感興趣於「本義」，但是林澐先生在對金文、甲骨文幾個實例研究後說說「這種事實說明，在原先人們的觀念中，並不存在後代這種狹隘的字本義的觀念。如果一定要說當時有字本義，應該是許多字都是本來一字多義的。理論應該符合事實，所以，認為在文字體系形成之際每一個字只應該有一個字義是本義的理論，是站不住腳的。實際上我們只能在弄清字形是什麼圖形符號的情況下，判定它和它所記錄的語詞是有意義上的聯繫還是只有音上的聯繫。硬要從字形出發，為一個字實際具有的多種字義派定某一個是『本義』，無論對研究字義演變的實際歷史，還是對考釋古文字，非但無益，反而有害。」〔註52〕學者的困局之一在於「術業有專攻」，問題在於研究對象是「沒有專業」，你說說一片甲骨它屬於哪個專業？所以，我們只能基於自己的專業對於「無專業」對象做研究，說白了，只是一種「盲人摸象」的遊戲。學者的困局之二在於歸納法悖論，限於專業視域和知識侷限，我們只能做「不完全歸納」，但是，我們嘗試給出的結論則是「普遍結論」，這是一種理論野心；誰都無法摸到全象，但是，我們嘗試給出的則是「全象」結論，這樣，為了滿足理論野心，只好猜，依靠想像彌補殘缺不全的部分。許多時候的「按理說」，只是依照我們專業或自己熟悉的專業理論，除此之

〔註52〕林澐：《古文字學簡論》，北京：中華書局，2012年4月版，第162～163頁；林澐先生的《古文字學簡論》和裘錫圭先生的《文字學概要》二書是考古學好友部向平博士的贈品，當時我向他借書，借了十多本，他拍了照，估計是怕我還錯或不還；然後送了三本書，就包括這兩本，以示友好。在此特致謝忱，考古學學者的藏書很有趣，大開眼界，看過之後，我騎三輪車把書帶走，只是感覺自己真是自不量力，不知天高地厚。三代也是自己敢研究的？只是，覷覷良久，欲罷不能。當然，關於文字學知識我也就停留在這兩本書的水平，或許向平兄再慷慨一些，比如多提供些文字學類「贈書」，或許我會有更多想法和謝意。

外的跨專業理論，我們其實不懂，但是，還是習慣於「按理說」，這部分，便是想像而蠻不講理了。

關於文字學的研究，傅東華、林澐先生包括其他文字學前輩的研究自然是值得留意的，這確實指出來「文字學」以外學者「按理說」的非理性。但是，第一、「為一個字實際具有的多種字義派定某一個是『本義』，無論對研究字義演變的實際歷史，還是對考釋古文字，非但無益，反而有害。」對於哲學研究，則是必要的，我們確實需要考慮「字義」生成的複雜性，不過，還是需要有字義「運用」的自覺性，林澐先生說「派定」本義，他用「派定」很傳神，其實定義的工作就是「派定」；在研究「字義演進」或「字義考釋」或許有害，對於哲學研究則是必須的。這一點，張汝倫教授在《巫與哲學》中批評李澤厚對「巫」的規定未做明確區分「在兩個不同意義上隨意使用『巫』這個詞」﹝註53﹞，自有道理；不過說句公道話，李澤厚的「巫史論」對於「巫」也確實不好給出明確區分和規定，倒不全是李澤厚蔑視學術規範、自亂家法，或許與林澐先生所說古文字「一字本就多義」有關。現代學者需要尋求某種中道，既合乎古文字的原初情境又兼顧現代學術的某種規範。這一點可能是現代學者的共有困境，李澤厚只是志不在此而已，儘管他很看重「度」的本體性。第二、文字學的識字終須納入「知識譜系」中。這與上面的「一片甲骨」問題是類似的，若將「甲骨」懸空、孤立，它一無是處；將一個「漢字」懸空、孤立，說的天花亂墜，還是一無是處。納入知識譜系，「甲骨」才能「驚天下」，「古文字」才是活的。在知識譜系之網上，它們依據於整個思想圖式而具有無限詮釋力。如何編排、派定那是學者見仁見智的事，但是，事情只能在網上辦，否則的話，古文字，只是死材料，連跑龍套都排不上隊的。

前面儘管大致區分了「考古學」「文字文獻學」和「史學」，但是，實際的研究，尤其是關於殷周的研究，大家基本上是在同一架織布機上織網。不但材料很有限，只能共享；而且思想圖式很有限，只能想像。前面引用張光直的研究、馮時的研究，與後面李零的研究、饒宗頤的研究、林富士的研究等等，其實區分開來倒是很困難的。大家都在做著詮釋學工作，意味著，大家共同面臨著「詮釋學鴻溝」與「真實性悖論」。我們依據有限的「符號」（金文甲骨文等等），但是卻心猿意馬，總想探究殷商的思想世界，甚至有種理論野心，認為殷周思想就是那樣的，這其實是一種暴發戶心態，偶然的機會，我們遭遇了不

﹝註53﹞張汝倫：《巫與哲學》，《復旦學報》，2016 年第 2 期，第 11 頁。

少珍寶──殷墟，然後，我們便臆想穿越，很快想當然的認為自己很有文化了，而且自以為是。這是一種獨斷論者的心路歷程。其實，回到問題原點，各種爭議不斷，固然，我們不會像章太炎那樣認為，殷墟只是炒作造假，但是，對於甲骨、卜辭等等解釋各種林林總總奇形怪狀的想法應有盡有，達成共識是很難的事，更不用說由「符號之真」進而「思想之真」、「歷史之真」了。大家都在「按理說」，其實這裡面夾帶了很多「詮釋」私貨，還不包括許多跨學科想像式的其實是蠻不講理的「按理說」（如同上面林澐先生的例子）。

在這樣的背景下，我們只能繼續上路。因為這個「詮釋學鴻溝」和「真實性悖論」前面已檢討過了，就好比孫悟空的「緊箍咒」，不讓他戴著，他就不想去取經；但是，我們一旦戴上，我們永遠取不到真經。事實上，哪裏有真經？若真的有，真經來自哪裏？還是人造的，繞了一圈，還是戴著「緊箍咒」的「按理說」；問題在於，大家都戴著「緊箍咒」，為何說你的「按理說」是真經？這是說不清的，誰也說服不了誰。所以，就如同上面那片甲骨，還是該炒作的炒作，該熬湯的熬湯，該占卜的占卜，大家所用的詮釋模式是一樣的，只是依據了不同「按理說」。說白一點，都是想像；文雅一點，是詮釋；學術一點，叫研究。

這個局倒不是沒法破，是有些破法，只是有限度的。而且，要回到「生活存在」這一問題原點才有可能。比如前面說的，有病治病，但是如何治？不能光看藥方、光聽解釋、光看藥材，要看藥效以及病理分析；這樣一來，治不了病就不會歸於蟋蟀失貞或龍骨不真，而是有著新的說法，當然這套說法依據更完整的「知識譜系」，對於蟋蟀問題、龍骨問題、病理、病因都有著系統說法，這是一種知識更新。但是，還是有失效問題，還是有治不了的病，還是有消不了的腫。所以，只能說是有限度的解決。其實，只是想法變了，信仰變了，但是，更新後的「知識譜系」還是一種想法，藥換了，湯換不了的。人的進步是脆弱的，這給我們謙虛的理由。所謂的韌性戰鬥、持續研究，正是建立在此種脆弱的基礎上。有限的人，處處都是有限，我們只是想望著無限。我們都走在朝聖的路上，但是，能否得道成聖，結局如何，我們說了不算。只能想望是好的，朝聖的理想比見到真神更重要。見到「真神」就翻篇了，「朝聖」之路則讓我們心懷希望，不斷在漏洞百出的網上織布。

如同前面所說，歷史越靠前，史實越不好說，因為材料太少，問題域不明顯，專業分工模糊，可供大家發揮的想像的空間很有限，所以，往往就能想到一塊兒，跨專業也比較容易。這倒不是我們真的願意「同心協力辦大事」，大

約與材料有限有關，說白了還是一個概率問題。所以，關於殷周之際的問題，考古學、文字學、文獻學、史學大約由於史料有限而共享，暫時可以達到某種「抱團取暖」的假象，大家親近的好像是一家人。若細看的話，還是可以看出，各人居心叵測，因為各自有著自己的專業背景、知識譜系和心理預期，新出土材料，只能納入各人有限的知識譜系和心理預期，就有限的個人而言，「以道觀之」只是一種美善願景，「天空之眼」是不存在的，那是神的事。

做一種粗疏的區分，在文獻學（包含部分史學）領域，關於「巫」的研究，值得留意的有如下篇章。較早對「巫」的解釋，可以追溯至 1930 年瞿兌之發表於《燕京學報》的《釋巫》〔註54〕一文。周策縱〔註55〕《「巫」字初義探源》（《大陸雜誌》1984 年第 6 期）有著進一步探討。童恩正《中國古代的巫》（《中國社會科學》1995 年第 5 期）則側重文化觀方面的討論。自然前面提到的陳夢家、張光直、胡厚宣的研究依然值得留意，此不贅述。關於「巫」文獻有著系統梳理的是李零的《先秦兩漢文字史料中的「巫」》〔註56〕，自然前面也說過，李零的研究基於文字史料，但是，其心思則在文字史料之外，所以這篇鴻文倒是討論了不少文字史料外的問題，比如對於陳夢家在「現代化」端口知識鏈接的批評，對於「巫即薩滿」「巫師地位」的檢討。其實，這種思路，早有先聲，那便是饒宗頤的《歷史家對薩滿主義重新作反思與檢討——「巫」的新認識》〔註57〕，對於古文獻中的「巫」所反映的地位以及與「薩滿」異同，都做了新的「反思與檢討」，李零的研究大約是本文精神的延續。「把『巫』譯為薩滿是合適的」最初源自張光直的觀點〔註58〕，陳來教授

〔註54〕瞿兌之：《釋巫》，《燕京學報》，1930 年第 7 期。

〔註55〕周策縱的《古巫醫與「六詩」考——中國浪漫文學探源》一書很值得留意，大陸版收入「早期中國研究叢書」（上海古籍出版社），此叢書中陳致的《從禮儀化到世俗化——〈詩經〉的形成》值得留意，類似於李澤厚所說的「理性化進程」，因為理性化就蘊含了「由神而人」的世俗化。另外閻步克《樂師與史官》也值得留意。

〔註56〕李零：《先秦兩漢文字史料中的「巫」》（上、下），載氏著：《中國方術續考》，北京：中華書局，2006 年 5 月版。

〔註57〕饒宗頤：《歷史家對薩滿主義重新作反思與檢討——「巫」的新認識》，載《中華文化的過去現在和未來——中華書局成立八十週年紀念論文集》，1992 年 4 月版，第 396～412 頁；這篇文章很好，這本書集也很好，一個書局比新中國的歷史都長，意味著它擔負更多的跨越政治侷限的文化擔當，本書收錄了幾篇大文，比如錢穆關於「天人合一」的論述，包括饒宗頤先生此文。

〔註58〕張光直：《美術、神話與祭祀》，瀋陽：遼寧教育出版社，1988 年版，第 35 頁。

在《古代宗教與倫理》中有引用〔註59〕，而李澤厚承續其說〔註60〕，自然引起張汝倫教授的批評〔註61〕。但是，此種界定，自始就有爭議，這就要談及對「巫」有著系統研究〔註62〕並且師出名門的林富士先生，他的碩士論文《漢代的巫者》一鳴驚人，隨後負笈赴美師從余英時先生攻讀博士學位，博士論文依然延續「巫」研究，但是，他的反覆考證，還是以「薩滿」翻譯「巫覡」為妥，並且認為找到了堅實理由，他說「將巫與 shaman 對譯的，最晚從宋代就開始了。」〔註63〕就我目力所及，我則疑心，林富士先生的觀點與李零所說的「現代化」端口的知識鏈接有關，在知識譜系上，林富士與張光直、余英時等有著類似的源頭。其實，林富士對「巫」的研究多有洞見，並且與其師余英時的「哲學突破」思路不同。他對「巫即薩滿」的辯護，總覺吃力。李零、饒宗頤的質疑依然有效。

這一點美國學者梅維恒則從語言學角度對於「巫即薩滿」的翻譯提出明確批評，認為「這種譯法起碼在以下幾個問題上犯了錯誤」〔註64〕，首要問題便是「巫」與「薩滿」的職能分工以及地位不同。這一點林富士先生也有討論和回應〔註65〕。漢學家的研究，有很多洞見，就如同他們往往有很考究的中文名字，雅致古典，或許是為了接近中國文化，但是，真正的中國人似乎不那樣起名字，所以漢學家處心積慮的融入策略，還是讓人一看便知他們的漢學家身份。對於有限的材料，他們似乎有更多的疑問、想法與洞見；然而，他們的問

〔註59〕陳來：《古代宗教與倫理：儒家思想的根源》，北京：生活・讀書・新知三聯書店，1996 年 3 月版，第 45 頁。

〔註60〕李澤厚：《說巫史傳統》，載《由巫到禮 釋禮歸仁》，北京：生活・讀書・新知三聯書店，2015 年 1 月版，第 6 頁，注釋 1。

〔註61〕張汝倫：《巫與哲學》，《復旦學報》，2016 年第 2 期，第 11 頁，注釋⑤。

〔註62〕林富士：《中國古代巫覡的社會形象與社會地位》，載氏著：《巫者的世界》，廣州：廣東人民出版社，2016 年 11 月版，第 1～69 頁，本長篇對於饒宗頤、李零等爭議的問題有著系統比較與梳理。

〔註63〕林富士：《巫者的世界》，廣州：廣東人民出版社，2016 年 11 月版，序「吾將上下而求索」第 9～10 頁對此有詳細討論。

〔註64〕梅維恒：《古漢語巫、古波斯語 Magus 和英語 Magician》，載夏含夷編：《遠古的時習：〈古代中國〉精選集》，上海：上海古籍出版社，2008 年 4 月版，第 64 頁；本文發表於 Early China，1990 年第 15 期，第 27～48 頁；據首頁注釋①顯示，本文受饒宗頤「關於巫的新解釋」一文啟發，大約是《歷史家對薩滿主義重新作反思與檢討——「巫」的新認識》一文。

〔註65〕林富士：《巫者的世界》，廣州：廣東人民出版社，2016 年 11 月版，序「吾將上下而求索」第 9 頁對此有詳細討論

題困境也是明顯的，如同他們考究的中文名字一樣，他們的知識譜系根本不存
在「現代化」端口的鏈接，他們深入其中、入乎其內，然後來想像傳統中國的
起源，這是一種不安分守己的「紅杏出牆」，很刺激，很有啟發，但是也往往
讓人感到他們一廂情願，李零的質疑依然有效。

　　還有幾本書值得留意，宋會群的《中國術數文化史》〔註66〕，前面有引
用過，作者對術數入乎其內，富有洞見。陶磊的《從巫術到數術：上古信仰
的歷史嬗變》〔註67〕這本書基於民族學觀點提出「巫統」「血統」之對峙看待
上古信仰演進，表面上類似李澤厚說的「由巫到史」，實際上則是另一個故
事；對陶磊的大膽提法，我接受和理解起來都有難度。但是，這本書值得留
意。他博論對此問題已有相當的研究基礎。涉及到殷周之際，自然要提丁山
的著作，他的《古代神話與民族》（商務印書館，2005年版）《中國古代宗教
與神話考》（上海書店出版社，2011年版），蔚為壯觀，我接受和理解起來也
有難度。驚歎於那種想像力和文獻功底，自己終是沒有能力消受，所以很少
引用。徐旭生的《中國古史的傳說時代》（廣西師範大學出版社，2003年版）
對我則多有啟發。由於本書隨後要處理占卜問題，所以汪德邁的《中國思想
的兩種理性：占卜與表意》（金絲燕譯，北京大學出版社，2017年1月版）
則值得研讀。

　　楊慶堃教授的《中國社會中的宗教》〔註68〕自然值得精讀，此書英文版
初版於1961年，飽受讚譽，其可貴性類似於「大熊貓的發現」，他基於原有
社會學知識譜系區分「制度性宗教與彌漫性宗教」，然後將中國的廣泛地方志
等社會史料多承載「信仰現象」納入「彌漫性宗教」框架內而得到學界認可。
這是一種研究上的典範創作。其實關於傳統宗教信仰史實的諳熟，可能首推
牟鍾鑒老師、張踐老師合著的《中國宗教通史》〔註69〕，張踐老師後來又有

〔註66〕 宋會群：《中國術數文化史》，開封：河南大學出版社，1999年8月版；這本
　　　　 書比《中國古代龜卜文化》更專業，作者對於巫術、數字卦、天文術數等看法
　　　　 頗富洞見。

〔註67〕 陶磊：《從巫術到數術：上古信仰的歷史嬗變》，濟南：山東人民出版社，2008
　　　　 年6月版。

〔註68〕 楊慶堃：《中國社會中的宗教》，范麗珠譯，成都：四川人民出版社，2016年
　　　　 10月版。

〔註69〕 牟鍾鑒、張踐：《中國宗教通史》（上下冊），北京：社會科學文獻出版社，2000
　　　　 年版；本書以史實見長，立論上突破不大，這是前輩學者的軟肋；工夫深，膽
　　　　 子小；當然或限於「宗教史」的體例。

更大部頭的《中國古代政教關係史》〔註70〕，這兩部書對於瞭解古代宗教信仰及其政教關係可謂「百科全書」。較為細緻的信仰研究，尤其是「民間信仰」方面，則要推臺灣學者蒲慕州教授的《追尋一己之福》〔註71〕，在序言中，作者稱每章前面引用非中國材料，一方面是「趣味性提示」，「再則是提醒讀者，我們雖然主要是談中國的問題，也不要忘掉，中國的問題也是人類共同問題的一部分。」〔註72〕這是句大白話，但是耐人尋味。李零對陳夢家的質疑就在於側重「中國問題」優先性而非任何「西方漢學家理論」的優先性，但是，這樣的事實仍然無法迴避，「中國問題」的自覺研究恰恰是通過「西方理論」（不限於漢學家傳入）予以討論的。這還是上面「大熊貓發現」問題，「大熊貓」屬於中國的，但是「大熊貓發現」的理論則是源自西方的動物學分類這一知識譜系；這還不夠，進一步當說，動物學分類這一知識譜系源自西方人，但是這一理論則屬於人類；而且，需要依據新的物種發現，不斷修正舊有的動物分類體系。源自中國的「大熊貓」問題只是人類世界動物問題的一部分，其他問題性質同此。比如信仰問題、宗教問題、政教關係問題，不是原來的知識之網錯了，而是，把原有基於地方信仰建立的宗教理論—知識譜系固化並以此來作為普適性「質檢」標準錯了。中國問題作為人類問題之一部分，不僅僅是理論反思的對象，更是理論完善的依據。楊慶堃教授的研究，包括蒲慕州教授的研究，之所以令人耳目一新，正在於他們在原有知識譜系上對中國問題有了新的融入，不僅使中國問題變為可理解的現象，而且使中國問題而來的思考成為原有宗教理論豐富的依據。「中國問題」反照了原有宗教理論的漏洞，並進一步成為原有宗教理論豐富的依據和憑藉。理論總是灰色的，生命之樹長青。理論是第二位的，生存生活才是「第一義」。我們似乎偏離這個常識太久了，太遠了。

〔註70〕 張踐：《中國古代政教關係史》（上下冊），北京：中國社會科學出版社，2012 年 11 月版，132.2 萬字。我常常好奇，有如此厚重的文獻積累，為何理論創造上反而有限；原因或許就出在皓首窮經於文獻整理了。許多經典之作往往是又小又薄，要學會對於浩如煙海文獻的敏銳、洞見與克制，或許才有創見之可能。

〔註71〕 蒲慕州：《追尋一己之福：中國古代的信仰世界》（「允晨叢刊 60」），臺北：允晨文化實業有限公司，民 84 年版，本書原名為《神、鬼、人——中國古代民間信仰析論》，獲得「行政院新聞局八十四年重要學術專門著作補助出版」；本書大陸版收入上海古籍出版社的「早期中國研究叢書」。

〔註72〕 蒲慕州：《追尋一己之福：中國古代的信仰世界》（「允晨叢刊 60」），臺北：允晨文化實業有限公司，民 84 年版，第 7 頁。

有關民間信仰的研究，儘管在時間上遠離先秦，但是《叫魂》〔註73〕依然值得研讀。漢學家對於中國類似的事情總是有著精彩的研究，令人歎為觀止，在我們只是不值一提的謠傳、鬧劇，在他們則揭示其中蘊含的政教結構，並且能寫出很好的故事。後續研究可參考《講故事：中國歷史上的巫術和替罪》〔註74〕。自然關於宗教研究方面馬克斯·韋伯的《儒教與道教》依然是經典之作，他不僅對於中國「心靈」有著深刻洞見，而且結合資本主義精神，有著敏銳反省。有趣的是，他自覺注意到「封神」記載，包括知名的李鴻章也有類似的提案；「皇帝封神」是個值得留意的現象，不僅先祖、先賢可以封神，已故大臣，地方山水河神都可以作為提案請皇帝封神。〔註75〕為什麼會這樣？其實關於「封神」一般是「皇帝」接受天命之後，比如宋太祖對於「奉天承運」儀式形象的接受過程，葛兆光先生就做了某種描述〔註76〕。大致是皇帝先接受天命，大多是先經過權臣勸進，尤其是需要有「奉天承運」理論的自圓其說，然後便開始一方面「大封功臣」，另一方面「不斷封神」。最為典型的封神對象則要推關羽和媽祖。尤其是媽祖由女巫而被封為「天后」，並且廣為流傳，這是極為值得留意的信仰現象〔註77〕。

馬克斯·韋伯說中國的「中央君主具有神性的祭司地位」〔註78〕，大約類似

〔註73〕孔飛力：《叫魂：1768年中國妖術大恐慌》，陳兼、劉昶譯，上海：上海三聯書店，1999年1月版。

〔註74〕田海：《講故事：中國歷史上的巫術和替罪》，趙凌雲等譯，上海：中西書局，2017年4月版。本書為「國際佛教與中國宗教研究叢書」之一，作者在「第一章緒言」中介紹了關於中國「謠言」的專業研究，便提到了孔飛力的「叫魂」和柯文的「義和團」。這是值得留意的研究取向及研究方法運用。

〔註75〕馬克斯·韋伯：《儒教與道教》，洪天福譯，南京：江蘇人民出版社，2003年版，第27頁注釋①。

〔註76〕葛兆光：《中國思想史》（三卷本），第2版，上海：復旦大學出版社，2013年6月版，第二卷第152～153頁。

〔註77〕詳見李小紅：《個案研究：巫女媽祖及其信仰在宋代的嬗變》，載氏著：《宋代社會中的巫覡研究》，北京：光明日報出版社，2010年3月版，第八章；這本書提出一種新的三教模式，以前我們說「儒釋道」三教，但是本書則說「巫僧道」三教，這是值得留意的；若我們不認可「儒」為教的話，與「釋道」並列是不妥的，「巫」則有彌漫性宗教性質。另外一個值得留意的現象，本書附錄關於「宋代巫術」的研究就有三本，是否與宋代「巫覡」之風盛行有關？「理學」時代或許是最不講「理」的。關於宋代巫覡研究，可參考林富士《巫者的世界》一書《舊俗》與「新風」──試論宋代巫覡信仰的特色》一章。

〔註78〕馬克斯·韋伯：《儒教與道教》，洪天福譯，南京：江蘇人民出版社，2003年版，第27頁。

於張光直他們所說的「巫君合一」或君為「群巫之長」;但是「祭司」更多是「侍奉神」大約不具備「封神」功能,這是很不一樣的。另外中國的君主一直延續有「祈雨」角色,這不像「祭司」而更像「巫師」所行的「求雨巫術」。在《萬曆十五年》中,黃仁宇先生就詳細記錄了這一過程,問題是,竟然真的「一場甘霖又如千軍萬馬,突然降臨到人間。」不過黃仁宇也留意到這場大雨「距離皇帝徒步天壇求雨已將近一月,但是任何人也不敢妄議這不是聖心感動上蒼的結果。」〔註79〕這是很有趣的現象,前面提到「皇帝封神」〔註80〕,這裡是關於「皇帝求雨」,儘管萬曆皇帝求雨儀式後近一個月才下雨,但是,大家信以為真,當然「不敢妄議」是關鍵;距當時下雨近一個月,距商湯求雨又有多長時間呢?

李澤厚說「由巫到禮」的「理性化」才是關鍵,類似於占卜、求雨等「小傳統」中的「巫」則無足輕重。初看起來是那樣,但是,皇帝與巫術似乎一直有不解之緣,皇帝與方士的糾葛似乎不限於秦始皇,而求雨的皇帝也不限於萬曆帝一人,從湯王的求雨到康熙帝的「跳神」〔註81〕,這條線似乎沒斷過。比如黃仁宇對於萬曆帝「求雨」的細述,那實在是再正經不過的事情,甚至比今日的國慶閱兵還要神聖,說這些是「小傳統」,不知還有什麼比這事更大了。這是約定俗成的「按理說」,然而,許多「按理說」都要從新計議。當然,這裡提到的「求雨」是下了的,還有「求雨」不下的,還有「下了停不下來」的,這就需要「止雨」,當然,類似的巫術還有「滅火」「救日月」「驅疫」等等〔註82〕,許多難辦的事,

---

〔註79〕 黃仁宇:《萬曆十五年》(增訂本),北京:中華書局,2007 年 1 月版,第 114 頁;黃仁宇先生這本書儘管出版歷程艱辛,但是,經典之作,值得反覆精讀。沒想到學術著作也可以這樣寫,關鍵還寫的那樣好。儘管原書 1976 年英文直譯題名為《1587:無關緊要的一年》,但是,作者坦言這樣的「失敗記錄」「寫真」卻實有「中國道路問題」的現實考量,尤其是明清以來的中西遭遇是否與明末的「失敗記錄」有關?

〔註80〕 程民生:《神人同居的世界——中國人與中國祠神文化》,鄭州:河南人民出版社,1993 年 3 月版,第三章「神祠與政治」專門討論了「皇權與神權」的關係,很值得留意。

〔註81〕 高國藩編著:《中國巫術史》,上海:上海三聯書店,1999 年版,第 609 頁;高國藩教授引用《永憲錄》記載「康熙六十一年,三月,上回宮,跳神。」而這部巫術史,真是洋洋大觀,權貴與巫術似乎有不解之緣;這倒不是說「小傳統」沒有,而是說「小傳統」的文字記載有限,不應忘了「文獻」材料很大一部分是帝王家譜。「無名之輩」的歷史豐富,但是,文獻不足徵。

〔註82〕 詳見胡新生:《中國古代巫術》,濟南:山東人民出版社,1999 年 8 月版,「第三章 控制自然與禁治疾病的巫術」,這本書與高國藩的《中國巫術史》體例不同,按巫術功能分類劃分章節,但是,同樣令人歎為觀止。許多巫術至今在民

往往都少不了皇帝的身影。黃仁宇說他對昏庸的萬曆皇帝的描寫，可能會讓讀者有「認為筆者同情這為皇帝」的批評，他將「不擬多作無益的辯解。」〔註83〕前面提到皇帝可以封神、可以求雨，但是，從《叫魂》和《萬曆十五年》來看，皇帝也確實有很多無奈，比如說對於謠言的無奈，《萬曆十五年》儘管在第一章第一段就是「萬曆十五年實為平平淡淡的一年」，但是，正是在這樣的平常日子，文武百官匆忙趕赴「午朝大典」，手忙腳亂之後，發現只是「謠傳」，因為「皇帝陛下並未召集午朝。」這是一個很好的開場。「按理說」皇帝是大權在手、生殺予奪無所不能的，但是，看《萬曆十五年》附錄《神宗實錄》可見其無奈、無能之處正多。許多對於皇帝威嚴全能的追憶，更多或許只是後人的一種「權力欲望」之「移情」。對皇帝、對臣子，對人、對神，總感覺我們想像的成分太多了，瞭解太少，以臆想為史實；這是一種典型的巫術思維。自然關於中國宗教信仰的英文版較為經典的是 De Groot 六卷本的 The Religious System of China 另有 W. Grube 的《中國人的宗教與文化》亦廣受引用。若從廣義角度《中國古代房內考》〔註84〕亦值得關注。關於「中國巫術」的研究當以高國藩的《中國巫術史》和胡新生的《中國古代巫術》為代表〔註85〕，自然陳來老師《古代宗教與倫理》〔註86〕及其姊妹篇《古代思想文化的世界》〔註87〕依然是典範之作。而關於

間流傳，是否在權貴階層？我們不得而知，至少在晚清「虎神營」之類還是有的；我總感覺民間信仰與官方宗教有著某種「情理結構」上的相似性，甚至不限於中國，不是那樣截然分明的；包括政教關係，或許也不是政教二分與政教合一的問題。軍事權力往往就蘊含了「神道設教」的權力話語。

〔註83〕黃仁宇：《萬曆十五年》（增訂本），北京：中華書局，2007 年 1 月版，自序，第 4 頁。

〔註84〕高羅佩：《中國古代房內考——中國古代的性與社會》，李零等譯，北京：商務印書館，2007 年 1 月版；理解中國傳統社會，這本書是經典之作。當然還有本有趣的相關書目，視角不同：馬克夢：《吝嗇鬼、潑婦、一夫多妻者》，王維東，楊彩霞譯，北京：人民文學出版社，2001 年版。

〔註85〕另關於中國巫術部分可參考宋兆麟：《巫與巫術》，成都：四川民族出版社，1989 年 5 月版（商務印書館 2013 版以《巫與祭司》為名，內容多有重疊）；梁釗韜：《中國古代巫術：宗教的起源與發展》，廣州：中山大學出版社，1989年版；詹鄞鑫：《心智的誤區：巫術與中國巫術文化》，上海：上海教育出版社，2001 年版。

〔註86〕陳來：《古代宗教與倫理：儒家思想的根源》，北京：生活·讀書·新知三聯書店，1996 年 3 月版，第二章「巫覡」；後面章節會專門討論陳來與李澤厚的不同。

〔註87〕陳來：《古代思想文化的世界：春秋時代的宗教、倫理與社會思想》，北京：生活·讀書·新知三聯書店，2002 年 12 月版，這本書以《左傳》為研究文本，細緻入微。

「巫術」之一般理論則首推弗雷澤的《金枝》和馬林諾夫斯基的《巫術科學宗教與神話》。另讓‧塞爾維耶的《巫術》和基思‧托馬斯的《巫術的衰落》〔註88〕也值得參考。

　　前面關於「巫」的研究介紹不少了，下面關於「史」的研究，略作陳述。首推王國維的《釋「史」》〔註89〕，王先生稱「史之本義，為持書之人。引申而為大官及庶官之稱，又引申而為職事之稱。」〔註90〕然而依據《太史公自序》的記載「史」的職事與「天人之際」有關，他說「昔在顓頊，命南正重以司天，北正黎以司地。唐虞之際，紹重黎之後，使復典之，至於夏商，故重黎氏世序天地。其在周，程伯休甫其後也。當周宣王時，失其守而為司馬氏。司馬氏世典周史。惠襄之間，司馬氏去周適晉。晉中軍隨會奔秦，而司馬氏入少梁。」（《史記‧卷一百三十‧太史公自序》），若司馬遷的追溯有其依據，可以看出「史」官源自「絕地天通」，而重黎之職則在溝通「天人」，「天人之際」優先於「古今之變」，史官之側重於「古今之變」及「資治通鑒」大約後起，大約符合李澤厚所說「由巫到史」的理性化進程。對此比較系統的研究當推過常寶教授的《原史文化及文獻研究》〔註91〕，有趣的是本書的「原史」正是從「絕地天通」開始的，當然以司馬遷的《史記》作為「原史傳統的終結」〔註92〕，作者似乎有突顯「史官」的獨立地位的傾向，而以司馬遷的「宮刑受辱」作為終結。實際上若遵從「絕地天通」傳統，史官之獨立地位是有限的，所謂的「在齊太史簡，在晉董狐筆」（文天祥《正氣歌》），或許與春秋戰國的情境有關，其實即便在春秋戰國更多史官也是「幫忙幫閒」角色；而諸如「春秋筆

〔註88〕這兩本書是在研讀張汝倫教授《巫與哲學》一文留意到的，讓‧塞爾維耶：《巫術》，北京：商務印書館，1998 年版；基思‧托馬斯：《巫術的衰落》，上海：上海人民出版社，1992 年版。
〔註89〕王國維：《釋「史」》，載氏著：《王國維文選》，徐洪興編，上海：上海遠東出版社，2011 年 5 月版；自然與《釋「史」》並列，「論性」「釋理」皆為王先生的大手筆，儘管是以「訓詁」的形式。
〔註90〕王國維：《釋「史」》，載氏著：《王國維文選》，徐洪興編，上海：上海遠東出版社，2011 年 5 月版，第 298 頁。
〔註91〕過常寶：《原史文化及文獻研究》，北京：北京大學出版社，2008 年 3 月版。
〔註92〕這本書有專門討論「春秋史官的話語權力」，我感覺即便在春秋時期其話語權也是很有限的；他們的地位甚至弱於縱橫家。但是作者的細緻梳理，還是「原史文化」的經典之作。另外過常寶：《楚辭與原始宗教》，北京：東方出版社，1997 年 6 月版；作為作者的博士論文，這本書寫的文采飛揚，尤其是對於「楚辭」的祭歌模式研究，別開生面；書末提及「祛魅」與「附魅」更是不乏洞見。

法」之類「亂臣賊子懼」似乎也是想像的成分居多。而從文獻角度對於殷周之
際之「制禮作樂」予以研究的《制禮作樂與西周文獻的生成》〔註93〕則有幾處
值得留意。比如在論述「周公攝政稱王」時，過常寶教授提到周公的「多材多
藝」，他說「『多材奪藝』主要是指『能事鬼神』」〔註94〕，這便涉及到前面的
「巫君關係」，因為李澤厚說堯舜禹湯文武周公等等都是「巫」。這裡，過教授
的研究，認可周公包括其父文王的「多材多藝」，甚至引用郝鐵川《周公本為
巫祝考》（《人文雜誌》1987 年第 5 期）的說法，這大約可印證周公為「巫」
的論斷。但是，過教授同時提到「殷周之際，武王戎馬倥傯，可能於祭祀之事
不甚了然，缺乏『事鬼神』的『材藝』，所以周公攝位的事情應該是經常發生
的。及武王病重，同為元孫的成王以『不若旦多材多藝，不能事鬼神』。」〔註
95〕這是個值得留意的現象，許多當然只能推測和想像。但是不同學科的研究，
還是會給我們很多啟發。

　　比如下面歷史學者的研究。

（三）史學中的「巫」「史」研究例舉

　　中國哲學史中關於殷周的研究還處於比較幼稚的階段，遠遠落後於考古
學、思想史的進展，許多現有成果均未得到吸收，與百年前胡適所說「我們現
在作哲學史，只可從老子、孔子說起。」〔註96〕我們推進不大，哲學史對於史
學的吸收還遠遠不夠。甚至落後於宗教史的研究。比如上面所提到牟鍾鑒老
師的《中國宗教通史》和張踐老師的《中國古代政教關係史》。思想史方面仍
以葛兆光先生的《中國思想史》〔註97〕為代表，儘管寫的極其艱辛，但是作者
能從七世紀前寫到 1895 年，而且沒有太大水準落差，是很不容易的。作者對
於全方位的問題能有那樣四平八穩的拿捏，無論如何令人敬重，在「卜辭中所

〔註93〕　過常寶：《制禮作樂與西周文獻的生成》，北京：中國社會科學出版社，2015 年
　　　　　4 月版。

〔註94〕　過常寶：《制禮作樂與西周文獻的生成》，北京：中國社會科學出版社，2015 年
　　　　　4 月版，第 28 頁。

〔註95〕　過常寶：《制禮作樂與西周文獻的生成》，北京：中國社會科學出版社，2015 年
　　　　　4 月版，第 35 頁。

〔註96〕　胡適：《中國哲學史大綱》，北京：北京理工大學出版社，2016 年版，第 22
　　　　　頁。

〔註97〕　葛兆光：《中國思想史》（三卷本），第 2 版，上海：復旦大學出版社，2013 年
　　　　　6 月版；這部書好評如潮，自然也爭議不斷，但是，著實是上乘之作；那種思
　　　　　想史工夫令人敬重。

見的殷人觀念系統」中作者提到「殷商時代人心目中神秘力量的秩序化」「祖靈崇拜及其與王權結合產生觀念的秩序化」「祭祀系統與占卜儀式中所表現的知識系統的秩序化」〔註98〕值得留意，此種「秩序化」可理解為一種「理性化」進程。

　　自然關於商代的研究，還是要追溯到王國維的《殷卜辭中所見先公先王考》和「續考」，《殷周制度論》更是宏文巨製。只是關於殷周文化的承繼關係或許更明顯，儘管「中國政治與文化之變革，莫據於殷周之際」〔註99〕這一現象依然值得留意，但是王國維所舉的三個例子「立子立嫡之制」「廟數之制」「同姓不婚之制」並不妥當，陳夢家「殷周制度論的批判」是有道理的〔註100〕。余敦康老師在《夏商周三代宗教》中說「從宗教文化的角度看，周人的天神觀念是直接繼承了夏商二代，並且上承顓頊堯舜，從而構成了一個連續性的大系統，這種看法有大量的史實為證，是可以成立的。」〔註101〕儘管如此，殷商「鬼治主義」的印象總難以抹去，這源自顧頡剛的說法「原來西周以前，君主即教主，可以為所欲為，不受什麼政治道德的約束；若是逢到臣民不聽話的時候，只要抬出上帝和先祖來，自然一切解決。這種主義，我們可以替他起個名兒，喚做鬼治主義。」〔註102〕許多優秀的歷史學家往往對歷史有著非歷史的想像，主要原因在於「文獻不足徵」。張踐老師的《中國古代政教關係史》延續了此種說法「商代政教關係中的『鬼治主義』」〔註103〕，而對於殷周文獻較為熟悉的過常寶教授也稱「夏商文化的共同特點是重巫鬼、輕人事。」〔註104〕

　　然而，顧頡剛所說的「鬼治主義」，在後世其實更甚，看看周代的種種訓

〔註98〕葛兆光：《中國思想史》（三卷本），第 2 版，上海：復旦大學出版社，2013 年 6 月版，第一卷，第 20、23、25 頁。

〔註99〕王國維：《殷周制度論》，載氏著：《王國維文選》，徐洪興編，上海：上海遠東出版社，2011 年 5 月版，第 327 頁。

〔註100〕陳夢家：《殷周制度論的批判》，載《殷虛卜辭綜述》，北京：中華書局，1988 年 1 月版，第 629～631 頁。

〔註101〕余敦康：《夏商周三代宗教——中國哲學思想發生的源頭》，載《中國哲學》第二十四輯，瀋陽：遼寧教育出版社，2002 年 4 月版，第 38 頁。

〔註102〕顧頡剛：《古史辨》第二卷，上海，上海古籍出版社，1982 年版，第 44 頁。

〔註103〕張踐：《中國古代政教關係史》（上下冊），北京：中國社會科學出版社，2012 年 11 月版，第 144 頁。

〔註104〕過常寶：《制禮作樂與西周文獻的生成》，北京：中國社會科學出版社，2015 年 4 月版，第 8 頁。

誥可以看出，只是以「神道設教」的名義，其實「鬼治主義」就是一種「神道設教」，這是古代政教關係的普遍模型。前面我們提到從湯王求雨到康熙跳神，似乎類似的現象從未斷過。若說殷周之不同，「殷人尊神，率民以事神」，似乎也不是明顯區別，若不嚴守「神」這一名詞，比如換做「天命」「天道」「天理」，似乎後世愈加嚴重。若說殷商只是「重巫鬼、輕人事」，我們似乎證據不足；畢竟殷虛卜辭只是商代很有限的史料片斷，我們若以此來論證殷商普遍的信仰狀況、政教關係是不合法的。這就如同我們將所有的「惡」都累積在「紂王」身上一樣，當年子貢就說「紂之不善，不如是之甚也。是以君子惡居下流，天下之惡皆歸焉。」（《論語·子張》）若司馬遷的《史記》值得參考，紂王及殷本紀的一些記載值得留意。關於紂王，我們看到「帝紂資辨捷疾，聞見甚敏。材力過人，手格猛獸。知足以距諫，言足以飾非。矜人臣以能，高天下以聲，以為皆出己之下。」（《史記·殷本紀第三》）這樣的人物確實具有帝王氣質，狂妄不羈的人往往恃才傲物。文獻上關於紂王「無道」的記載，大約都出自周代別有用心的宣傳，一方面便於戰前備戰「統一戰線」，另一方面便於戰後「安撫人心」確立合法性。《殷本紀》的「湯伐桀」與「武伐紂」故事高度重合，大致可以推測也是出於宣傳的良苦用心。但是，若說商代「重巫鬼」「輕人事」，甚至與《殷本紀》記載不合，因為在「帝太戊」時「亳有祥桑穀共生於朝，一暮大拱。帝太戊懼，問伊陟。伊陟曰：『臣聞妖不勝德，帝之政其有闕與？帝其修德。』太戊從之，而祥桑枯死而去。」（《史記·殷本紀第三》）關於「妖不勝德」的說法，周朝記錄更多，《左傳》也有很多例子，「修德」的說法其實正是突顯了「人事」，這固然有可能是周人的「移情」，但是，從正常的行政模式去看，商代幾百年的歷史一定有其行政經驗。而其潰敗，也不是「天命靡常」，關鍵還在於西伯「陰行善」（《史記》「殷本紀」「周本紀」皆有記載）。殷紂王恃才傲物，狂放不羈；西伯候則玩陰的，處心積慮暗度陳倉，有實戰經驗又善於宣傳，最後形成「三分天下有其二」，「天命轉移」只是一種「王道詩話」。

這在歷史學者那裡有著很細緻的論述，比如楊向奎的《宗周社會與禮樂文明》，他根據出土戰車構件指出「周初車比晚殷車無明顯進步，但就部件所用原料言，宗周已經躍進一步。」而且依據伏兔構件判斷「這些銅構件的出現，增添了車子的光彩，而最重要的還是起加固作用，尤其是戰車，堅固與否，關係

到戰士的存亡與戰爭的勝負。」由此推論「周代的戰車較進步」〔註105〕。而「當時的戰爭，戰車乃是主力，一如現代戰爭中之坦克，因之戰車性能頗能左右戰爭。」〔註106〕戰車還只是一方面，在戰術戰略、陰謀策劃、遠交近攻方面，文王前輩早就有著豐富的實戰經驗。武王伐紂只是水到渠成，這類似於戰國時期秦之統一六國，論德行、能力秦王嬴政不一定最強，但是其先祖幾代人的實戰積累，最能打戰，說白了「軍事過硬」才是王道，韓非子看的很清楚，西伯則是踐行者。後來的「天命靡常」「惟德是輔」之類只是一種「神道設教」。除了戰車方面裝備比紂王強，盟軍似乎也不少，否則「三分天下有其二」說不通，另外軍事據點之佔領也是關鍵，楊向奎先生在「地理篇」有著翔實的考證〔註107〕，令人歎為觀止，可見武王伐紂確實是一場「硬仗」，於武王極為艱難，史書記載一等再等、「汝未知天命」之類，可見其所做準備的處心積慮，「血流漂杵」或許更符合當時實況，「倒戈相向」似乎只是一種不切實際的田園詩想像。不經歷戰爭的人，對於軍人、戰場的想像，往往不著痛癢。楊向奎關於「禮樂文明」部分的論述同樣洞見跌出，他明確提出「巫以後是史」並且引用孟子「詩亡然後春秋作」，可以看出他更早提出了「由巫到史」的轉變〔註108〕。

　　關於西周史的研究，許倬雲的《西周史》〔註109〕依然是經典之作。楊寬先生的《西周史》〔註110〕則可做參考。值得留意的倒是李峰所著《西周的滅亡》〔註111〕，這就如同黃仁宇教授所側重的「無關緊要年代」的「失敗記錄」。

〔註105〕楊向奎：《宗周社會與禮樂文明》（修訂本），北京：人民出版社，1997年11月第2版，第117～119頁。

〔註106〕楊向奎：《宗周社會與禮樂文明》（修訂本），北京：人民出版社，1997年11月第2版，第115頁。

〔註107〕楊向奎：《宗周社會與禮樂文明》（修訂本），北京：人民出版社，1997年11月第2版，第44～94頁。

〔註108〕楊向奎：《宗周社會與禮樂文明》（修訂本），北京：人民出版社，1997年11月第2版，第362頁，本書序言在1987年，可見其出版是很早的。作者重提「禮尚往來」（第244頁），依據民族學材料，重新解讀「禮」與potlatch的關係值得留意，因為這樣的「保特拉吃」更主要物質層面的贈與、交換而非宗教意義上的巫術禮儀。

〔註109〕許倬雲：《西周史》（二版增補本），北京：生活·讀書·新知三聯書店，2012年1月版；本書附有李峰「西周考古的新發現和新啟示」，自然是基於新的考古材料完善之意。

〔註110〕楊寬：《西周史》（上下冊），上海：上海人民出版社，2016年7月版。

〔註111〕李峰：《西周的滅亡》，徐峰譯，湯惠生校，上海：上海古籍出版社，2007年10月版。本書為「早期中國研究叢書」之一。

因為，殷周之際，處處彰顯文王、武王、周公的智謀與霸氣，這樣的一流人物當政之後，為何就慢慢「衰弱退化」了呢？這就好比秦王統一六國，那種氣場怎麼就維持了那麼幾年呢？原因何在？趙汀陽先生對於周代「天下體系」的發揮令人敬重，但是，基於考古學史料，李峰的研究尤其是「西周國家的政治危機」[註112]之探析更值得留意，此種「結構性危機」是值得警惕的，「天下觀」更多是一種浪漫想像，若李峰的研究可以得到辯護，我們對傳統的行政模式、行政能力需要重估。此種蘊含的「結構性政治危機」是否為後來「朝代更迭」的前奏？我們是否沒有找到長治久安之道？李峰基於考古學所揭示的西周滅亡蘊含的「結構性危機」與黃仁宇基於文獻學揭示的萬曆失敗記錄蘊含的「制度性危機」二者有無關聯？由於本書主題在於「巫史」，此不贅論，很期待將來自己也寫一部關於傳統社會政治哲學的著作。

具體到巫術研究上來，還是首推林富士的《漢代的巫者》，尤其是他進一步探討「巫術的觀念基礎」，明確指出「鬼神世界」存在——「鬼神禍福」關聯——「人能左右鬼神」這樣的觀念模型，[註113]此種模型很明顯比《金枝》中的論述更貼合中國實際。林富士先生所說的「巫術觀念基礎」不限於漢代，上至湯王求雨下至康熙跳神，似乎都有類似的觀念基礎支撐，甚至延續至今。而類似於此種觀念基礎、思維方式的研究，《金枝》的「交感律」依然是理解「巫術」的經典模型，布留爾的《原始思維》[註114]則更為細緻入微。關於中國古代思維模式較為集中的討論則首推艾蘭等主編的《中國古代思維模式與陰陽五行說探源》[註115]一書。考慮到我的哲學背景，最後我想回到張汝倫教授的《巫與哲學》一文。正是在此文中張教授對於李澤厚的「巫史論」有著細緻的研讀，當然主要是批評，比如關於「巫」的界定方面他認為李澤厚「在兩個不同意義上隨意使用『巫』這個詞。」[註116]

〔註112〕 李峰：《西周的滅亡》，徐峰譯，湯惠生校，上海：上海古籍出版社，2007 年 10 月版，尤其是第二章第二節「結構性衝突和政治對抗的起因」值得留意。

〔註113〕 林富士：《漢代的巫者》，臺北：稻香出版社，民國 88 年 1 月版，第 5 章「漢代巫術的觀念基礎」，第 87～132 頁。

〔註114〕 列維‧布留爾：《原始思維》，丁由譯，北京：商務印書館，1981 年 1 月版；據譯者介紹，本書最初由俄文版譯出，後來找到了英文版「又按英文本從頭到尾逐字逐句校訂了一遍」，「譯後記」，第 500 頁。

〔註115〕 艾蘭、汪濤、范毓周主編：《中國古代思維模式與陰陽五行說探源》，南京：江蘇古籍出版社，1998 年 6 月版。

〔註116〕 張汝倫：《巫與哲學》，《復旦學報》，2016 年第 2 期，第 11 頁。

包括其他批評，我感覺張教授的批評是有道理的。但是，若給「巫史論」辯護一句的話，我們精讀《巫與哲學》可以看出他只是延續現代西方反思啟蒙理性的思潮，對於「理性」「非理性」不做類似「巫術宗教」與「科學」的二分，強調二者的互補。這種立論思路其實還是運用一種「西學觀點」來反思「另一種西學觀點」，李澤厚確實用了「理性化」等詞語，但是其「理性化」語境與西方的啟蒙理性話語是不同的。從細節上看，張汝倫對李澤厚的批評是合理的，但是從《巫與哲學》的框架上看，引用李澤厚的「巫史論」則是不妥當的。《巫與哲學》引用廣博，但是，給人一種「背書」「科普」之感，所說似乎都對，但是，拋開引用，似乎沒有自己的東西。這是令人失望之處。

　　下面我們就嘗試回到李澤厚的「理性化」主題，他的「理性化」其實是一種「實用理性化」，針對的問題似乎與啟蒙運動時期不同，用語上固然與啟蒙的「使用爾等理性」（康德《什麼是啟蒙》）相關，但是既不同於「理論理性」亦非「實踐理性」。只是一種面對命運之不確定，尋求一種實用性的解決。比如大旱求雨，出兵問卜，做夢去占，諸如此類。下面我們首先討論一下李澤厚「巫史論」的「巫」「史」界定以及「命運主題」預設，而這正是「理性化」的問題語境。

第二節　李澤厚的「巫」「史」界定及其主題預設

一、李澤厚對「巫」「史」的粗疏界定

　　如同前面所言李澤厚在美學論著中就留意「巫—舞」之關聯。「巫」在甲骨文中多同舞字，它們與祈雨的舞蹈有關，當時「舞」的種類繁多，頗為重要。仰韶馬家窯彩陶盆的多人牽手的舞蹈姿態，可能就是這種巫舞的形象。巫舞之目的在於求雨和祭祀，後又及求藥治病等，隨著時間的推移巫舞由原初簡單的舞演化成一系列複雜的儀式禮節，李澤厚稱其為「巫術禮儀」，其目的仍在於更好的溝通天人、和合祖先、降福氏族。李認為巫有四大特質：一為實用性，即巫術禮儀絕非輕鬆娛樂而是為求雨賜福，醫傷治病；二為複雜性，為溝通天人，便不能不有精細的禮儀要求，施法者則要嚴格依儀而行；三為主動性，人在此過程中是用來影響甚至是主宰鬼神天地的，這便是巫者與宗教徒的不同；四為癡迷性，巫者舞時是以極虔誠的心態以致於入迷但又

不違背那嚴格的禮儀而進行的。這便是巫的特質,而李認為「巫的特質在中國大傳統中,以理性化的形式堅固保存,延續下來,成為瞭解中國思想和文化的鑰匙所在」。﹝註 117﹞

由巫這種非理性形式走向理性化、對象化、客觀化便為「史」,而史的形成則又因歷史經驗,天象曆數和軍事活動日趨鞏固,後經周公旦的「制禮作樂」和孔子的「以仁釋禮」最終完成。李澤厚認為「西方由『巫』脫魅而走向科學(認知,由巫術中的技藝發展而來)與宗教(情感,由巫術中的情感轉化而來)的分途。中國則由『巫』而『史』,而直接過渡到『禮』(人文)『仁』(人性)的理性化塑建。」﹝註 118﹞此一理性化便是由巫而史的過程,具體歷程如下:

(一)巫君合一

像古希臘時天文物理統歸於哲學一樣,巫術時代之神權與君權也是合二為一的,就中國古代來講,有一時期是「家為巫史」的,人皆有溝通天神的能力,但自「絕地天通」之後,君權壟斷了神權,終於形成了巫君合一的局面,這樣權力不僅控制了人類而且控制了天國,天國於人是神秘的,而君主無疑獨斷了開啟神秘的鑰匙,這樣君主便成了「集政治統治(王權)與精神統治權(神權)於一身的大巫」﹝註 119﹞,李認為「一提及『巫』,人們習慣地認為就是已經專職化的『巫,祝,卜,史』,以及後世小傳統中的巫婆,神漢之類。的確,『巫』有這一逐漸下降、并最後淪為民間儺文化的歷史發展。之所以如此,卻正是由於王權日益凌駕於神權,使通天人的『巫』日益從屬附庸於『王』的原故。而王權和王之所以能夠如此,又是由於『巫』的通神人的特質日益直接理性化,成為上古君王天子某種體制化道德化的行為和品格。這就是中國上古思想史的最大秘密:『巫』的基本特質通由『巫君合一』,『政教合一』途徑,直接理性化而成為中國思想大傳統的根本特色。」﹝註 120﹞

(二)巫──卜筮──史

卜筮之典型者如《易》,從表層來看《易》只是一本流傳較廣的卜筮之書,但從認識論層面來講,它代表著先人由動入靜,由形體而數字,由盲目的巫術

﹝註 117﹞ 李澤厚:《己卯五說》,北京:中國電影出版社,1999 年 12 月版,第 40 頁。
﹝註 118﹞ 李澤厚:《己卯五說》,北京:中國電影出版社,1999 年 12 月版,第 43 頁。
﹝註 119﹞ 李澤厚:《己卯五說》,北京:中國電影出版社,1999 年 12 月版,第 37 頁。
﹝註 120﹞ 李澤厚:《己卯五說》,北京:中國電影出版社,1999 年 12 月版,第 40 頁。

而冷靜的思考的重大轉變，凡遇天災人禍，他們不再單憑群體而舞，而是由幾位智者、長者莊重認真冷靜的占筮卜算，不再由喧鬧的舞動祈雨消災，而是用抽象的數字占卜命運。李認為「本在巫術禮儀中作為中介或工具的自然對象和各種活動，都在這一理性化過程中演化而成為符號性的系統操作。」〔註121〕

由於「巫君合一」的歷史背景，使「巫」在向「筮」的轉變中無可避免的打上了王權的烙印，正如陳夢家所說殷代大量卜辭乃「王室的檔案」〔註122〕，李鏡池也說「《周易》卦爻辭乃卜史的卜筮記錄」〔註123〕。的確《周易》中保存了許多當時重大的軍事和政治事件，這些事件與「神意」「天示」相互組接滲合，使筮又日益理性化。另外，由於「巫」對天文、曆法的掌握使巫向史的轉變中日益突顯對天文曆法的重視而為王所用以利於農耕稼穡，李認為「這些都顯示出原巫術活動通由數字演算而秩序化程序的理性途徑」〔註124〕。

而對「巫術禮儀」依賴最小的便是當時的軍事活動，軍事乃氏族生死存亡之事所以是上古君王最重要的活動，正如孫子所說軍事成功「不可取於鬼神」「必取於人」，而對於集政軍神權於一身的領袖來說，戰爭之勝利很大程度上取決於能否理性地策劃和制訂戰略戰術，「因為任何情感（喜怒）的干預，任何迷信的觀念，任何非理性的主宰，都可立竿見影的傾刻覆滅，造成不可挽回的嚴重後果。必須先計而後戰，如果憑感情用事，聽神靈指揮，可以導致亡國滅族，這是極端危險的。」〔註125〕

（三）巫──德禮──史

李澤厚認為「『德』和『禮』是這一理性化完成形態的標誌」。在周初的文獻中「德」字多見，後世學者對「德」的解釋也是眾說紛紜，莫衷一是，而李則認為「我以為，它大概最先與獻身犧牲以祭祖先的巫術有關，是巫師所具有的神奇品質，繼而轉化成為各氏族的習慣法規」〔註126〕，他還說「簡言之，即原始巫君所擁有與神明交通的內在神秘力量的『德』變而為要求後世天子所具有的內在的道德，品質，操守」〔註127〕。既然「德」是巫師溝天神的「神奇品質」，那

〔註121〕李澤厚：《己卯五說》，北京：中國電影出版社，1999年12月版，第47頁。
〔註122〕陳夢家：《殷虛卜辭綜述》，北京：中華書局，1988年1月版，第636頁。
〔註123〕李鏡池：《周易探源》，北京：中華書局，1978年版，第21頁。
〔註124〕李澤厚：《己卯五說》，北京：中國電影出版社，1999年12月版，第50頁。
〔註125〕李澤厚：《中國古代思想史論》，北京：人民出版社，1985年版，第79頁。
〔註126〕李澤厚：《己卯五說》，北京：中國電影出版社，1999年12月版，第52頁。
〔註127〕李澤厚：《己卯五說》，北京：中國電影出版社，1999年12月版，第54頁。

麼就不得不考慮作為巫師特質之一的虔誠性,他是懷著敬畏的心態溝通天神的,那麼我們有理由去問此種敬神的形態是如何被理性化了的呢?是不是此種「敬畏」轉化到了君主身上?而為什麼沒有產生後世的宗教神信仰?「敬」所透露的對神明的畏懼、敬畏、敬仰直到孔子時依然明顯,而至今又何嘗不是呢?

對此理性化過程,徐復觀說「周初所強調的敬的觀念,與宗教的虔敬,近似而實不同。宗教的虔敬,是人把自己的主體性消解掉,將自己投擲於神的面前而徹底皈依於神的心理狀態。周初所強調的敬,是人的精神,由散漫而集中,並消解自己的官能欲望於自己所負的責任之前,凸顯出自己主體的積極性與理性作用。」〔註128〕牟宗三也說「在敬之中,我們的主體並未投注到上帝那裡去,我們所作的不是自我否定,而是自我肯定。彷彿在敬的過程中,天命、天道愈往下貫,我們的主體愈得肯定。」〔註129〕李對此解釋為「其實來源正在於巫術禮儀中的心理認識——情感特徵:它不是指向對象化的神的建立和崇拜,而是就在活動自身中產生人神渾然一體的感受和體會。從而,從這是生發不出『超越』(超驗)的客觀存在的上帝觀念,而是將此『與神同在』的神秘畏敬的心理狀態,理性化為行為規範和內在品格。」〔註130〕

而此種內在品格的外在方面便是「禮」,正如郭沫若所說「禮是由德的客觀方面的節文所蛻化下的。古代有德者的一切正當行為的方式彙集了下來便成為後代的禮。德的客觀上的節文,……是明白地注重在一個敬字上的。」〔註131〕古代之禮涵及儀式,姿態,容貌,服飾,起居,此也就所謂的「禮數」,所以禮也是一種「數」;另外,禮因為敬之感情在,它重義重誠心而不是拘泥於形式,所以禮也是一種「理」。如《禮記‧郊特牲》中說「禮之所尊,尊其義也」,《禮記‧仲尼燕居》中說「禮也者,理也」,《禮記‧樂記》中說「禮也者,理之不可易者也」。所以李澤厚說「周公通過『制禮作樂』,將上古祭祀祖先溝通神明以指導人事的巫術禮儀,全面理性化和體制化,以作為社會秩序的規範準則,此即所謂『親親尊尊』的基本規約」〔註132〕,「這也就是為什麼由『禮數』所建立的人際世間關係,卻具有神聖性質的根本原因。」〔註133〕

〔註128〕 徐復觀:《中國人性論史》,臺北:臺灣商務書館,1990年版,第22頁。

〔註129〕 牟宗三:《中國哲學的特質》,臺北:臺灣學生書局,1984年版,第20頁。

〔註130〕 李澤厚:《己卯五說》,北京:中國電影出版社,1999年12月版,第54頁。

〔註131〕 郭沫若:《中國古代社會研究》(外二種),石家莊:河北教育出版社,2000年版,第322頁。

〔註132〕 李澤厚:《己卯五說》,北京:中國電影出版社,1999年12月版,第56頁。

〔註133〕 李澤厚:《己卯五說》,北京:中國電影出版社,1999年12月版,第56頁。

所以周初也講「敬」，講「德」，講「天」，但始終未出現一種外在於人的個性化的人格神，而始終是一種難以測度的「天道」。

（四）巫——仁誠——史

李在《中國古代思想史論》中就說孔子在「以仁釋禮」，孔子講仁最多，而他卻稱自己「述而不作，信而好古」，因為他的目的在於追回「上古禮儀中的敬畏忠誠等真誠的情感素質及心理狀態，即當年要求在神聖禮儀中所保持的神聖的內心狀態。」〔註134〕但也僅止於此，因為他並不打算建立一超世間的人格神，因為他不語「怪力亂神」，他只打算建設一種有秩序的人間社會，他關注世俗生活，並且認為世俗中即可有高遠，平凡中即可見偉大，所以李說「如果說周公『制禮作樂』，完成了外在巫術禮儀理性化的最終過程，孔子釋『禮』歸『仁』，則完成了內在巫術情感理性化的最終過程。」〔註135〕而「巫術禮儀內外兩方面的理性化，使中國沒有出現西方科學與宗教，理性認知與情感信仰各自獨立發展的局面場景。巫術禮儀理性化產生的是情理交融，合信仰、情感、直觀、理智於一身的實用理性的思維方式和信念形態。」〔註136〕

以上是李在《說巫史傳統》一文中對「巫史傳統論」的相關界定與描述，自本文出版後李經常提及此理論，2005年2月他又寫了《〈說巫史傳統〉補》一文予以補充論證，在《〈說巫史傳統〉補》中他基本堅持了《說巫史傳統》一文對「巫史傳統」的界定和論證，他說「拙前文意在論說中國文化——哲學特徵來自原始巫術活動的理性化。本文仍承此說，認為這理性化的核心乃是由『巫』到『禮』」〔註137〕。需要指出的是李澤厚的「巫」並不單指「巫師」或這一職位，他在《補》文特別強調說「但首先要澄清的是，我所說的『巫』並不限於這個字。它所指是，自人類舊石器時代以來各民族都曾有過的原始人群的非直接生產性的歌舞、儀式、祭祀活動。所以，『巫』在拙前文和本文中並不專指『巫祝卜史』，雖然也包括他（她）們。」〔註138〕除此外，李又指出在「巫」被理性化的過程中「祭」是關鍵環節，在分析了祭之後他用更大的篇幅

〔註134〕 李澤厚：《己卯五說》，北京：中國電影出版社，1999年12月版，第61頁。
〔註135〕 李澤厚：《己卯五說》，北京：中國電影出版社，1999年12月版，第63頁。
〔註136〕 李澤厚：《己卯五說》，北京：中國電影出版社，1999年12月版，第63頁。
〔註137〕 李澤厚：《說巫史傳統補》，陳明，朱漢民主編：《原道》，2005年第十一輯，第161頁。
〔註138〕 李澤厚：《說巫史傳統補》，陳明，朱漢民主編：《原道》，2005年第十一輯，第161頁。

去論證「禮」，其實祭便是「禮」的一部分，他認為「禮」的特徵是「宗教、倫理、政治三合一」，他說「我在許多文章中屢屢提及中國『宗教、倫理、政治三合一』，這個『三合一』記來自上述的『由巫到禮』。」〔註139〕最後他又論證了「天道」與「天主」的關係，認為「天道即人道」、「天道具有很大的開放性」、「是對人的主動性的昂揚」，他下結論說「巫術區別於宗教的主要特徵在於，人作為主體性的直接確立。它在中華上古的理性化過程中演變為『禮制』和『天道』，最終形成了『實用理性』和『樂感文化』。這便是中華傳統的基本精神。中華文化是肯定人們現實生命和物質生活的文化，是一種非常關注世間幸福、人際和諧的文化（A culture of worldly happiness）」。〔註140〕總之，《〈說巫史傳統〉補》文運用更多的史料文獻對「巫史傳統」的論證更加深入，在思想上則維持了《說巫史傳統》文的原有框架。

李澤厚對「巫」「史」的界定是粗疏的，更多只是描述式的展開。嚴格來說，「巫」包括四層含義：一是「巫師」，中國古代有「巫」、「覡」的說法，此是一種對人的稱謂；二是一種職位，這也就是「巫祝卜史」中的「巫」，類似於史官（或其前身）；第三是指「巫術」，在中國有方術之稱，「巫術」應為方術的一部分，在弗雷澤看來「所謂的巫術就是相信『交感律』，即相信兩個或多個事物通過『神秘的交感』可遠距離地相互作用；或用古代哲學語言來說，可通過『不可見的以太』將某物的力量傳達給他物。」〔註141〕而「巫」的第四層含義則是指一種文化形態，它包括了巫師對巫術的使用、巫術所受的支配規律、巫術的功能、表現形態等等，馬林諾夫斯基對巫術和宗教的總結也許可以有助於理解「巫」的這一層含義，他說：「近代人類學更有一項不容我們懷疑的成就，就是已經認識出來：巫術與宗教不僅是教義或哲學，不僅是思想方面的一塊知識，乃是一種特殊行為狀態，一種以理性、情感、意志等為基礎的實用態度；巫術與宗教既是行為狀態，又是信仰系統；既是社會現象，又是個人經驗。」〔註142〕

〔註139〕 李澤厚：《說巫史傳統補》，陳明，朱漢民主編：《原道》，2005年第十一輯，第170頁。

〔註140〕 李澤厚：《說巫史傳統補》，陳明，朱漢民主編：《原道》，2005年第十一輯，第188頁。

〔註141〕 張志剛：《宗教學是什麼》，北京：北京大學出版社，2002年版，第20頁。

〔註142〕 馬林諾夫斯基：《巫術科學宗教與神話》，李安宅譯，北京：中國民間文藝出版社，1986年版，第9頁。

　　李澤厚所講的「巫史傳統」中的「巫」正是從「文化現象」這一含義出發的，他明確說「我這裡講的巫，不是講這個字，不是講巫祝卜史這種不重要的官，而是講這種非常重要的現象。」〔註143〕正是這種現象關係到古代的生死存亡。這是李澤厚的側重所在，面臨生死存亡問題，「巫史理性化」是如何發生的。由此可見「巫史論」的「命運主題」設定。

二、「巫史論」的「命運主題」預設

　　對「巫」的研究應首推英國人類學家弗雷澤的《金枝》，這一部長達 5000 頁的煌煌巨著從人類學和民俗學的角度對世界各地的巫術情形均有考察，雖然弗雷澤被稱為「書房裏的人類學家」，但是他對文獻資料的分析和理解還是讓《金枝》成為當時學界爭論的焦點。即便是時隔近一個世紀，今日重讀它還是讓人為那美麗的文字激動不已，有人稱《金枝》為「巨製美文」，有人稱它為巫師的「頌歌」，總之《金枝》對「巫」的研究是奠基性的學術著作，如今看來它已是此類著作的經典。與此相對應的是馬林諾夫斯基的《巫術科學宗教與神話》，這一部由我國功能學派人類學代表李安宅所譯的小書反應了馬林諾夫斯基對巫術、科學、宗教和神話的總的看法，而他對巫術的研究總體上與弗雷澤並不衝突，毋寧說他引用了前者的主要理論成果，對「巫術」、「巫師」都懷有更多的敬意和理解，同樣他對先民的評價絲毫不在弗雷澤之下。

　　李澤厚「巫史論」則借鑒了弗雷澤、馬林諾夫斯基的研究成果，只是更加突顯「巫」在命運不定情形下的功能和角色。他認為「巫」的目的在於更好的溝通天人、和合祖先、降福氏族。在《說巫史傳統》中李認為巫有四大特質：一為實用性，即巫術禮儀絕非輕鬆娛樂而是為求雨賜福，醫傷治病；二為複雜性，為溝通天人，便不能不有精細的禮儀要求，施法者則要嚴格依儀而行；三為主動性，人在此過程中是用來影響甚至是主宰鬼神天地的，這便是巫者與宗教徒的不同；四為癡迷性，巫者舞時是以極虔誠的心態以致於入迷但又不違背那嚴格的禮儀而進行的。尤其是特質一，關乎「生死存亡」，這是其「理性化」的論述語境。此種「命運主題預設」與李澤厚的「本體」論說方式變革有關。前面討論李澤厚的「問題意識」時，我們論及李澤厚對哲學的主題定位為「命運」，其出發方式有別於中西傳統的本體論語境，不再是從「天道」「理」「語

〔註143〕李澤厚：《由巫到禮》，載氏著：《由巫到禮　釋禮歸仁》，北京：生活·讀書·新知三聯書店，2015 年 1 月版，第 88 頁。

言「上帝」出發而是從「人活著」出發。而此種「命運主題」與他的哲學「同心圓圓心」理論是一致的,而此種「圓心」也構成了他「巫史論」研究語境和起點。曾幾何時,「巫術」是「命運」的指南,讓艱辛的生活有所依靠。很明顯「巫史論」的「命運主題」設定與李澤厚哲學體系的「本體」論說方式變革和「命運」主題轉向有關。

(一)哲學主題轉向「命運」(人如何活)

有別於將哲學定位為研究自然、愛智、語言、形而上本體,李澤厚認為哲學的主題是命運[註144]。馬克思晚年大量的人類學筆記,康德晚年也將他畢生所探究的「我能知道什麼」「我應做什麼」「我能希望什麼」歸宿在「人是什麼」上,所以李澤厚自認是承續著康德、馬克思晚年的腳步,結合中國本土傳統來開展他的哲學架構。所以,在李澤厚看來「究竟人為什麼活,仍然需要自己去尋找、去發現、去選擇、去決定。存在主義突出了這個問題,每個人只能活一次,『為什麼活』,從而『如何活』,成了哲學的首要問題。」[註145]

在2010年的對話錄裏李澤厚又說:

康德講「先驗理性」,是人所特有的感知認識形式。它們如何來的呢?康德沒有說,只說是「先驗」即先於經驗的。我用「人類如何可能」來回答康德的「認識如何可能」,也就是要提出經驗變先驗,對個體來說是先驗認識形式是由經驗所歷史地積澱而形成的,這也就是我所說的「文化─心理結構」。古希臘說「人是有理性的動物」,富蘭克林說「人是製造工具的動物」──而我是要把這兩個定義結合起來,即研究人怎樣由「製造工具的動物」變為「有理性的動物」。康德那個著名的感性和知性不可知的共同根源,海德格爾認為是先驗想像力,我認為是使用─製造工具的生產、生活的實踐。感性源自個體實踐的感覺經驗,知性源自人類實踐的心理形式。[註146]

從這裡我們明確看出,李先生縱然有種種的「本體」論述,但是他的語境變了,既不是對西哲 ontology 的發揮也不是對「性理」的開拓,更不是對二者的簡單揉合。李澤厚首先通過對哲學主題的置換或者說回歸,重新拾起了古希

〔註144〕 李澤厚:《哲學答問》,《李澤厚哲學文存》(上下編),合肥:安徽文藝出版社,1999年1月第1版,第462頁。

〔註145〕 李澤厚:《哲學答問》,《李澤厚哲學文存》(上下編),合肥:安徽文藝出版社,1999年1月第1版,第462頁。

〔註146〕 李澤厚、劉緒源:《該中國哲學登場了?──李澤厚2010談話錄》,上海:上海譯文出版社,2011年4月第1版,第26頁。

臘先賢和孔孟時代最本源的對「人生」問題的重新審視，這裡不再是語言分析和邏輯推演，也不是理氣性命的心性學問，哲學探究的就是人自身，審視人性自身、人的命運，通俗來講「人活著」，由此而展開三個問題「人為什麼活？如何活？活的怎樣」。李澤厚哲學架構的秘密正在於此，種種諸如「工具本體」「歷史本體」「心理本體」「情本體」「度本體」等等都是對這三個問題的回答，若歸結為一個問題那便是「人類如何可能」。

　　這裡探究的主題是「活著」「命運」設定下的個體與人類、理性的形成、偶然與必然、類的主體性與個體主體性、心理形式、情等，而這些與中西哲語境中的「本體論」問題是截然有別的，李澤厚的意義在於他將哲學由語言、邏輯而回歸到人的生活及其自身。這樣再來談「本體」問題，便首先完成了出發方式上的變革，不再是由理性、上帝、語言、邏輯、性理出發，而是從「人活著」出發，研究的主題是人的命運。或許，李澤厚用種種「本體」名詞在形式上就是對傳統本體論和形而上學思辨的解構，而非僅僅是為了造成「與西洋哲學不必要的糾纏」〔註147〕。語言是靈活的、可變的，而不變的是人來運用而非相反。由此拋開哲學的學院派形而上思辨路向而回歸到人的命運及其生活這一主題上來，同樣有著極其複雜的問題有待解決。具體表現為人類是如何可能的？理性是如何形成的？在後現代境域下人又當如何繼續活下去？

（二）「命運主題」預設下的「理性」與「人性」

　　李澤厚對「人類是如何可能的？」此一問題的回答是在歷史中通過對實用工具實踐活動的考察而完成的，因此「歷史本體」或者說「工具（實踐）本體」是根本的、起著決定性作用的。「度」的本體性之所以關鍵是由於「使用工具」的實踐活動中「適度」的把握是很重要的，而在具有神聖意義的初民巫術禮儀中「度」的把握同樣神聖而莊嚴，而且「度」貫穿於工藝—社會結構和文化—心理結構中。而對於「理性」或者說康德對「形式」的先驗性解讀，李澤厚則同樣試圖從歷史實踐中為其找到根源，他明確說「經驗變先驗」，在他的論域裏「理性就是人所建立的形式」〔註148〕、「理性並非先驗的，它本身也成長變化，它本身也需要某種創造力來推動。這種創造力便來自個體感性的不

<hr/>

〔註147〕葛兆光：《中國思想史》（三卷本），第 2 版，上海：復旦大學出版社，2013 年 6 月版，第二卷第 163 頁注釋①。
〔註148〕李澤厚：《哲學答問》，《李澤厚哲學文存》（上下編），合肥：安徽文藝出版社，1999 年 1 月第 1 版，第 476 頁。

可規約性。」〔註149〕在這裡「理性形式」不是先天的、並不神秘，它正來自於個體、來自於經驗，當然這裡的「理性形式」是變化的、在建構中的；對於人類群體來說，此種「形式」是在不斷完善中，是相對的，它來自於某個體；但對於具體的個體來說，「形式」具有「律令性質」是絕對的，儘管個體在不自覺中建構著「形式」。對於語言、邏輯、數學的起源李澤厚先生同樣祛除其神秘性而還原了它們的「歷史建構性」。此種哲學思路很明顯構成了「巫史論」「理性化進程」的理論支持。

在《批判哲學的批判》裏，李澤厚先生談到「唯物主義由靜觀的反映論到能動的實踐論，由洛克和法國唯物主義的靜觀地觀察自然（感覺），以自然為中心，到能動地改造世界（實踐），以歷史的階級的人為中心，這是唯物主義史發展中的一個巨大的飛躍……馬克思主義實踐論強調了人的能動作用，人成了包括自然界在內的整個世界的主人，這才真正實現了『哥白尼式』的偉大的哲學革命。這個革命又正是在批判了康德、黑格爾的古典唯心主義的虛假的『哥白尼式的革命』才能取得的。」〔註150〕我們或許能看出李澤厚先生的哲學抱負，這是對人類精神史上種種神秘性由巫術—宗教—科學—哲學而來的進一步解蔽，巫術、諸神、天命等等都被放到人文視域來考察，它們不再那樣神秘，但是對於理性、先驗形式是否也需要做人性的審視呢？它們為什麼是神秘的？李澤厚給予了經驗性的回答，從起源與過程上解除了「形式」的神秘性，因此是可變的、建構中的，故稱「經驗變先驗、歷史建理性」。

對於「心理本體」，李澤厚說那「不是指某種經驗的心理，它是指由歷史形成的某種心理形式，它是一種框架。」在談到積澱時他說「積澱的要點即在於建立心理形式，這形式就是人性。」〔註151〕這裡我們可以看出，「心理本體」或者說「心理形式」在「形式」建構上與「理性形式」是相同的，「具體的心理內容（如各種情慾、思想、意念、意志）可以消逝，而這種心理形式卻長久保存。不過，如果沒有那些不斷消失的內容，也就不可能形成此形式。這正是積澱的具體路途：即新內容不斷地加深、鞏固而又突破、改變舊有的形式，使

〔註149〕 李澤厚：《哲學答問》，《李澤厚哲學文存》（上下編），合肥：安徽文藝出版社，1999 年 1 月第 1 版，第 478 頁。

〔註150〕 李澤厚：《批判哲學的批判》，《李澤厚哲學文存》（上下編），合肥：安徽文藝出版社，1999 年 1 月第 1 版，第 221 頁。

〔註151〕 李澤厚：《哲學答問》，《李澤厚哲學文存》（上下編），合肥：安徽文藝出版社，1999 年 1 月第 1 版，第 475 頁。

人的心理結構、心理本體不斷生長、更新、變化，從而這心理形式也愈益穩固。」〔註152〕承續理性形式並不神秘來自於經驗的說法，人性也不神秘，它也是在歷史實踐中建構而成，此人性不來自上帝、不來自某種不可知的外力，正來自於人類自身的建構，而且人性是在變化中的，不斷有新的偶然性、具體內容來充實和穩固，最終積澱成某種形式、律令，此形式、律令對於具體的境域下的個體具有絕對性、不可抗性，但就人類自身來講，它並不是外在的、一成不變的。此正所謂「心理成本體」的運思理路。

這樣哲學的主題是命運、人活著，而先驗、理性、人性等等都來自於人類自身的建構，那麼在後現代境域下，人當如何活？沒有外在的彼岸世界的期望與保證，沒有人性善惡的掛靠，只剩下孤零零的人，但是還要生活，那麼當如何活？這是李澤厚所憂慮的問題，神秘性作為超越於人的存在，從認識論上講它們是不可知的，從人生信仰上講它們又是一種安慰和寄託，如今李澤厚的人類學歷史本體論將一切神秘都解構了，將人類所能依靠的唯一力量拉向了人自身，那麼當如何活？「且不管這些，讓哲學主題回到世間人際情感中來吧，讓哲學形式回到日常生活中來吧。以眷戀、珍惜、感傷、了悟來替代那空洞而不可解決的『畏』和『煩』，來替代由它而激發的後現代的『碎片』、『當下』。不是一切已成碎片只有當下真實，不是不可言說的存在神秘，不是絕對律令的上帝，而是人類自身實存與宇宙協同共在，才是根本所在。」〔註153〕「在這條道路上，『活』和『活的意義』都是人建立起來的。」〔註154〕

在不容易「活」又「不得不活「而頑強的「活著」和「活下來」這一事實中，我們可以看出「情本體論」提出的水到渠成。李澤厚先生說「在海德格爾和德里達之後，去重建某種以『理』、『性』或『心』為本體的形而上學，已相當困難。另方面，自然人性論導致的則是現代生活的物慾橫流。因之唯一可走的，似乎是既執著感性又超越感性的『情感本體論』的『後現代』之路。在基督教，『聖愛』是先於道德律令的；在康德，『絕對律令』先於道德感情；如果以『仁』為體，則可以折衷二者；即作為歷史積澱物的人際情感

〔註152〕 李澤厚：《哲學答問》，《李澤厚哲學文存》（上下編），合肥：安徽文藝出版社，1999年1月第1版，第476頁。

〔註153〕 李澤厚、劉緒源：《該中國哲學登場了？——李澤厚2010談話錄》，上海：上海譯文出版社，2011年4月第1版，第5頁。

〔註154〕 李澤厚：《哲學探尋錄》，《李澤厚哲學文存》（上下編），合肥：安徽文藝出版社，1999年1月第1版，第502頁。

成為『宗教性道德』的律令根基，但它並不是當下情感經驗以及提升而已。它是一種具有宇宙情懷甚至包含某種神秘的『本體』存在。在這裡，本體才真正不脫離現象而高於現象，以情為『體』才真正的解構任何定於一尊和將本體抽象化的形而上學。」〔註155〕由此我們可以看出，「情本體」的提出是在解構種種神秘之後基於後現代人性狀況的一種出路探尋，是一種建基於人自身、人類生活世界之內的「生」的意義的闡發；此種「情感本體論」首先解構了任何以「理」、「性」、「先驗形式」、「上帝」等等神秘性對人性的壓制，而是將它們還原到人自身的建構上，其次，在外無依靠的情形下，一方面彰顯了人極大的生存孤獨感，另一方面給予人自身極大的主動權，「活」的意義不來自任何形式的彼岸世界，而是自身的建構。此種融會了馬克思實踐論、康德先驗哲學和中國有情宇宙觀、結合現代人類境域的「情感本體論」便這樣提出來了。「可見這個『情本體』即無本體，它已不再是傳統意義上的『本體』。這個形而上學即沒有形而上學，它的『形而上』即在『形而下』之中。……『情本體』之所以仍名之為『本體』，不過是指它即人生的真諦、存在的真實、最後的意義，如此而已。」〔註156〕

要而言之，李澤厚先生通過對哲學主題的置換或者說向「人自身命運」的回歸從而對於傳統「本體」論說的出發方式產生了變革，理性、人性、語言等等都被放在歷史實踐的境域中來理解，追尋先驗形式的經驗來源，通過種種解蔽，最真實的展現了人的生存狀況以及由此而建基於人自身而來的對「生」的意義在一個世界的探尋。人生的真諦、存在的真實、最後的意義不在於彼岸世界的期待，不在於語言世界中的遊戲，正在於人生活自身的「情感」安慰。拋開「情本體」的未來建構，我們可以看出此種「命運主題設定」正是李澤厚「巫史論」的特色，同時也是「理性化歷程」的理論語境。尤其是關於「命運主題設定」，在人類學家關於「巫」的研究中可以得到某種辯護。「巫」之所以重要，因為其在初民社會的功能重要，換句話說「巫術」深度參與了當時的生活，就如同當今的交通、醫療、教育深入人倫日用中一樣。李澤厚稱巫的「主觀目的是溝通天人，和合祖先，降福氏族；其客觀效果則是凝聚氏族，保

〔註155〕 李澤厚：《哲學探尋錄》，《李澤厚哲學文存》（上下編），合肥：安徽文藝出版社，1999年1月第1版，第515頁。
〔註156〕 李澤厚：《哲學探尋錄》，《李澤厚哲學文存》（上下編），合肥：安徽文藝出版社，1999年1月第1版，第521頁。

持秩序，鞏固群體，維繫生存。」〔註157〕說白了，就是在偶然頻發、危機重重、命運不定的情況下來「明吉凶、測未來、判禍福、定行止。」〔註158〕若這一思路可以得到辯護，那麼，甚至可以說，我們至今面臨命運的不確定依然是在「明吉凶、測未來、判禍福、定行止」，只是說辭變了，依據變了，但是基於命運不確定性所採取的應對思路沒變，還是基於「趨利避害」的本能。

下面我們嘗試借助人類學的研究，從功能視角，對「巫」在「命運主題」中的作用予以討論。

第三節　人類學「巫文化」研究的「命運主題」辯護

一、巫文化的共同性：起源與特徵

（一）起源上的共同性：生存經驗

在信史未定、文獻缺乏的情況下，要研究「巫」的起源更多的是一種理論假設，以至於在馬林諾夫斯基看來，巫術是沒有起源的，他說「巫術永遠沒有『起源』，永遠不是發明的、編造的。一切巫術簡單的說都是『存在』，古已有之的存在；一切人生重要趣意而不為正常的理性努力所控制者，則在一切事物一切過程上，都自開天闢地以來便以巫術為主要的伴隨物了。」〔註159〕把「巫術」理解為一種「存在」應為一個完滿的解釋吧，在這裡「巫術」並非指某一具體的巫術形式而是就「巫」的第四層含義而言的。但是這種回答其實也是一種對問題的取消，因為對「巫」的起源或者說對「巫術文化」的起源我們並沒有得到解答，所以在同一章裏，馬林諾夫斯基又提出了「巫術起源於經驗」的論斷。在談到「巫術與經驗」一節時他說「所以巫術信仰與巫術行為的基礎，不是憑空而來的，乃是來自實際生活過的幾種經驗；因為在這種經驗裏面他得到了自己力量的啟示，說他有達到目的力量。」〔註160〕

〔註157〕 李澤厚：《說巫史傳統》，載《由巫到禮 釋禮歸仁》，北京：生活·讀書·新知三聯書店，2015 年 1 月版，第 11 頁。

〔註158〕 李澤厚：《說巫史傳統》，載《由巫到禮 釋禮歸仁》，北京：生活·讀書·新知三聯書店，2015 年 1 月版，第 15 頁。

〔註159〕 馬林諾夫斯基：《巫術科學宗教與神話》，李安宅譯，北京：中國民間文藝出版社，1986 年版，第 57 頁。

〔註160〕 馬林諾夫斯基：《巫術科學宗教與神話》，李安宅譯，北京：中國民間文藝出版社，1986 年版，第 69 頁。

對於這一矛盾李安宅的解釋是，從巫術作為一種文化來講它必是由人類創造的，但從心理信仰上來說它則是一種「發現」而不是「發明」〔註161〕。其實，從哲學上來講這還是「一」與「多」或具體與個別的體現，說巫文化是被創造的這是就「人類」來講的，因為沒有人何來「巫文化」？而說「巫」是發現而非發明這是就具體「個人」來講的，這裡的「個人」並非就指一個人也可以是群體但一定是具體歷史時期下的個人或群體，當然在面對具體的「巫術」時永遠都是具體的個人，所以巫術是一種「發現」，當然這並不否認「巫術」是一成不變的，作為一種文化都是處於變動中的，它永遠都是「進行時」。談到巫術文化的演進便離不開先民的經驗或傳統，對個人來說是經驗對人類來說便是傳統，而在先民的觀念裏，經驗或傳統是充當了今人「科學」的角色的，它是智慧的象徵，為什麼在人類早期類似於「長老會」的議事方式廣泛存在於不同的文明體系中原因正在於此。在中國社會，老者至今只所以受到特別的尊敬也正是因為他們代表了智慧，而這種智慧可能關乎氏族的存亡，老者作為弱勢群體而受到尊敬的意義並不占主導地位，而且這一意義在人類文明中我想也是後起的。

對於傳統的評價，馬林諾夫斯基的說法無疑是一種理性的頌歌，他說：「我們要瞭解，在原始狀態中，傳統對於社會有無上的價值，所以再也沒有社會分子遵守傳統更為重要了。必要嚴格的守著前代遺留的民俗與知識，才能維持秩序與文明。倘於此點稍有鬆懈，便使團體團結不固，以致文化根本動搖。初民尚無現代科學的複雜方法，以使經驗結果鑄成不可磨滅的模型，隨時可以試驗，以便逐漸更新，日趨豐富。初民的知識社會組織風俗信仰，都是列祖列宗慘淡經驗得來的無價之寶；得之不易，便無論怎樣都要保存起來。所以初民的德操，以忠於傳統為最重要；以傳統為聖的社會，也因權勢久延而得無上利益。因此可見，這樣的信仰與行為將傳統圈上聖圈，打上超自然的印璽，是對於這樣階段的文明有『生存價值』的。」〔註162〕只所以引這段話是想說明傳統或經驗在先民那裡是何等的重要，巫術正是其中經驗的總結，經驗的，更具體的說「實用」的是先民的第一生存法則，而巫術正是其中的一個體現，一個非同尋常的體現。反觀中國社會，為什麼中國特別注重傳統、特別強調「道亦

〔註161〕 馬林諾夫斯基：《巫術科學宗教與神話》，李安宅譯，北京：中國民間文藝出版社，1986 年版，第 70 頁。
〔註162〕 馬林諾夫斯基：《巫術科學宗教與神話》，李安宅譯，北京：中國民間文藝出版社，1986 年版，第 23 頁。

不變」？這不是沒有原因的，在歷史上相當一段時期，是否遵循傳統是能否維持生存的標準，這也是馬林諾夫斯基所說的「生存價值」。中國的問題不是在於其曾經的固守傳統甚至將它提到「天不變」的地位，而是在於生存法則變了，我們還在墨守陳規，這正如弗雷澤評價巫師所說「那個被野蠻的巫師抱住不放的關於自然因果關係的觀點，在我們看來無疑是明顯的虛妄和荒唐，然而在他們那個時代卻是合情合理的設想，儘管他們尚未受到經驗的檢驗。應當受到嘲笑和責備的不是那些設想出淺薄理論的人們，而應是那些在更好的理論提出之後仍固守那些淺薄理論的人。」〔註163〕我想中國的問題很大一部分也正肇因於此。

　　從巫術何時被使用看巫的起源。馬林諾夫斯基認為任何古老的民族都存有兩種領域，他說：「無論怎樣原始的民族，都有宗教與巫術，科學態度與科學。通常雖都相信原始民族缺乏科學態度與科學，然而一切原始社會，凡經可靠而勝任的觀察者所研究過的，都很顯然地具有兩種領域：一種神聖的領域或巫術與宗教領域，一種是世俗的領域或科學的領域。」〔註164〕兩種領域的判斷是不錯的，其實自人類有始以來就一直存在著至少是這兩種領域：可知與不可知的、世俗與神聖的，所以，就這一層面上也可以說「巫」是人類所共同經歷的歷史時期，那麼處於此時期的「巫術」又是如何被使用的呢？馬林諾夫斯基說「在超卜連茲，漁業是很好的例，可以證明何時用巫術，何時用人工。淺水湖上的村民，以毒獲漁，容易可靠，為量既豐，又沒危險，人工技巧便已足用，故無巫術。至於大海岸旁，漁業很有危險，有的收量亦以魚群來時為定，故有繁重的巫術儀式以期安全而佳美的效果。」〔註165〕這便是先民的實用原則，而實用是先民最大的智慧，無論是就其生存還是生活而言。實用的原則來自於經驗，對於任何原始的民族這一原則都是普遍存在著的，即便是現在人類也總難離開實用原則。再比如李澤厚對「鼎」為何是三足的分析，他認為「它的形象並非模擬或寫實（動物多四足，鳥類則兩足），而是來源於生活實用（如便於燒火）基礎上的形式創造，其由三足造型帶來的穩定、堅實（比兩

〔註163〕　弗雷澤：《金枝：巫術與宗教之研究》，徐育新，汪培基，張澤石譯，北京：中國民間文藝出版社，1987年版，第94頁。

〔註164〕　弗雷澤：《金枝：巫術與宗教之研究》，徐育新，汪培基，張澤石譯，北京：中國民間文藝出版社，1987年版，第3頁。

〔註165〕　馬林諾夫斯基：《巫術科學宗教與神話》，李安宅譯，北京：中國民間文藝出版社，1986年版，第15頁。

足）、簡潔、剛健（比四足）等形式感和獨特形象，具有高度的審美功能和意義。它終於發展為後世主要的禮器（宗教用具）的『鼎』。」〔註166〕

　　類似於此的事例還很多，如張光直對商朝為何頻頻遷都的解釋、對玉琮的解釋等等都是從實用的角度去理解的。而對於巫術的使用，馬林諾夫斯基的看法是「凡是有偶然性的地方，凡是希望與恐懼之間的情感作用範圍很廣的地方，我們就見得到巫術。凡是事業一定，可靠，且為理智的方法與技術的過程所支配的地方，我們就見不到巫術。更可說，危險性大的地方就有巫術，絕對安全沒有任何徵兆的餘地的就沒有巫術。這便是心理因子。」〔註167〕事實上先民對於自己的技術和巫術是混合使用的，儘管在非常熟悉且易於控制的領域所含的巫術因素少一點，但對於充滿偶然性有危險的地方也非全用巫術，它們大多情況下是兩者並用，以期善果，而馬林諾夫斯基認為「兩種領域」是「化分清楚的」「工作與巫術都是並存著，都是毫不相混」〔註168〕則值得商榷的。我們在理論上的劃分只是為了研究的方便，先民於現實中恐怕不可能劃分清楚，它們永遠都是相混的，至少大多數情況下是這樣。

　　由以上的分析可知，出於生存的目的人們離不開「巫術」，它們像傳統一樣充當著「生存價值」的角色。在這一點，無論是何種原始的民族我想都是共同的。下面我們再看一下馬林諾夫斯基對巫術「文化功能」的分析，我們可以看出，巫術在認識上是給人以自信的：

　　　　甚麼是巫術的文化功能呢？我們見到，一切的本能於情緒，以及一切的實際活動，都會使人碰壁，以致他在認識上的缺憾以及粗始的觀察力上的限制，都使知識在這千鈞一髮的時候叛變了他。可是人類的機體乃在這等場合起了應機而起的暴發，而在暴發的過程中產生了粗始的行動以及相信這等行動的效力的粗始信仰。巫術捉住這等粗始信仰與行動儀式而放到永久的傳統形式裏去，以使它們有了標準。巫術就這樣供給原始人一些現成的儀式行為與信仰，一件具體而實用的心理工具，使人渡過一切重要業務或迫急關頭所有的危險缺口。巫術

〔註166〕 李澤厚：《李澤厚十年集：美的歷程・華夏美學・美學四講》，合肥：安徽文藝出版社，1994年版，第35～36頁。

〔註167〕 馬林諾夫斯基：《巫術科學宗教與神話》，李安宅譯，北京：中國民間文藝出版社，1986年版，第122頁。

〔註168〕 馬林諾夫斯基：《巫術科學宗教與神話》，李安宅譯，北京：中國民間文藝出版社，1986年版，第14頁。

使人能夠進行重要的事功而有自信力，使人保持平衡的態度與精神的
統一——不管是在盛怒之下，是在怨恨難當，是在情迷顛倒，是在念
灰思焦等等狀態之下。巫術的功能在使人的樂觀儀式化，提高希望勝
過恐懼的信仰。巫術表現給人的更大價值，是自信力勝過猶豫的價
值，有恆勝過動搖的價值，樂觀勝過悲觀的價值。〔註169〕

這種對「巫術」的禮讚相比於弗雷澤而言真是有過之而無不及，之所以不
厭其煩的大段引用這段話是因為「巫術」無論是在其起源上還是在其使用上就
整個人類來講它們都是相似或甚至是相同的，因為無論是就其「生存價值」來
講還是就其給予認識上的自信上來講，在先民那裡都是普遍存在的。這就像郭
沫若當年在分析中國歷史是所說的「只要是一個人體，他的發展，無論是紅黃
黑白，大抵相同。由人所組織成的社會也正是一樣。中國人有一句口頭禪，說
是『我們的國情不同』。這種民族的偏見差不多各個民族都有。然而中國人不
是神，也不是猴子，中國人所組成的社會不應該有甚麼不同。我們的要求就是
要用人的觀點來觀察中國的社會，但這必要的條件是須要我們跳出一切成見
的圈子。」〔註170〕這些平實的話語透出了多少大智大慧和文化上的自信呀，
至今讀來他依然是那樣的振奮人心，用「人的觀點」來觀察社會不正是當年蔡
元培所說的「平等的眼光」嗎？其實這也正是一種世界的視角，以此來觀察
「巫文化」我們看到的也更多是同而不是「異」，如果說雅斯貝爾斯的「軸心
期文明」看到的更多是「文明之異」的話，那麼對「巫文化」這一「前軸心期
文明」的考察我們看到的則更多是「文化之同」。

（二）特徵上的共同性：思維模式

「巫」最重要的四個特徵是：儀禮、所受的支配規律、功能和含混性。「儀
禮」的共同性是說無論是何種原始的民族要舉行巫術儀式都是有嚴格的儀禮規
則和步驟的，至於嚴格的程度以及具體的禮儀內容則可以有所不同；「所受支配
規律」的共同性是說無論是何種原始的民族其種類繁雜的巫術內容所受的支配
規律不外乎是弗雷澤所說的「交感律」（又分為「相似律」和「接觸律」）；「功
能」的共同性是指無論是就其生存層面來講巫術都發揮著公共職能的角色還是

〔註169〕 馬林諾夫斯基：《巫術科學宗教與神話》，李安宅譯，北京：中國民間文藝出
　　　　　版社，1986年版，第77頁。
〔註170〕 郭沫若：《中國古代社會研究》（外二種），石家莊：河北教育出版社，2000年
　　　　　版，第6頁。

就其認識論層面來講巫術都給人以迷惘時的自信和猶豫時的樂觀，這在任何一原始的民族都一樣；而「含混」的共同性是指，無論是何種原始的民族都共同存在著巫術與宗教、巫術與科學、巫術與政治、巫術與倫理等等相互滲透的現象，它們的現實狀態永遠都不是「涇渭分明」的而毋寧說是「相互含混」的。

1. 儀禮的共同性

在談到「巫術與科學」一節時馬林諾夫斯基說「然在一切之上，巫術是有種種等級極其嚴格的條件的：如咒語的絕對記得準確，儀式行的無可訾議，禁忌與律令遵守的毫不含糊之類，都是術士很受限制的。」〔註171〕而對於儀禮的要求李澤厚甚至說到「由於它是溝通神明的聖典儀式（holy ritual），不能小有差錯。因此對巫師本人、參加操作者以及整個氏族群體成員，都有十分嚴格的要求和規範，必須遵循，不能違背，否則便會有大災難降臨於整個群體。」〔註172〕「一舉手一投足都有嚴格的規定，一個動作也不容許做錯，一個細節也不容許省略、漏掉……否則就是對神的大不敬而會給整個氏族、部落帶來災難」〔註173〕而對於現實操作中是如何走步、如何舉手、如何抬足則又是多樣和豐富的，這些從大量的民俗學和人類學文獻中我們都不難見到，儘管會有種種的不同，但任何一巫術都有嚴格的「儀禮」這一點則是相同的。

2. 所受支配規律的共同性

弗雷澤在《金枝》第三章談了「交感巫術」的問題，他說「如果我們分析巫術賴以建立的思想原則便會發現它們可歸結為兩個方面：第一是『同類相生』或果必同因；第二是『物體一經互相接觸，在中斷實體接觸後還會繼續遠距離的互相作用』。」〔註174〕他將前一原則稱為「相似律」，而後一原則被稱為「接觸律」或「觸染律」。巫師根據第一原則引申出他能僅僅通過模仿就可實現任何他想做的事；而根據第二原則他則斷定他能通過一個物體來對一個人施加影響，只要該物體曾被那個人接觸過而不論該物體是否為該人身體的一部分。弗雷澤繼續分析到「基於相似律的法術叫做『順勢巫術』或『模擬巫

〔註171〕 馬林諾夫斯基：《巫術科學宗教與神話》，李安宅譯，北京：中國民間文藝出版社，1986 年版，第 73 頁。

〔註172〕 李澤厚：《歷史本體論·己卯五說》，北京：生活·讀書·新知三聯書店，2003年 5 月版，第 164 頁。

〔註173〕 李澤厚：《中國古代思想史論》，北京：人民出版社，1985 年版，第 10 頁。

〔註174〕 弗雷澤：《金枝：巫術與宗教之研究》，徐育新，汪培基，張澤石譯，北京：中國民間文藝出版社，1987 年版，第 19 頁。

術』。基於接觸律或觸染律的法術叫做『接觸巫術』。」〔註175〕順勢巫術依據的是「相似聯想」，接觸巫術依據的是「接觸聯想」，其實無論是相似聯想還是接觸聯想都是人類早期智慧的一種體現，即便是現在這兩種聯想在科學的研究、實驗和探索中也發揮著重大的作用，基於這一點再加之巫術對外界必然性的認定，弗雷澤就斷言巫術與科學是相似的，只不過巫師盲目地相信他施法時所用的原則同樣可支配無生命的自然界的運轉，認為「相似律」和「接觸律」是可以普遍應用的，那種對人類主體性的盲目張揚和模糊、誇大、無根據的自信又區別於科學的審慎以及對外界必然性解讀後的認真遵循，所以弗雷澤又說「巫術是一種被歪曲了的自然規律的體系，也是一套謬誤的指導行動的準則；它是一種偽科學，也是一種沒有成效的技藝。」〔註176〕

　　弗雷澤的批判也是深刻而又尖銳的，但很明顯這是站在今人的視角去看待先人的巫術，與以上的禮讚和馬林諾夫斯基的評價並不矛盾，因為後者是站在先人的角度去分析巫術在當時的作用。而弗雷澤只所以認為巫術是一種「偽科學」，在他看來是因為「『順勢巫術』所犯的錯誤是把彼此相似的東西看成是同一個東西；『接觸巫術』所犯的錯誤是把互相接觸過的東西看成是合在一起進行。」〔註177〕同樣，在我們嚴肅的分析先民巫術的種種淺陋和不足時，我們也不要忘了巫術在當時的「安身立命」和「生存價值」，一定的文化或智慧只有放在當時的歷史情形下我們才能更深刻的體會它。總之，受相似律支配的順勢巫術和受接觸律支配的接觸巫術它們共屬於交感律所支配的交感巫術，這一點，無論是對於何種原始的民族都是一樣的。

　　3. 功能上的共同性

　　功能的分析可以側重兩點：一是「生存價值」，二是「文化功能」。在先民社會中巫術是既可以為個人服務也可以為全社會服務，也即當時的整個氏族群體服務，對個人的價值在於治病和確保平安；而對氏族群體的價值在於生存，其實巫術的後一價值才是根本的，因為對於群體生活味極濃的先民社會而言，群體才是根本，所以弗雷澤在把巫術分為「個體巫術」和「公眾巫術」之

〔註175〕　弗雷澤：《金枝：巫術與宗教之研究》，徐育新，汪培基，張澤石譯，北京：中國民間文藝出版社，1987 年版，第 19 頁。

〔註176〕　弗雷澤：《金枝：巫術與宗教之研究》，徐育新，汪培基，張澤石譯，北京：中國民間文藝出版社，1987 年版，第 19 頁。

〔註177〕　弗雷澤：《金枝：巫術與宗教之研究》，徐育新，汪培基，張澤石譯，北京：中國民間文藝出版社，1987 年版，第 20 頁。

後，他指出「公眾巫師佔據這一個具有很大影響的位置，如果他是個慎重能幹的人，就可以一步步爬上酋長或國王的寶座。」〔註178〕所以當時巫術的使用更多表現為對公眾的服務，而在當時人們的第一需要是生存，所以在巫術可能謀取到的各種公眾利益項目中，最根本的是提供大量的食物。這在獵人、漁夫、農人那裡展開了不同的內容，但目的都是一樣的，與此相關的便有求雨止旱、止雨防澇等等的巫術儀式，自然為求生存和食物的巫師便不得不常與天氣打交道。弗雷澤又分析了巫術控制雨水、巫術控制太陽、巫術控制颶風，很明顯這是就大處著眼的，而在具體的生存生活中比如打獵前、捕魚前又有種類繁多的巫術內容，這就包括禁忌，禁忌是巫術消極的一面，如果把積極有為的巫術稱為法術的話，那麼那種不能做什麼的嚴格限制便是禁忌。它們是巫術的兩個方面，而且都是必要的，禁忌是巫術必要的條件，這關乎巫術的成功和是否有效。其實巫術的社會功能在當時的勞動分工、團結協作、指揮領導方面都有巨大的作用，它們是凝聚的核心、團結的武器，先民在誠惶誠恐的生存中也因此而更加自信而且勇敢有力，在談到這一點時馬林諾夫斯基說「然巫術也執行另一項十分重要的社會功能，我在旁處已經說明過。巫術在勞動組織與有計劃的布置上是積極的因素。它也供給打獵行為以主要的控制的力量。」〔註179〕這些可看作巫術功能的外在方面，它關乎先民的「生存價值」。

巫術功能的第二個方面是內在的心理上的自信和文化上的認知，這是先民解釋世界的方式，與此同時巫術給予此種解釋的內容、有效性和合法性。讓我們再看一下馬林諾夫斯基對此的看法：「巫術就這樣供給原始人一些現成的儀式行為與信仰，一件具體而實用的心理工具，使人渡過一切重要業務或迫急關頭所有的危險缺口。巫術使人能夠進行重要的事功而有自信力，使人保持平衡的態度與精神的統一——不管是在盛怒之下，是在怨恨難當，是在情迷顛倒，是在念灰思焦等等狀態之下。巫術的功能在使人的樂觀儀式化，提高希望勝過恐懼的信仰。巫術表現給人的更大價值，是自信力勝過猶豫的價值，有恆勝過動搖的價值，樂觀勝過悲觀的價值。」〔註180〕這些飽含激情

〔註178〕 弗雷澤：《金枝：巫術與宗教之研究》，徐育新，汪培基，張澤石譯，北京：中國民間文藝出版社，1987 年版，第 93 頁。

〔註179〕 馬林諾夫斯基：《巫術科學宗教與神話》，李安宅譯，北京：中國民間文藝出版社，1986 年版，第 122 頁。

〔註180〕 馬林諾夫斯基：《巫術科學宗教與神話》，李安宅譯，北京：中國民間文藝出版社，1986 年版，第 77 頁。

的文字每次讀起來都是那樣的激動人心，如果說自由是一種力量的象徵，那麼先民無疑是最不自由的；如果說自由是對必然的認識，那麼先民也同樣是不自由的（當然只是從我們視角立論），但是在充滿危險和恐懼的自然環境中，先民一刻也未停止對他們身處環境的認識和解讀，而最先充當這一角色的正是「巫師」。

對此弗雷澤說「在這裡，至少是在原始社會的較高階段有一部分人從謀生需要的艱苦體力勞動中解脫出來了，並且不但是被允許，而且是被期待、被鼓勵去從事對大自然奧秘的探索。他們馬上擔負責任並且要注意的事實是：他們應該知道的比他的同伴更多些；他們應該通曉一切有助於人與自然艱苦鬥爭所需的知識，一切可以減輕人們的痛苦並延長其生命的知識。藥物及礦物的特性；雨、旱、雷、電的成因；季節的更替；月亮的盈虧；太陽每日每年的運行；星辰的移動；生死之秘密等等，所有這一切一定都引起過這些早期哲學家的好奇，並激勵他們尋找這些問題的答案。受到他們保護的人們無疑地會經常以極為實際的形式一再提出這些問題，從而刺激這他們的注意力。被他們保護的人們期待著他們為了人的利益不僅要去瞭解而且要去控制自然界的偉大進程。他們的第一次射擊離開目標甚遠，這是很難避免的。他們那緩慢但不斷地接近真理的探索在於不斷的形成和檢驗各種設想，接受那些在當時似乎是符合實際的假設而擯棄其他。」〔註181〕這是對早期哲學家思想理路的概括，而且是一個美麗的猜想。弗雷澤稱巫師從當時氏族中的分離是人類的一大進步，這種判斷也是合理的，因為這種分離使思考成了一種專業、一種工作的核心而不用去為它事分心。

馬林諾夫斯基更是直言不諱的說「人類的第一個專業乃是術士的專業」〔註182〕當然這種分工也並不意味著只有巫師才去思考諸如上面的種種問題，這裡專業的含義是這樣的，巫師主要從事這些問題的思考，而一般的氏族民眾則主要從事打獵、捕魚等體力勞動，但作為生活瑣碎的巫術或是思考即便是在民眾中也是廣泛存在的。「所以巫術整個的文化功能，乃在填平極重要的業務而未被人類操了左券者所有的缺憾與漏洞。為達到這種目的起見，巫術便給原始人以一種堅信，堅信他有成功的力量；又給他以精神的實

〔註181〕弗雷澤：《金枝：巫術與宗教之研究》，徐育新，汪培基，張澤石譯，北京：中國民間文藝出版社，1987年版，第94頁。

〔註182〕馬林諾夫斯基：《巫術科學宗教與神話》，李安宅譯，北京：中國民間文藝出版社，1986年版，第76頁。

用的技術，在普通的方法不中用的時候來應用。巫術就這樣使人進行最重要的業務而有自信心，使人在困難情形之下而保持心理的平衡與完整——那就是沒有巫術的幫助便會被失望與焦思，恐怖與恨怒，無從達到目的的戀與莫可如何的仇等等弄得一蹶不振得情形。」〔註183〕這便是巫術的「文化功能」，而無論是「生存價值」還是「文化功能」，我們認為在任何原始的民族裏都是相同的。

4. 巫的含混性的共同性

巫的含混性是指巫與政治、巫與倫理、巫與宗教以及巫與科學等等都是相混的，這具體又表現為巫君合一、巫師與祭司的合一、祭司兼國王等等表現形式，總之宗教、倫理、政治、巫術與科學它們都是相互混合的而非涇渭分明的。首先，讓我們看看巫術與宗教的關係。巫術以實用為目的，而宗教則沒有那麼強烈的目的性，「巫術行為背面的意見與目的，永遠都清楚、直接、一定；宗教禮節則無希望達到事後的目的」〔註184〕，馬林諾夫斯基還說「在神聖的領域以內，巫術是實用的技術，所有的動作只是達到目的的手段；宗教則是包括一套行為本身便是目的的行為，此外別無目的。我們現在便可將這種分別追蹤到更深的層次。巫術這實用的技術，有受限定的手段：咒、儀式、術士的遵守一切條件，更永遠是巫術的三位一體。宗教因為方面多，目的複雜，沒有這樣單純的手段；宗教的統一性，不在行為的形式，也不在題材的相同，乃在它所盡的功能，不在它的信仰與儀式所有的價值。」〔註185〕這種從理論上的區分只是為了今人研究的方便，事實上於先民社會中它們更多是相混的，儘管弗雷澤在分析巫術與宗教時也談到「宗教認定世界是由那些其意志可以被說服的、有意識的行為者加以引導的，就這一點來說，它就基本上是同巫術以及科學相對立的。巫術或科學都當然的認為，自然的進程不取決於個別人物的激情或任性，而取決於機械進行著的不變的法則。不同的是，這種認識在巫術是暗含的，而科學卻毫不隱諱。儘管巫術也確實經常和神靈打交道，它們正是宗教所假定的具有人格的神靈，但只要它們按其正常的形式進行。它對待神靈的方

〔註183〕 馬林諾夫斯基：《巫術科學宗教與神話》，李安宅譯，北京：中國民間文藝出版社，1986 年版，第 122 頁。

〔註184〕 馬林諾夫斯基：《巫術科學宗教與神話》，李安宅譯，北京：中國民間文藝出版社，1986 年版，第 21 頁。

〔註185〕 馬林諾夫斯基：《巫術科學宗教與神話》，李安宅譯，北京：中國民間文藝出版社，1986 年版，第 75 頁。

式實際上是和它對待無生物完全一樣，也就是說，是強迫和壓制這些神靈，而不是像宗教那樣去取悅或討好它們。因此，巫術斷定，一切具有人格的對象，無論是人或神，最終總是從屬於那些控制著一切的非人力量。任何人只要懂得用適當的儀式和咒語來巧妙地操縱這種力量，他就能夠繼續利用它。」〔註186〕巫術與宗教這種態度和方式的不同，確實可以去說明在歷史上為何存在祭司經常追擊巫師的這種無情的敵意。

在我們看到這種因不同而存在敵意的同時，也不要忘了「在早期社會，國王通常既是祭司又是巫師。」〔註187〕也即祭司和巫師正可表現在一個人身上，這也許可看作實用原則的又一印痕，但事實上也確實是這樣，正如弗雷澤所分析說「然而，我們已如此熟悉的這種對立，似乎是在宗教歷史的較晚時期才能清楚的表現出來。在其較早階段，祭司和巫師的職能是經常合在一起的。或更確切的說，他們各自尚未從對方分化出來。為了實現其願望，人們一方面用祈禱和奉獻祭品來求得神靈們的賜福，而同時又求助於儀式和一定形式的話語，希望這些儀式和言詞本身也許能帶來所盼望的結果而不必求助於鬼神。簡言之，他同時舉行著宗教和巫術的儀式。他幾乎是同時在喃喃地念著祈禱詞又念著咒語，他並不注意他的行為和理論之間的矛盾，只要能設法獲得其所需就好。我們已在美拉尼西亞人及其他民族中見到過這種把宗教和巫術融合或混淆在一起的事例了。」〔註188〕這段話已很能說明巫術與宗教是以何種方式融合的，而弗雷澤後來對兩種「人神」〔註189〕的分析也在強調這種含混性。當然這種含混性應這樣理解，在較早期的社會中巫術占主導地位，也有宗教或者說祭司和祈禱的因素，但主要是巫師在支撐著對社會的解讀和對問題的解答；而隨著人類生產實踐的展開，隨著人類自由力量的增強，當然也隨著巫術不靈驗的被人認同，宗教作為「一種對人類無知和無力的反思」〔註190〕這種融合

〔註186〕弗雷澤：《金枝：巫術與宗教之研究》，徐育新，汪培基，張澤石譯，北京：中國民間文藝出版社，1987年版，第79頁。

〔註187〕弗雷澤：《金枝：巫術與宗教之研究》，徐育新，汪培基，張澤石譯，北京：中國民間文藝出版社，1987年版，第19頁。

〔註188〕弗雷澤：《金枝：巫術與宗教之研究》，徐育新，汪培基，張澤石譯，北京：中國民間文藝出版社，1987年版，第81頁。

〔註189〕弗雷澤：《金枝：巫術與宗教之研究》，徐育新，汪培基，張澤石譯，北京：中國民間文藝出版社，1987年版，第92頁。

〔註190〕弗雷澤：《金枝：巫術與宗教之研究》，徐育新，汪培基，張澤石譯，北京：中國民間文藝出版社，1987年版，第87頁。

也即巫術與宗教是逐漸脫離開的，或者說宗教逐漸取代了巫術而發揮著原來巫術曾經的支配作用，在此情況下才會出現巫師被祭司追逐的情形。弗雷澤所說的巫術先於宗教也正是這個意思，只不過無論是在何種時期，無論是融合還是分離都不是那麼清楚的，也即此種含混性永遠存在。

說巫術或宗教單純起作用的時期是沒有的，即便是說宗教脫離巫術而單獨起作用也只是一種總括的說法，因為即便是在宗教極其鼎盛的時期，巫術思想也夾雜其中。一方面，巫術貫穿於人類歷史而至今，另一方面巫術作為對人類主體性的自信和張揚，無論何時都是需要的，而這一方面很明顯是被科學大大的發揚了。這便是我們想要談的第二點，巫術與科學的含混性。弗雷澤說巫術是一種偽科學，是一種被歪曲裹的自然規律體系，但是他也看到「巫術與科學在認識世界的觀念上，兩者是相近的。二者都認定事件的演替是完全有規律和肯定的。並且由於這些演變是由不變的規律所決定的，所以它們是可以準確地預見到和推算出來的。一切不定的、偶然的和意外的因素均被排除在自然進程之外。對那些深知事物的起因、并能接觸到這部龐大複雜的宇宙自然機器運轉奧秘的發條的人來說，巫術與科學這二者似乎都為他開闢了具有無限可能性的前景。

於是，巫術同科學一樣都在人們的頭腦中產生了強烈的吸引力；強有力地刺激著對於知識的追求。它們用對於未來的無限美好的憧憬，去引誘那疲倦了的探索者、困乏了的追求者，讓他穿越對當今現實感到失望的荒野。巫術與科學將他帶到極高極高的山峰之顛，在那裡，越過他腳下的滾滾濃霧和層層烏雲，可以看到天國之都的美景，它雖然遙遠，但卻沐浴在理性的光輝之中，放射著超凡的燦爛的光華！」〔註191〕弗雷澤的論證對錯與否，這段話讀起來都是那麼美，先民的思想家在文化的荒野中探索的艱辛有此理解和認同，我想他們的靈魂也會為此而安息吧。同樣巫術與科學的含混也正可以解釋巫術何以綿延即便是在被宗教和科學「取代」後，這應是一個很重要的原因。在巫術與科學含混這一點上，馬林諾夫斯基與弗雷澤有著相似的看法「巫術與科學站在一起的地方，乃在有一個清楚的目的，深切地與人類本能、需求、事務等相聯絡。」〔註192〕

〔註191〕 弗雷澤：《金枝：巫術與宗教之研究》，徐育新，汪培基，張澤石譯，北京：中國民間文藝出版社，1987年版，第76頁。

〔註192〕 馬林諾夫斯基：《巫術科學宗教與神話》，李安宅譯，北京：中國民間文藝出版社，1986年版，第74頁。

那麼我們是否可以說，這種含混以及上面所分析的功能、所受的支配規律、儀禮、起源等是人類文明的共有呢？這正如弗雷澤的提問一樣「簡言之，是否如人類文明在物質方面到處都有過石器時代一樣，在智力方面各地也都有過巫術時代呢？我們有理由對這個問題給予肯定的回答。當我們從格陵蘭到火地島，從蘇格蘭島到新加坡縱觀人類現存的各個種族之時，我們觀察到它們都各具不同的、種類繁多的宗教。我們還觀察到這種宗教種類之繁雜不單是跟那些種族一樣地眾多，而且還深入到各個國家和聯邦；滲透到各個城市，村莊甚至家庭之內。……宗教體系的矛盾分歧主要是影響這社會中善於思考的知識階層，一旦走出這矛盾分歧的範圍，我們就會發現，愚昧的、軟弱的、無知和迷信的人們在信仰問題上是完全和諧一致的，不幸的是，正是這些人構成了人類的大多數。……對於巫術功效的信仰，是一種真正全民的、全世界性的信仰。」〔註193〕總之，我們認為巫術與宗教和科學是相混的，無論是在何種原始的民族中都一樣。

最後，讓我們用弗雷澤對巫師的評價來結束這一節對「巫的共同性」的分析以紀念那些在命運不定、危機重重生存境遇下，於思想歷程中曾經艱難跋涉的靈魂：「他們不僅是內外科醫生的直接前輩，也是自然科學各個分支的科學家和發明家的直接前輩。正是他們開始了那在以後時代由其後繼者們創造出如此輝煌而有益的成果的工作。如果說這個工作的開端是可憐的軟弱的，那麼這一點應歸咎於那個通往知識之路的無可避免的艱難，而不應歸咎於自然力或人們有意的自我欺騙。」〔註194〕在這一思想歷險過程中，巫師與君王或者說氏族領袖明顯首當其衝，他們又往往是合二為一的。

下面我們就探究「巫文化」中極富爭議的話題「巫君合一」，這是一種人神關係，也是後世政教關係的前身。

二、巫文化的政教關係：巫君合一與森林之王

「巫君合一」實質是巫與政治的含混，相比於巫與宗教、巫與科學來說「巫君合一」也即巫與政治的含混尤其是對中國來說影響意義更大，雖然巫師曾是內外科醫生的直接前輩，也是自然科學各個分支的科學家和發明家的直

〔註193〕 馬林諾夫斯基：《巫術科學宗教與神話》，李安宅譯，北京：中國民間文藝出版社，1986 年版，第 85 頁。

〔註194〕 弗雷澤：《金枝：巫術與宗教之研究》，徐育新，汪培基，張澤石譯，北京：中國民間文藝出版社，1987 年版，第 95 頁。

接前輩，但是「巫君合一」使巫文化直接影響著政治、影響著權力、影響著氏族的制度安排。「巫君合一」在《金枝》中表現為「森林之王」，在中國則表現為「王為首巫」以及後來的「王配帝」。

（一）《金枝》中的「森林之王」

據弗雷澤的研究，「王位稱號和祭司職務合在一起，這在古意大利和古希臘是相當普遍的。在羅馬和古羅馬其他城市都有一個祭司被稱之為『祭祀王』或『主持祀儀的王』，而他的妻子則擁有『主持祀儀的王後』的稱號。」〔註195〕這便是王與祭司的合一，而一些學者認為，在中國早期社會，王通常既是祭司又是巫師。獻祭與念咒通常是結合進行的，而巫師或者是祭司往往會走向國王的位置，「在很多地區和民族中，巫術都曾聲稱它具有能為人們的利益控制大自然的能力。假如卻曾如此，那麼巫術的施行者必然會在對他們的故弄玄虛深信不疑的社會中成為舉足輕重的有影響的人物。他們當中的某些人，靠著他們所享有的聲望和人們對他們的畏懼，攫取到最高權力，從而高踞於那些易於親信的同胞之上，這是不足為怪的。事實上，巫師們似乎常常發展為酋長或國王。」〔註196〕而類似的實例無論是在文化程度不太高的非洲還是在尼羅河上游的部落中，巫師本身就是酋長或酋長本身就是巫師的情況就很多。

而在《金枝》中的「森林之王」正是巫術、宗教和世俗政治的融合體現，這具體表現為他是祭司又是巫師還是主管森林之王，這其實也說明了「王」的神聖含義，他不僅是人世的一個普通的管理人員，在他身上有著更多的神聖光環，當他成為國王的時候他已不再是一個普通的人而是由上天或神做保證的「人神」，而且「在那些年代裏，籠罩在國王身上的神性絕非是空洞的言詞，而是一種堅定的信仰。在很多情況下，國王不只是被當成祭司，即作為人與神之間的連絡人而受到尊崇，而是被當作神靈。他能降福給他的臣民和崇拜者，這種賜福通常被認為是凡人力所不能及的只有向超人或神靈祈求並供獻祭品才能獲得。因而國王們又經常被期望著能賜與國家風調雨順五穀豐登等等。」〔註197〕這種現象在中國也同樣存在，中國的皇帝素有「祭」的傳

〔註195〕 弗雷澤：《金枝：巫術與宗教之研究》，徐育新，汪培基，張澤石譯，北京：中國民間文藝出版社，1987 年版，第 16 頁。

〔註196〕 弗雷澤：《金枝：巫術與宗教之研究》，徐育新，汪培基，張澤石譯，北京：中國民間文藝出版社，1987 年版，第 128 頁。

〔註197〕 弗雷澤：《金枝：巫術與宗教之研究》，徐育新，汪培基，張澤石譯，北京：中國民間文藝出版社，1987 年版，第 17 頁。

統，這種「祭」正來自於先民的「巫君合一」現象。

（二）殷商時期「王為巫長」

據陳夢家和張光直諸先生的研究，在中國先民社會中巫政結合，巫通天人，王為群巫首，尤其是從出土的殷墟甲骨文卜辭中可以得到大量的例證，以殷周時代為例，許多研究者都認為商周的統治者是集巫與領導權於一身的，這幾乎已成了學界的共識。如夏淥認為「殷王是奴隸帝國的最高統治者，集最大的巫師和軍事指揮官於一身」〔註198〕。再比如《國語・周語上》、《墨子・兼愛下》、《呂氏春秋・順民》等載有商湯為求雨而剪髮、磨手一事，這是典型的巫術行為，所以吳銳說「商代雖然已建立了國家，但宗教在政治生活中佔有舉足輕重的地位，豐富的甲骨文資料顯示，商王室事無鉅細都要占卜，其迷信如此。」〔註199〕而類似的行巫求雨、免災還見於《後漢書・方術列傳》中，顧頡剛當年稱此為「鬼治主義」，他說「原來西周以前，君主即教主，可以為所欲為，不受什麼政治道德的拘束；若是逢到臣民不聽話的時候，只要抬出上帝和先祖來，自然一切解決，這一種主義，我們可以替它起個名兒。喚作『鬼治主義』」〔註200〕。直到西周，此種鬼氣依然很重，吳銳認為周公本身就是一個大巫，他舉例說《周書》有載武王告病，占卜而不見好轉，周公便以身相禱願代武王而死……。

另外，「王配帝」或可視為巫君合一的具體表現。而關於此問題的爭論也比較大，如晁福林認為先祖配上帝是自周人始的，因為他認為有殷一代帝的權勢並未凌駕於祖先神之上，而祖先神在當時則處於主導地位〔註201〕；高明先生則認為自祖庚、祖甲始就把直系之父武丁稱作「帝丁」，因為武丁功勞甚大，他即位後為思與殷曾三年不語〔註202〕；胡厚宣先生也著長文詳細論證了上帝和王帝的問題，他也認為是自武丁時起，對天子死後稱帝。此也載於《大戴禮記・誥志》和《禮記・曲禮》中，而只所以將帝稱上帝也與王配帝有關，郭沫若在《先

〔註198〕 夏淥：《卜辭中的天、神、命》，載吳銳編《古史考・神守社稷守卷》，海口：海南出版社，2003 年版，第 300 頁。

〔註199〕 夏淥：《卜辭中的天、神、命》，載吳銳編《古史考・神守社稷守卷》，海口：海南出版社，2003 年版，第 282 頁。

〔註200〕 夏淥：《卜辭中的天、神、命》，載吳銳編《古史考・神守社稷守卷》，海口：海南出版社，2003 年版，第 283 頁。

〔註201〕 晁福林：《論殷代神權》，載吳銳編《古史考・神守社稷守卷》，海口：海南出版社，2003 年版，第 228 頁。

〔註202〕 高明：《從甲骨文中所見王與帝的實質看商代社會》，載吳銳編《古史考・神守社稷守卷》，海口：海南出版社，2003 年版，第 224 頁。

秦天道觀之進展》中對此則解釋為「上下本是相對的文字，有『上帝』，一定已有『下帝』」〔註203〕，另外，於武丁時僅對天子死後稱帝，但殷末二王在位時就已稱帝乙、帝辛了；另一值得關注的現象是胡厚宣所稱的上帝與王帝的分野，他認為在王配帝後人們便認為因先祖即可稱帝，便同天帝一樣也具有降下禍福、授佑懲罰之權能，而且天帝總顯得遙遠而先祖則顯得親切，所以以前人們遇事向天帝祈禱現在則向先祖祈禱，請先祖在帝左右轉向上帝祈禱而不再是直接向上帝有所祈求，他認為這便是上帝和王帝的主要分野，此二種變化使王帝逐漸在執政時便具有了帝的權能，這也就是我們稱皇帝為天子的原因，由王帝到天子這便完成了人間君王神聖化的過程，他成了合法的人間代表。〔註204〕

對於王配帝一說郭沫若則認為，在有殷一代中華古文明便與古巴比倫文明有接觸，他舉例說「十二辰」傳自古巴比倫，而中國的「帝」與古巴比倫文化接觸融合後，殷人把帝字定義成了本族祖先神的專稱，把自己的圖騰移至天上而更具神聖性，成了天上的至上神，所以他們的至上神「帝」同時又是他們的宗祖。〔註205〕所以說王配帝現象應是中國古代文明國家形成後巫君合一的具體體現，而這一過程的實現便形成了中國的「天子」意識以及「天朝上國」制度，它們又都具有天然的合法性和神聖性，對中國的影響更是廣泛且深遠。

綜上所述，無論是《金枝》中的「森林之王」還是殷墟卜辭所彰顯的「王為群巫之長」「王配帝」，都是一種「巫君合一」的表現。下面我們略作分析。

（三）巫君合一的實質

巫通天，是價值之源也是人間世俗政權的保證，巫君合一便意味著權力與真理的結合；而在先民社會中王、巫、祭司通常是三位一體這就容易形成政治、倫理、宗教為一體的社會架構，李澤厚說「我在許多文章中屢屢提及中國『宗教、倫理、政治三合一』，這個『三合一』即來自上述的『由巫到禮』。」〔註206〕當然這並非是「巫君合一」的唯一演進路向，比如西方就走向了宗教

〔註203〕 郭沫若：《中國古代社會研究》（外二種），石家莊：河北教育出版社，2000年版，第307頁。

〔註204〕 胡厚宣：《殷卜辭中的上帝和王帝》，載吳銳編《古史考·神守社稷守卷》，海口：海南出版社，2003年版，第197頁。

〔註205〕 郭沫若：《中國古代社會研究》（外二種），石家莊：河北教育出版社，2000年版，第313～316頁。

〔註206〕 李澤厚：《說巫史傳統補》，陳明，朱漢民主編：《原道》，2005年第十一輯，第170頁。

和科學，他們的政教是分離的，當然「合」與「分」都是就相對意義而言的。而從理論上來講，巫君合一的實質無論是西方還是東方，又是相同的。

李澤厚認為巫具有四個特質：一是實用功利性，行巫術都是有一定目的為解決問題而來的；二是禮儀規範性，這體現的是內心的敬畏；三是主宰控制性，這是宗教與巫術的最大區別，巫師可以影響、主宰甚至控制鬼神而降雨、消災、賜福；四是情感迷狂性，這是不可自由體驗的，而是在敬畏心理和嚴格禮儀規範下的真誠迷狂狀態，惟此方可神人合一。以上便是李先生所分析的四大特質，這與宗教學上的分析一致，但這只是一種學理上的認識，因為問題的關鍵及其對後世有巨大影響的並不在此。

對後世有巨大影響的在於：巫不但擁有通靈的權力而且擁有真理的解釋權。儘管巫師可以主宰鬼神，但神始終是全知全能的象徵，他神通廣大、智慧非凡且擁有生殺予奪和賞罰之權，巫本是凡人，但一旦通神他便不僅僅是人而是神人了，這樣在神管世人而人人又不可個個通神的情況下，巫便成了全能神的人間代表，很明顯人們對神的敬畏和信仰逐漸轉向了可聞可見而且同樣神通廣大的巫身上，這樣巫由凡間的人變成了人間的神。他擁有權力，管理眾人；他擁有智慧，掌握真理，而且這種權力來自天來自神，這種智慧也來自天和神，所以兩者都是神聖而不可剝奪的。這樣，有神賦之權便有管理人們之當然權力，有神賦真理便永遠是對的，永遠不會犯錯，因為神是不會犯錯的，而在此系統下的人只有敬畏和服從，因為在首領不會犯錯的情況下服從便是最好的選擇，不需要懷疑、自由和獨立思考，因為那沒必要。而巫君在巫術時代是天然的合一，所以君便自然稟賦了權力和真理，這是巫君合一體制下的顯著特徵。

所以李澤厚「巫史傳統論」的現實意義之一，或可如是觀：君王擁有權力和真理。權力來自天和神，所以他們只須對天神負責；又因為權力來自於天所以它是神聖的，在下者只能敬畏和服從，即便是懲罰或反抗當局也必須通過天或以天神的名義，因為權力不來自於民，所以在位者無須對其負責但卻可以合法的管理他們，而且在神權下他們只應側重義務的履行而不追求權利的擁有，因為上位者還擁有真理，永遠不會犯錯，故而任何的懷疑和反抗都沒必要。

三、巫文化的演進：巫術不靈驗及其確定性尋求

巫術的不靈驗是注定了的，說它是一種無成效的技藝也是自始至終的，但是人們對這個事實的認識卻是逐漸的、緩慢的，所以說由巫術而宗教是一個過

程。巫術在一個時期是人類智慧的結晶，它由早期的思想家所信仰、宣傳、運用和發揮，後來又被智者所拒絕和拋棄。之所以說它是一個緩慢的過程，因為第一，巫術的每次失敗都是有原因的，「不是因為記得不清，就是行得不盡合法或者犯了禁忌，更或者是因為旁人行了反巫術而取消了它的效力。」〔註207〕巫術有著嚴格的儀式、眾多的環節、禁忌和反巫術，任何一個環節出問題都可能影響到它的效力，所以說任何的一個失敗都有無數的緣由去解釋，唯獨有一個原因是不會提及的，那就是巫術本身，也就是說巫術本身絕沒有問題，出問題的原因只可能在於沒有執行好。第二，巫術的謬誤也遠非易於識破，它的失敗通常也是不明顯的。因為每次巫術儀式的完成，它想要產生的結果是在隔了一段或長或短的時間之後才產生出來的，因此要想在這種情況下識別出是非真假談何容易，如果考慮到人們心理上對它從未懷疑的話。

第三，巫術是對人類主體性的張揚，這在任何時代都是需要的。儘管巫術有點誇張和自不量力，但是它帶給人的自信勝過猶豫的價值，有恆勝過動搖的價值，樂觀勝過悲觀的價值，他給予人們的自信、勇敢、鼓勵、肯定以及生存的力量，無論何時人們要對此有個清醒的認識也必然是漫長的，處於實用原則的考慮，在沒有一個更好的解釋或價值觀出現之前，人們是寧肯抱著傳統不放的，這是生物種類的明智選擇和判斷，讓我們再看一下馬林諾夫斯基對此的褒揚「所以巫術整個的文化功能，乃在填平極重要的業務而未被人類操了左券者所有的缺憾與漏洞。為達到這種目的起見，巫術便給原始人以一種堅信，堅信他有成功的力量；又給他以精神的實用的技術，在普通的方法不中用的時候來應用。巫術就這樣使人進行最重要的業務而有自信心，使人在困難情形之下而保持心理的平衡與完整──那就是沒有巫術底幫助便會被失望與焦思，恐怖與恨怒，無從達到目的的戀與莫可如何的仇等等弄得一蹶不振得情形。」〔註208〕巫術在人們還在需要它的時候，它是決不會提前退出歷史舞臺的。

第四，巫師失敗是極危險的。他們擁有至高無上的光環，被人們作為通天的「人神」敬著，但是他們也在不斷接受著天、地、人的考驗，更準確的

〔註207〕 馬林諾夫斯基：《巫術科學宗教與神話》，李安宅譯，北京：中國民間文藝出版社，1986年版，第74頁。

〔註208〕 馬林諾夫斯基：《巫術科學宗教與神話》，李安宅譯，北京：中國民間文藝出版社，1986年版，第122頁。

說是面臨著失敗後如何交代的考驗，因為巫術的失敗是不可避免的，唯一的解脫是找到合理且被眾人接受的解釋，否則，巫師本人將會無情的被人們懲罰，因為在世界很多地區，巫術失敗的國王或酋長都是要遭到懲罰的，比如西徐亞人一旦食物缺少時便將他們的國王囚禁起來，在南太平洋的紐埃島上在缺糧時人們便會憤怒的殺死國王，以至於沒人再敢去做。〔註209〕所以說作為先民的智者，即便是為了自身的安全他也會不遺餘力的宣傳巫術的效力並找出失敗的其他原因。第五，巫術的科學性。巫術在先民那裡是充當了科學的角色的，儘管他是一種「偽科學」，但對於先民的認識水平和面臨的問題來說那已經足夠了，更何況它們還在不斷被完善和修正如弗雷澤所說「他們的第一次射擊離開目標甚遠，這是很難避免的。他們那緩慢但不斷地接近真理的探索在於不斷的形成和檢驗各種設想，接受那些在當時似乎是符合實際的假設而擯棄其他。」〔註210〕所以說由巫術而宗教是一個漫長而又光輝的歷程，但是無論如何，巫術的「無效」終會被識破，也許曾是血的代價吧，但人類終究要經歷內心的猶豫、懷疑甚至是劇烈而又痛苦的掙扎，最終還是要走向更高一級的認識。

　　人類終究要認識到，巫術的儀式和咒語並不能真正獲得如他們所希望產生的結果，人終究控制不了自然的進程，相反有一種巨大的力量在背後控制著，人們左右不了它，相反只能對那看不見的不可思議的神采取極其卑下、臣服的態度……這種掙扎是痛苦的，但是卻是對人類的無知和無力的反思，痛苦卻是進步的、光輝的、值得敬佩的，經歷了痛苦卻迎來了光明，如弗雷澤所說：「就這樣，我們原始的哲學家，當他的思維之船從其古老的停泊處被砍斷繫繩而顛簸在懷疑和不確定的艱難的海上時，在他原來那種對自身以及對他的權力的愉快信心被粗暴地動搖之後，他必曾為此悲哀、困惑和激動不已，直到他那思維之船，如同在充滿風暴的航行之後進入一個安靜的避風港一樣，進入一種新的信仰和實踐的體系之中為止。」〔註211〕這種體系為他帶來了新的解釋和信仰。這也許就是痛苦後的收穫吧。

〔註209〕　弗雷澤：《金枝：巫術與宗教之研究》，徐育新，汪培基，張澤石譯，北京：
　　　　　　中國民間文藝出版社，1987 年版，第 122 頁。
〔註210〕　弗雷澤：《金枝：巫術與宗教之研究》，徐育新，汪培基，張澤石譯，北京：
　　　　　　中國民間文藝出版社，1987 年版，第 94 頁。
〔註211〕　弗雷澤：《金枝：巫術與宗教之研究》，徐育新，汪培基，張澤石譯，北京：
　　　　　　中國民間文藝出版社，1987 年版，第 88 頁。

　　巫師本身便是早期的科學家，所以他們也是當今科學家的直接前輩，巫與科學的相似性主要表現在：第一，他們都認為外界自然受一種必然的規律支配著，瞭解了這種必然便能控制它加以利用；第二，他們都有很直接的目的，深切地與人類的本能、需求、事務相聯絡。所以巫術與科學一樣都有相似的吸引力，如弗雷澤所說「巫術與科學在認識世界的觀念上，兩者是相近的。二者都認定事件的演替是完全有規律和肯定的。並且由於這些演變是由不變的規律所決定的，所以它們是可以準確地預見到和推算出來的。一切不定的、偶然的和意外的因素均被排除在自然進程之外。對那些深知事物的起因、并能接觸到這部龐大複雜的宇宙自然機器運轉奧秘的發條的人來說，巫術與科學這二者似乎都為他開闢了具有無限可能性的前景。於是，巫術同科學一樣都在人們的頭腦中產生了強烈的吸引力；強有力地刺激著對於知識的追求。它們用對於未來的無限美好的憧憬，去引誘那疲倦了的探索者、困乏了的追求者，讓他穿越對當今現實感到失望的荒野。巫術與科學將他帶到極高極高的山峰之顛，在那裡，越過他腳下的滾滾濃霧和層層烏雲，可以看到天國之都的美景，它雖然遙遠，但卻沐浴在理性的光輝之中，放射著超凡的燦爛的光華！」〔註212〕

　　無論將巫術描繪的多麼美妙，有一點是無法改變的，巫術不等於科學而是一種偽科學，它是一種無成效的技藝，對它的證偽只是時間問題，畢竟巫術是對自然規律的曲解、是對思維原則的誤用，如馬林諾夫斯基所說「巫術所根據的乃是情緒狀態的特殊經驗；在這等經驗之中，人所觀察的不是自然，而是自己；啟示真理的不是理智，乃是感情在人類集體上所起的作用。科學所根據的信念，是說經驗、努力與理智為真實；巫術所依靠的信仰，乃是說，希望不會失敗而欲求不會騙人的。知識的理論是因邏輯而來，巫術的理論則因聯想受了欲求的影響而來。一件經驗的事實所告訴我們的，是理智的知識系統與巫術的信仰系統乃各在不同的傳統以內，不同的社會布景以內，不同的行為型以內，而且這裡一切的不同都清清楚楚地被蠻野人所承認。一個屬於世俗地領域；另一個別是圈在規條、神秘與禁忌裏面，乃佔了神聖領域地半幅版圖。」〔註213〕所以隨著巫術地不靈驗，他們逐漸認識到大地和上天的運

〔註212〕弗雷澤：《金枝：巫術與宗教之研究》，徐育新，汪培基，張澤石譯，北京：中國民間文藝出版社，1987年版，第76頁。

〔註213〕馬林諾夫斯基：《巫術科學宗教與神話》，李安宅譯，北京：中國民間文藝出版社，1986年版，第74～75頁。

行並非由他們引導，即便沒有他們的存在，自然之輪依然運轉，雨仍然落在
乾渴地土地上、太陽仍然繼續著它的日出和日落、月亮繼續著她橫貫天空地
夜遊……那麼既然以前曾經令人信服、令人陶醉、令人敬畏地思維方式是錯
的，我們究竟該如何解釋這周遭地一切？智者永遠都是思想領域地拓荒英
雄，他們既不會留戀於過去的輝煌也不會自暴自棄，他們所做地永遠都是一
往向前、不遺餘力，這個時候科學在人們經過痛苦的掙扎之後也慢慢登上了
歷史舞臺，而且成了歷史地主角。

本章小結　偶然命運主題下的確定性尋求與理性化進程之展開

　　如前面所說，「巫」之所以重要，因為其在初民社會的功能重要，換句話
說「巫術」深度參與了當時的生活，就如同當今的交通、醫療、教育深入人倫
日用中一樣。李澤厚稱巫的「主觀目的是溝通天人，和合祖先，降福氏族；其
客觀效果則是凝聚氏族，保持秩序，鞏固群體，維繫生存。」〔註214〕說白了，
就是在偶然頻發、危機重重、命運不定的情況下來「明吉凶、測未來、判禍
福、定行止。」〔註215〕若這一思路可以得到辯護，那麼，甚至可以說，我們
至今面臨命運的不確定依然是在「明吉凶、測未來、判禍福、定行止」，只是
說辭變了，依據變了，但是基於命運不確定性所採取的應對思路沒變，還是基
於「趨利避害」的本能。

　　因此，在智者身上，我們再次看到了巫師的身影。在面對偶然命運之應對
模式上，那種確定性的尋求掙扎、思想探險，我們可以看到巫師幽靈的再現。
所以，巫術、宗教、科學之演進不是直線式的，也遠非替代式的簡單處理可以
理解，毋寧說是一種理性化進程的自然展開，而這一歷程，蘊含了保存堅守、
發揚完善和發展創新。嚴格來講，它們始終是並存的，只是次序、側重、組合
不同而已。無論如何，它們都是「命運」的指南，都在面臨不確定、偶然情形
下嘗試做一種確定性的尋求。而這正是，偶然命運主題下的確定性尋求與理性
化進程之展開。

〔註214〕李澤厚：《說巫史傳統》，載《由巫到禮　釋禮歸仁》，北京：生活‧讀書‧新
　　　　知三聯書店，2015 年 1 月版，第 11 頁。
〔註215〕李澤厚：《說巫史傳統》，載《由巫到禮　釋禮歸仁》，北京：生活‧讀書‧新
　　　　知三聯書店，2015 年 1 月版，第 15 頁。

第四章 李澤厚「巫史傳統論」之論證 （一）：由巫到史的「理性化」

問題引入 從饒宗頤對「巫」的新認識談起

　　饒宗頤先生在提交給「中華書局成立八十週年紀念論文集」所撰寫的《歷史家對薩滿主義重新作反思與檢討——「巫」的新認識》〔註1〕一文，對於「巫咸」「絕地天通」「巫的職掌」「巫的身份」「甲骨文所見巫」「巫與筮」「巫醫」「巫教」等等以古文獻為據，都做了新的「反思與檢討」。明確提出「巫由官名演變為氏名」「巫的地位不高……把湯亦看成巫，這是錯誤的。」更不能「以『巫術宗教』作為中國古代文化的精神支柱。」〔註2〕這些提法，應當說寫作背景固然並非針對李澤厚的「巫史論」，但是在內容上，「巫史論」是需要予以回應的。因為「巫史論」確實將「巫」的地位看的很高、也將湯視為「巫」，並且將「巫」視為中國古代文化的「源頭」。

　　前面我提到過，承繼饒宗頤先生的研究，李零先生關於「巫」文獻有著更為系統的梳理，其鴻文《先秦兩漢文字史料中的「巫」》〔註3〕在觀點上與

〔註1〕饒宗頤：《歷史家對薩滿主義重新作反思與檢討——「巫」的新認識》，載《中華文化的過去現在和未來——中華書局成立八十週年紀念論文集》，1992年4月版，第396～412頁。

〔註2〕饒宗頤：《歷史家對薩滿主義重新作反思與檢討——「巫」的新認識》，載《中華文化的過去現在和未來——中華書局成立八十週年紀念論文集》，1992年4月版，第397、400、410頁。

〔註3〕李零：《先秦兩漢文字史料中的「巫」》（上、下），載氏著：《中國方術續考》，北京：中華書局，2006年5月版。

饒宗頤先生可謂一脈相承。就筆者目力所及，饒宗頤先生、李零先生的研究倒是言之成理持之有故的。比如關於「巫咸」，在《史記》等文獻中確實有著地位較高的記載「巫咸治王家有成，作咸艾，作太戊。帝太戊贊伊陟於廟，言弗臣，伊陟讓，作原命。殷復興，諸侯歸之，故稱中宗。」（《史記・殷本紀》）類似的例子也只能視其為「賢臣能相」，地位遠在「帝」之下，只是一種輔佐；關於「巫賢」的例子亦可如是觀。關於巫咸還有「巫彭作醫，巫咸作筮」〔註4〕（《呂氏春秋・審分覽・勿躬》），若審讀上下語境的話，「大撓作甲子，黔如作虜首，容成作麻，羲和作占日，尚儀作占月，後益作占歲，胡曹作衣，夷羿作弓，祝融作市，儀狄作酒，高元作室，虞姁作舟，伯益作井，赤冀作臼，乘雅作駕，寒哀作御，王冰作服牛，史皇作圖，巫彭作醫，巫咸作筮，此二十官者，聖人之所以治天下也。聖王不能二十官之事，然而使二十官盡其巧、畢其能，聖王在上故也。聖王之所不能也、所以能之也，所不知也、所以知之也。養其神、修其德而化矣，豈必勞形愁弊耳目哉？」這裡「巫咸」依然是配角，是二十官之一，突顯的主題是「聖王」的「無為」「勿躬」。其主題與「前巫而後史」是相同的，李澤厚由此引用來論證「由巫到史」則是不妥當的。因為上下文本語境為「故先王患禮之不達於下也，故祭帝於郊，所以定天位也；祀社於國，所以列地利也；祖廟所以本仁也，山川所以儐鬼神也，五祀所以本事也。故宗祝在廟，三公在朝，三老在學。王，前巫而後史，卜筮瞽侑皆在左右，王中心無為也，以守至正。」（《禮記・禮運》另見《孔子家語・禮運》）很明顯可以看出，其主題仍在王的「無為」，其他巫史只是輔助性的，說白了他們要各司其職，「君道無為，臣道有為」。這裡不存在「巫」的獨立性地位，更不存在「巫」的地位高的說法，至少從「絕地天通」以來的文獻記載就是這種格局。

至於說「文獻」以外的真實情況，「巫」在更早時期，比如李澤厚說的「新石器時代」，那是我們管不了的，「文獻不足徵」。我們所能認識的只能侷限於流傳下來的文獻─符號範圍內，只能由此建構「思想之真」，這是任何假說的共有語境。依此來看，「巫」的地位最高的時候，也遠在「王」之下，這也意味著，至少從「絕點天通」的記載開始，王與巫就是分開的，巫要服從王；「巫

〔註4〕「巫咸作筮」另見於《世本・作篇》等文本，關於「大神巫咸的傳說」可參考
　　　宋會群：「巫咸作筮──巫術的流行與術數起源」，載氏著：《中國術數文化
　　　史》，開封：河南大學出版社，1999年版，第28～36頁。

君合一」或者說「王就是巫」的證據是有限的，但是，說「王為群巫之長」是可以的，王參與巫的一些功能，甚至最終解釋權在王那裡也是可以的，但由此無法得出「王就是巫」的結論。前面我引用過過常寶教授的研究，他提到「多材多藝」的說法，可見至少在「武王」「成王」那裡他們已經不具備類似祭祀的通神能力，其玄機或在於「通神」權力是壟斷性的，周公的「多材多藝」只是「王道詩話」的另一個故事而已。

　　但是，儘管我不同意李澤厚抬高「巫的地位」以及「巫君合一」的說法，他所重點發揮的「理性化」現象則值得留意。若接續民族人類學對於「巫文化」的源頭性設定，那麼由此而來「巫文化」的演進則是關注的重點所在。李澤厚說「我以為，中國文明有兩大徵候特別重要，一是以血緣宗法家族為紐帶的氏族體制（Tribe System），一是理性化了的巫史傳統（Shamanism rationalized）。兩者緊密相連，結成一體，並長久以各種形態延續至今。」〔註5〕「這就是中國上古思想史的最大秘密：『巫』的基本特質通由『巫君合一』、『政教合一』途徑，直接理性化而成為中國思想大傳統的根本特色。巫的特質在中國大傳統中，以理性化的形式堅固保存，延續下來，成為瞭解中國思想和文化的鑰匙所在。至於小傳統中的『巫』，比較起來，倒是無足輕重的了。」〔註6〕

　　「如果說周公『制禮作樂』，完成了外在巫術禮儀理性化的最終過程，孔子釋『禮』歸『仁』，則完成了內在巫術情感理性化的最終過程。他們兩位的偉大歷史地位即在於此。周孔並稱，良有以也。巫術禮儀內外兩方面的理性化，使中國沒有出現西方科學與宗教、理性認知與情感信仰各自獨立發展的局面場景。巫術禮儀理性化產生的是情理交融，合信仰、情感、直觀、理知於一身的實用理性的思維方式和信念形態。」〔註7〕

　　「巫術禮儀包含和保存著大量原始人們生活、生產的技巧藝術和歷史經驗。它通過巫術活動集中地不斷地被溫習、熟練而自覺認知。也就是說，巫術禮儀中所包含的科學認知層面，也在不斷地理性化。它們最終形成各種上古的

〔註5〕李澤厚：《說巫史傳統》，載氏著：《由巫到禮　釋禮歸仁》，北京：生活・讀書・新知三聯書店，2015年1月版，第4頁。
〔註6〕李澤厚：《說巫史傳統》，載氏著：《由巫到禮　釋禮歸仁》，北京：生活・讀書・新知三聯書店，2015年1月版，第10頁。
〔註7〕李澤厚：《說巫史傳統》，載氏著：《由巫到禮　釋禮歸仁》，北京：生活・讀書・新知三聯書店，2015年1月版，第31頁。

方技、醫藥、數術。」〔註8〕「如果儒家著重保存和理性化的是原巫術禮儀中的外在儀文方面和人性情感方面，《老子》道家則保存和理性化了原巫術禮儀中與認知相關的智慧方面。如果說，《孫子兵法》概括總結了自上古以來的豐富的軍事經驗，那麼《老子》則概括總結了自上古以來的萬千邦國的興亡歷史。」〔註9〕

由此可以看出李澤厚「巫史論」固然有界定與解讀上的不嚴謹處，但是，他從功能演進視角來解讀中國上古思想演進則是值得留意的。由此來看「巫」反而不是將其視為獨立的、神秘的「祭司」階層，也並非將其視為一種通神的「巫教」，相反將其納入到初民生活的情境中，「巫術」只是「活著」的道具。功能視角，對於先秦的人神關係、政教關係、天人關係確實可以給出一種自圓其說的解讀。比如對於「祖先崇拜」的形成，對於「民為神主」觀念的確立，從理性化視角皆可給出某種較為圓滿的解釋。包括對於「卜筮→德義」之演進也可給出一種合理解釋。此種視角，與他的「人活著」——這一哲學出發點是相通的；「巫→史」的演進只是在吉凶禍福命運主題下的確定性尋求。

下面我們嘗試對其「理性化」予以審視和檢討。

第一節 「理性化」之檢討：以「經驗變先驗」為中心

李澤厚在《由巫到禮》的演講中提到「巫術活動這種現象，所有民族都有，西方也有，非洲、南美洲都有。但是只有中國很早就把它充分理性化地發展了。」〔註10〕「所謂『理性化』也就是將理知、認識、想像、瞭解等各種理性因素滲入、融合在原始迷狂情緒之中，並控制、主宰這種迷狂，成為對人們（首先是首領、巫君）的行為、心理、品格的要求和規範，這也就是上面已強調過的巫的情感特徵的轉化性創造。」〔註11〕此種「理性化」由外、內兩個層面構成，周公的「制禮作樂」為外在的「理性化」，孔子的「釋禮歸仁」為內

〔註8〕 李澤厚：《說巫史傳統》，載氏著：《由巫到禮 釋禮歸仁》，北京：生活・讀書・新知三聯書店，2015年1月版，第34頁。

〔註9〕 李澤厚：《說巫史傳統》，載氏著：《由巫到禮 釋禮歸仁》，北京：生活・讀書・新知三聯書店，2015年1月版，第34頁。

〔註10〕 李澤厚：《由巫到禮》，載氏著：《由巫到禮 釋禮歸仁》，北京：生活・讀書・新知三聯書店，2015年1月版，第90頁。

〔註11〕 李澤厚：《由巫到禮》，載氏著：《由巫到禮 釋禮歸仁》，北京：生活・讀書・新知三聯書店，2015年1月版，第102頁。

在的**理性化**。他說「周公『制禮作樂』是對原始巫術的外在**理性化**，孔子『歸禮於仁』則是承繼周初的『敬』『德』而將之內在**理性化**了。這也就是『由巫到禮』『由禮歸仁』，即巫的內外理性化的中國傳統。」〔註12〕自然此種理性化不限於儒家，如同「巫」的源頭性地位一樣，「巫→史」是全方位的，這意味著在「命運主題」設定下對於吉凶禍福的尋求是全方位的。這就包括了後面章節要討論的「一個世界」的形成、「實用理性」的確立、「樂感文化」的產生以及「情感本體」的建構及其未來指向。

　　若結合李澤厚的哲學架構，對於「理性化」之深層檢討當回到「三句教」中來。李澤厚的三句教「經驗變先驗、歷史建理性、心理成本體」，若對其進行理論追溯的話，難免又要回到二十世紀五十年代也就是李澤厚思想發展的第一階段〔註13〕。如同李澤厚本人所說他的思想是圍繞一個同心圓展開的，變化很少只是在不斷擴大而已。據李先生自己介紹他對馬克思主義的閱讀與接受在 1949 年以前，而對康德哲學的研讀則在上世紀五十年代北大學習期間就開始了。這樣對馬克思實踐論、唯物史觀的認同以及對康德先驗哲學、理性主義的迷戀難以避免的使李澤厚的哲學建構裏存在著馬克思與康德之間的理論張力。從馬克思學說李明確為「工具本體」，而從康德先驗哲學裏，結合海德格爾的思想李澤厚則發展為「心理本體」。且不論對康德或海德格爾的解讀是否穩妥，此種使用工具、實踐論的「經驗」性與認識形式、理性主義的「先驗性」便順其自然的發展成為了李澤厚哲學思想中的穩固且不可或缺的理論內核。但是經驗與先驗卻是難以共存的，暫不提西方哲學家對此種種繁瑣而龐雜的爭論與辯難。就李澤厚的回答，他則發展為他的「三句教」〔註14〕：經驗變先驗、歷史建理性、心理成本體。這樣任何的先驗形式都不是獨立於經驗而自存的，先驗來自經驗的積澱與提升，理性並不神秘而是從人類實踐的歷史活動中建構而成，而人類的一切實踐活動都最終要走向人的「心理」，不是上帝、不是語言，而是人的「心理」「情感」，人類自己的世間生活才是人的精神家園

〔註12〕李澤厚：《由巫到禮》，載氏著：《由巫到禮　釋禮歸仁》，北京：生活・讀書・新知三聯書店，2015 年 1 月版，第 104 頁。

〔註13〕李澤厚思想「三階段」說源自他與劉緒源的對談，參見：李澤厚、劉緒源：《該中國哲學登場了？——李澤厚 2010 談話錄》，上海：上海譯文出版社，2011 年 4 月第 1 版，第 20 頁。

〔註14〕李澤厚、劉緒源：《該中國哲學登場了？——李澤厚 2010 談話錄》，上海：上海譯文出版社，2011 年 4 月第 1 版，第 79 頁；另李澤厚：《歷史本體論・己卯五說》，北京：生活・讀書・新知三聯書店，2003 年 5 月第一版序。

與最終歸宿。此種心理形式也來自人類實踐生活，這也是另一種經驗變先驗，另一種歷史構建。

就李澤厚的「三句教」而言，「經驗變先驗」是核心問題，沒有經驗變先驗，理性便無法從歷史中建構出來；同樣，沒有經驗變先驗，心理本體便難以成立。三句教在重複一個意思，先驗、理性、心理（形式）並不神秘，他們來自經驗、歷史和實踐，這便是李澤厚所說的從馬克思走向康德，從工具本體走向心理本體，從工藝社會結構走向心理情感結構。所以如果上面分析的不錯，對李澤厚「三句教」的批判和審視便集中在「經驗變先驗」上。下面第一部分將從「演進歷程」、「方法論依據」與「具體論證」三方面還原李澤厚筆下的「經驗變先驗」何以可能；第二部分，本文則從以「先於經驗解讀先驗」、以「客觀社會性界定普遍必然性」以及「方法論批判」三方面來回答「經驗變先驗何以不可能」。認為李澤厚先生通過詞義不嚴謹的置換而實現了他的「經驗變先驗」是不成立的，在認識論或倫理學中，經驗與先驗之懸隔仍在，二者無法變換。但是在第三部分，本文又對「經驗變先驗」做了另種考量，就「命運主題」的設定語境以及「活著」之哲學起點而言，李澤厚的三句教或曰「經驗變先驗」亦可謂一種「理性化」歷程之展現：第一、由神而人的再解構；第二，社會理想的新尋求；第三，哲學向人世的重回歸。

一、「命運主題」設定下的「經驗變先驗」

（一）演進歷程：工具、儀式、律令

關於經驗與先驗的問題爭論一般處於認識論領域，典型表現為經驗論與唯理論間。在李澤厚的文本中，則不限於認識形式、知性範疇，任何先於經驗的都屬於先驗範圍，在具體文本論證上則表現於他較看重的《歷史本體論》一書的第二章《巫史傳統與兩種道德》中，在這裡他專用一節來論述的「經驗變先驗」指的便是倫理學領域的「絕對律令」來自哪裏，此種「絕對律令」或表現為「天理」「良心」或表現為「上帝」「神意」，其特徵都在於其絕對性、普遍性，它們「對人的內心從而人的行為具有不能抗拒、無可爭議的規定性和規範作用」〔註15〕李澤厚將其稱為「宗教性道德」。那麼此種「宗教性道德」來自哪裏？很明顯不可知論或來自上帝的說法是無法令人滿意的，對此李澤厚

〔註15〕李澤厚：《歷史本體論・己卯五說》，北京：生活・讀書・新知三聯書店，2003年5月第一版，第51頁。

則有自己的回答：

> 我的嘗試性回答是：宗教性道德本是一種社會性道德。它本是
> 一定時代、地域、民族、集團即一定時、空、條件環境下的或大或
> 小的人類群體為維持、保護、延續其生存、生活所要求的共同行為
> 方式、準則或標準。由於當時的環境和主客觀條件，這種社會性道
> 德必須也必然以一種超社會超人世的現象出現……但從遠古巫師、
> 古代教主到近代的領袖，它又常常憑藉某種傳奇性的偉大人物行
> 為、言語而賦以超越這個世界的嚴重的神聖性質，經驗便由此變成
> 了先驗。〔註16〕

比如以「孝」為例，它首先是源自以家庭為單位、以宗族為支柱的小生產
的農耕經濟時代的產物。但經由巫術禮儀到禮制化和心靈化之後，「孝」便成
為「天之經、地之義」，成為先驗或超驗的「天理」、「良知」，即某種具有超越
此世間人際的神聖性的絕對律令〔註17〕。從這裡我們可以明顯的看出，「孝」
作為中國傳統觀念中的絕對性標準，其最初是發源於農耕生產的小農經濟社
會，因為在農耕社會裏，耕作經驗便是最大的智慧，這樣經驗的豐富與否自然
而然與年長齒壽聯繫起來，這樣對老尊重與服順的道德「孝」便逐漸經過儀式
化、禮制化而上升為一種「絕對律令」性的「宗教性道德」。且不論「孝」的
來源還有種種解釋，就李澤厚先生的思路而言，此種先驗的「孝」是經歷了「禮
制化」，但最終是來自於以使用工具為顯著特徵的人類生產實踐。而對於先驗
認識形式，李澤厚做同樣的解答，他說：

> 康德講「先驗理性」，是人所特有的感知認識形式。它們如何
> 來的呢？康德沒有說，只說是「先驗」即先於經驗的。我用「人類
> 如何可能」來回答康德的「認識如何可能」，也就是要提出經驗變
> 先驗，對個體來說是先驗認識形式是由經驗所歷史地積澱而形成
> 的，這也就是我所說的「文化─心理結構」。古希臘說「人是有理
> 性的動物」，富蘭克林說「人是製造工具的動物」──而我是要把
> 這兩個定義結合起來，即研究人怎樣由「製造工具的動物」變為「有

〔註16〕李澤厚：《歷史本體論・己卯五說》，北京：生活・讀書・新知三聯書店，2003
　　　　年5月第一版，第53頁。

〔註17〕李澤厚：《歷史本體論・己卯五說》，北京：生活・讀書・新知三聯書店，2003
　　　　年5月第一版，第56頁。

理性的動物」。康德那個著名的感性和知性不可知的共同根源，海
德格爾認為是先驗想像力，我認為是使用──製造工具的生產、生活
的實踐。感性源自個體實踐的感覺經驗，知性源自人類實踐的心理
形式。〔註18〕

這裡需要說明的一點是，從起源上李澤厚將任何的先驗形式拉回人間的
生產、生活實踐，但在具體演進過程中則由經歷了「巫術儀式化」和「禮制
化」。李說「人類具有的這種理性，並非個體活動的成果，乃是通由群體活動
的原始巫術、禮儀而最終產生和形成。」〔註19〕包括像矛盾律、同一律也都是
經由「眾多巫術、禮儀所產生和鞏固的（從而語言、思維所積澱的），並不是
某一特定對象、活動、行為、技能的要求或規範，而是眾多活動的共相命令和
模式。」〔註20〕對於認識論的先驗範疇與倫理學中的絕對律令究竟是如何源自
生產實踐又經歷巫術化、禮制化而提升為先驗形式，這既無法實證又難以做命
題分析，對其論證存在著種種難度，或許有待於更多的社會學中的田野調查或
考古人類學的更多證據，但就哲學意義上來說，這只是個大膽假設。無論如
何，李澤厚先生的種種闡述使我們看到，經驗變先驗是「久而久之」、是「積
澱」而成的，那麼我們下面便考察一下李澤厚先生影響深遠（不僅僅是在美學
領域）的積澱說。

（二）方法論依據：積澱說

無論是在美學論著或哲學著述中，雖然「積澱說」被學界吵的沸沸揚揚、
爭的死去活來，但就李澤厚來說，他似乎並未對「積澱說」做過系統深入的闡
述。這是一個由他創造被廣泛接受但卻並無深意近似於常識性的詞彙〔註21〕。
或許是受馬克思唯物史觀的影響，歷史便這樣隨著生產工具的演進的積累、演
化；同樣，在精神領域，李先生受皮亞傑的發生認識論影響較大，他也以此來
由解釋人類個體心理而到解釋人類文化心理結構的演進。這樣對於人類的文

〔註18〕 李澤厚、劉緒源：《該中國哲學登場了？──李澤厚 2010 談話錄》，上海：上
海譯文出版社，2011 年 4 月第 1 版，第 26 頁。
〔註19〕 李澤厚：《李澤厚哲學文存》（上下編），合肥：安徽文藝出版社，1999 年 1 月
第 1 版，第 508 頁。
〔註20〕 李澤厚：《李澤厚哲學文存》（上下編），合肥：安徽文藝出版社，1999 年 1 月
第 1 版，第 508 頁。
〔註21〕 此處意思為「積澱說」的界定「積累沉澱」並無深意，只有與「經驗變先驗」
聯繫起來才能凸顯其非常識性的意義。

化心理結構來說便處於不斷的積澱、建構中，任何神秘的形式都是來自此種建構，任何先驗形式都來自經驗的積澱。從此種意義上說，積澱說是李澤厚先生哲學思想的方法論，但他並無明確的、嚴謹的方法論論述。在談到積澱說時，李澤厚稱：

> 我曾分「積澱」的廣狹兩義。廣義的「積澱」指不同於動物又基於動物生理基礎的整個人類心理的產生和發展。它包括「理性的內化」即作為認識功能的諸知性範疇、時空直觀等等；它包括「理性的凝聚」，即人的行為、意志的感性現實活動中的倫理道德。而狹義的「積澱」則專指理性在感性（從五官知覺到各類情慾）中的沉入、滲透與融合。〔註22〕

　　在 2010 年的對談集《該中國哲學登場了？》一書中，李澤厚則重稱「我的研究，著重心理。哲學也好，美學也好，康德也好，中國思想史也好，都如此。積澱也就是實踐、歷史、文化在人的心理上的累積、沉澱。所以我的哲學、美學、中國思想史、康德，在這一點上是同一的，同屬一個同心圓。」〔註23〕而在 1989 年的《哲學答問》中則說「積澱的要點即在於建立心理形式，這形式就是人性」〔註24〕時隔 20 餘年，李澤厚的說法幾乎沒變，可見他思想的穩固與他理論上的自信與執著。但是至於心理形式是如何積澱成的，為何積澱成這樣而不是那樣？積澱作為一種常識性的說法，如何經由生產實踐而禮制化而成為先驗的認識形式、心理形式？這些都是疑問，李澤厚先生近似「宏大敘事」式的說法難免在論證上讓人感到為難。下面我們通過他對數學和因果關係的論證看能否更清楚的理解他的「經驗變先驗」以及「積澱說」。

（三）具體論證：數學與因果

　　對於數學的本質界定，李澤厚明顯不同於康德。他說「數學不是邏輯，它與感性有關。但不是與康德的感性先驗直觀有關，而是與人類的感性實踐有關……數的根源在人類實踐的原始動作，即在以使用工具為特徵的勞動活動的原始操作中……這種種活動最初是對某些實物的實際操作，其後才衍化為

〔註22〕李澤厚：《歷史本體論·己卯五說》，北京：生活·讀書·新知三聯書店，2003年 5 月第一版，第 119 頁。

〔註23〕李澤厚、劉緒源：《該中國哲學登場了？——李澤厚 2010 談話錄》，上海：上海譯文出版社，2011 年 4 月第 1 版，第 61 頁。

〔註24〕李澤厚：《李澤厚哲學文存》（上下編），合肥：安徽文藝出版社，1999 年 1 月第 1 版，第 475 頁。

符號的操作，而所有這些操作當時大體上是採取巫術禮儀的神秘形式出現
的……數學的普遍必然性，從根源上講，是抽象化了的實踐活動（勞動操作）
形式本身的普遍必然。」〔註25〕而對於數學中的形式邏輯成分，包括形式邏輯
本身在李澤厚看來都是經過漫長歷史在實踐活動中高度抽象而來的，「在這個
轉換的抽象提升的過程中，又正是通過社會的強制（最初由原始的巫術禮儀來
保證和集中化，如巫術中的一定的步法、手法、姿態、咒語、次數、序列……
等等，都是極為嚴格的）而達到的。我以為，原始社會的人們對主體實踐活動
的同一性的嚴格要求，首先表現為一種巫術禮儀→道德倫理的社會指令，表現
為禮儀、道德必要性。正是通過這種意識形態的強有力的活動，原始人群那種
混沌不清、是非同一、夢幻般的先邏輯思維階段才能逐漸擺脫，而過渡到以遵
守概念的同一性為特徵的邏輯思維階段。這是一個極為漫長的歷史行程。這個
行程的成果最後才構成了數學的分析方面。」〔註26〕

　　所以在李澤厚看來，數學不是如休謨、邏輯實證論所認為的「先天分析」，
也不是穆勒所認為的經驗歸納，更不是康德所認為的「先天綜合」，而是以實
踐為基礎、以綜合為本性的分析與綜合的統一〔註27〕。這裡我們不難看到，李
澤厚先生在論證數學源自實踐的過程中一直強調的兩個詞彙「高度抽象」
（《文存》第96頁）和「億萬次實踐」（《文存》第126頁），且不說何種抽象
才是高度的，而億萬次又如何改變事物的性質，在這裡很明顯休謨的疑問不能
以過去規定將來以及貝克萊所說的「觀念只能與觀念相似」的提醒依然成立。
在休謨問題中實踐十次與億萬次同樣，億萬次的過往依然不能保證下一個的
必然性。而對於貝克萊的說法，實踐活動與形式符號其間的鴻溝永難彌合，無
論何種高度的抽象恐怕也難以讓形式與內容相連，二者不同質。而此種論證上
的困境也同樣存於李先生對因果的論述中。

　　在康德的先驗哲學中，因果是作為知性範疇存在的，這便意味著因果作為
一種先驗形式獨立於經驗，對於其來自哪裏是不可知的，它只是人類理性認識
形式的一種，先天存在。而在李澤厚看來，則需遵循馬克思的路線，應用歷史

〔註25〕 李澤厚：《李澤厚哲學文存》（上下編），合肥：安徽文藝出版社，1999年1月
　　　　第1版，第94～96頁。
〔註26〕 李澤厚：《李澤厚哲學文存》（上下編），合肥：安徽文藝出版社，1999年1月
　　　　第1版，第97～98頁。
〔註27〕 李澤厚：《李澤厚哲學文存》（上下編），合肥：安徽文藝出版社，1999年1月
　　　　第1版，第98頁。

唯物主義來批判康德的先驗論，找出因果範疇的現實根源〔註 28〕。認為因果「必需通過漫長的人類集體的社會實踐活動才能得到，是人所特有的理性認識方式。」〔註 29〕因為在使用工具、製造工具的實踐活動中有種各種各樣的因果聯繫，它們作為屬性、規律被日益深入和廣泛的揭示出來，保存在、鞏固在實踐活動中。這樣，李澤厚便得出以下結論：「範疇不是一般感性的經驗歸納（經驗論），也不是理性的先驗演繹（康德），不是邏輯假設和情感信念（邏輯實證論），不是操作的規定（實用主義），不是生理的結構（朗格）。它們不是任何個體的感知或經驗的歸納，而是人類社會的歷史實踐的內化成果。從無意識的原型到有意識的符號，到抽象的辯證觀念，都只有建立在這種有著社會歷史內容的時間基礎上。對實踐做實證的（等同於感知經驗）和主觀主義的解釋，便不能說明這點。」〔註 30〕

　　這樣對於個體似乎是「先驗的」東西，其實只是從人類集體漫長的歷史經驗中抽取提升出來的。李澤厚先生的意思很明確，雖然通過他對數學和因果的論證很難讓我們更清楚「積澱」的過程與「經驗變先驗」的可能性。以下我們便從認識論和方法論角度對「經驗變先驗」一說展開討論，看其是如何可能的，此說法又是否成立。

二、「經驗變先驗」何以可能？

（一）對「先驗哲學」的誤讀

1. 以「先於經驗解讀先驗」之誤

　　在康德哲學中「先天」、「經驗」、「先驗」、「超驗」有著明確的區分，在《純粹理性批判》裏，將「先天」的知識理解為並非不依賴與這個那個經驗、而是完全不依賴於任何經驗所發生的知識。而與那些具有後天的來源、即在經驗中有其來源的經驗性區別開來。〔註 31〕在這裡我們很明確的看到，先天的知識與後天或經驗性的知識相對，指的是獨立於任何經驗的知識。而對於先驗，

〔註 28〕李澤厚：《李澤厚哲學文存》（上下編），合肥：安徽文藝出版社，1999 年 1 月第 1 版，第 171 頁。

〔註 29〕李澤厚：《李澤厚哲學文存》（上下編），合肥：安徽文藝出版社，1999 年 1 月第 1 版，第 172 頁。

〔註 30〕李澤厚：《李澤厚哲學文存》（上下編），合肥：安徽文藝出版社，1999 年 1 月第 1 版，第 174 頁。

〔註 31〕康德：《純粹理性批判》，鄧曉芒譯、楊祖陶校，北京：人民出版社，2004 年 2 月第 1 版，B2-3；以下只依照慣例注明 A 版或 B 版的頁碼。

康德的界定也很明確「我把一切與其說是關注與對象，不如說是一般地關注
於我們有關對象的、就其應當為先天可能的而言的認識方式的知識，稱之為
先驗的。這樣一些概念的一個體系就叫做先驗─哲學」〔註32〕在這裡，「先驗
的」被定位為對先天知識的一種可能性說明，因此在康德哲學裏，「先驗的」
與「先天的」有著明確的區分，而對於「超驗的」則是知性範疇的超驗使用。
由此，我們再反觀一下李澤厚先生對先驗的界定，在李澤厚先生的語境裏，
「先驗」多是指「先於一切經驗」，此種界定更近似於康德意義上的「先天」
〔註33〕而非「先驗」，固然「先驗的」與先天相關，而且「先驗的」也意味著
「先天的」，但「先天的」卻並不意味著「先驗的」，只有對「先天的」合法性
說明才是「先驗的」。因此，我們可以下結論說，李澤厚所經常使用的「先驗」、
所說的「經驗變先驗」的「先驗」僅僅意味著康德意義上的「先天」知識。那
麼此種「先天」知識是否來自「經驗」呢？

　　首先我們要區分一下漢語語境中的「先天」與「天賦」，前者指的是 a
priori，後者指的是 innate。固然「先天」在漢語語境中有「天生」如何的意思，
但是在知識論中，「先天」有著明確的界定那便是獨立於一切經驗。比如我們
說三角形有三個角、紅花是紅的，這些都是先天命題。那麼它們能否說是來自
經驗呢？在知識論中也有一個爭論，說人對三角形的認識也需要通過教育，
教育便是經驗的，所以任何「先天的」命題都不可能完全獨立於任何經驗。但
是，我們要知道，所謂「獨立於一切經驗」的意思，並不是說要排除人的任何
後天教育因素，這樣的話是「天賦」或「內在」的觀念，是 innate，而不是「先
天的」了；獨立於一切經驗的意思是說對一個命題的判斷或證實不依賴於任何
經驗，比如說三角形有三個角，矩形有四條邊，這些都是不需要任何外在的經
驗便可判斷的命題，所以是「先天的」；而對於「教室裏有四個學生」「明天太
陽會升起來」之類則離開經驗無法判斷。

　　當然李澤厚先生的「經驗變先驗」並不是說由於「先天的」命題中有後天
教育過程的參與，所以「先天」的也含有經驗的因素，李先生的經驗變先驗意
味著我們看到的三角形都有三個角，久而久之，一提到三角形，不用再看，就
是三個角。因為「三角形有三個角」已經作為認知形式由億萬次經驗積累並抽

〔註32〕《純粹理性批判》A11、B25。
〔註33〕嚴格來說，李先生的「先驗」與康德的「先天」也不等同，所以此處只以「近
　　　　似」勉強用之。

取提升到人的文化心理結構中了，因此是「先驗的」，不需要任何經驗再來證明了。此種說法的限度很明顯，那便是典型的休謨問題，無論有多少次過去經驗的積累也無法確保未來的事實如同過往，更不可能上升為「普遍必然性」的形式。在此意義上說，李澤厚先生的「經驗變先驗」無法成立。自然李澤厚先生的「經驗變先驗」並不束縛於西方的知識論框架，雖然「經驗變先驗」暗含認識形式、知性範疇的內容，但更多意味著倫理律令，比如他所舉的「孝」的例子。其實在康德哲學體系裏，經驗、先驗之說更多是在理性批判中或者說認識論中，在倫理學或實踐理性中，固然有「絕對律令」的提出，但似乎並無過多的「經驗」「先驗」之分，自然在康德的倫理學中「絕對律令」具有絕對性，同時也帶有神秘性。李澤厚先生更多的是想給這些「絕對律令」的絕對性、必然性解密，想解構神秘而回到活生生充滿人間情味的人類社會。那麼在倫理學領域李澤厚先生的「經驗變先驗」能否成立呢？這又涉及到「先驗」或曰「先天」的知識與「經驗的」知識的另種區分：普遍必然性。

2. 以「客觀社會性」解讀「普遍必然性」之誤

在《純粹理性批判》第二版導言中，康德提出兩個標準來區分「先天的」知識與「後天的」或曰經驗的知識，一為「必然性」，二為「普遍性」，他說「於是，必然性和嚴格普遍性就是一種先天知識的可靠標誌，而兩者也是不可分割地相互從屬的。」〔註34〕我們說三角形有三個角，矩形有四條邊，這是不限於時空、任何條件，所以說其是普遍必然的。那麼李澤厚先生所理解的普遍必然性又是什麼呢？

客觀社會性與普遍必然性。李澤厚說「規律總有例外，但並無損它的『普遍必然』，因為所謂普遍必然性也不過是客觀社會性」〔註35〕。「所謂『普遍必然性』其實就是歷史的客觀社會性，它不越出人類活動、思維範圍，包括對宇宙、自然的研究，也以觀察者或經驗的人為其不可或缺的要素或方面。理性是歷史地建立起來的。理性的基礎是合理性」〔註36〕李先生的定義很明確，在他的視域中「普遍必然性」就是「客觀社會性」，關於「客觀社會性」的提法早在50年代他與朱光潛美學爭論時就提出來了，而用客觀社會性來解讀「普遍必然

〔註34〕《純粹理性批判》B4。
〔註35〕李澤厚：《歷史本體論·己卯五說》，北京：生活·讀書·新知三聯書店，2003
　　　　年5月第一版，第32頁。
〔註36〕李澤厚：《歷史本體論·己卯五說》，北京：生活·讀書·新知三聯書店，2003
　　　　年5月第一版，第43頁。

性」則充分表現在《批判哲學的批判》中，既然認為普遍必然性就是「客觀社會性」，那麼「世上事物便沒有什麼絕對的普遍必然，那只是一種僵化的觀念」〔註37〕，「普遍必然是相對的」〔註38〕，客觀社會性因為是來自於經驗的提升，因此規律總有例外，任何律令都有彈性，比如他所說的「孝」，固然作為一種「天經地義」的「天理」而存在，但總難免有「不忠不孝」的例子出現，這在「客觀社會性」的規定裏是允許的；這樣，任何的道德律令，在具有絕對性、不可超越的「先驗」形式外，還有著可變的、相對的、靈活的特性。

同樣是在倫理學領域，康德也談「絕對律令」，但如同在認識論領域一樣，絕對律令也具有「普遍必然性」，「絕對律令」沒有例外和偶然。由此我們也可以看出，李澤厚先生的「經驗變先驗」，所變成的「先驗」（如上述更近似於「先天」）其實並不具備普遍必然性的特徵，或者說李澤厚視域下的「先驗」只是一種「客觀社會性」的社會準則，它們來自人類群體的習俗、社會經驗並為大多數人遵循著，但並不絕對，有例外，也可以更改，而且必然處於歷史進程的完善中。從這個意義上說「經驗變先驗」才是可能的。但無論是認識論領域還是倫理學領域，李澤厚先生所談的經驗、先驗、律令都與康德的不同，他通過置換概念而實現了西方哲學史上爭論不休鴻溝仍在的經驗先驗問題，但是此種「實現」與「解決」說服力是很有限的。下面我再審視一下李先生的「積澱說」。

（二）方法論批判：積澱說的「本體論」預設

工具本體的預設。李澤厚先生有著「度本體」「心理本體」「工具本體」的種種論說，因此這裡的「本體論」主要指的是李澤厚先生關於「本體」的理論，而與學界所爭論不休的 ontology 無關。這裡說的工具本體的預設是說，李澤厚的「積澱說」是以「使用工具、製造工具的人類實踐」為基礎和前提的，而且工具導致了猿到人的形成，並且始終在「最終意義」「歸根究底」層面上決定著人的存在。因此積澱說是在馬克思唯物史觀、實踐論框架下的積澱。作為積澱說的預設，本身就是有爭議的，那麼以此為前提的積澱說還是否具有方法上的正當性？

心理本體的預設。積澱說不僅以使用工具、製造工具為典型特徵的實踐論

〔註37〕 李澤厚：《歷史本體論·己卯五說》，北京：生活·讀書·新知三聯書店，2003年5月第一版，第83頁。

〔註38〕 李澤厚：《歷史本體論·己卯五說》，北京：生活·讀書·新知三聯書店，2003年5月第一版，第478頁。

為前提，而且此種實踐論的工具本體在最終意義上決定人的意識和心理，用李澤厚先生的話說便是由工具本體走向心理本體。工藝社會結構最終都要走向、積累、沉澱、提升為人的文化心理結構。這更像是「經濟基礎決定上層建築」的另種版本，雖然李先生聲明他對此說法的不滿以及對「上層建築」的獨立性、自身作用有著種種描述，但是他的積澱說依然沒有擺脫此種工具實踐為根本源泉，文化心理為走向的典型說法。這裡且不說具體的文化心理結構到底為何物，工具本體如何走向心理本體？文化心理結構自身的獨立作用何在呢？對於實踐決定意識的老問題為何就認為從最終意義上是那樣的呢？對於雞生蛋的問題，從任何的最終意義上恐怕都無法說清，因為此「最終」無論從時間上還是在邏輯上恐怕都無法確定，因此誰決定誰的問題，仍然無法解決。對此懸而未決、爭議甚大的問題，李先生則是作為前提和預設存在的，不然的話，其積澱說的方法論便無法實現其經驗變先驗的初衷，內容無法變成形式，工具也無法走向心理。

　　任何的理論都難免有預設理論的存在，這裡想指出的是李澤厚先生的方法論「積澱說」的種種本體論預設無法更好的論證「經驗變先驗」一思想。因此從上述兩個方面看來，無論是在認識論、倫理學領域，還是在方法論的闡述上，「經驗變先驗」都難以成立。但是，以上的種種說明都是以西方哲學尤其是康德哲學作為參考框架，不過為何必須以西方哲學作為參考標準？為何必須編造一套西方哲學的抽象話語，否則就不算哲學？〔註39〕對於李澤厚的「三句教」尤其是在哲學領域看來「大逆不道」的「經驗變先驗」一說能否有另種考量與審視呢？哥白尼與伽利略的天文學說當時都被目為「大逆不道」甚至是「荒謬」的，或許不是看似荒謬的理論錯了，而是我們評價的標準過時了？或許一個新的、呼籲建立新範式的時代到來了？無論如何在學院派的純粹哲學領域之外，對於富有原創性的「經驗變先驗」一說進行另種審視都是有必要的。

三、「經驗變先驗」的另種審視

（一）由神而人的再解構

　　第三次哥白尼革命。在《批判哲學的批判》裏，李澤厚先生談到「唯物主

〔註39〕李澤厚、劉緒源：《該中國哲學登場了？──李澤厚2010談話錄》，上海：上海譯文出版社，2011年4月第1版，第5頁。

義由靜觀的反映論到能動的實踐論，由洛克和法國唯物主義的靜觀地觀察自然（感覺），以自然為中心，到能動地改造世界（實踐），以歷史的階級的人為中心，這是唯物主義史發展中的一個巨大的飛躍……馬克思主義實踐論強調了人的能動作用，人成了包括自然界在內的整個世界的主人，這才真正實現了『哥白尼式』的偉大的哲學革命。這個革命又正是在批判了康德、黑格爾的古典唯心主義的虛假的『哥白尼式的革命』才能取得的。」〔註40〕天文學上的哥白尼革命使人類從「地心說」的迷障中走出，自然對人的神秘性逐漸得到解構；哲學上的哥白尼革命使人們作為認識主體而不再被動的束縛於認識對象；然而固然自然的神秘性得到解構，人類的主體性得到極大的提升，對於人類自身的認識形式、知性範疇則又陷入了神秘主義的不可知論。認識論上的知性範疇是先天形式，只知其作用，不明其來源；倫理學上的「絕對律令」只知道其普遍必然性卻不知其來源，康德的先驗哲學裏處處有上帝的影子。這是有著儒家文化背景的學者很難接受的，李澤厚先生介於此，提出了「人的解放」才是真正的「哥白尼革命」，不是人的起源、認識形式來自神秘，而是任何的「神秘」都來自人；任何先驗的形式都來自經驗的實踐生活，人的解放也只能在現實的實踐生活中實現。人們不再接受自然界的種種神秘圖騰，同樣人們也不再神化自身的認識形式，任何自然的神秘性和人為的神秘性都被打破了，這才是真正的人類解放，也正是李澤厚先生所說的真正意義上的「哥白尼革命」。

這裡需要說明的是，李澤厚先生對「神秘性」做了徹底的解構，由神秘而走向了人，但他並沒有將人世變成「碎片」而走向虛無主義，他的「西體」之外還有「中用」；解構「神秘」之外還有對「天地國親師」的敬畏，只是此種敬畏不再是人類的另種異化而是生活情感的豐富與深化。「經驗變先驗」從解構「神秘」，由神而人層面來說則有著深遠的意義，毋寧說也是成立的。

（二）人類理想的新尋求

人類應追求什麼。李澤厚常說，上帝死了，可人還活著；過把癮就死，可過把癮之後往往不死，那麼如何活？即便人類獲得了真正的物質解放，依然面臨著人類的出路選擇問題，人畢竟活著，那麼當如何活？在談到「情本體」時，李澤厚說「我的哲學構想，和國內的思潮，好像沒有太大的關係；但和世界的思潮有關係。沒有海德格爾，沒有現在這種世界性的難題，也不會有情本

〔註40〕李澤厚：《李澤厚哲學文存》（上下編），合肥：安徽文藝出版社，1999 年 1 月第 1 版，第 221 頁。

體。就是我前面說過的，人類走到這地步了，個人也走到這地步了，人不能不把握自己的命運了。人的孤單、無聊，人生的荒誕、異化，都達到空前的程度，在這樣的時候，面對種種後現代思潮，我提出情本體，也可以說是世界性問題使然吧……這是一種世界的視角，人類的視角，不是一個民族的視角，不只是中國視角。但又是以中國的傳統為基礎來看世界。所以我說過，是『人類視角，中國眼光』。」〔註41〕

　　理想社會是沒有的，但社會卻不能沒有自己的理想。那麼社會中人應當追求什麼？金錢、物慾？人應將以何處為歸宿？上帝？神意？語言？還是世間的人類生活？李澤厚先生的「經驗變先驗」由此而奠定了心理形式或曰以情本體為核心的文化心理結構的建立，此心理本體或曰情本體來自人類實踐生活的歷史性積澱和構建，所以並不神秘，具有必然的絕對形式，但不是形式邏輯的「普遍必然」而只是歷史本體論下的「客觀社會性」，來自社會並「範導」著人類社會。人類建構著自己的精神家園並樂享於其中。這或許是人類未來出路的一個較好的選擇？

（三）哲學向人生的復歸

　　哲學回歸人生的新範式建立。李澤厚的哲學是不能用西方哲學標準來框架的，他的種種說法、範疇的使用，比如經驗、先驗、本體等等與西方哲學中範疇的相應用法並不對應。在中西哲人的語境中，評判與對比遇到的困境似乎不僅是依照誰的標準的問題，而還有文化傳統、思維模式的差異。固然李澤厚受康德哲學影響很大，但他的種種對康德哲學的改造，更多融進了對中國哲學的發揮，並不嚴格遵照西方哲學的認識論、倫理學語境，因此一方面在西哲語境中解讀，往往看到他是一種誤讀，是不成立的。但從知識社會學角度去看，不同的知識體系有著不同的社會文化背景，又似乎是成立的。或許，我們首先不應批判理論自身是否嚴謹，是否能成立？而是要看評判的標準是否成立？西方哲學語境論說哲學的方式是否是唯一的？在空前中西方文化深度交流的時代，是否我們應走出「西哲範式」的迷霧而融會中西創立新的哲學範式，而李澤厚先生的種種「大逆不道」的說法是否意味著一個孤獨哲人的先聲呢？「且不管這些，讓哲學主題回到世間人際情感中來吧，讓哲學形式回到日常生活中來吧。以眷戀、珍惜、感傷、了悟來替代那空洞而不可解決的『畏』和

〔註41〕李澤厚、劉緒源：《該中國哲學登場了？——李澤厚 2010 談話錄》，上海：上海譯文出版社，2011 年 4 月第 1 版，第 79～80 頁。

『煩』，來替代由它而激發的後現代的『碎片』、『當下』。不是一切已成碎片只有當下真實，不是不可言說的存在神秘，不是絕對律令的上帝，而是人類自身實存與宇宙協同共在，才是根本所在。」〔註42〕

在哲學的創始時代無論是古希臘還是中國先秦時期，哲學似乎都是「有用」的，都是研究關乎人生、社會的大問題的。就西方來講，漫長的經院哲學時期固然並不可全目為「黑暗的中世紀」，但是很明顯其討論的種種哲學問題變為哲學家的了，偏離了人生，走向了神秘的種種形式與爭論，固然自文藝復興以來有著諸種的努力，但西方哲學的「學院派色彩」難以抹去，無論是繁瑣的分析還是語言的種種說明，似乎哲學是離人生越來越遠了？維特根斯坦說或許關於自然的問題都弄明白了，對於人生我們還是一知半解摸不著邊際。哲學研究需要回歸人生，但是不是必須直接面對人生？

我們也不要過於敝帚自珍，我們不要忘記過於貼近人生「文以載道」的中國傳統，固然有著種種可以借鑒的文化資源，有著如同林語堂所說的美好的「生活的藝術」，但也不要忘記人情社會的種種弊病，不要忘記「樂感」背後的種種苦感與尷尬，那種缺乏思辨能力、模糊有餘清晰不足的理論缺憾或許不是值得炫耀的資本而是有待完善和補課的缺陷。而西方社會固然有著種種工具理性的束縛與異化，但是其「為學問而學問」的發達的思辨學理體系無論何時都是原創性的根源。即便是哲學需要新範式，也更多是對西方哲學傳統的借鑒，而不是淺層次的常識性的回歸人生、人情，這裡有個「度」的問題，同樣，或許李澤厚的「西體中用」依然適合。所以，對李澤厚先生的「經驗變先驗」一說，既有嚴謹學理層面的批判也有「另種考量」，但作為一種哲學理論，更多需從學理層面予以審查，所以「經驗變先驗」難以成立；至於另種考量，那只是對一種「意見」的意見而已。

「經驗變先驗」是李澤厚「三句教」的核心，經驗變先驗是否可能決定著理性是否來自歷史的建構，同樣也決定著心理能否作為本體形式出現。本文在對李澤厚先生「經驗變先驗」理論闡述的前提下，認為此命題是建立在對康德先驗哲學誤讀的基礎上的，此誤讀表現為以「先於經驗解讀先驗」之誤和以「客觀社會性」解讀「普遍必然性之誤」；而在方法論層面，積澱說也以工具本體走向心理本體為預設，此預設和論證無效。所以無論是在認識論領域還是

〔註42〕李澤厚、劉緒源：《該中國哲學登場了？──李澤厚2010談話錄》，上海：上海譯文出版社，2011年4月第1版，第5頁。

在倫理學領域，「經驗變先驗」都難以成立。但是在「命運主題」設定語境下，若從「人活著」這一哲學起點立論，「經驗變先驗」又給人以「解構神秘」、「理想尋求」、「重建範式」的種種啟示。

　　李澤厚的「理性化」亦當如是觀，其「理性化」是在歷史中建構起來的，正所謂「歷史建理性」；之所以如此，也是與其「命運主題」設定語境和「人活著」這一哲學起點有關。由此而言，無論是周公的「制禮作樂」還是孔子的「釋禮歸仁」都有其經驗層面的歷史淵源，「仁—禮」固然其「先驗性」「神聖性」，但是其源頭則來自於「巫文化」的經驗實踐，其針對的問題則是「命運主題」設定下「吉凶禍福」的確定性尋求。此種確定性尋求可通過如下兩個方面予以論證說明，在「人神關係」主題上，我們看到一方面是「由人而神」，具體表現為「祖先神信仰」的自覺建構（包括其他綿延不絕的「封神」行為）；另一方面是「由神而人」，具體表現為「民為神主」，典型表現為「神道設教」，神的地位在人之下，並且為人所用。這構成了獨特的「人神景觀」。此種複雜的「人神關係」，從「巫史」理性化的視角，可以給出某種合理的詮釋。

　　下面我們先看「巫史」理性化之第一方面：「由人而神」—祖先崇拜之確立。

第二節　「巫史」理性化之例證一：「由人而神」——祖先崇拜之確立

　　一般都認為「天」是中國人的價值源頭，所以在做中西比較的時候往往將「天」或者「帝」的觀念與西方的「上帝」或天主對應甚至等同起來，這不僅僅是利瑪竇時代來華傳教士的一種通行做法，也是華人信徒和研究者的普遍做法，但是「天」或「帝」在中國人的語境中實在不同於西方人的「上帝」或「天主」觀念，而且在具體的生活中，「天」是虛設的，不具有位格神意義；在具體演進上，下面我們將會看到在中國發生由天神崇拜向祖先崇拜的過渡，至少從五個方面中國在先秦社會逐漸確立了「祖先崇拜」信仰，這是由天神而人神的轉化。

一、從農業國到尊老敬祖：生產方式上的解讀

　　中國文化的地理背景。據錢穆的研究，與古代埃及、巴比倫、印度相比，

中國文化的地理環境呈現三個特點：一是「在大地面上產生」，二是「極大和極複雜的河流與水系」，三是「北緯三十五度的地理氣候」〔註43〕由此三種地理環境的特點所決定，中國文化也形成了三點兒獨特之處：第一，因為大的地理環境便易走向政治、文化的統一而形成大的國家組織；第二，國家的統一便具備抵抗外族主要是游牧民族的入侵，這一方面保存自身的文明而不至於中斷、受阻、甚至是夭折，另一方面在相對封閉的環境下繼續自己獨立的文明化進程並且有力量綿延數千年；第三，「北緯三十五度」的氣候地理使中國的文化不像其他古代文明在小地面的肥沃區域容易達到定點而失去新鮮感或走向奢侈、安逸或外侵，中國人在較苦瘠卻廣大的土地上始終都是辛勤的勞作、不富足但卻永不絕望、沒有閑暇卻總有希望、沒有腐化而常有新精力。〔註44〕中國文化固然不像錢先生所描繪的這麼美好但前兩點卻是很有道理的，為什麼是中國文明而不是埃及、巴比倫延續下來？錢先生從地理環境入手為我們提供了一個很好的視角，但是第三點的實質意義在於使中國民眾始終都在勞作、勞作，你可以說這是一種勤奮的美德，而其實那是糊口的無奈，更不用說在閑暇中做思想的暢遊了，這使中國民眾無力顧及其他，祖祖輩輩可能都在做相同的事情，與其說這是一種美德，不如說那是一種宿命，在那樣的環境中人們只能那樣，歷來那樣，人人都那樣。這便要提及「農業生產方式」。

　　經驗與傳統是農業生產的生命。上面分析了中國的地理環境的三個特點，通俗來講它們帶給中國人的是這樣一種生存狀態：既吃不飽也餓不死、既沒有太多的奢望也不至於絕望、永遠有事做、永遠有做不完的事，這便是農業、這便是日出而作日落而息、這便是男耕女織，所以中國人關注最多的是「民以食為天」、是「活著」、是「吃飽穿暖」，這成了千年綿延的第一主題。而農業生產所依賴的不外乎人和天，外在因素如錢穆所說「農業生活所依賴，曰氣候、曰雨澤、曰土壤，此三者，皆非人類自力安排，而若冥冥中已有為之布置妥貼而惟待人類之信任與忍耐以為順應，乃無所用其戰勝與克服。」〔註45〕如果說人們不能左右天的話，他便特別的關注經驗的積累、改進和完善，經驗就是農人的最大智慧，祖先留下的傳統便是他們生存的第一法典，讓我們再看一下馬林諾夫斯基曾經的表達：「我們要瞭解，在原始狀態中，傳統對於社會有無上

〔註43〕錢穆：《中國文化史導論》，北京：商務印書館，1994 年版，第 1～6 頁。
〔註44〕錢穆：《中國文化史導論》，北京：商務印書館，1994 年版，第 7 頁。
〔註45〕錢穆：《中國文化史導論》，北京：商務印書館，1994 年版，前言第 3 頁。

的價值，所以再也沒有社會分子遵守傳統更為重要了。必要嚴格的守著前代遺留的民俗與知識，才能維持秩序與文明。倘於此點稍有鬆懈，便使團體團結不固，以致文化根本動搖。初民尚無現代科學的複雜方法，以使經驗結果鑄成不可磨滅的模型，隨時可以試驗，以便逐漸更新，日趨豐富。初民的知識社會組織風俗信仰，都是列祖列宗慘淡經驗得來的無價之寶；得之不易，便無論怎樣都要保存起來。所以初民的德操，以忠於傳統為最重要；以傳統為聖的社會，也因權勢久延而得無上利益。因此可見，這樣的信仰與行為將傳統圈上聖圈，打上超自然的印璽，是對於這樣階段的文明有『生存價值』的。」〔註46〕「生存價值」這種說法是一點也不過分的，試想在科學不昌而老天又不那麼風調雨順的情況下，巫術又總是在需要時不起作用，先民們要生存唯一靠得住的便是經驗，所以我說經驗是農業生產的生命。

由經驗到尊老敬祖。因為經驗是農業生產的生命，所以在農業社會中誰擁有經驗誰便擁有智慧誰便受到尊敬，誰最有經驗誰便最受尊敬，而在農業社會中當人們的所從事的工作大致相同的時候，經驗的多少便不是取決於他作了什麼而是經歷了多少、幹了多長時間，因此經驗多少的角逐便成了年齡大小的比賽，這時，誰最受尊敬便無疑問的轉向了誰最年長身上，所以長者在農業社會是倍受尊敬的，無論是以前還是現在，他們是農業專家、智者和靠山，可以說，在農業社會長者是與智者同義的，我認為「尊老」和「孝」的觀念正來自於這種農業的生產實踐，而「敬祖」一方面是對「尊老」延伸，另一方面是對祖先的神化，這有「巫」的痕跡，同時也是一種古老信仰的保存和遺留。

總之，農業國的生產方式決定了「尊老敬祖」觀念的出現和鞏固。與此相適應便是對「家」的重視，其實「孝」、「尊老敬祖」、「祖先崇拜」、「悌」、「家族」、「家長制」等等從根源上講，都來自於這種農業國的生產實踐。

二、由氏族神到祖先神：神話學上的證據

氏族神信仰和祖先崇拜原先是混雜在一起的並沒有那麼明晰的區分，這裡所說的由氏族神到祖先神的含義是，與西方相比，不是宗教神代替了巫術時代的氏族神或祖先神而是祖先神日益凸顯和明確，祖先崇拜在新的時代下以既不同于氏族神也不同於宗教神的角色在中國大地上牢牢的被確定下來。神

〔註46〕馬林諾夫斯基：《巫術科學宗教與神話》，李安宅譯，北京：中國民間文藝出版社，1986年版，第23頁。

話學上的證據是這樣的：第一，從古文獻上來看，中國既無神話的彙集，散亂的神話學資料也從不占「神聖」的位置，它們是「在野」的且不屬於「廟堂文化」；第二，從內容上來看，關于氏族源的神話多且豐富，而創世神話、人類起源神話少且晚起；第三，從過程上來看，神話則被歷史化、理性化和世俗化了，遠古的宗教神話變成了古史傳說，神成了人，黃帝成了人文初祖；第四，從結果上來看，至上神、史詩般的英雄始終沒有明確出現，神譜亦未建立，中國的思想體系既不是「敬神」的一神教系統，也不是「愛智」的知識系統，而是關注世俗人倫的「歷史系統」。

　　世界其他的古代民族都有純粹的宗教經典、神話作品，如埃及的《金字塔文》、《亡靈書》；印度的《吠陀本集》、《摩訶婆羅多》、《羅摩衍那》；希臘的《神譜》、《伊利亞特》、《奧德賽》；即便是日本也保存有《古事記》，但古代中國卻沒有形成自己宗教經典或神話、傳說的彙編，魯迅在《中國小說史略》中說「中國之神話與傳說，今尚無集錄為專書者，僅散見於古籍，而《山海經》中特多。」〔註 47〕據謝選駿的研究，中國古代的經典如《周易》、《尚書》、《詩經》、《禮記》等「殊少宗教意味和神話色彩的世俗化著作，其支配精神是倫理的、人文的、現世的。這種中國式的聖書，是社會性、歷史化的世俗經驗的凝練。」〔註 48〕「中國式的聖書，雖然不乏幻想色彩，事實上卻抹煞了神的存在：這在古代世界裏確是獨一無二、異乎尋常的。人們因此稱古代中國文化為『史官文化』」〔註 49〕除此之外，中國古文獻中的宗教神話傳說在地位上也只是「某種處於文化底層或邊緣的遺存」，至於散見於諸子散文中的神話、傳說記錄，其目的本身也不是對神跡的宣傳和佈道而是「為了政治的、歷史的或哲學思想的闡述而運用一些有韻味的論證材料」，謝先生對此現象說「這些被利用、被改造、被變形的神話資料，在文化的整體結構中，發揮不了支配作用，反倒處於受冷落、被排擠的『在野』境地，以致造成一種早期文化史上的罕見現象：宗教倫理化了，神話則歷史化了。」〔註 50〕

　　氏族源神話的興盛和創世神話的缺乏和晚起。氏族源神話的發達在人類早期是共同現象，但是隨著文明的進程人類是逐漸由巫術而宗教、由氏族而邦

〔註 47〕 謝選駿：《空寂的神殿》，成都：四川人民出版社，1987 年版，第 32 頁。
〔註 48〕 謝選駿：《空寂的神殿》，成都：四川人民出版社，1987 年版，第 23 頁。
〔註 49〕 謝選駿：《空寂的神殿》，成都：四川人民出版社，1987 年版，第 24 頁。
〔註 50〕 謝選駿：《空寂的神殿》，成都：四川人民出版社，1987 年版，第 25 頁。

國、由氏族神而史詩英雄，這是一個走出氏族部落、走出家族而走向城邦聯合的過程，但是在中國這一過程始終沒有出現，相反由氏族源神話而走向祖先神，見家族而不見天下，只想知道自己從何祖而來、祖先是否榮耀、如何使祖先榮耀，卻不關心人類從何而來，天地又如何生成……如謝選駿所說「早先，真正受到崇拜的『家族祖先』，實際上都是原始社會的氏族英雄。但氏族制度衰落後，因崇拜對象轉換得不成功，造成古代中國祖宗崇拜得濫用，使沒有豐功偉績的家族老祖宗，也因其後人的吹捧被抬高並冠冕堂皇地供奉起來。這種不成功的轉換，致使古代中國社會在內心深處分裂成真假摻半的細胞（家族），這些細胞自我中心，自行其是，造成一盤散沙的社會格局，但同時，這也成為它失敗的標誌。……這種現象表明，在中國文化心理中，英雄崇拜的等次低於祖宗崇拜。家族主義強於國家主義。每個帝王都有其廟號，並敕封其祖先為英雄或神。在這種虛假的樣板作用示範下，各大顯族也競相進行祖宗崇拜的比賽。此風所及，甚至遍於平民。」〔註51〕農業國的生產方式本身就為家族觀念、祖先崇拜創造了適宜的環境，再加之文化上演進的此種路向，祖先崇拜只能是被進一步加強了。而對於中國的創世神話，我們多知道「盤古開闢鴻蒙」，卻不知道此一神話是多麼的晚起，據謝選駿的研究它出現於公元三世紀的三國時代，此時在漢代緯書中被列為「三皇」之一的女媧，退居第二位，而歷來不見經傳的「盤古」，一躍而為宇宙的開闢者〔註52〕，如若此種考證不假，那麼這種創始說明顯是受了印度佛教及相關神話的影響，而且盤古在創世之後我們知道他是合光同塵，化為自然了，所以此種以身創世的做法也不可能形成人們的「創世主」。而關於人類產生的伏羲、女媧傳說，我們應知道：就先秦時代的記載二者根本沒什麼「關係」，只是到了漢代，他們才被畫在帛畫上或刻在石碑上，東漢應劭在《風俗通義》中說「女媧，伏羲之妹」，《淮南子·覽冥篇》中則稱他們為君臣關係；而到了唐代，他們則成了「夫妻」，第一次記錄出現在中唐時代詩人盧仝《與馬異結交》詩裏「女媧本是伏羲婦」〔註53〕。氏族源神話的發達與創世神話、人類起源神話的缺失，便是中國神話在內容上的典型特徵。

　　中國神話流傳中的歷史化。神話的歷史化，具體表現為由神而成為人，典

〔註51〕謝選駿：《空寂的神殿》，成都：四川人民出版社，1987年版，第51頁。

〔註52〕謝選駿：《空寂的神殿》，成都：四川人民出版社，1987年版，第122～124頁。

〔註53〕謝選駿：《空寂的神殿》，成都：四川人民出版社，1987年版，第103～104頁。

型者如傳說中的黃帝被稱為「華夏人文始祖」，而後來子貢向孔子請教「古者黃帝四面」的含義時，孔子則解釋說不是黃帝有四張臉面而是他派四個官員管理國之四方，而事實上，在我國古代確曾有「四面」形象，這在神話塑形裏並不奇怪，但是在歷史化過程中不合常理、不合世俗的都被給予了新的解釋，正如所說「深刻的『歷史化』運動，悄悄隱去了這些遠古神祇的動物形體，洗之心，革之面，變之為近古帝王。」〔註54〕這樣形成的結果便是類似於以宙斯為中心的神譜始終沒有建立，而家族主義的觀念則是那麼的強烈，「我們只看見天神或帝王來來往往，忙於創造或繁衍自己的族系——氏族、部落」而「在家族觀念的束縛下，神話的視野，只見族系而不見人類」〔註55〕這樣形成的文化模式便是「既不是『愛智』的知識系統，也不是『敬神』的一神教系統，而是注重社會因果關係和人類正當行為的倫理分解式的『歷史系統』」。神話學上的證據，對我們解讀中國文化何以如此的啟示是深刻的。

三、「絕地天通」：宗教改革的影響

在談到「絕地天通」的影響時，余敦康先生講「在中國文化傳統中，早在顓頊時代，就採取了斷然的措施，改而奉行『民神不雜』、『絕地天通』的原則，在神與民或天與人之間區分出一道適當的界限。雖然如此，這道界限並不是十分分明的，神與民或天與人並沒有像希臘文化傳統中那樣處於完全對立的地位，而是保持了一條相互交接的交通原則。由此可以看出，中國的宗教文化走上了一條介於印度與希臘之間的中間道路，從而形成了一種張力結構，是以顓頊〔註56〕時代『絕地天通』的宗教改革作為確定的起點的。」〔註57〕現有文獻對「絕地天通」的記載並不清楚，無論是時代、起因還是具體內容都有出入，此事最早見於《尚書·呂刑》：

> 若古有訓，蚩尤惟始作亂，延及於平民，罔不寇賊，鴟義奸宄
> 〔註58〕，奪攘矯虔。……皇帝哀矜庶戮之不辜，報虐以威，遏絕苗
> 民，無世在下。乃命重黎絕地天通，罔有降格。

〔註54〕謝選駿：《空寂的神殿》，成都：四川人民出版社，1987年版，第134頁。
〔註55〕謝選駿：《空寂的神殿》，成都：四川人民出版社，1987年版，第38頁。
〔註56〕顓頊（zhuan xu）：顓，愚昧、同「專」；頊，姓。
〔註57〕余敦康：《夏商周三代宗教——中國哲學思想發生的源頭》，載《中國哲學》第二十四輯，瀋陽：遼寧教育出版社，2002年4月版，第14頁。
〔註58〕鴟（chi）：古書上的鷂鷹；奸宄（jian gui）：壞人，由內而起為奸，有外而起為宄。

　　蚩尤是苗民的領袖，由本文獻來看發起「絕地天通」的是皇帝即黃帝，而發起的原因在於「蚩尤惟始作亂」民不堪命。在後來的《國語‧楚語》中對此事的記載是這樣的因楚昭王對此事不解而諮詢於史官觀射父：

　　　　昭王問於觀射父曰：「《周書》所謂重黎實使天地不通者何也？若無然，民將能登天乎？」對曰：「非此之謂也。古者民神不雜，民之精爽不攜貳者，而又能齊肅衷正，其智慧上下必義，其聖能光遠宣朗，其明能光照之，其聰能徹聽之。如是則神明將之，在男曰覡〔註59〕，在女曰巫。……於是乎有天地神民類物之官，是謂五官，各司其序，不相亂也。民是以能有忠信，神是以能明德，民神異業，敬而不瀆。固神降之嘉生，民以物享，禍災不至，求用不匱。及少皞之衰也，九黎亂德，民神雜糅，不可方物，夫人作享，家為巫史，無有要質。民匱於祀而不知其福，烝享無度，民神同位，民瀆齊盟，無有威嚴。神狎民則，不蠲〔註60〕其為。嘉生不降，無物以享，禍災存臻，莫盡其氣。顓頊受之，乃命南正重司天以屬神，命火正黎司地以屬民。使復舊常，無相侵瀆，是謂絕地天通。其後三苗復九黎之德，堯復育重黎之後不忘舊者，使復典之。」

　　很明顯這一記載是說「絕地天通」由顓頊發起，原因是「及少皞〔註61〕之衰也，九黎亂德，民神雜糅」，這與《尚書》的記載出入很大，但是就「絕地天通」的歷史性問題如張踐教授所說「中國歷史上確實存在『絕地天通』的宗教改革大約無可懷疑」〔註62〕當然，上面所載的「民神雜糅」更符合先民的信仰狀況而「民神不雜」則是後起之事。至於這次宗教改革對中國的文化究竟有什麼實質性的影響，余敦康先生說「顓頊『絕地天通』對中國宗教文化的影響，關鍵在於初步確立了天神崇拜與祖先崇拜的信仰體制，這是後世敬天法祖的宗法性宗教的濫觴，逐漸演變為華夏族的共同的宗教信仰。」〔註63〕至於為何說，「絕地天通」初步確立了天神崇拜與祖先崇拜的信仰體制，余先生在

〔註59〕覡（xi）：男巫師。

〔註60〕蠲（juan）：免除，早期白話亦有「積存」義。

〔註61〕皞（hao）：明亮。

〔註62〕牟鍾鑒，張踐：《中國宗教通史》，北京：社會科學文獻出版社，2000年版，第85頁。

〔註63〕余敦康：《夏商周三代宗教——中國哲學思想發生的源頭》，載《中國哲學》第二十四輯，瀋陽：遼寧教育出版社，2002年4月版，第19頁。

《夏商周三代宗教》中沒有更多的解釋，在我們的交談中也未提及，而在我看來，「天神崇拜」並非自「絕地天通」始，因為那是一種更遠古的自然神信仰，它自始自終都是模糊的因為那是先民在恐懼中產生的神秘，在中古之所以綿延久遠正與「巫文化」的被保存有關，那是先民信仰的遺痕，說它不是自「絕地天通」始的另一個原因便是從上面文獻來看其目的正是要「民神不雜」、要斷絕地上之人與上天之神的聯繫，這與天神崇拜的流傳是相反的；但是「絕地天通」卻非常有利於祖先崇拜的進一步興盛和鞏固，因為斷絕了地與天，但一般的民眾卻不能沒有信仰，僅憑一個「南正重」遠遠不夠，所以人們更專注於對自己祖先神的信仰，不是神的也要神化之然後當作神去信仰，而這正是余先生所說的「絕地天通」的「祖先崇拜」的「初步確定」。

其實，天神崇拜這一自然神信仰是極其模糊、原始、而又不太可靠的，首先它的人格神形象模糊，其次它的來源久遠並不具有多少理性在裏面，而且實在是一種「不成效的技藝」，所以這一信仰在其他民族中都慢慢放棄了而信仰宗教，在中國雖然也隨之被保存下來了，但是，與祖先崇拜相比，我認為它更多是一種形式、一種禮節、一種儀式、一種象徵，而人間世俗的「忠孝仁義」、「列祖列宗」、「祖宗之法」等等的作用則更直接、更常用，當然「天」在中國文化中確實充當了「價值之源」的角色，從最終的追溯上我們說人的價值是來自於「天」而不說是來自於各自的「祖先」，我想這正是商族「王配帝」的原因，商族祖先後來也擁有了賞善罰惡、令風令雨、決定成敗的功能，但那是「配帝」的結果，這些「神性」是來自於「天」或「帝」的，只是我們在人倫日用中不常追溯「源」、不常關注「天」，在此層面上講，祖先崇拜的意義大於天神崇拜，而後者更多是一種儀式和象徵。如陳夢家所說「祖先崇拜的隆重，祖先崇拜與天神崇拜的逐漸接近、混合，已為以後的中國宗教樹立了規範，即祖先崇拜壓倒了天神崇拜。殷以後的祖先崇拜（特別是表現於喪服的），是與封建的土地財產所有制的分配和繼承相關連的。」〔註64〕

總之，「絕地天通」的宗教改革對中國的祖先崇拜是一種事實上的促進。

四、「王配帝」：商族的啟示

商朝自公元前17世紀至公元前11世紀，傳十七世、經三十一王、歷時六百年左右，據《禮記・表記》載「殷人尊神，先鬼而後禮，先罰而後賞。」再

〔註64〕陳夢家：《殷虛卜辭綜述》，北京：中華書局，1988年版，第561～562頁。

加之殷墟出土的二十萬片有餘的龜甲卜辭，足見商朝「殷人尚鬼」的濃烈，「甲文顯示商代每年三百六十五天都有祭祀占卜」〔註65〕而「殷王一年之中平均兩天就要祭祖一次」〔註66〕，這就可以想像殷商人的思想狀況了，而在殷人觀念中影響最大的便是名之為「帝」的天神，占卜是對「天神」的諮詢，祭祖之祖也是「配於帝左右」的，而在大乙湯討伐夏時也說成是「予惟聞汝眾言，夏氏有罪，予畏上帝，不敢不正」（《商書·湯誓》）好一個「予畏上帝，不敢不正」！其實，「帝」在殷人的生活中也確實起著今人難以想及的作用，殷墟出土的甲骨卜辭應是最為可靠的資料，而據陳夢家、徐厚宣等先生的研究帝的功能遍及「風雲雷雨」、「農業收成」、「城邑建築」、「方國征伐」、「人間禍福」、「禍福殷王」、「發號施令」等〔註67〕這些都顯示出「帝」的萬能和威力無處不在，需要注意的是此種對帝的普遍信仰是超越氏族、部落和家族的，所以在中國文獻中「帝」是唯一具有人格神傾向的信仰，雖然它具有自然神信仰的特性但是由他發展出宗教神信仰是可能性最大的，另外，卜辭中記滿了「帝」的神能但是卻沒有看到他賞罰的依據，是賞善罰惡呢還是喜怒無常？這其實反映了先民的理性程度，而依據的缺失正表明他們天神崇拜的原始、古樸和模糊，也許正出於此種原因，他們信奉天神的威力卻不知其故，所以就出現了以先王配帝的現象，祖宗是永遠傾向於保護自己的祖孫的，但天帝卻有點喜怒無常，以王配帝即神化了祖先、使祖先擁有同等的神力，而且遇到求雨求年禱告祖先也遠比求上帝來得踏實。

　　王配帝的過程。通過考察卜辭，關於「王」與「帝」的關係，首要關注的一個人是武丁，因為商代的最高統治者是多稱「王」而不以「帝」稱的，如《殷商史》中所說「由甲骨卜辭看來，從商代後期盤庚遷殷，直到紂辛之滅，十二個最高統治者，已全部稱王。商王始祖契，先公王亥、王恆、王矢和早期的湯、大甲、祖乙，也都以王稱。早期稱王的，雖因史料不足，還看不怎麼清楚。但後期全部稱王，則顯而易見。」〔註68〕但是到武丁時期先王卻有了「帝」

〔註65〕李澤厚：《說巫史傳統補》，陳明，朱漢民主編：《原道》，2005年第十一輯·第163頁。
〔註66〕牟鍾鑒，張踐：《中國宗教通史》，北京：社會科學文獻出版社，2000年版，第95頁。
〔註67〕詳見胡厚宣：《殷卜辭中的上帝和王帝》，《古史考·神守社稷守卷》，海口：海南出版社，2003年版，第149～171頁；亦可見胡厚宣，胡振宇：《殷商史》，上海：上海人民出版社，2003年版，第451頁～480頁。
〔註68〕胡厚宣，胡振宇：《殷商史》，上海：上海人民出版社，2003年版，第78頁。

的稱號，本來「帝」之觀念早已有之但是以「帝」稱王卻不曾有過，這種情況到武丁時期起了變化，最先「賓於帝」的是湯、大甲、祖乙，因為三者都是「天下盛君」，甲骨文稱他們為「三示」並加以合祭，而在武丁時期卻給予了特別的合祭認為他們可以「賓於帝」，即死後可以配天。天子死後稱帝也見於《大戴禮記·誥志》、《禮記·曲禮》，「天子……卒葬曰帝」、「天子……崩後，措之廟立之主曰帝」，當然「王帝」不同於「天帝」，這便是「上帝」的由來，原先的「帝」被加上了一個「上」字〔註69〕這樣，王帝和上帝便產生了。本來「王帝」是僅限於去世後的先王的，但是武丁時期有卜辭稱其生父小乙叫父乙帝，祖庚、祖甲時卜辭稱其生父武丁叫帝丁，康丁時卜辭稱其生父叫帝甲〔註70〕，卜辭是混亂的但根據現在認讀的文字確實有這樣的記載，而且我們知道殷末二王在世時就以「帝」稱了，那就是帝乙和帝辛。

　　這足見「帝」的世俗化和家族化，因為很明顯只有商族祖先才可獲此殊榮，而且據郭沫若的研究：在有殷一代中華古文明便與古巴比倫文明曾有過接觸，他舉例說「十二辰」傳自古巴比倫，而中國的「帝」與古巴比倫文化接觸融合後，殷人把「帝」字定義成了本族祖先神的專稱，把自己的圖騰移至天上而更具神聖性，成了天上的至上神，所以他們的至上神「帝」同時又是他們的宗祖。〔註71〕郭氏的看法雖然證據有限，但完全可備一說，再結合徐厚宣等學者的看法，我們至少可以得出這樣的結論：商朝統治者確實將具有大眾信仰的「帝」解釋成了自己祖先的專稱，無論是對於過世的先王或生父或是當世之王稱帝，這都是對「帝」的壟斷，其直接結果便是「王」也具有了「令雨令風」、降下禍福、決定殷王這些原來曾是帝的功能，但是「王帝」和「上帝」還是不同的，「殷人以為上帝至上，有無限尊嚴，雖然他的權能很大，舉凡人間的雨水和豐收，以及方國的侵犯和征伐，都由他來掌握，但遇有禱告祈求，則多向先祖行之，請先祖在帝左右轉向上帝祈禱，而絕不敢直接向上帝有所祈求。這便是上帝和王帝的主要分野。」〔註72〕在宗教信仰上，它的影響更不容

〔註69〕郭沫若：《中國古代社會研究·青銅時代·十批判書》，石家莊：河北教育出版社，2000 年版，第 307 頁。

〔註70〕詳見胡厚宣：《殷卜辭中的上帝和王帝》，《古史考·神守社稷守卷》，海口：海南出版社，2003 年版，第 180 頁的卜辭。

〔註71〕郭沫若：《中國古代社會研究》（外二種），石家莊：河北教育出版社，2000 年版，第 313～316 頁。

〔註72〕胡厚宣：《殷卜辭中的上帝和王帝》，《古史考·神守社稷守卷》，海口：海南出版社，2003 年版，第 197 頁。

低估，商王對「帝」的壟斷杜絕了人們走向統一人格神的宗教信仰，周代商而立大談「天」和「德」而不提「帝」固然有統治上的原因，但是我始終覺的這與商朝的「王配帝」有關，因為他不可能再立商的祖先。

　　如果說「絕地天通」是對天神崇拜和祖先崇拜的「確立」的話，那麼商朝的「王配帝」則是對「祖先崇拜」的肯定和突顯，如陳夢家所說「就卜辭的內容來看，殷代的崇拜還沒有完全的形式化。這表現於占卜的頻繁與占卜範圍的無所不包，表現於『殷人尚鬼』的隆重而反覆的祭祀，也表現於銅器、玉器、骨器等器物上所雕鑄的動物形象的森嚴（不同於西周時代的溫和和中庸）。但是，祖先崇拜的隆重，祖先崇拜與天神崇拜的逐漸接近、混合，已為以後的中國宗教樹立了規範，即祖先崇拜壓倒了天神崇拜。殷以後的祖先崇拜（特別是表現於喪服的），是與封建的土地財產所有制的分配和繼承相關連的。」〔註73〕這便是商朝「王配帝」給我們帶來的啟示。

五、「敬天貴德」：周朝的啟蒙

　　《禮記·表記》對於夏商周之制記曰：「夏道尊命，事鬼敬神而遠之。……殷人尊神，率民以事神。……周人尊禮尚施，事鬼敬神而遠之。」而王國維在《殷周制度論》中則說「中國政治與文化之變革，莫劇與殷周之際。」「殷周間之大變革，自其表言之，不過一姓一家之興亡與都邑之轉移，自其裏言之，則舊制度廢而新制度興，舊文化廢而新文化興。」（《觀堂集林》卷十）王先生的話讀起來總是充滿自信和激情，但作為對史實的判斷則是錯誤的〔註74〕，近一個世紀以來新的考古發掘文獻都可證明這一點，殷周之文化因循多於變革、繼承多於創新、周因於殷禮多於改進，郭沫若的說法更是直白「周人的祖先是沒有什麼文化的。在現今所有周代的青銅器傳世的很多，但在武王以前的器皿一個也還沒有出現，而自武王以後則勃然興盛起來。這分明是表示著周人是因襲了殷人的文化。」〔註75〕郭沫若對卜辭和青銅器是有研究的，這種判斷看來不錯。殷周雖非「舊制度代替新制度」亦非「新文化代替舊文化」，但是殷周之區別也是明顯的，依《禮記》言便是「尊神」與「尊禮」之別，而在關

〔註73〕陳夢家：《殷虛卜辭綜述》，北京：中華書局，1988年版，第561～562頁。
〔註74〕陳夢家：《殷周制度論的批判》，載《殷虛卜辭綜述》，北京：中華書局，1988年版，第629～631頁。
〔註75〕郭沫若：《中國古代社會研究·青銅時代·十批判書》，石家莊：河北教育出版社，2000年版，第318頁。

於周初的文獻中最明顯的表現便是對「天」的頻繁提出：「丕顯文王，受天有大命」（大盂鼎）、「天惟式教我用休，簡畀〔註76〕殷命，尹爾多方」《周書・多方》、「文王在上，於昭于天！」《詩經・大雅・文王》，而且認為「天命無常」，所以也就提出「以德配天」的思想：「天不可信，我道惟文王德廷。」（《君奭》）、「惟我周王靈承於旅，克堪用德，惟典神天。」（《周書・多方》），這裡提到了「天」、「德」和「民」（旅），與殷商時德「鬼」和「人」比起來便是一個極大的進步。

「天」、「德」、「民」的宗教學意義。殷人稱「帝」或「上帝」，周人雖非絕不提「帝」，但是「天」在周人眼裏的地位更重，如果說殷人的「帝」是一個至上神的象徵，那麼「天」便是周人的「上帝」，而且由「帝」到「天」絕非字面上的變化，第一，「帝」是變幻莫測、喜怒無常的，「天」有一定的運行規則；第二，上帝更近似於一個超人間的人格神，「天」明顯的是一種對必然的新的理解；第三，「帝」的賞罰並無確定的根據，「天」的賞罰是集中於一個「德」字上的。商紂王至死都認為「我生不有命在天？」周初諸王則牢記「克明俊德」。「德」的意義是什麼？郭沫若解為「修養」和「禮」〔註77〕李澤厚則認為：「我以為，它大概最先與獻身犧牲以祭祖先的巫術有關，是巫師所具有的神奇品質，繼而轉化成為各氏族的習慣法規」〔註78〕，他還說「簡言之，即原始巫君所擁有與神明交通的內在神秘力量的『德』變而為要求後世天子所具有的內在的道德，品質，操守」〔註79〕其實，無論是「修養」還是「禮」，無論是巫師的「神奇品質」還是後世君王的「內在道德」，我認為其最終都是歸結於「民」的，從起源上來看「巫師」的職能主要是「公共職能」，他是為了氏族成員的生存，演變到後世同樣是為了民眾的生活，這便是周初「德」的含義，也是「天」的依據。在這裡由天到人，德是溝通和過渡，而在殷人那裡由「鬼」到人，巫是中介，這便是二者的區別。我認為這具有理性啟蒙意義。

而在信仰層面「至上神由上帝變成了天，人格性減少了，理論性增強了。商代的天國簡直就是地上王國的照搬，上帝就像殷王一樣指手畫腳，喜怒無常。但神如果太人性化，就難以顯揚他超人的神聖性，因此需要加以抽象化。

〔註76〕畀（bi）：給以、付與。

〔註77〕郭沫若：《中國古代社會研究・青銅時代・十批判書》，石家莊：河北教育出版社，2000年版，第322頁。

〔註78〕李澤厚：《己卯五說》，北京：中國電影出版社，1999年版，第52頁。

〔註79〕李澤厚：《己卯五說》，北京：中國電影出版社，1999年版，第54頁。

周人的天雖然未完全放棄人格性，可畢竟向非人格的方向前進了一大步，更接近一個命運之神，類似某種在冥冥中決定著自然和人類運行的規則，更神秘，更玄奧。」〔註80〕「天」確實向非人格化走了一大步，這裡的「天」已不同於「帝」，不可能發展為宗教信仰的「人格神」，所以全民性的宗教信仰也便失去了在中國大地建立的可能，至於是不是「更神秘、更玄奧」則有待於討論。另一方面，與商朝一樣，周朝的統治者也在不遺餘力的神化自己的祖先，周公說「嗚呼！皇天上帝，改厥元子茲大國殷之命」（《尚書・召誥》）天包含萬物，派生萬物，人都是天的兒子，王則是天的嫡長子，而殷商統治者則驕奢淫逸、暴虐萬物，從上一節的分析可知，殷商的統治者視「帝」為至上神只是「賓於帝」，而周初則直接稱「元子」、稱為「天子」，如張踐教授所說「在商代人與神沒有血緣關係，人只能通過祖靈向上帝轉達自己的祈求，鬼治重於人治。而周代視天為人之祖神，王可以直接祭天，向天轉達自己的意願，擺脫了鬼魂對人的主宰，提高了人的地位。」〔註81〕這種對祖先的神化，一方面是對祖先崇拜的繼承、延續和鞏固；另一方面，對祖先的神化也是為了世俗統治的需要，既然都是「天」的子民，上天便有革除某一姓氏、改變嫡長子的權力，當然周朝提出「變」和「無常」的依據是「德」，這便將政權的依據又從上天拉回了人間。「敬天貴德」，從殷商的鬼和人到周朝的「天、德、民」，這不僅是理性的進步更是「民本」思想的確立，無論如何祖先崇拜卻是一如既往的延續下來了。

　　總之，農業國的生產方式決定了「尊老敬祖」觀念的產生，神話學上統一神話的缺乏，「絕地天通」宗教改革對天神的壟斷，商朝「王配帝」的強化，再加之周朝「敬天保民」的進一步解構，這一演進過程使中國沒有出現類似於西方的宗教神信仰，而與此同時，中國的祖先崇拜被確定、鞏固和強化，最終中國的祖先神信仰系統得以形成，這裡我們可以看到「天」「帝」的退隱，固然很難說它們完全退出了中國歷史舞臺，但是他們的存在意義只是「虛君共和」，後來孔孟對「天」的引用往往是無奈的歎息（如孟子說「吾之不遇魯候，天也」《梁惠王下》），他們所更多關注的是「人事」或「王道」。這樣在夏商周三代的天道觀演進上，我們看到作為價值之源的「天道」信仰逐漸遭受質疑並

〔註80〕牟鍾鑒，張踐：《中國宗教通史》，北京：社會科學文獻出版社，2000 年版，第 114～115 頁。

〔註81〕牟鍾鑒，張踐：《中國宗教通史》，北京：社會科學文獻出版社，2000 年版，第 116 頁。

且走向了「祖先神」（其實還是人）信仰的確立，這樣「天人關係」具體表現為「天」向「人」的下貫。但是此種趨勢在春秋戰國時期得到了阻止，這便是表現為儒、道、墨三家對「天道」（或天志）信仰的回溯與重建，這樣我們將會看到此種回溯與夏商周三代的「下貫」共同構成了影響後世深遠的「天人交互」關係。

第三節　「巫史」理性化之例證二：「由神而人」——民為神主之形成

　　人神關係是複雜的，前面一節論及「祖先神信仰」之確立，祖先為「人」，「祖先崇拜」則是以「神」敬之，所以說「由神而人」，這只是今人眼光；就原初語境而言，或許可以推測「祖先」原來就是作為「神明一樣」的存在，後世教化只是對此點的強化，而非「無中生有」的發明。同樣，本節嘗試以占卜為例，由「卜以決疑」而「易不占險」，這似乎突顯「職竟由人」「民為神主」，所以稱為「由神而人」，但是，這似乎也不是直線性的演進更非替代關係；毋寧說，人神關係本就是互動、交融、複雜的。而且，這一現象或具有可普性。總感覺，我們突顯了一神教的獨特性，比如過於突顯神的大能、兩個世界的對立，正如同我們突顯殷周之不同，將殷商時期稱為「鬼治主義」一般，似乎只是一種想像，而且是不切實際的想像。因為那種人神模式，人類生活是難以為繼的，就筆者對《聖經》的有限研讀，總感覺突顯人神之分、忽視人的能動地位，似乎是有悖於《聖經》教義的。

　　人神關係當從互動、交融視角去理解，中西皆然；神的大能當以人的主動詮釋、神道設教為依據，中西皆然。之所以如此，這與人的有限性有關。人的有限性導致了其生存情境的種種不確定與凶多吉少，這樣「人活著」本身就是個問題。這個問題具體化為「如何活」。「如何活」對於動物和神明都不是問題，前者不自覺，後者不需要。但是，人的特點是，不僅自覺到了，而且需要。所以「活著」構成了所有問題的起點。人類文化、文明之類只是「如何活」的道具。在這一過程中「占卜」充當著重要角色，因為若認可「如何活」是個疑問，那麼「卜以決疑」；若認可「活著」因人的有限充滿了種種不確定，那麼「占卜」就是一種確定性尋求的方式。

關於占卜有很多問題有待細究，比如龜卜的方法、兆象的判斷〔註82〕；筮占的方法、筮占的解釋；卜法與筮法的關係、數字卦與周易的關係；周易經傳的關係等等。這裡首先想說明巫與占卜的關係，前面我們討論了「巫咸作筮」；李零《先秦兩漢文字史料中的「巫」》（下）中將「卜筮」作為「巫術十六種」之「十一」〔註83〕，林富士《漢代的巫者》也將「占卜」作為「巫者職事──交通鬼神」之三〔註84〕。再向前追溯的話，我們可以看出韓國學者趙容俊博士對於殷商甲骨卜辭的研究，也將「占卜」視為「交通鬼神」「醫療活動」之一〔註85〕。所以，從廣義角度看，占卜為巫者功能之一。

一、「卜以決疑」：決疑方式及其確定性尋求

《左傳》有則有趣的記載：「楚屈瑕將盟貳軫，鄖人軍於蒲騷，將與隨，絞、州、蓼，伐楚師，莫敖患之，鬥廉曰，鄖人軍其郊，必不誡，且日虞四邑之至也，君次於郊郢以御四邑，我以銳師宵加於鄖，鄖有虞心而恃其城，莫有鬥志，若敗鄖師，四邑必離，莫敖曰，盍請濟師於王，對曰，師克在和，不在眾，商周之不敵，君之所聞也，成軍以出，又何濟焉，莫敖曰，卜之，對曰，卜以決疑，不疑何卜，遂敗鄖師於蒲騷，卒盟而還。」（《左傳‧桓公十一年》）

其中說「卜以決疑」，值得留意，深層次的問題在於，占卜為何與決疑有關？為何龜甲兆象可以作為吉凶禍福的決疑方式？前面《金枝》所討論的交感律固然是一種解釋模式，林富士在《漢代的巫者》探討「巫術的觀念基礎」，明確指出「鬼神世界」存在──「鬼神禍福」關聯──「人能左右鬼神」這樣的觀念模型〔註86〕，是值得留意的說法。無論是龜甲還是菁草，都是一種媒介，更準確說是一種「靈媒」，其作用在於將人事與未知之神秘性聯結起來，最終還是服務於人事「決疑」。所以，當人們逐漸發現此種「神秘性」更多不是一種「人格神」主宰，而是「妖由人興」「職竟由人」，那麼，一方面是靈媒

〔註82〕 這方面最優秀的著作，目力所及，出自韓國留學生之手，詳見朴載福：《先秦卜法研究》，上海：上海古籍出版社，2011年12月版。

〔註83〕 李零：《先秦兩漢文字史料中的「巫」》（下），載氏著：《中國方術續考》，北京：中華書局，2006年5月版，第56頁。

〔註84〕 林富士：《漢代的巫者》，臺北：稻香出版社，民國88年1月再版，第54頁。

〔註85〕 趙容俊：《殷商甲骨卜辭所見之巫術》（增訂本），北京：中華書局，2011年9月版，第131、152頁。

〔註86〕 林富士：《漢代的巫者》，臺北：稻香出版社，民國88年1月版，第5章「漢代巫術的觀念基礎」，第87～132頁。

的衰落，另一方面是新「靈媒」的興起。這是一種理性化現象，對於原有的「靈媒」也產生了新的解釋，這在王充的一則記錄中可以明確看出來「俗信卜筮，謂卜者問天，筮者問地，蓍神龜靈，兆數報應，故舍人議而就卜筮，違可否而信吉凶。其意謂天地審告報，蓍龜真神靈也。如實論之，卜筮不問天地，蓍龜未必神靈。有神靈，問天地，俗儒所言也。何以明之？子路問孔子曰：『豬肩羊膊可以得兆，藋葦槁芼可以得數，何必以蓍龜？』孔子曰：『不然，蓋取其名也。夫蓍之為言，耆也；龜之為言，舊也。明狐疑之事，當問耆舊也』。」（《論衡・卜筮》）〔註87〕

神秘性固然在不斷化解，然而其特點在於「神秘性」的增生，這是一個悖論，一旦破解了就不再神秘，不能破解的才是「神秘」。對於人而言，因其有限性，偶然、不定問題永遠存在，這意味著「無知」，「無知」必然導致「神秘」。所以，「神秘性」問題永遠存在，這與「如何活」生存境遇有關，確定性尋求的方式在不斷變化，這其實是一種「靈媒」的演進，「德義」是另一種「靈媒」。「天命靡常」「惟德是輔」其實就是一種確定性尋求的新方式。下面，我們嘗試以《左傳》為中心文本，對於「占卜」方式的演進予以考察，在這裡我們看到「卜以決疑」逐漸演變到「職竟由人」「易不占險」，這是一種「善為易者不占」的思想歷程，具體來說就是馬王堆帛書「要篇」所言孔子由「卜筮」而「德義」的演進。這可以作為李澤厚「巫史論」理性化的旁證。他說「中國遠古之巫術沒走向對象崇拜的宗教（也許這種供奉的行為，因走入這個方向而為孔子反對？）卻理性化地與歷史、政治相結合，而形成『巫史文化』。它的成果即周易。」〔註88〕

還需要說明的是「卜筮→德義」的演進歷程不自孔子始，前面提到「人神互動」「民為神主」這一現象具有可普性，我們選擇《左傳》作為討論文本只是因為更早的歷史「文獻不足徵」之故。其實，就有限的流傳文獻，還是可以看出此現象的源遠流長。所以，下面我們先從「武王卜伐紂」談起。

（一）決疑方式：以「武王卜伐紂」為例

在《史記》「齊太公世家」中我們發現一則有趣的記載：「居二年，紂殺王

〔註87〕李澤厚在《論語今讀》新版中補充了此則文字，這在1998年安徽文藝版是沒有的，詳見：李澤厚：《論語今讀》，北京：生活・讀書・新知三聯書店，2004年3月版，第148頁。

〔註88〕李澤厚：《論語今讀》，北京：生活・讀書・新知三聯書店，2004年3月版，第148頁。

子比干，囚箕子。**武王將伐紂，卜龜兆，不吉**，風雨暴至。群公盡懼，唯太公
強之勸武王，武王於是遂行。十一年正月甲子，誓於牧野，伐商紂。紂師敗
績。」其奇怪在於「龜兆不吉」「群公盡懼」，但是「唯太公強之勸武王，武王
於是遂行」，問題還在於在「龜兆不吉」的情形下「誓於牧野，伐商紂。紂師
敗績。」另外，若結合上下語境的話，我們發現兩年前「文王崩，武王即位。
九年，欲修文王業，東伐以觀諸侯集否。師行，師尚父左杖黃鉞，右把白旄以
誓，曰：『蒼兕蒼兕，總爾眾庶，與爾舟楫，後至者斬！』遂至盟津。諸侯不
期而會者八百諸侯。諸侯皆曰：『紂可伐也。』武王曰：『未可。』還師，與太
公作此太誓。」（《史記·齊太公世家》）以當時情形看「諸侯不期而會者八百
諸侯」，聲勢浩大，為何不順勢而行？依據《周本紀》的說法「諸侯皆曰：『紂
可伐矣。』武王曰：『女未知天命，未可也。』乃還師歸。」（《史記·周本紀》）
史家的解釋一般為當時條件尚不具備，武王在等待時機。自然在《周本紀》中
並無「龜兆不吉」的記載，只是說「居二年，聞紂昏亂暴虐滋甚，殺王子比干，
囚箕子。太師疵、少師強抱其樂器而奔周。於是武王遍告諸侯曰：『殷有重罪，
不可以不畢伐。』乃遵文王，遂率戎車三百乘，虎賁三千人，甲士四萬五千人，
以東伐紂。十一年十二月戊午，師畢渡盟津，諸侯咸會。」（《史記·周本紀》）
這裡似乎只是突顯了紂王的「重罪」以及武王的「勢力」，這些都是人事，
「占卜」問於鬼神的事情少有提及。

　　其實，類似於「龜兆不吉」的現象在文王那裡就有類似的記載，劉玉建教
授在《中國古代龜卜文化》中引用了《六韜》中的說法「文王問散宜生：卜伐
紂吉乎？曰：不吉。鑽龜龜不兆。」自然這是一個爭議的說法，比如後世文本
記錄將此處「文王」作「武王」〔註89〕。劉玉建教授則認為存在「文王卜伐紂」
的可能性，甚至「這樣的卜問恐怕不止一次」因為他「滅商心切」，只是「時
機尚未成熟」〔註90〕，當然，這些都是後世的想像與推測。但是，「武王卜伐
紂」而且「龜兆不吉」的例子或許並非空穴來風，雖然在《周本紀》並無記

〔註89〕 參見《藝文類聚·雨》、《天平御覽·卜下》記為「文王」，而《天平御覽·雨
　　　　上》《天平御覽·占候》則記為「武王」，原文可參考：文王／武王問散宜生：
　　　　「卜伐殷，吉乎？」曰：「不吉。」鑽龜不兆，數著著不交而如折。將行之日，
　　　　雨輜重車至軫。行之日，幟折為三。散宜生曰：「此凶。四不祥，不可舉事。」
　　　　太公進曰：「是非子之所知也。祖行之日雨輜重車至軫，是洗濯甲兵也。」
〔註90〕 劉玉建：《中國古代龜卜文化》，桂林：廣西師範大學出版社，1992年4月版，
　　　　第230～231頁。

錄，但是，在王充的《論衡》裏對此再次提及，並且進行了某種生動描繪和圓融解釋，他說「周武王伐紂，卜筮之，逆，占曰：『大凶。』太公推蓍蹈龜而曰：『枯骨死草，何知而凶？』夫卜筮兆數，非吉凶誤也，占之不審吉凶，吉凶變亂，變亂，故太公黜之。」（《論衡·卜筮》）這裡我們看到王充明確提到「卜筮兆數」與「審吉凶」的關係問題，前面我們討論過，這其實是個詮釋學問題，「卜筮兆數」只是「符號」，「符號」只有經過「詮釋」才能被人理解，如何「詮釋」才是關鍵。所以殷墟卜辭的「王占曰」〔註91〕才是商代政教關係的著眼點，而與「絕地天通」的故事遙相呼應。

所以說占卜只是一種輔助，話語權和決定權在王那裡，這才是「王占曰」的權力話語意義之所在。所以有學者認為「巫史所代表的傳統，是一種獨立於世俗政權外，代天立言的傳統，是一種批判與監督世俗權力的傳統，是一種獨立的知識分子的傳統。從巫術到數術，信仰雖有嬗變，但這種精神傳統則是一貫的。」〔註92〕我對這種期待表示敬意，但是認為並不符合「絕地天通」後的政教關係，包括前面提到過常寶教授所說「春秋史官的話語權力」〔註93〕我認為也是有限的，無論是知識分子還是史官其話語權力都處於王權的輔助性地位，這兩種身份往往是重合的，史官更多是傳統意義上的「讀書人」而非現代意義上的「知識分子」，他們確實有「使命感和歷史責任感」，但是，獨立的話語權力是極其有限的；魯迅所說的「幫忙」「幫閒」，對於文人，可謂誅心之論。

在《卜筮》中王充還提到「《傳》或言：『武王伐紂，卜之而龜熸。』占者曰：『凶。』太公曰：『龜熸，以祭則凶，以戰則勝。』武王從之，卒克紂焉。審若此《傳》，亦復孔子論卦、咎犯占夢之類也。蓋兆數無不然，而吉凶失實者，占不巧工也。」（《論衡·卜筮》）這裡可以明確看出「審吉凶」的「詮釋

〔註91〕 參見王宇信、王紹東：《殷墟甲骨文》（「中國古文字導讀」叢書之一），北京：文物出版社，2016 年 4 月版，這部書主要是出自王紹東之手，依據版本為《甲骨文精粹釋譯》（王宇信等主編，雲南人民出版社，2004 年版）；另外一本比較適合參考的文獻為馬如森：《商周銘文選注譯》，上海：上海大學出版社，2013 年版；書中拓片放大、選注譯對應，參考起來很方便，編者為書法家，裏面有幾幀很漂亮的書法。

〔註92〕 陶磊：《從巫術到數術：上古信仰的歷史嬗變》，濟南：山東人民出版社，2008 年 6 月版，第 6 頁。

〔註93〕 過常寶：《原史文化及文獻研究》，北京：北京大學出版社，2008 年 3 月版，第 83 頁。

學參與」。「卜筮兆數」不是問題，如何解釋「卜筮兆數」才是關鍵。這更多涉及的倒不是「兆數」認讀的技術性問題，而是一種根據彼此情境、實力對比的一種知己知彼的智慧判斷，沒有對於彼此情勢的熟悉與拿捏，談不上真正的「審吉凶」。說白了，實力才是關鍵，「卜筮兆數」只是一種神道設教的宣傳和確認，饒宗頤先生談到「占卜在《大禹謨》中所說『先蔽志而後命龜』，好像占卜者預先已有初步的主意，然後問卜，故《洪範》云『人謀鬼謀』，人謀還是第一位，不是完全依靠神的意旨。占卜是借用神力，來 confirm 人謀先前的決定。這樣不能說占卜純是一種巫術，它在政治上執行任務時，卻是一種手段。」〔註94〕可謂「知道」，在《大禹謨》中我們確實看到「帝曰：『禹！官占惟先蔽志，昆命於元龜。朕志先定，詢謀僉同，鬼神其依，龜筮協從，卜不習吉。』禹拜稽首，固辭。」（《尚書‧大禹謨》）

此種人事上的拿捏、實力上的對比，要有某種判斷「先蔽志」，其他只是一種協助和配合：「朕志先定，詢謀僉同，鬼神其依，龜筮協從」。這種「決疑」方式在「洪範篇」中就有著明確記載「七、稽疑：擇建立卜筮人，乃命卜筮。曰雨，曰霽，曰蒙，曰驛，曰克，曰貞，曰悔，凡七。卜五，佔用二，衍忒。立時人作卜筮，三人占，則從二人之言。

汝則有大疑，謀及乃心，謀及卿士，謀及庶人，謀及卜筮。

汝則從，龜從，筮從，卿士從，庶民從，是之謂大同。身其康強，子孫其逢；

汝則從，龜從，筮從，卿士逆，庶民逆吉。

卿士從，龜從，筮從，汝則逆，庶民逆，吉。

庶民從，龜從，筮從，汝則逆，卿士逆，吉。

汝則從，龜從，筮逆，卿士逆，庶民逆，作內吉，作外凶。

龜筮共違於人，用靜吉，用作凶。」（《尚書‧洪範》）

由此我們可以明確看出「有大疑」的時候「謀及乃心，謀及卿士，謀及庶人，謀及卜筮」，這大約是比較符合當時情形的。對此，陳來老師指出「由此可見，在面對疑難進行卜筮時，雖說應有五個方面的意見共同參照，其實卜和筮的結果是擁有決定性的，與卜筮相比，王者自己和卿士庶民的意見，都不是

〔註94〕饒宗頤：《歷史家對薩滿主義重新作反思與檢討——「巫」的新認識》，載《中華文化的過去現在和未來——中華書局成立八十週年紀念論文集》，1992年4月版，第407頁。

決定性的。」〔註95〕然而問題在於「卜筮兆數」有待於人的解讀，前面我們在分析「王占曰」時已經提到「先蔽志」的範圍限定與人為參與，對於卜筮的看重更多是一種理性考量〔註96〕而不僅僅是一種迷信或概率依賴。我們常常有些不切實際的想法，比如殷商為「鬼治主義」，再比如傳統皇權「乾綱獨斷」，若看看一些歷史學者的研究，大約這些想法只是我們的一廂情願。似乎時代越靠前，他們越實際，不切實際的想法便越少，因為，生活是實在的，任何的癡心妄想都可能丟掉性命。這倒不是說他們想像空間有限，缺乏想像力，正如同我們常引用「過去比現在擁有更多未來」一樣，若看仔細點，若是兩條射線都是無限長的話，不好說誰「更長」；我們一般的看法是線段才能比較，其實，即便是線段，若無限長的話，也無法比較，甚至也不好說誰「更長」一些。想像力也是一樣的，有種說法，好比畫圓，所知越多，無知的圓周越長，其實「無知」是個無限的領域，對於兩個「無限」來講，不好說大小的。我有時倒是感覺，現代人的想像力反而缺乏。古人不缺乏想像力，因為要生存，要回答「如何活」迫切問題，必須有豐富的想像力，生活方能繼續。倒是現代社會，溫飽層面的「活著」不是問題，人們具有想像潛能，但是不再那樣迫切，尤其是因為媒介發達，想像力可以委託代理，這反而影響了人們的想像力空間。傳統文獻記載的更多是一種結果，他們的想像過程我們無法還原，只能想像。但是，就記錄的結果來看，他們是很務實的。所以不存在「鬼治主義」的行政模式。

類似於上述的「決疑」模式，我們還可以看到其他旁證：「筮人：掌三易以辨九筮之名，一曰『連山』，二曰『歸藏』，三曰『周易』。九筮之名，一曰巫更，二曰巫咸，三曰巫式，四曰巫目，五曰巫易，六曰巫比，七曰巫祠，八曰巫參，九曰巫環。以辨吉凶。凡國之大事，先筮而後卜。上春，相筮。凡國事，共筮。」（《周禮・春官・筮人》）「占人：掌占龜，以八筮占八頌，以八卦

〔註95〕陳來：《古代宗教與倫理：儒家思想的根源》，北京：生活・讀書・新知三聯書店，1996 年 3 月版，第 66 頁；陳來老師另一個有趣的提法是「在上古的北方中國，至少從公元前 3000 年以來一直有一個占卜的傳統，這與同時代的南方中國的巫覡傳統可能有所不同。」（64 頁）然而在論述宗教的理性化時他的說法是「巫覡文化、祭祀文化與禮樂文化」（8 頁），似乎並沒有依照地域傳統分類。

〔註96〕趙汀陽先生在 2018 年 12 月復旦演講中，對此有著創造性詮釋，他將其運用與政治哲學研究，認為是一種 smart democracy 的典範，因為「龜從，筮從」是一種「天票」與民意的「人票」對應；而「天票」的優長在於它是一種「理性票」，這是更接近「卜筮兆數」的理性化特點。

占筮之八故，以視吉凶。凡卜筮，君占體，大夫占色，史占墨，卜人占坼。凡卜筮，既事，則繫幣以比其命。歲終，則計其占之中否。」（《周禮·春官·占人》）這倒是比較接近李澤厚所說的「由巫而史」，因為有著明確的經驗總結和「歲終盤點」。當然，關於「藏龜」現象《龜策列傳》有著不同的記錄：「略聞夏殷欲卜者，乃取蓍龜，已則棄去之，以為龜藏則不靈，蓍久則不神。至周室之卜官，常寶藏蓍龜；又其大小先後，各有所尚，要其歸等耳。或以為聖王遭事無不定，決疑無不見，其設稽神求問之道者，以為後世衰微，愚不師智，人各自安，化分為百室，道散而無垠，故推歸之至微，要潔於精神也。或以為昆蟲之所長，聖人不能與爭。其處吉凶，別然否，多中於人。至高祖時，因秦太卜官。」（《史記·龜策列傳》）對於夏殷是否存在「藏龜」現象，劉玉建教授認為是有的，他們不可能「取蓍龜，已則棄去之」〔註97〕。對夏殷的真實情況，文獻不足徵；但是，《周禮》和《龜策列傳》所錄此種「共筮」模式與「歲終」盤點的現象，可以看出他們極為重視經驗總結，這符合前面馬林諾夫斯基對初民社會注重「生存經驗」的看法。

而此種注重「生存經驗」而產生的務實行政模式，倒不限於殷周之際，至少依據《史記》記錄我們可以看出此種情形淵源有自，下面我們分別舉《五帝本紀》《夏本紀》和《殷本紀》三則文獻予以例證。「軒轅之時，神農氏世衰。諸侯相侵伐，暴虐百姓，而神農氏弗能征。於是軒轅乃習用干戈，以征不享，諸侯咸來賓從。」（《史記·五帝本紀》）「禹乃遂與益、后稷奉帝命，命諸侯百姓興人徒以傅土，行山表木，定高山大川。禹傷先人父鯀功之不成受誅，乃勞身焦思，居外十三年，過家門不敢入。薄衣食，致孝於鬼神。卑宮室，致費於溝淢。陸行乘車，水行乘船，泥行乘橇，山行乘檋。左準繩，右規矩，載四時，以開九州，通九道，陂九澤，度九山。令益予眾庶稻，可種卑濕。命后稷予眾庶難得之食。食少，調有餘相給，以均諸侯。禹乃行相地宜所有以貢，及山川之便利。」（《史記·夏本紀》）「帝雍己崩，弟太戊立，是為帝太戊。帝太戊立伊陟為相。亳有祥桑穀共生於朝，一暮大拱。帝太戊懼，問伊陟。伊陟曰：『臣聞妖不勝德，帝之政其有闕與？帝其修德。』太戊從之，而祥桑枯死而去。伊陟贊言於巫咸。巫咸治王家有成，作咸艾，作太戊。帝太戊贊伊陟於廟，言弗臣，伊陟讓，作原命。殷復興，諸侯歸之，故稱中宗。……帝武丁祭成湯，

〔註97〕劉玉建：《中國古代龜卜文化》，桂林：廣西師範大學出版社，1992年4月版，
　　　　第212頁。

明日，有飛雉登鼎耳而呴，武丁懼。祖己曰：『王勿憂，**先修政事**。』祖己乃訓王曰：『唯天監下典厥義，降年有永有不永，非天夭民，中絕其命。民有不若德，不聽罪，天既附命正厥德，乃曰其奈何。嗚呼！王嗣敬民，罔非天繼，常祀毋禮於棄道。』武丁修政行德，天下咸驩，殷道復興。」(《史記·殷本紀》)這裡我們固然可以看出文字風格上與周初雷同相似，但是，拋開文體風格，就內容上講「人文始祖」之「習用干戈」、大禹治水之艱苦卓絕、殷商治理之「妖不勝德」「先修政事」倒是一種合乎情理的行政模式，否則，便沒有後來的傳說了；說白了，人文初祖其實首先需要是一介武夫，必須是能打的，否則「諸侯相侵伐」之局面無法安頓。

韓非子說「事異則備變。上古競於道德，中世逐於智謀，當今爭於氣力。」(《韓非子·五蠹》)那也是一種對於「三代理想」的美好想像，很奇怪儒家和法家甚至道家都有著良好的「三代」美化理想，只是各自別有用心，儒家在於「託古改制」，法家在於「改革現實」，道家在於「文明批判」，其實，大家都沒有「復古」的真心，也都無「穿越過去」的能力。只是一種想像，當然是一種不切實際的想像，《史記》的記載倒更接近當時情境。韓非子所說「事異則備變」是可以的，但是，對於「道德」「智謀」「氣力」其實各個時代都是綜合運用的，如同上面的「汝則有大疑，謀及乃心，謀及卿士，謀及庶人，謀及卜筮」的情形一樣。只是在不同場合，組合成分不同而已；嚴格說來「道德」似乎更晚起，若「保存自己」是第一義的話，「智謀─氣力」才是「如何活」的首要品質，這才是最原初的「道德」，「禮義廉恥」大約是晚起的「道德」。

（二）疑問緣起：無知與偶然

這裡我們的問題倒在於，為何初民社會那麼看重「決疑」？那麼重視「稽疑」？這個問題還要回到其「生存境遇」及其「詮釋想像」中來，這個問題還原為：他們要生存，需要面臨和解決什麼問題？還是「如何活」？設身處地的話，我們可能比他們的疑慮更多，生存能力可能遠不如他們。如今的「荒野生存」只是一種「遊戲+廣告」模式，無論多麼艱辛，都有攝像頭跟著，有生命保障，所以才能不斷的「作秀表演」；但是，初民社會的生活則是一種生死模式，他們的「決疑」方式、吉凶深思，生死攸關。當然，即便我們不設身處地，我們回到自身情境，還是有很多疑問和困惑有待「決疑」，比如生存資源問題、生態環保問題、戰爭衝突、難免危機，這些都是「生死攸關」之事。但是，

現代社會的不同在於，許多「決疑」都委託代理了，即便是天塌下來，部分人還是可以「躲進小樓成一統」，人權的底線是可以優先保存自己。但是，初民社會「生死攸關」則是無可逃避、共同面對的。文明的特點是特權，一部分人可以合理的放棄責任而不必被問責。但是，面對「生存困惑」，任何特權都歸於失效，鴕鳥政策只會讓「生存困惑」演變為「生存危機」。說到底，基於人類的有限性，「如何活」是個永恆的問題，有問題就需要「決疑」，要給出判斷，而且要有行為選擇，「如何活」是實踐之事而非理論之事。

具體而言，初民社會面對的「生存危機」或者說「疑問範圍」與我們不同。李澤厚說「《楚辭·招魂》描寫天上地下四面八方都是可怕的猛獸妖魔，不可居處，還是回到這塊人間故土上來吧，似深受儒學影響，此乃「里仁為美」的深意。我一直強調中國文化特徵是『一個世界』，即這個充滿人間情愛的現實世界，即以『里仁為美』也，而與其他文化的兩個世界（天國——人間）頗不相同。」「正因為以情為體，儒家總肯定此世間生活即為美、為善，不必硬去追求來世、彼岸或天國的美善。」〔註98〕這裡將中國文化特徵界定為「一個世界」而突顯西方文化（主要是基督教文明）的「兩個世界」是不妥當的，後面再論，此不贅述。但是，李澤厚提到屈原《楚辭》所述「天上地下四面八方都是可怕的猛獸妖魔，不可居處」這是值得留意的現象。前面提到林富士在《漢代的巫者》探討「巫術的觀念基礎」，明確指出「鬼神世界」存在——「鬼神禍福」關聯——「人能左右鬼神」這樣的觀念模型。〔註99〕可見當時人們對於未知領域「神秘性」的豐富想像力，處處充滿未知、神秘與恐懼，而且嘗試去「稽疑」，克服恐懼，巫術、占卜、通神等等都是「決疑」的方式，只是「活著」的道具。

關於「天上地下四面八方都是可怕的猛獸妖魔，不可居處」，除了屈原的描述，有著豐富發揮的倒是俄羅斯猶太女學者郭靜云的研究，她說「昊天充滿神獸」〔註100〕，對於種種神獸、天帝等等有著精彩的描繪，她說《親仁與天命》《夏商周：從神話到史實》等書若她不寫，其他人也會寫，但是「《天神與

〔註98〕李澤厚：《論語今讀》，北京：生活·讀書·新知三聯書店，2004年3月版，第106～107頁。
〔註99〕林富士：《漢代的巫者》，臺北：稻香出版社，民國88年1月版，第5章「漢代巫術的觀念基礎」，第87～132頁。
〔註100〕郭靜云：《天神與天地之道：巫覡信仰與傳統思想淵源》（全二冊），上海：上海古籍出版社，2016年4月版，第17、469頁。

天地之道》，除了我之外，恐怕很難會有人再寫這樣的書。」〔註101〕這倒不是她客氣，其實她的《夏商周》也並非他人所能寫的，那種寫法，一般人學不來。她的想像力令人驚奇。但是，她說「昊天充滿神獸」則是對的，我們看蒲慕州對於「《日書》和《山海經》所見戰國末年之民間信仰」的研究〔註102〕，可見當時「鬼神世界」具有籠罩性，而且是「人神同居」的，比如程民生教授對於祠神世界的神網「經緯」〔註103〕研究。儘管教育系統「無神論」居於主流，但是，在人倫日用中，人們似乎與「神明」難捨難分。可以說，中國人的生活世界從來不缺乏「神明」，甚至為「神明」所包圍。這些「神明」，這些「神明」的功能蘊含了「社會組織的整合和福利」「普遍的道德秩序」「經濟功能」「健康」「公共與個人福利」等〔註104〕，楊慶堃教授用「彌漫性宗教」可謂傳神，這些信仰系統確實具有籠罩性。

　　至少在殷墟卜辭中我們就看到類似的狀況，胡厚宣先生的研究《殷代之天神崇拜》《殷人疾病考》《殷人占夢考》等〔註105〕可以看出，當時人們對於氣候、風雨、外族入侵、疾病、夢境有著種種困惑與擔憂。趙容俊博士對於殷商甲骨卜辭之巫術研究，更可以看出其範圍遍及「交通鬼神」「醫療」「救災」「生產」「求子生育」「建築」「喪葬」等〔註106〕。此種籠罩性範圍，在《周易筮辭考》中得到了進一步印證，根據李鏡池先生對於周易筮占範圍的研究，我們可以看出遍及「行旅」（近百條）、「戰爭」（八九十條）、「享祀」（二十條）、「飲食」（三十多條），其他「漁獵」「牧畜」「農業」「婚媾」「居處及家庭生活」「婦女孕育」「疾病」「賞罰訟獄」等可謂應有盡有〔註107〕。這意味著這些「吃

〔註101〕郭靜云：《天神與天地之道：巫覡信仰與傳統思想淵源》（全二冊），上海：上海古籍出版社，2016年4月版，郭立新「序」，第3頁；該書123.8萬字，確實非一般人能寫出來。

〔註102〕蒲慕州：《追尋一己之福：中國古代的信仰世界》（「允晨叢刊60」），臺北：允晨文化實業有限公司，民84年版，第97～120頁。

〔註103〕程民生：《神人同居的世界——中國人與中國祠神文化》，鄭州：河南人民出版社，1993年3月版，第一章「神網之經」「神網之緯」。

〔註104〕楊慶堃：《中國社會中的宗教》，范麗珠譯，成都：四川人民出版社，2016年10月版，第8～9頁；更詳細分類見該書第295頁附錄一「8個地方主要廟宇的功能分類」。

〔註105〕參見胡厚宣：《甲骨學商史論叢初集》（外一種）上下，石家莊：河北教育出版社，2002年11月版。

〔註106〕參見趙容俊：《殷商甲骨卜辭所見之巫術》（增訂本），北京：中華書局，2011年9月版，第四章「殷商甲骨卜辭所見之巫術」。

〔註107〕李鏡池：《周易探源》，北京：中華書局，1978年3月第1版，第33～34頁。

穿住用行」的領域他們存在著大量無法確保的問題，疑慮重重，說白了，溫飽問題沒解決。這才是最大的疑問，無法逃避的疑問，生死攸關。所以必須想盡種種辦法來「決疑」「明是非」「定吉凶」，此種語境是「如何活」的關鍵。但是，這種面對重重生活困境，不是自暴自棄坐著等死，而是嘗試各種辦法逢凶化吉、化險為夷，在今日我們看來或許是可笑的，但是，在他們則是極為嚴肅、莊重的。設身處地，換成我們，估計也會那樣做。

　　若認可無知與偶然是永恆性的問題，那麼「如何活」的疑慮便永遠存在，由此而來「確定性尋求」將永無止境。

（三）「卜以決疑」與「確定性尋求」

　　汪德邁教授認為「占卜理性就是這樣逐漸完善的，其中的占卜始終是經過深思熟慮的作為，初始為巫術，而後為思辨性計算（特別是藉助易經數卦系統，就像數學家可以藉助幾何圖形進行思辨一樣），以便產生具實驗性的可見的代形，去摹刻那不可見的、形成條件的自然力形態以揭示之。隨著占卜學的發展，占卜技術與操作程序的完善將人為產生的代形導向愈來愈嚴謹的理性化，從原始肩胛骨兆含含糊糊的點狀兆，規範到甲骨占的『卜』類，從後者到卦爻的數字形態，最後到易經八卦的代數形。圖形、數字或代數均為代形，即根據同類計算人為製造的結構，以便揭示事物的真實結構。占卜思辨力圖通過分析占卜所揭示的事物代性結構間的相似性，來確定真實不可見的結構之間的同源性。」〔註108〕前面提到李澤厚說「中國遠古之巫術沒走向對象崇拜的宗教（也許這種供奉的行為，因走入這個方向而為孔子反對？）卻理性化地與歷史、政治相結合，而形成『巫史文化』。它的成果即周易。」〔註109〕二說可以相互印證，在《說巫史傳統》一文中，關於「占卜理性化」李澤厚有著更為豐富的論述，他說「筮的一大特色在於數字演算。卜骨中已有成組數字，數的出現意味著替代巫的狂熱的身體操作活動，人們開始以個體進行的遠為客觀、冷靜和認知因素極強的數字演算，來明吉凶、測未來、判禍福、定行止。」「《周易》爻辭卦辭中保存了好些史實，它們作為歷史的經驗，已與『神示』、『天意』混為一體。這也正是『由巫而史』的理性化過程的其體表現。巫術的

〔註108〕汪德邁：《中國思想的兩種理性：占卜與表意》，金絲燕譯，北京：北京大學出版社，2017年1月版，第78頁。
〔註109〕李澤厚：《論語今讀》，北京：生活・讀書・新知三聯書店，2004年3月版，第148頁。

世界，變而為符號（象徵）的世界、數字的世界、歷史事件的世界。可見，卜筮、數、易以及禮制系統的出現，是由巫而史的關鍵環節。」〔註110〕所以說，針對「如何活」的「大哉問」，就其回應方式和思路上，「卜以決疑」也是一種「理性化」的確定性尋求。

這裡我想說明的是，第一、有人就有「病」。這「病」蘊含了種種偶然、不順、困惑，包括行旅安全、外族入侵、內部紛爭、婚育漁獵、失眠多夢等。前面引用魯迅文章《父親的病》（魯迅《朝花夕拾·父親的病》）時說「總有消不了的腫，總有治不好的病」，至今依然。這不是技術問題，而是技術進步與人性期待總難和解，技術突飛猛進，但是，欲壑難填，人心總有更高的期待。技術發展如何快，也無法趕上胡適所說的「一念」，所以他「我笑你一秒鐘行五十萬里的無線電，總比不上我區區的心頭一念！」「我若真個害刻骨的相思，便一分鐘繞地球三千萬轉！」（胡適《一念》）人的問題就出在這裡，這才是治不好的「病」。

第二、有「病」就有「治」的期待。我這裡的意思是，從文字記錄開始，我們看到，無論何種生死危機，他們都在嘗試化解行旅風險、試圖保證漁獵豐盛、戰爭取勝等等，儘管他們種種巫術通神、祭祀歌舞、卜筮兆象等等方式，我們或不以為然。但是，他們沒有採取「有病等死」而是「有病治病」的方式，可以說，我們至今還是這種思路。只是治病藥方變了，但是，思路沒變；技術變了，回應方式沒變。所以說，「卜以決疑」也是一種確定性的尋求，是「理性化進程」的一環，絲毫不比現代的科學、技術遜色。任何現代科學研究都有著「卜以決疑」的影子，任何現代技術發展都是「巫術方技」的延續。在「決疑」「媒介」層面，甚至無法說二者有本質區別。

第三、「治」病的方式是動態的，這是一種「理性化」進程。無論是前面所述「占卜方式」的變化，還是對於「龜卜兆數」的靈活性解讀；無論是弗雷澤所說的「巫術的不靈驗」，還是波普爾所說的「科學理論可證偽性」，這都是一種「理性化」進程。這裡我們並非將巫術與科技等同，但是，我們需要看到，在形式上、甚至思維律上，二者有著某種驚人的相似性。二者都是生命之樹的理性之花。而且此種「理性化」進程甚至不是直線性的替代關係，而應看到理性過程的「保存與揚棄」。我甚至認為，若不去正面理解「巫術」的演進歷程，

〔註110〕李澤厚：《說巫史傳統》，載《由巫到禮 釋禮歸仁》，北京：生活·讀書·新知三聯書店，2015 年 1 月版，第 15、17 頁。

我們對「人性」「理性」的理解將是帶有明顯缺陷的。理性不僅僅是一種「懸空」的思辨推演，它有著深刻的經驗淵源，甚至說其根源於初民的巫術嘗試。在這個意義上張汝倫教授說「巫其實也是人類的一種基本的思維形式」「哲學也決不是起源於人類思想與巫的決裂」〔註111〕是值得深思的，他說「非理性思維與理性思維肯定不是人類思維發展的兩個前後相繼的不同階段，而是兩種不同的思維方式。它們之間的關係有時未必是彼此排斥，而是相互支持與促進的。」〔註112〕也是值得再考慮的，「巫術」是否是一種「非理性」？如何界定「理性」與「非理性」？這些都是需要進一步專題討論的問題，本文的看法，根據上面的分析，是將「占卜」「巫術」等作為「理性」的其中一環，而非視其為「非理性」。本文之所以不採取「理性—非理性」模式，正是因為二者的對立恰恰是啟蒙話語，而啟蒙話語往往帶有「非理性」的痕跡，因為「理性與非理性」之截然界限很難劃清，若認可二者「相互支持與促進」的話，更難分清界限，同一理性過程有兩套思維方式，這也是難以理解的假定。此不贅述。本文接續上面分析，從「理性化」視角予以展開。

　　下面我們將以《左傳》的占卜為例探究此種理性化進程。

二、「修德改卜」：「確定性尋求」方式之改進

（一）違卜：主體性自覺

　　就文獻依據看，15 萬片〔註113〕甲骨確實為極其珍貴的財富，隨著文字的認讀，發現這些甲骨與占卜有著深刻淵源，並非所有甲骨都用來占卜，也並非所有刻辭都是卜辭〔註114〕，但是，毋庸置疑，大部分甲骨、刻辭是用來占卜用的。但是，由此說「商史刻在甲骨上」〔註115〕還是言過其實了，因為「文獻不足徵」，我們只能依據「甲骨刻辭」嘗試重構「商史」，一來這是極

〔註111〕　張汝倫：《巫與哲學》，《復旦學報》，2016 年第 2 期，第 19 頁。

〔註112〕　張汝倫：《巫與哲學》，《復旦學報》，2016 年第 2 期，第 20 頁。

〔註113〕　王宇信、王紹東：《殷墟甲骨文》（「中國古文字導讀」叢書之一），北京：文物出版社，2016 年 4 月版，第 2～3 頁。

〔註114〕　參見胡厚宣：《武丁時五種記事刻辭考》，載氏著：《甲骨學商史論叢初集》（外一種）上下，石家莊：河北教育出版社，2002 年 11 月版，第 343、344 頁；另外著名的「六旬干支表」亦可參考，圖版詳見王宇信、王紹東：《殷墟甲骨文》（「中國古文字導讀」叢書之一），北京：文物出版社，2016 年 4 月版，第 341 頁。

〔註115〕　王宇信、王紹東：《殷墟甲骨文》（「中國古文字導讀」叢書之一），北京：文物出版社，2016 年 4 月版，第 4 頁。

其有限的一部分，二來我們要自覺「甲骨刻辭」的功能。出土實物常給人的誤導在於，實物＝歷史，歷史只是「思想之真」的詮釋，任何「實物」都要經歷「符號之真」的詮釋，前面方法論已經討論過了，這樣經歷了「實物」──「符號」──「思想」這一詮釋過程，才是我們能夠瞭解到的部分「商史」。嚴格來講，出土實物是重要的，但是，真正關鍵還在於對其「詮釋」，前面提到過「龍骨」與「甲骨」的詮釋模型，是用來「熬湯」治病還是用來「建構」歷史，這都是一種詮釋，任何詮釋都有限度，都有難以跨越的鴻溝。在「建構」歷史時，若忽視詮釋學限度，認為那就是「商史」，其錯誤與將「甲骨」當成「藥材」熬湯沒什麼兩樣。我們要尋求「出土實物」與「傳世文獻」的詮釋中道。

所以說，儘管十餘萬片甲骨，但是，我們卻無法得出商代或晚商為「鬼治主義」，因為甲骨只是商代材料的很小一部分而已，即便是這很小一部分，我們也很難斷定其在商人政教關係中的次序、地位與份量。所以前面提到李零的批評還是需要留意的。即便嚴守甲骨卜辭內容，其鑽鑿之用心〔註116〕、布局之有章法、「王占曰」之「審吉凶」模式，讓我們看到占卜的理性化設計；前面的「稽疑」方式也印證了這一點，占卜只是一種輔助性手段。若結合傳世文獻，我們更多看到的則是「違卜」「改卜」的事例，至少「武王卜伐紂」時太公就開了這個頭，前面我們已經詳細分析過了。這是一種「人事」與「鬼神」的較量，任何行為抉擇都是「人事謀慮」與「龜卜兆數」的均衡，然而當差異明顯的時候，「占卜」變成了一種障礙，因此「違卜」之事便在所難免。由此可以看出，至少逐漸出現了這一現象，占卜處於次要地位，人事之謀慮、德性處於優先性。這在《左傳》中有著豐富的記載。

關於「違卜」，《左傳》有兩處記載：

> 壬戌，戰於韓原，晉戎馬還濘而止，公號慶鄭，慶鄭曰，愎諫
> **違卜**，固敗是求，又何逃焉，遂去之，梁由靡御韓簡，虢射為右，輅秦伯，將止之，鄭以救公誤之，遂失秦伯，秦獲晉侯以歸。(《左傳·僖公十五年》)

> 君子曰，仁人之言，其利博哉，晏子一言而齊侯省刑，詩曰，

〔註116〕朴載福：《先秦卜法研究》，上海：上海古籍出版社，2011 年 12 月版，第三章「甲骨的整治方式與鑽鑿灼形態」和第四章「甲骨文的行款走向及其相關問題」。

> 君子如祉，亂庶遄已，其是之謂乎，及晏子如晉，公更其宅，反則
> 成矣，既拜乃毀之，而為裏室，皆如其舊，則使宅人反之，且謗曰，
> 非宅是卜，唯鄰是卜，二三子先卜鄰矣，**違卜**不祥，君子不犯非禮，
> 小人不犯不祥，古之制也，吾敢違諸乎，卒復其舊宅，公弗許，因
> 陳桓子以請，乃許之。（《左傳‧昭公三年》）

這兩則事例，就其語境而言是對「違卜」的批評，但是，我們可以看出：
第一則材料恰好可以反證「違卜」在當時是一種事實，尤其是可以看出「占
卜」不再是一種神聖、莊嚴的儀式，只是一種隨心所欲的選擇。第二則材料儘
管說「違卜不祥」，但是整則材料突顯的則是一種「人文精神」衝動，無論是
「君子曰」還是「古之制」，突顯的都是一種仁人智慧，所謂的「卜」也是突
顯「人」，正所謂「非宅是卜，唯鄰是卜」，這與「里仁為美」有異曲同工之妙。
整則材料也是突顯晏子的德性。「占卜」只是「德性」的裝飾。

（二）龜焦：神聖性失落

占卜是一種「神聖」儀式，正如同犧牲要莊嚴一樣，上面提到「郊牛之
口傷」，其實就是一種「不敬」，所以「改卜牛」，然而「鼷鼠又食其角」，這
是值得審視的，為何作為神聖儀式的犧牲一而再、再而三的遭到褻瀆。這倒
不是「祭品也需要顏值」的問題，而是一種神聖性的敬畏。在《聖經》中有
著更為詳細明確的記載，諸如「造約櫃的規定」「造陳設餅桌子的規定」「造
帳幕和幔子的規定」「造祭壇的規定」等等都有著明確的條例（《聖經‧出埃
及記》），至於「燔祭條例」「素祭條例」「平安祭條例」更是細緻入微（《聖經‧
利未記》），可以舉個例子「人的供物若以綿羊或山羊為燔祭，就要獻上沒有
殘疾的公羊。」（利1：10）這種對於祭品的考究大約是中外皆然的，用現在
的話說，祭品也需要顏值；當然，這還只是外在形式，真正注重的倒不是祭
品，研讀《聖經》的話，憐憫、聖愛、公義是高於祭祀的［註117］，類似於「燔
祭在心」「注重仁義」的話還不少，比如「耶和華是看內心」（撒上16：7）、
「行仁義公平比獻祭更蒙耶和華悅納」（箴21：3）、「許多祭物於我何益？」
（賽1：11）、神對人的要求「敬畏、行道、愛他」（申10：12）、「神所要的
祭，就是憂傷的靈」（詩51：17）、「神的國不在乎吃喝，只在乎公義」（羅14：
17）。祭祀只是一種儀式，對於儀式的敬畏，關鍵在於將「天主的愛人旨意」

［註117］《馬太福音》第9章第13節引用何6：6，「我喜愛憐憫，不喜愛祭祀」。

落實：「遵守神的誠命就是愛他了」（約一 5：3）。這大約也是尊師重道的道理。然而，儀式的褻瀆，往往意味著神聖性的失落。比如下面兩則「龜焦」的例子。

> 秋，齊侯伐晉夷儀，敝無存之父將室之，辭，以與其弟，曰，此役也，不死，反必取於高國，先登，求自門出，死於溜下，東郭書讓登，犁彌從之，曰，子讓而左，我讓而右，使登者絕而後下，書左，彌先下，書與王猛息，猛曰，我先登，書斂甲曰，曩者之難，今又難焉，猛笑曰，吾從子，如騺之餳，晉車千乘，在中牟，衛侯將如五氏，卜過之，龜焦，衛侯曰，可也，衛車當其半，寡人當其半，敵矣，乃過中牟，中牟人慾伐之，衛褚師圃亡在中牟，曰，衛雖小，其君在焉，未可勝也，齊師克城而驕，其帥又賤，遇必敗之，不如從齊，乃伐齊師，敗之，齊侯致禚，媚，杏，於衛。（《左傳·定公九年》）

> 秋，八月，齊人輸范氏粟，鄭子姚，子般，送之，士吉射逆之，趙鞅御之，遇於戚，陽虎曰，吾車少，以兵車之旆，與罕駟兵車，先陳，罕駟自後隨而從之，彼見吾貌，必右懼心，於是乎會之，必大敗之，從之，卜戰，龜焦，樂丁曰，詩曰，爰始爰謀，爰契我龜，謀協以故，兆詢可也，簡子誓曰，范氏中行氏反易天明，斬艾百姓，欲擅晉國而滅其君，寡君恃鄭而保焉，今鄭為不道，棄君助臣，二三子順天明，從君命，經德義，除詬恥，在此行也。（《左傳·哀公二年》）

《左傳》只有兩處「龜焦」案例，但是通篇可以看出是一種人事的較量，第一篇基本上是一個軍事實力分析，無論參戰各方都是實力較量，占卜只是一種形式。但是，即便是形式，也太隨意了，行旅途中多兇險，占卜一下，這是極為重要的參考，但是「卜龜燒焦了」﹝註118﹞，這也太不講究了。但是，只要實力有保證，該走的路還是要走，旅途安全依據自家裝備和軍事實力，龜焦之類大約沒人在意了。該打的仗還是要打，勝敗關鍵在於軍事實力和戰略謀劃，立命立心之類大約最早是在戰亂中得出的箴言。這逐漸成了春秋的信條，在戰國尤甚，後世則可謂源遠流長。第二則材料則突顯了「人謀」的優先和「龜卜」的協助，所謂「爰始爰謀，爰契我龜」；但是，「龜焦」了，竟然連

﹝註118﹞《左傳》，郭丹等譯注，北京：中華書局，2012 年 10 月版，第 2169 頁。

「龜卜」的協助也不要了，「謀協以故，兆詢可也」，若「謀劃一致，服從以往的占卜結果就是了」〔註119〕，這裡可以看出「占卜」之「卜筮兆數」而來的「審吉凶」成了一種「歷史經驗」，任何歷史經驗都服務於現實「生存境遇」的是非考量。「史」的份量越來越優先於「巫」。

類似的例子還可參考：

> 秋，七月，楚子在城父，將救陳，**卜戰不吉，卜退不吉**，王曰，然則死也，再敗楚師，不如死，棄盟逃讎，亦不如死，死一也，其死讎乎，命公子申為王，不可，則命公子結，亦不可，則命公子啟，五辭而後許，將戰，王有疾，庚寅，昭王攻大冥，卒於城父，子閭退曰，君王捨其子而讓，群臣敢忘君乎，從君之命，順也，立君之子，亦順也，二順不可失也，與子西，子期，謀潛師閉塗，逆越女之子章立之，而後還，是歲也，有雲如眾，赤鳥夾日以飛，三日，楚子使問諸周大史，周大史曰，其當王身乎，若禜之，**可移於令尹，司馬王曰，除腹心之疾，而置諸股肱何益**，不穀不有大過，天其夭諸，有罪受罰，又焉移之，遂弗禜，初，昭王有疾，卜曰，河為祟，王弗祭，大夫請祭諸郊，王曰，三代命祀，祭不越望，江漢睢章，楚之望也，禍福之至，不是過也，不穀雖不德，河非所獲罪也，遂弗祭，孔子曰，**楚昭王知大道矣**，其不失國也宜哉，夏書曰，惟彼陶唐，帥彼天常，有此冀方，今失其行，亂其紀綱，乃滅而亡，又曰，允出茲在茲，由己率常可矣。（《左傳・哀公六年》）

這則材料有兩點可以注意：第一、「卜戰不吉，卜退不吉」。這是個有趣的說法，不僅僅是個概率問題，而是「占卜」的自相悖問題，「吉凶」「戰退」是對應的，不能同時出現吉凶，至少要符合「同一律」，行為上才具有一致性，但是「卜戰不吉，卜退不吉」則令人難以適從（當然還要考慮到占卜次數和占卜限制問題）。但是，面對此種自相悖情況，最後的決斷還是一種人事分析，與上面的例子一致。占卜不再是關鍵性行動依據。第二、涉及到「移除巫術」以及禍福緣由。這是一個很精彩的段落，我們知道武王重病時，周公就想過這個法子。但是這段楚王的說法義正辭嚴、大義凜然，「有罪受罰」，是令人肅然起敬的。真可謂「知大道」。類似的評價我們在「文公十三年」有看到：「邾文公卜遷於繹，史曰，**利於民而不利於君**，邾子曰，苟利於民，孤之利也，天生

〔註119〕　《左傳》，郭丹等譯注，北京：中華書局，2012 年 10 月版，第 2231 頁。

民而樹之君，以利之也，民既利矣，孤必與焉，左右曰，命可長也，君何弗為，邾子曰，命在養民，死之短長，時也，民苟利矣，遷也，吉莫如之，遂遷於繹，五月，邾文公卒，君子曰知命。」(《左傳·文公十三年》)邾文公之關於「命」「生死」「君—民」之說法同樣令人肅然起敬。

這裡讓我們很明確的看到，至少在《左傳》文本裏，存在這樣的現象，禍福、生死、命運之依據不在鬼神、偶然、卜筮兆數，而在人自身。戰爭成敗主要不在占卜，而在軍事實力和戰略謀劃；個人禍福也不在卜筮兆數，關鍵在於德性操守。

（三）改卜：合法性再造

如果說上面的「違卜」只是一種側面表述，遠不如太公「推蓍蹈龜而曰：『枯骨死草，何知而凶？』」(《論衡·卜筮》)那樣激動，但是，下面幾則記錄則是主動的「改卜」。

> 三年，春，王正月，郊牛之口傷，**改卜**牛，牛死，乃不郊，猶三望。(《左傳·宣公三年》)

> 七年，春，王正月，鼷鼠食郊牛角，**改卜**牛，鼷鼠又食其角，乃免牛。(《左傳·成公七年》)

> 鼷鼠食郊牛，牛死，改卜牛。(《左傳·定公十五年》)

> 鼷鼠食郊牛，改卜牛。(《左傳·哀公元年》)

若依照「春秋筆法」，對於「卜牛」的反覆記載，恰恰反證了「禮崩樂壞」，神聖儀式不再莊嚴，「鼷鼠食郊牛」是一種神聖性褻瀆，「改卜」只是一種神聖性失落的見證。

> 鄭良霄，大宰石㚟，猶在楚，石㚟言於子囊曰，先王卜征五年，而歲習其祥，祥習則行，不習則增，**修德而改卜**，今楚實不競，行人何罪，止鄭一卿，以除其偪，使睦而疾楚，以固於晉焉，用之使歸，而廢其使，怨其君以疾其大夫，而相牽引也，不猶愈乎，楚人歸之。(《左傳·襄公十三年》)

> 吳伐楚，陽匄為令尹，卜戰不吉，司馬子魚曰，我得上流，何故不吉，且楚故，司馬令龜，我請**改卜**，令曰，魴也，以其屬死之，楚師繼之，尚大克之，吉，戰於長岸，子魚先死，楚師繼之，大敗吳師，獲其乘舟餘皇。(《左傳·昭公十七年》)

群臣誰敢盟衛君者，涉佗成何曰，我能盟之，衛人請執牛耳，
成何曰，衛，吾溫原也，焉得視諸侯，將歃，涉佗挼衛侯之手及捥，
衛侯怒，王孫賈趨進曰，盟以信禮也，有如衛君，其敢不唯禮是事，
而受此盟也，衛侯欲叛晉，而患諸大夫，王孫賈使次於郊，大夫問
故，公以晉詬語之，且曰，寡人辱社稷，其**改卜**嗣，寡人從焉，大
夫曰，是衛之禍，豈君之過也。（《左傳·定公八年》）

　　上述三則實例則是一種主動的「改卜」行為。第一則材料可以看出人事
努力與占卜的相得益彰〔註120〕「祥習則行，不習則增」，主要是通過人事的努
力來達到「吉祥」，「修德而改卜」，占卜只是「修德」結果的見證，只是「征
伐」的合法性通行證。第二則材料類型一樣，軍事實力、戰略位置才是是否
「出戰」的主要依據〔註121〕，若實力允許，即便不吉，也可以「改卜」，因為
其理由在於「我得上流，何故不吉」，可以看出人謀的自信遠遠超過了占卜吉
凶上的參考。第三則材料涉及「改卜嗣」，涉及繼承人問題〔註122〕，但是，若
細審原文，其依據仍在於「人」自身的行為，因為「寡人辱社稷」所以才有「改
卜嗣」的想法，而大夫的勸慰也可以看出說理重點也放在非「君之過」上，這
裡可以看出「改卜」只是人文精神的彰顯和裝飾。

　　另有一則材料比「改卜」更嚴重，與太公類似，但是下場相反，事發昭公
十三年：「初，靈王卜曰，余尚得天下，不吉，投龜詬天而呼曰，是區區者而
不余畀，余必自取之，民患王之無厭也，故從亂如歸。」（《左傳·昭公十三
年》），楚靈王「投龜詬天」的行為與「太公推蓍蹈龜而曰：『枯骨死草，何知
而凶？』」（《論衡·卜筮》）可謂如出一轍，但是，兩人結局則完全不同，靈王
「聞群公子之死也，自投於車下……王縊於芋尹申亥氏」（《左傳·昭公十三
年》）這裡的問題很複雜，若靈王像武王那樣，後世的故事或許就不一樣了；
這就好比，若宋襄公遵守古禮「君子不重傷，不禽二毛，古之為軍也，不以阻
隘也，寡人雖亡國之餘，不鼓不成列」（《左傳·僖公二十二年》）在泓之戰勝
了，對他的嘲諷或許更少吧。軍人的尊嚴似乎還需要戰果來支撐。若仔細考究

〔註120〕　參見《左傳》，郭丹等譯注，北京：中華書局，2012 年 10 月版，第 1183～
　　　　　1184 頁。
〔註121〕　參見《左傳》，郭丹等譯注，北京：中華書局，2012 年 10 月版，第 1853～
　　　　　1854 頁。
〔註122〕　參見《左傳》，郭丹等譯注，北京：中華書局，2012 年 10 月版，第 2152～
　　　　　2155 頁。

的話，無論是占卜還是實力，無論是神佑還是人謀，都無法排除結局的偶然性，這是理性化的界限。

三、「職競由人」：敗德與吉兆的較量

其實注重軍事實力、修德行政的故事不限於《左傳》，前面引用《五帝本紀》《夏本紀》《殷本紀》就淵源有自了。只不過這一現象在《左傳》中有著更為明確、詳細的記錄。

（一）物先象後：人事優先的依據

首先我們看一下晉獻公的例子。這次與戰事無關，只關風月。「初，晉獻公欲以驪姬為夫人，卜之不吉，筮之吉，公曰，從筮，卜人曰，筮短龜長，不如從長，且其繇曰，專之渝，攘公之羭，一薰一蕕，十年尚猶有臭，必不可，弗聽，立之。」（《左傳·僖公四年》）這是個複雜的故事，也是個悲慘的故事。但是，從卜筮的角度去看，也很有趣，「卜之不吉，筮之吉」，這也是個「占筮悖論」問題。但是，卜人有詮釋依據「筮短龜長，不如從長」，只是晉獻公不聽勸告，還是隨心所欲。後來的故事自然可以為占卜合法性提供反證。然而，我們卻看到類似例子的側重性評價不在反證「占卜合法性」而在人自身的「德性操守」。這事發生在「僖公十五年」：「晉獻公筮嫁伯姬於秦，遇歸妹之睽，史蘇占之，曰，不吉，其繇曰，士刲羊，亦無衁也，女承筐，亦無貺也，西鄰責言，不可償也，歸妹之睽，猶無相也，震之離，亦離之震，為雷為火，為嬴敗姬，車說其輹，火焚其旗，不利行師，敗於宗丘，歸妹睽孤，寇張之弧，姪其從姑，六年其逋，逃歸其國，而棄其家，明年，其死於高梁之虛，及惠公在秦，曰，先君若從史蘇之占，吾不及此夫，韓簡侍曰，龜，象也，筮，數也，物生而後有象，象而後有滋，滋而後有數，先君之敗德，及可數乎，史蘇是占，勿從何益，詩曰，下民之孽，匪降自天，僔沓背憎，職競由人。」（《左傳·僖公十五年》）

這裡的評價很有趣，第一、根據當時語境「先君若從史蘇之占，吾不及此夫」，這自然是利於「占卜」效力的例證，但是，當時的分析則對此輕描淡寫「史蘇是占，勿從何益」。第二、原因在於人們注重禍福源自人而非卜筮兆象，是否服從占卜不是關鍵，「下民之孽，匪降自天，僔沓背憎，職競由人」。第三、禍福由人而非降自天的理由在於「物生」的優先性，「象」和「數」都是後起的：「物生而後有象，象而後有滋，滋而後有數」；因為「龜，象也，筮，數也」，所以「卜筮象數」便落後於「物生」，「先君敗德」是關鍵，任何

「卜筮象數」之從與不從都於事無補。類似的例子我們可以參考莊公十四年的記載：「鄭厲公自櫟侵鄭，及大陵，獲傅瑕，傅瑕曰，苟舍我，吾請納君，與之盟而赦之，六月，甲子，傅瑕殺鄭子，及其二子，而納厲公，初，內蛇與外蛇鬥於鄭南門中，內蛇死，六年而厲公入，公聞之，問於申繻曰，猶有妖乎，對曰，人之所忌，其氣焰以取之，**妖由人興也**，人無釁焉，妖不自作，人棄常，則妖興，故有妖。」（《左傳・莊公十四年》）禍福、生死、妖獸等等最終都是源自人自身的行為。這個例子在《殷本紀》就有兩次記載。

（二）有德无咎：吉兆落實的條件

下面兩則例子則是對於上述「職竟由人」「妖由人興」的進一步展現，前面談到「卜筮兆數」的自悖性，多有不合「人謀」而「違卜」「改卜」的事實，下面則是對於「吉兆」的反省，吉兆若無人事的對應德行，吉兆歸於無效。這可謂是對「占卜」的放逐，真正的依據在人自身的行為，即便是「吉兆」也依賴於人「德行」的成全。

第一則事例為「穆姜薨於東宮，始往而筮之，遇艮之八，史曰，是謂艮之隨，隨其出也，君必速出，姜曰，亡，是於周易，曰，隨元亨利貞，无咎，元，體之長也，亨，嘉之會也，利，義之和也，貞，事之幹也，體仁足以長人，嘉德足以合禮，利物足以和義，貞固足以幹事，然故不可誣也，是以雖隨无咎，今我婦人而與於亂，固在下位，而有不仁，不可謂元，不靖國家，不可謂亨，作而害身，不可謂利，棄位而姣，不可謂貞，**有四德者，隨而无咎，我皆無之，豈隨也哉，我則取惡，能无咎乎，必死於此，弗得出矣。**」（《左傳・襄公九年》）對此例子李鏡池先生有著多次引用和精彩發揮〔註123〕。穆姜之被「打入冷宮」〔註124〕，雖遇「艮之八，史曰，是謂艮之隨，隨其出也，君必速出」，但是，穆姜的解釋很明顯比專業的占卜史官更有道理，她認為即便是「吉兆」也要有「德」相配和成全，「有四德者，隨而无咎，我皆無之，豈隨也哉，我則取惡，能无咎乎，必死於此，弗得出矣」。李鏡池先生分析道「占筮還要看占的人的行為品德，品德跟吉凶是連在一起的，有德才配得上吉占，沒品的人，佔了吉

〔註123〕 李鏡池：《關於周易的性質和它的哲學思想》，氏著：《周易探源》，北京：中華書局，1978年3月第1版，第173～175頁；另外在1963年撰寫的《易傳思想的歷史發展》一文中又再次提到了這個例子，包括南蒯的例子，都是李先生比較看重的例證。詳見《周易探源》第328～329頁。
〔註124〕 《左傳》，郭丹等譯注，北京：中華書局，2012年10月版，第1125頁。

也沒用。——看,這是多麼有哲學意味的話。它把神秘、迷信的外衣剝掉,送進了『人』的氣息。原來『吉凶由人』的思想,在春秋時一部分開明人士已經有這種認識。所以,孔子說『不占而已矣』。」〔註125〕李澤厚先生認為「中國遠古之巫術沒走向對象崇拜的宗教(也許這種供奉的行為,因走入這個方向而為孔子反對?)卻理性化地與歷史、政治相結合,而形成『巫史文化』。它的成果即周易……這一傳統導致荀子明言『善為易者不占』。」〔註126〕二者對孔荀的引用有異曲同工之妙。

　　李鏡池先生甚至認為「引申發揮,把占筮『兆』辭說成做人的道理,這是思想上一大發展」〔註127〕,所以,穆姜在思想史上或許應留下一筆。她固然有「缺德之行」,但是,那種自知之明、理性意識,在思想高度上,甚至高於一些道德模範,她是個明白人,用李鏡池的話說是個「開明人士」,其實「開明人士」任何時代、任何階層都有,就如同「糊塗人士」任何時代、任何階層都有一樣。前面我們提到《五帝本紀》《夏本紀》《殷本紀》的記載可以為證。至於說所佔比例,很難說;至於非說我們就比古人開明,這只是一廂情願。有時我倒有相反的不祥預感。

(三)易不占險:占卜實踐的限制

　　第二則事例為:「南蒯之將叛也,其鄉人或知之,過之而歎,且言曰,恤恤乎,湫乎攸乎,深思而淺謀,邇身而遠志,家臣而君圖,有人矣哉,南蒯枚筮之,遇坤之比曰,黃裳元吉,以為大吉也,示子服惠伯曰,即欲有事何如,惠伯曰,吾嘗學此矣,**忠信之事則可,不然必敗**,外強內溫,忠也,和以率貞,信也,故曰黃裳元吉,黃,中之色也,裳,下之飾也,元,善之長也,中不忠,不得其色,下不共,不得其飾,事不善,不得其極。外內倡和為忠;率事以信為共;供養三德為善。非此三者弗當,且夫易,不可以占險,將何事也,且可飾乎,中美能黃,上美為元,下美則裳,參成可筮,猶有闕也,筮雖吉,未也。」(《左傳·昭公十二年》)

　　接續上面分析,不但如李鏡池先生所言「占筮還要看占的人的行為品

<hr/>

〔註125〕 李鏡池:《關於周易的性質和它的哲學思想》,氏著:《周易探源》,北京:中華書局,1978年3月第1版,第175頁。

〔註126〕 李澤厚:《論語今讀》,北京:生活·讀書·新知三聯書店,2004年3月版,第148頁。

〔註127〕 李鏡池:《關於周易的性質和它的哲學思想》,氏著:《周易探源》,北京:中華書局,1978年3月第1版,第173頁。

德」，而且「占筮」還要看所佔何事，所謂「易不占險」，當占卜實踐有了美善嚮導，這是一種倫理化引導。可謂是「占卜實踐」的完成，占卜成了一種倫理教化，這也是一種「神道設教」，真可謂「善為易者」。為何要為占卜劃定範圍？為何要將占卜事例限於「忠信之事」？這是個有趣的倫理學轉向。由此我們可以看出，「諸惡莫作」，想做也不要占卜，即便占卜得了吉兆也沒用，不算數的，因為「惡行」讓「吉兆」歸於無效，道德上的善惡對於「卜筮兆數」具有一票否決權。李鏡池先生對此評論道「這兩個例子在周易思想發展史上很重要，一則它標誌著周易已從宗教外殼蛻化出來，向著人事行為倫理道德方面發展，不受卦爻辭束縛。『易不可以占險』，在行為上『猶有缺也，筮雖吉，未也。』卦爻辭不是筮占的絕對標準。就是說，主要標準是人而不是神。二則對於卦的意義，不說『卦象』而說『卦德』『卦義』。……三則對於卦爻辭的祭祀，完全不根據它的原來意義，而以人倫思想為基礎作了和它原來意義距離很大的引申發揮。……它是周易思想的發展，是周易的解放，從神秘的神權思想進到人倫日用、切合實際的革新思想。這種思想史時代發展的反映。……在這個變革過渡期中，反映到人的意識上，於是有人的覺醒、人的發現、人的地位的抬高，而神的寶座搖搖欲墜了。」〔註128〕

　　然而深層的問題還在於，善惡的依據何在？判斷善惡的標準何在？進一步，若「諸善奉行」的話，是否需要占卜，出現惡兆怎麼辦？換句話說，行善的方法、依據如何落實。吉兆有待於德行的成全和落實，德行又要靠什麼來成全呢？我們同樣可舉幾個例子來討論：

　　第一則例子為發生在「僖公五年」：「晉侯復假道於虞以伐虢，宮之奇諫曰，虢，虞之表也，虢亡，虞必從之，晉不可啟，寇不可玩。一之謂甚，其可再乎。諺所謂輔車相依，唇亡齒寒者，其虞虢之謂也。公曰，晉，吾宗也，豈害我哉，對曰，大伯，虞仲，大王之昭也，大伯不從，是以不嗣，虢仲，虢叔，王季之穆也，為文王卿士，勳在王室，藏於盟府，將虢是滅，何愛於虞，且虞能親於桓莊乎，其愛之也。桓莊之族何罪，而以為戮，不唯逼乎，親以寵逼，猶尚害之，況以國乎？公曰，吾享祀豐潔，神必據我。對曰，臣聞之，鬼神非人實親，惟德是依，故《周書》曰：『皇天無親，惟德是輔』，又曰：『黍稷非馨，明德惟馨』，又曰：『民不易物，惟德繄物』。如是則非德，民不和，神不

〔註128〕李鏡池：《易傳思想的歷史發展》，氏著：《周易探源》，北京：中華書局，1978年3月第1版，第329頁。

享矣。**神所憑依，將在德矣**，若晉取虞，而明德以薦馨香，神其吐之乎，弗聽，許晉使。宮之奇以其族行。曰，虞不臘矣，在此行也，晉不更舉矣，八月，甲午，晉侯圍上陽問於卜偃曰，吾其濟乎，對曰，克之，公曰，何時，對曰，童謠云，丙之晨，龍尾伏辰，均服振振，取虢之旗，鶉之賁賁，天策焞焞，火中成軍，虢公其奔，其九月十月之交乎。丙子旦，日在尾，月在策，鶉火中，必是時也。冬，十二月，丙子朔，晉滅虢，虢公醜奔京師，師還館於虞，遂襲虞，滅之，執虞公，及其大夫井伯，以媵秦穆姬，而修虞祀，且歸其職貢於王，故書曰，晉人執虞公，罪虞，且言易也。」（《左傳・僖公五年》）

這裡的問題在於，即便認可「神所憑依，將在德矣」這樣的原則，若國防實力不行，即便你遵守信義給別人讓路，還是會出現國破家亡的結果。問題就在「演德」的「詮釋性悖論」，禮讓三先是合乎德行的，而且「享祀豐潔，神必據我」也可謂合情合理。但是，在晉國看來，它不是在使詐，而是在通過計謀而擴大領地，甚至可以說「解民於倒懸」，他南征北戰不辭辛苦，才是最大的「德行」；而且宮之奇也看到「若晉取虞，而明德以薦馨香，神其吐之乎」，前面說過「祭品也需要顏值」，這裡則看到「神靈不拒絕祭品」，而且晉國甚至可以獻出更大的犧牲，「享祀豐潔」誰都可以做的。同一件事情，從虞國來看，對方是過河拆橋、忘恩負義，真是「敗德」；從晉國來看，自己則是處心積慮擴大戰果，可謂豐功偉績，大德澤被後世。所以，即便遵從「神所憑依，將在德矣」「惟德是輔」，到底神明保佑誰，還不好說。這裡似乎不是神明保佑誰的問題，而是話語權力歸屬問題。

類似的例子，我們還可以再舉一個，區別在於依照「春秋筆法」，虞國讓道，似乎沒錯，但是對於虞公之難似乎缺乏同情之筆：「晉人執虞公，罪虞，且言易也」。但是，對於宋襄公則表示了某種同情，此事發生在「僖公二十年」：「冬，十一月，己巳，朔，宋公及楚人戰於泓，宋人既成列。楚人未既濟，司馬曰，彼眾我寡，及其未既濟也，請擊之。公曰，不可，既濟而未成列，又以告，公曰，未可，既陳而後擊之，宋師敗績，公傷股，門官殲焉，國人皆咎公，公曰，君子不重傷，不禽二毛，古之為軍也，不以阻隘也，寡人雖亡國之餘，不鼓不成列，子魚曰，君未知戰，勍敵之人，隘而不列，天贊我也，阻而鼓之，不亦可乎，猶有懼焉，且今之勍者，皆吾敵也，雖及胡耉，獲則取之，何有於二毛，明恥教戰，求殺敵也，傷未及死，如何勿重。若愛重傷，則如勿傷。愛其二毛，則如服焉，三軍以利用也，金鼓以聲氣也，利而用之，阻隘可

也聲盛致志，鼓饑可也。」（《左傳・僖公二十二年》）

　　對此事件後世嘲諷者有之，比如韓非子認為是「仁義之禍」（《韓非子・外儲說左上》），傳唱者有之如淮南子「泓之戰，軍敗君獲，而《春秋》大之，取其不鼓不成列也」（《淮南子・泰族訓》），讚揚者有之如董仲舒「此《春秋》之救文以質也」（《春秋繁露・王道》）。問題在於，即便「《春秋》大之」，宋襄公的事件很感人，但是，對於宋國人臣而言「君不愛宋民，腹心不完，特為義耳」，固然合乎「古禮」，但是「古禮」與「今智」是相悖的。而且，也看不到神明的「惟德是輔」，我們只看到「宋師敗績，公傷股，門官殲焉」。德行的判定、神明輔佐誰，最終還是軍事實力和戰略謀劃說了算，這是個政治問題，若無話語權，「德行」判定就是問題，「神明」保佑更是問題。但是，軍事實力也不是充分理由，總有偶然。而且「實力」的悖論表現為「強中更有強中手」，若認可「實力」這一合法性標準，大家都想做大做強，又回到《金枝》中「森林之王」的忐忑不安、惶恐終日、人人自危狀態。秦漢之際「馬上打天下與治天下」的悖論也宣告，軍事實力不是「長治久安」之策。

　　所以，儘管如上面李鏡池先生所說「引申發揮，把占筮『兆』辭說成做人的道理，這是思想上一大發展」〔註129〕，這確實是「一大發展」，但是，我們也應看到這「一大發展」背後隱藏著某種「詮釋學悖論」。「做人道理」由誰說了算？如同前面所說「何謂有德？」判定標準何在？這才是關鍵。下面我們將討論「民為神主」的問題，在人神關係上，「民為神主」固然是一個光輝的命題，但是其隱憂更嚴重，它將「演德詮釋學悖論」突顯出來。無論如何，占卜理性化由神而人是值得肯定的一步。就「巫史論」之理性化而言，其典型表現為「民為神主」。

四、「民為神主」：「巫史」理性化及其反省

（一）「武乙射天」的樂趣

　　關於人神關係的問題，前面所引「違卜」「改卜」「職竟由人」自然可以作為例證，但是，真正嚴重的人神衝突則要追溯至「武乙射天」事件。據《殷本紀》記載：「帝武乙無道，為偶人，謂之天神。與之博，令人為行。天神不勝，乃僇辱之。為革囊，盛血，仰而射之，命曰『射天』。武乙獵於河渭之閒，暴

〔註129〕李鏡池：《關於周易的性質和它的哲學思想》，氏著：《周易探源》，北京：中華書局，1978 年 3 月第 1 版，第 173 頁。

雷，武乙震死。子帝太丁立。帝太丁崩，子帝乙立。帝乙立，殷益衰。」(《史記‧殷本紀》)進一步的則是紂王的傳世名言「我生不有命在天乎！」當時語境為「西伯歸，乃陰修德行善，諸侯多叛紂而往歸西伯。西伯滋大，紂由是稍失權重。王子比干諫，弗聽。商容賢者，百姓愛之，紂廢之。及西伯伐饑國，滅之，紂之臣祖伊聞之而咎周，恐，奔告紂曰：天既訖我殷命，假人元龜，無敢知吉，非先王不相我後人，維王淫虐用自絕，故天棄我，不有安食，不虞知天性，不迪率典。今我民罔不欲喪，曰『天曷不降威，大命胡不至』？今王其奈何？」紂曰：『我生不有命在天乎！』祖伊反，曰：『紂不可諫矣。』西伯既卒，周武王之東伐，至盟津，諸侯叛殷會周者八百。諸侯皆曰：『紂可伐矣。』武王曰：『爾未知天命。』乃復歸。」(《史記‧殷本紀》)至於「我生不有命在天乎！」如何理解，存在一些爭議，比如有學者建議不當讀作反問句認為紂王「自恃有命在天，故不思悔改」，應這樣理解：「他那句話的意思只能是我的命不在天。這與武王作《太誓》說紂『自絕於天』的話正相應。」[註130] 其實，理解成反問句也可以「與武王作《太誓》說紂『自絕於天』的話正相應」，自圓其說，不是太難。問題在於，從人神關係的視角去看，理解成「我的命不在天」似乎可以與其前輩「武乙射天」的語境相應，而且與前面我們分析的種種「蔽志」「稽疑」「改卜」等事例自洽。這是問題關鍵。

胡適在寫《中國哲學史大綱》第一章時引用《詩經》可見當時的「怨天」「罵天」情形，所謂的「天命靡常」似乎不僅僅是周人的發明，「社稷無常奉，君臣無常位，自古以然」(《左傳‧昭公三十二年》)應當說是殷周以來的共識。看太公那樣藐視龜卜，可見當時情形或許不像我們原來認為的「鬼治主義」，文王周公對於天命的重視，似乎也更多是一種「統一戰線」的「動員」需要，他們更看重「陰修德行善」，說不好聽是「玩陰的」，說好聽了是「陽謀」。所以，「與天鬥其樂無窮」的鬥志似乎源遠流長，至少「武乙射天」見於《殷本紀》，而紂王更是「帝紂資辨捷疾，聞見甚敏；材力過人，手格猛獸；知足以距諫，言足以飾非；矜人臣以能，高天下以聲，以為皆出己之下。」這些似乎都是「與天鬥其樂無窮」的干將。至於後來的「宋君偃射天」似乎徒襲其形，氣場則遠遠不如：「君偃十一年，自立為王。東敗齊，取五城；南敗楚，取地三百里；西敗魏軍，乃與齊、魏為敵國。盛血以韋囊，縣而射之，命曰『射

〔註130〕陶磊：《從巫術到數術：上古信仰的歷史嬗變》，濟南：山東人民出版社，2008年6月版，第39頁。

天』。淫於酒婦人。群臣諫者輒射之。於是諸侯皆曰『桀宋』。『宋其復為紂所為，不可不誅』。告齊伐宋。王偃立四十七年，齊湣王與魏、楚伐宋，殺王偃，遂滅宋而三分其地。」（《史記‧宋微子世家》）

　　但是，為何他們老是與天過不去？老是有「與天鬥其樂無窮」的嗜好？這是個值得探究的問題。

（二）「民為神主」及其悖論

　　人神關係的進一步發展，不像「武乙射天」那樣極端而導致人神關係僵化，也不像太公「推蓍蹈龜」那樣決絕，那些似乎都是「突發性事件」。人神關係的進一步理性化演進則在於人神關係的和解，而且次序上「民先神后」。「民為神主」是人神關係的完成，神的地位是輔助性的，「神道設教」是其典型應用，不得不說「制天命而用之」比「武乙射天」智商要高，而且具有合法性明證。然而，問題因其合法性反而被遮蔽了。

　　我們先看一下「民為神主」的記載，有四則材料可參考，分別發生在桓公六年、莊公三十二年、昭公十八年和定公元年：「少師歸，請追楚師，隨侯將許之，季梁止之曰，天方授楚，楚之贏，其誘我也，君何急焉，臣聞小之能敵大也，小道大淫，所謂道，忠於民而信於神也，上思利民，忠也，祝史正辭，信也，今民餒而君逞欲，祝史矯舉以祭，臣不知其可也，公曰，吾牲牷肥腯，粢盛豐備，何則不信，對曰，夫民，神之主也，是以聖王先成民，而後致力於神，故奉牲以告曰，博碩肥腯，謂民力之普存也，謂其畜之碩大蕃滋也，謂其不疾瘯蠡也，謂其備腯咸有也，奉盛以告曰，潔粢豐盛，謂其三時不害，而民和年豐也，奉酒醴以告曰，嘉栗旨酒，謂其上下皆有嘉德，而無違心也，所謂馨香，無讒慝也，故務其三時，修其五教，親其九族，以致其禋祀，於是乎民和而神降之福，故動則有成，今民各有心，而鬼神乏主，君雖獨豐，其何福之有，君姑修政而親兄弟之國，庶免於難，隨侯懼而修政，楚不敢伐。」（《左傳‧桓公六年》）

　　這裡我們可以看出「忠於民而信於神也」「夫民，神之主也，是以聖王先成民，而後致力於神」成為後世的某種信條，儘管孔子講「不語怪力亂神」，但是「畏天命」之言還是可以看出人神關係的某種和解。自然，「神」之理解和界定是個極其複雜的問題，在「怪力亂神」語境下，我們看到「人神關係」之對立事例也是有的，比如「秋，七月，有神降於莘，惠王問諸內史過曰，是何故也。對曰：國之將興，明神降之，監其德也；將亡，神又降之，觀其惡也。

故有得神以興，亦有以亡，虞，夏，商，周，皆有之。王曰：若之何？對曰：以其物享焉，其至之日，亦其物也，王從之，內史過往，聞虢請命，反曰，虢必亡矣，虐而聽於神，神居莘，六月，虢公使祝應，宗區，史嚚，享焉，神賜之土田，史嚚曰，虢其亡乎，吾聞之**國將興，聽於民，將亡，聽於神**，神聰明正直而壹者也，依人而行，虢多涼德，其何土之能得。」（《左傳·莊公三十二年》）這裡「國之將興，明神降之，監其德也；將亡，神又降之，觀其惡也」突顯了神性的中立。其實隱含了國之興亡的人事依據。

另外，著名的子產所說「天道遠，人道邇」亦可參考：「夏，五月，火始昏見，丙子，風，梓慎曰，是謂融風，火之始也，七日其火作乎，戊寅，風甚，壬午，大甚，宋衛，陳，鄭，皆火，梓慎登大庭氏之庫以望之，曰，宋，衛，陳，鄭，也，數日皆來告火，裨灶曰，不用吾言，鄭又將火，鄭人請用之，子產不可，子大叔曰，寶以保民也，若有火，國幾亡，可以救亡，子何愛焉，子產曰，**天道遠，人道邇**，非所及也，何以知之，灶焉知天道，是亦多言矣，豈不或信，遂不與，亦不復火。」（《左傳·昭公十八年》）這裡的「天道」，有其獨特語境，類似於巫術滅火，注家曰「寶：即裨灶所請用的瓘斝玉瓚」。〔註131〕還是一種巫術，子產不信那一套了。另外，定公元年的材料亦可備考：「孟懿子會城成周，庚寅，栽，宋仲幾不受功曰，滕，薛，郳，吾役也……仲幾曰，縱子忘之，山川鬼神，其忘諸乎，士伯怒謂韓簡子曰，薛征於人，**宋征於鬼，宋罪大矣**，且己無辭而抑我，以神誣我也，啟寵納侮，其此之謂矣，必以仲幾為戮，乃執仲幾以歸，三月，歸諸京師。」（《左傳·定公元年》）

總體上人神關係在《左傳》中是得到了某種和解，「忠於民而信於神也」「夫民，神之主也，是以聖王先成民，而後致力於神」成為後世信條。然而，若細究的話，這裡存在某種悖論，如同「莊公三十二年」所記載：「國之將興，明神降之，監其德也；將亡，神又降之，觀其惡也。」這裡似乎沒有「神格」的獨立地位，表面上看是人神關係和解，實際上是人對「神」的利用。這是荀子「制天命而用之」的先聲。包括「天視天聽」落實於「民視民聽」也有這個問題，無論是「天」還是「民」都沒有話語權，所以出現後世的人神關係格局：神為虛位，權力至上；一方面是眾神林立，另一方面人們又六神無主。王權讓神明作為宣傳道具來神道設教，民眾則照單全收，最後還是無所適從，精神上

〔註131〕《左傳》，郭丹等譯注，北京：中華書局，2012 年 10 月版，第 1857 頁。

往往彷徨無定所。一方面皇權壟斷，萬歲之聲不絕於耳〔註132〕，豐功偉績之讚歌不斷；另一方面行政失效，民不聊生食不果腹，給人以大國岌岌可危之脆弱感。問題何在？

　　人神關係的理性化，自然走到了子產不信巫術那一套的層面，但似乎未來的路還更長。很明顯，占卜理性化之階段性完成表現為「善為易者不占」的話，之後還有很長的路要走，或者說有很多問題其實才剛剛起步。

小結：民為神主與占卜理性化之階段性完成

　　李澤厚先生認為「中國遠古之巫術沒走向對象崇拜的宗教（也許這種供奉的行為，因走入這個方向而為孔子反對？）卻理性化地與歷史、政治相結合，而形成『巫史文化』。它的成果即周易。《論衡・卜筮》『子路問孔子曰，豬肩羊膊可以得兆，藋葦槁芼可以得數，何必以著龜？孔子曰，不然，蓋取其名也。夫著之為言，耆也；龜之為言，舊也。明狐疑之事，當問耆舊也。』與解釋『黃帝四面』『三百年』一樣，孔子理性化解釋了卜筮為何用著龜，它們只是長者經驗之符號而已。此外，如孔子贊許楚昭王『弗祭』，不從卜（《左傳・哀公六年》）等等，同此。這一傳統導致荀子明言『善為易者不占』。」〔註133〕這一點與前面引用汪德邁教授所說的「占卜理性」可為相互印證，包括孔子對於著龜的解釋，也可見其睿智。但是，我們總感覺，這似乎是一種「小兒科」，似乎各個文明體系都會有類似的思想。然而，面對人事的複雜，僅僅走到這一步，似乎遠遠不夠。即便是「民為神主」的人神關係，似乎也只是一種「極簡」模型，既沒有對信仰層面的深究，也沒有對政教關係的審問。這樣的理論模型，在面對錯綜複雜的「生活」情境，尤其是「爭權奪利」的「政治生活」，似乎是捉襟見肘的，很容易再次回到「森林之王」的叢林法則：弱肉強食，人人自危。大家都忐忑不安的活著，固然「萬歲之聲不絕於耳」，其實，大家心知肚明，彼此都沒有安全感。這樣的「理性化」在我看來，只是停留在「經驗」

〔註132〕韓非子的批評是值得留意的：今巫祝之祝人曰：「使若千秋萬歲。」千秋萬歲之聲聒耳，而一日之壽無徵於人，此人所以簡巫祝也。今世儒者之說人主，不善今之所以為治，而語已治之功；不審官法之事，不察姦邪之情，而皆道上古之傳，譽先王之成功。儒者飾辭曰：「聽吾言則可以霸王。」此說者之巫祝，有度之主不受也。故明主舉實事，去無用；不道仁義者故，不聽學者之言。（《韓非子・顯學》）

〔註133〕李澤厚：《論語今讀》，北京：生活・讀書・新知三聯書店，2004 年 3 月版，第 148 頁。

層面的低級治理模式，難以為繼。換句話說，儘管大家都在面對命運的偶然去尋求「確定性」，但是，至少從《左傳》來看，他們似乎沒有找到「長治久安」之道，春秋與戰國似乎沒有截然的區別，戰國只是春秋人性複雜面的突顯而已。換句話說，直至今日，我們是否找到了長治久安之道？這是個令人憂心忡忡的問題。至少一點，行政模式的低效與此理性化不足有關。所謂的文人或知識分子難辭其咎，沒有盡到責任。魯迅對文人的批評「幫忙幫閒」可謂誅心之論，其實，就幫忙幫閒而言，他們也沒盡到作為「士」的責任。不知是能力不行還是別有用心，總之是不盡職的。

下面我簡單考察一下此種理性化的侷限，固然有著「善為易者不占」和「觀其德義」的光輝思想，其實在後世運用上，我們看到它們只是「神道設教」的道具而已。我嘗試從知識分類角度予以討論。其實「占」與「不占」，皆可謂源遠流長。那麼在後世的知識譜系上如何看待這種現象？下面以「易學兩棲」現象為例予以討論。

第四節 「巫史」理性化之例證三：「神道設教」——「易學兩棲」為中心

關於知識譜系的自覺分類當追溯至《漢書》「藝文志」，藝文志的分類又源於劉歆的「七略」：「歆於是總群書而奏其七略，故有輯略，有六藝略，有諸子略，有詩賦略，有兵書略，有術數略，有方技略。今刪其要，以備篇籍。」（《漢書・藝文志》）班固基本延續了劉歆的分類，他詳細闡述了「六藝、諸子、詩賦、兵書、術數、方技」六類，此種分類方式可以看出秦漢之際知識譜系的側重，術數、方技占三分之一以上，這是李零「方術考」的文獻背景，他根據出土實物對此做了詳細考證〔註134〕，應當說是比較接近當時思想圖景的。另外，此種分類開啟了後世「四部分類」的先河，由六略逐步納入「經史子集」四部，這肇始於《隋書》「經籍志」，而在「四庫全書」中得到充分發揮。然而，若以易學類文獻為例，我們可以看出，在《漢書》「藝文志」中，就存在明顯的「易學兩棲」現象，側重倫理道德教化的部分歸於「六藝略」，而「蓍龜、雜占」則歸於「術數略」，此種分類方式正好對應於四部分

〔註134〕詳見李零：《中國方術正考》、《中國方術續考》，北京：中華書局，2006 年 5 月版。

類的「經部」和「子部」。

　　周易道德教化的轉向，前面我們引用穆姜和南蒯的例子已做過分析，李鏡池先生認為「它標誌著周易已從宗教外殼蛻化出來，向著人事行為倫理道德方面發展，不受卦爻辭束縛……卦爻辭不是筮占的絕對標準。就是說，主要標準是人而不是神。……有人的覺醒、人的發現、人的地位的抬高，而神的寶座搖搖欲墜了。」〔註135〕前面提到李澤厚的說法「『巫史文化』它的成果即周易。」〔註136〕對於周易的道德教化作用，李鏡池先生還提到一個現象，他說「春秋時已經有人不把周易當占書用，而當做古典文獻，像用詩書一樣引用它的話，作為行為準則或言論根據。」「不用卜筮，直引易文，作為說明事理的根據。」〔註137〕這是個值得留意的現象，一則我們可以看出「周易」作為先民智慧的集成意味：由卜筮活動積澱為生存哲理；二則可以看出「不占而已矣」「善為易者不占」說法提出之前似乎早有類似實踐：不用卜筮，直引易文。龜卜到筮占再到周易，這是個值得留意的理性化進程，進一步周易到易傳，也即由占卜依據變為事理依據，由卜筮而德義，由具體占卜活動而拓展為全方位「人生」教化，這是個值得留意的偉大轉向。毋庸置疑，這一演進不是直線性的替代，而是並存、包容式的，固然有「道德教化」轉向，但是，與此同時「蓍龜雜占」依然流行，這同樣是值得留意的知識譜繫傳承。

　　李澤厚稱：「一提及『巫』，人們習慣地認為就是已經專職化的『巫、祝、卜、史』，以及後世小傳統中的巫婆、神漢之類。的確，『巫』有這一逐漸下降並最後淪為民間儺文化的歷史發展。之所以如此，卻正是由於王權日益凌駕神權，使通天人的『巫』日益從屬附庸於『王』的緣故。而王權和王之所以能夠如此，又是由於『巫』的通神人的特質日益直接理性化，成為上古君王、天子某種體制化、道德化的行為和品格。這就是中國上古思想史的最大秘密：『巫』的基本特質通由『巫君合一』、『政教合一』途徑，直接理性化而成為中國思想大傳統的根本特色。巫的特質在中國大傳統中，以理性化的形

〔註135〕李鏡池：《易傳思想的歷史發展》，氏著：《周易探源》，北京：中華書局，1978年3月第1版，第329頁。
〔註136〕李澤厚：《論語今讀》，北京：生活・讀書・新知三聯書店，2004年3月版，第148頁。
〔註137〕李鏡池：《周易探源》，北京：中華書局，1978年3月第1版，第176、330頁。

式堅固保存，延續下來，成為暸解中國思想和文化的鑰匙所在。至於小傳統中的『巫』，比較起來，倒是無足輕重的了。」〔註138〕對於小傳統中的「巫」，或許並非是「無足輕重」的，就知識譜系來看，在《漢書》「藝文志」中「方術」類至少占三分之一，而在「四部分類」中，子部是最為龐大臃腫的，很大一部分就是「方術」。李斯的建議令人印象深刻「非博士官所職，天下敢有藏詩、書、百家語者，悉詣守、尉雜燒之。有敢偶語詩書者棄市。以古非今者族。吏見知不舉者與同罪。令下三十日不燒，黥為城旦。所不去者，醫藥卜筮種樹之書。若欲有學法令，以吏為師。制曰：『可。』」（《史記·秦始皇本紀》）可見當時對於「醫藥卜筮種樹之書」的重視。卜筮方術之流行，原因主要在於它的「生活」功能，前面說過，人總要生病、總有偶然不定，因此醫藥郎中、卜以決疑任何時候都必不可少，而且是生死攸關。從民俗層面而言，求神拜佛進廟燒香從來都是大事。

　　從知識譜系角度如何看待這一現象？尤其是對於「易道」和「易占」問題如何並存共融？下面我嘗試以《四庫全書總目》為文本予以討論，《四庫》的重要倒不是因為其底本好，版本上四庫之刪減、館臣之馬虎，昭然若揭。但是，就知識譜系而言，它像個蓄水池，匯總了以前歷史並流向了民初至今。「書上得來終覺淺」，我們大部分書本知識，尤其是關於歷史的知識似乎與四庫所構建的知識譜系有著深刻淵源。從思想史角度看，四庫在保存原書基礎上，《四庫全書總目》還為四部分類及各書編寫了提要，這讓我們更清楚的看到他們當時如何看待這些書、如何評價與界定，這一方面讓我們可以追尋清代思想界尤其是士林階層所代表的官方的認知模式、價值取向，另一方面也讓我們看到晚清明初中國思想界的思想遺產。

　　固然遭遇西方之後，「三千年未有之變局」，經由軍事而器物、制度、文化之劇變，但是，我們還要看到「西學」「西潮」只是「新聲」與「支流」，而這正是在如同龐大的四庫全書所建構的牢固思想遺產基礎上而被接納的，若不考慮此牢固而龐大的思想遺產意義，那麼晚清以來變革之多舛、革命之反覆似乎都難以理解。就此層面看，四庫全書尤其是其提要部分，若將其放在知識譜系的角度去看，這將為我們提供清代的認知模式、價值取向及其知識結構，這一思想遺產的意義可能優先於其文獻學、目錄學意義，因為前者遭遇西學之後

〔註138〕 李澤厚：《說巫史傳統》，載氏著：《由巫到禮 釋禮歸仁》，北京：生活·讀書·新知三聯書店，2015 年 1 月版，第 10 頁。

很快就被置換掉了。這一知識譜系所蘊含之認知模式、價值取向及其知識結構，構成了晚清民初以及現代中國人的思想遺產，看不到這一點，或者對此不加自覺反省的話，我們將忽略四庫研究中極為寶貴的部分。

　　本文的文本依據集中於《四庫全書總目》中的「易學類文獻」，針對的問題是「易學兩栖」現象；但需要說明的是「易學兩栖」現象並不肇始於《四庫全書》，就「四部」分類來講其上承《隋書》「經籍志」；就「易學兩栖」來講，《漢書》「藝文志」則開其源；就「易學」自身內容來講，孔子既有「卜筮」與「德義」之區分，此可謂淵源有自。

一、何為「易學兩栖」現象？

（一）卜筮與明道：易學之「出身」及其「引申」

　　《易》作為卜筮之書，清代士林階層對此有很清晰的認識，在《四庫全書總目》中我們看到其在「易類一」敘中提到：「聖人覺世牖民，大抵因事以寓教。《詩》寓於風謠，《禮》寓於節文，《尚書》、《春秋》寓於史，而《易》則寓於卜筮。」〔註139〕而在《周易正義》提要中再次明確提到「《易》本卜筮之書，故末派寢流於讖緯。」〔註140〕這裡我們可以看出四庫編纂者對於「易學」類文獻的「卜筮」出身是明確而自覺的。

　　與此同時，也可以看出，他們很自覺的與此種「卜筮」出身保持了距離，在「易類一」敘中由易類的「卜筮」出身很快引向了「君子以」的教化以及「推天道以明人事」上來：「聖人覺世牖民，大抵因事以寓教。……故《易》之為書，推天道以明人事者也。……夫六十四卦大象皆有『君子以』字，其爻象則多戒占者，聖人之情，見乎詞矣。其餘皆《易》之一端，非其本也。」〔註141〕在談到周易王弼與韓康伯注時明確表明二者的「闡明義理」之功：「平心而論，闡明義理，使《易》不雜於術數者，弼與康伯深為有功。」〔註142〕關於易的定位，在御定《日講易經解義》中有著更明確的定位：

〔註139〕《四庫全書總目》卷一·經部一·易類一·敘。
〔註140〕《四庫全書總目》卷一·經部一·易類一·《周易正義》·十卷（內府刊本　魏王弼、晉韓康伯注，唐孔穎達疏）提要。
〔註141〕《四庫全書總目》卷一·經部一·易類一·敘。
〔註142〕《四庫全書總目》卷一·經部一·易類一·《周易注》·十卷（浙江巡撫採進本《上、下經》注及《略例》，魏王弼撰。《繫辭傳》、《說卦傳》、《序卦傳》、《雜卦傳》注，晉韓康伯撰）提要。

《易》為四聖所遞傳，則四聖之道法、治法具在於是。故其大旨在即陰陽往來、剛柔進退，明治亂之倚伏、君子小人之消長，以示人事之宜，於帝王之學，最為切要。儒者拘泥章句，株守一隅，非但占驗机祥，漸失其本，即推奇偶者言天而不言人，闡義理者言心而不言事，聖人立教，豈為是無用之空言乎？〔註143〕

由此我們可以明確看出清季士林階層對「易類」文獻的認知取向與分類自覺，知其「卜筮」出身，但是自覺以「推究天下之理」這一「引申」義定位，而這一點恰恰是接續孔子以來「觀易」的傳統（後面會論述），對於卜筮有所論列的則歸於「術數類」，而自覺闢之引向義理的，雖以「占筮」命名依然歸於經部，由此可以看出四庫編纂者分類的內容依據，並非僅以書名分類；不是依據知識自身門類，而是依據知識內容的指向性。比如關於《春秋占筮書》和《周易筮述》的提要：

> 《易》本卜筮之書，聖人推究天下之理，而即數以立象。後人推究《周易》之象，而即數以明理。〔註144〕

> 其書雖專為筮著而設，而大旨闢焦、京之術，闡文、周之理，立論悉推本於《經》義。較之方技者流，實區以別。故進而列之《易》類，不以術數論焉。〔註145〕

「易類」文獻的「卜筮」出身以及自孔子以來將其引向「德義」明道的「引申」，這構成了《四庫全書總目》分類的知識背景，很明顯他們接續了此一區分傳統，自覺將「明道」的「易類」歸於經部，而「卜筮」之類則歸於子部，尤其是置於「術數類」中。

（二）術數與公理：子部與經部之自覺

在易類六卷末案語中我們看到「今所編錄，於推演數學者略存梗概，以備一家。其支離曼衍，不附《經》文，於《易》杳不相關者，則竟退置於術數家，明不以魏伯陽、陳摶等方外之學淆《六經》之正義也。」〔註146〕之所以將「卜

〔註143〕《四庫全書總目》卷一‧經部一‧易類六‧《日講易經解義》‧十八卷（康熙二十二年，聖祖仁皇帝御定）提要。

〔註144〕《四庫全書總目》卷一‧經部一‧易類六‧《春秋占筮書》‧三卷（浙江巡撫採進本 國朝毛奇齡撰）提要。

〔註145〕《四庫全書總目》卷一‧經部一‧易類六‧《周易筮述》‧八卷（陝西巡撫採進本 國朝王宏撰）提要。

〔註146〕《四庫全書總目》卷一‧經部一‧易類六‧卷末案語。

筮」等說成「杳不相關」正在於上述對於「易類」文獻「德義」與「明道」的自覺以及對其「卜筮」出身的保持距離。而且，還與清代士林階層對於知識門類中經部的定位與功能有關：「消融門戶之見而各取所長，則私心祛而公理出，公理出而經義明矣。蓋經者非他，即天下之公理而已。」〔註147〕這裡我們可以看出「經」部，作為「公理」是綱領性的，普遍性的，而且具有「政治正確」的方向性引導。就清代的知識譜系來看，他們的知識結構以「經史」為框架，「史」是「經」的經驗性落實，具有借鑒意義，王朝政治需要「以史為鑒」，但關鍵是要以「經」作為是非判準：「夫學者研理於經，可以正天下之是非；徵事於史，可以明古今之成敗；餘皆雜學也。」〔註148〕

從《四庫全書總目》提要可以看出，他們認為「自六經以外立說者，皆子書也。」〔註149〕而對於術數類文獻，很明確提出是「易類」的支流末端雜說：「術數之興，多在秦、漢以後。要其旨，不出乎陰陽五行，生克制化，實皆《易》之支派，傅以雜說耳。」〔註150〕他們對於「卜筮」之類放在「術數類」「占卜之屬」中：「《漢志》、《隋志》皆立《蓍龜》一門，此為古法言之也。後世非惟龜卜廢並，蓍亦改為錢卜矣。今於凡依託易義，因素以觀吉凶者，統謂之占卜。」〔註151〕對於這些文獻認為他們「今古同情，趨避之念一萌，方技者流各乘其際以中之。故悠謬之談，彌變彌夥耳。然眾志所趨，雖聖人有所弗能禁。其可通者存其理，其不可通者姑存其說可也。」〔註152〕這裡可以看出他們對於「術數類」文獻的鄙夷態度，這或許是一種實用理性的體現。

如上分析，我們可以看出「易學類文獻」在承繼「卜筮」與「明道」的思想傳統基礎上，清季士林階層明確將同屬於「易學」的文獻分歸在「經部」（注重公理）和「子部」（雜說術數）中，我們將此稱為「易學兩栖」現象。〔註153〕

〔註147〕《四庫全書總目》卷一‧經部一‧易類一‧經部總敘。
〔註148〕《四庫全書總目》卷九十一‧子部一‧儒家類一‧子部總敘。
〔註149〕《四庫全書總目》卷九十一‧子部一‧儒家類一‧子部總敘。
〔註150〕《四庫全書總目》卷一百八‧子部十八‧術數類一‧敘。
〔註151〕《四庫全書總目》卷一百九‧子部十九‧術數類二‧卷末案語。
〔註152〕《四庫全書總目》卷一百八‧子部十八‧術數類一‧敘。
〔註153〕關於「易學兩栖」現象之淵源，確實應留意《漢書》「藝文志」的分類影響；不僅是「易學類文獻」，其他門類文獻的「兩栖」現象在「藝文志」中也早有體現（比如儒家文獻兩栖於「六藝略」與「諸子略」，陰陽類文獻兩栖於「兵書略」與「術數略」）。

二、「易學兩栖」現象與道統自覺

（一）分類上的自覺與「兩栖」現象的普遍

如同上面分析，「易學」分屬「經部子部」這一「兩栖」現象是自覺的，涉及的「推天道以明人事」的歸為「經部」（包括對卜筮的辨正），至於其他則歸於子部尤其是卜筮歸於「術數類」，他們看到「易類」的複雜性：「《易》道廣大，無所不包，旁及天文、地理、樂律、兵法、韻學、算術以逮方外之爐火，皆可援《易》以為說，而好異者又援以入《易》，故《易》說愈繁。」〔註154〕這裡我們還需要留意此種分類上的「兩栖」現象不限於「易類」文獻。比如並非所有的「詩」類、「春秋」類、「樂」類都歸於經部，有些也歸於「集」部、「史」部和「子部」，同時儒家本該歸為子部，但是《論語》《孟子》則歸於「經部」，同時「孝經」也歸於「經部」（這在《漢書》「藝文志」就有類似現象），另外「小學」訓詁、音韻類更多屬於工具書但卻歸於「經部」，這是值得留意的分類體系。

我們以樂類為例，可以看出如同上面「易學兩栖」是自覺的，這裡區分雅樂與鄭音也是自覺的：「悖理傷教，於斯為甚。今區別諸書，惟以辨律呂、明雅樂者仍列於經，其謳歌末技，絃管繁聲，均退列《雜藝》、《詞曲》兩類中。用以見大樂元音，道侔天地，非鄭聲所得而奸也。」〔註155〕而且他們也看到以前歸於經部的樂類，如今他們自覺的歸於子部「藝術類」：「《羯鼓錄》、《樂府雜錄》，《新唐書志》皆入《經部・樂類》，雅鄭不分，殊無條理。今以類入之於藝術，庶各得其倫。」〔註156〕而且我們看到前面說過「自六經以外立說者，皆子書也。」〔註157〕但實際上遵循朱子「四書」的整理，將「四書」作為經部之一列入：「《論語》、《孟子》，舊各為帙。《大學》、《中庸》，舊《禮記》之二篇。其編為《四書》，自宋淳熙始。其懸為令甲，則自元延復科舉始。古來無是名也。……《明史》併入《四書》，蓋循其實。今亦不復強析其名焉。」〔註158〕而關於孝經類「敘」中再次提到「故今之所錄，惟取其詞達理明，有裨來學，不復以今文、古文區分門戶，徒釀水火之爭。蓋注經者明道之事，非

〔註154〕《四庫全書總目》卷一・經部一・易類一・敘。
〔註155〕《四庫全書總目》卷三十八・經部三十八・樂類・敘。
〔註156〕《四庫全書總目》卷一百十二・子部二十二・藝術類二・卷末案語。
〔註157〕《四庫全書總目》卷九十一・子部一・儒家類一・子部總敘。
〔註158〕《四庫全書總目》卷三十五・經部三十五・四書類一・敘。

分朋角勝之事也。」〔註159〕

　　這裡我們可以看出四庫分類上的「兩棲」現象是普遍的，就目錄分類學來講，這或許是不嚴格的，就「經部」與「子部」之區分來講，此種「混雜」或許是不應該的，但是，我們要考慮「經部」所定位「公理」的含義，不是一種知識上的普遍必然，更多只是一種在談到「易類」御定提要時所說「故其大旨在即陰陽往來、剛柔進退，明治亂之倚伏、君子小人之消長，以示人事之宜，於帝王之學，最為切要。」〔註160〕由此，經部更多是一種治理工具的方向性引導，更多是王朝政治的輔助手段〔註161〕。因此，子部比如「四書」和「孝經」可以列入「經部」，而「易類」「樂類」部分文獻可以列入「子部」，工具之分類與界定是可以靈活調整的，在《四庫全書總目》提要中我們看不到他們為此而感到糾結，也不存在知識分類上的緊張（文史知識方面），「經史」知識結構只限於「是非成敗」政治經驗上的治亂，知識自身的性質及其歸類是次要的。

（二）道統上的自覺

　　上面我們提到清代士林階層對「易學」類文獻的「明道」選擇以及對「卜筮」的保持距離，這是對傳統「易學觀」的自覺繼承。以孔子為例，我們就看到，孔子由「卜筮」而「德義」的轉變〔註162〕。司馬遷在「孔子世家」中提到「孔子晚而喜易，序彖、繫、象、說卦、文言。讀易，韋編三絕。曰：『假我數年，若是，我於易則彬彬矣。』」（《史記·孔子世家》）而且我們在《論語》

〔註159〕《四庫全書總目》卷三十二·經部三十二·孝經類·敘。

〔註160〕《四庫全書總目》卷一·經部一·易類六·《日講易經解義》·十八卷（康熙二十二年，聖祖仁皇帝御定）提要。

〔註161〕不僅對於易學類文獻持此態度，對於西學文獻也如此，比如在對對《寰有詮》提要說明後有個案：「歐羅巴人天文推算之密，工匠製作之巧，實逾前古；其議論誇詐迂怪，亦為異端之尤。國朝節取其技能，而禁傳其學術，具存深意。」參見拙文：張永超：《以中釋西何以可能？——〈四庫全書總目〉對西學文獻的分類問題探微》，《四庫學》，第一輯，陳曉華主編，北京：社會科學文獻出版社，2017年12月版，p112～125。

〔註162〕類似討論比較多可參考：廖名春：《試論孔子易學觀的轉變》，《孔子研究》，1995年第4期；林忠軍：《從帛書〈易傳〉看孔子易學解釋及其轉向》，《北京大學學報》，2007年第3期；張克賓：《由占筮到德義的創造性詮釋——帛書〈要〉篇「夫子老而好〈易〉章發微》，《社會科學戰線》，2008年第3期；另可參見：李學勤：《周易溯源》，成都：巴蜀書社，2005年版，「孔子論《易》部分」。

中也看到，子曰：「加我數年，五十以學《易》，可以無大過矣。」（《論語・述而・十七》）這說明孔子對「易」是有所瞭解，甚至是比較看重的。但是，他的取向也是明顯而自覺的。我們看到，子曰：「南人有言曰：『人而無恒，不可以作巫醫。』善夫！」「不恒其德，或承之羞。」子曰：「不占而已矣。」（《論語・子路・二二》）對於「易」的「卜筮」功能，孔子明確提出「不占而已」，此種說法在近年來的簡帛出土文獻中得到了某種印證：

> 子曰：「《易》，我後其祝卜矣，我觀其德義耳也。幽贊而達乎數，明數而達乎德，有仁者而義行之耳。贊而不達於數，則其為之巫；數而不達於德，則其為之史。史巫之筮，向之而未也，好之而非也。後世之士疑丘者，或以《易》乎！吾求其德而已，吾與史巫同途而殊歸者也。君子德行焉求福，故祭祀而寡也；仁義焉求吉，故卜筮而希也。祝巫卜筮其後乎！」（馬王堆漢墓帛書《要》篇）

這裡孔子明確提出對於「易」要「觀其德義」，而且他明確提出自己與「史巫之筮」的區別「吾求其德而已，吾與史巫同途而殊歸者也」，這是很值得留意的現象。此一思路，我們在「易傳」中也看到類似的「觀象玩辭」說法：

> 聖人設卦觀象，繫辭焉而明吉凶，剛柔相推而生變化。是故，吉凶者，失得之象也。悔吝者，憂虞之象也。變化者，進退之象也。剛柔者，晝夜之象也。六爻之動，三極之道也。是故，君子所居而安者，易之序也。所樂而玩者，爻之辭也。是故，君子居則觀其象，而玩其辭；動則觀其變，而玩其占。是以自天佑之，吉無不利。（《周易・繫辭傳》）

在荀子那裡我們也看到「善為易者不占」的說法：「不足於行者，說過；不足於信者，誠言。故春秋善胥命，而詩非屢盟，其心一也。善為詩者不說，善為易者不占，善為禮者不相，其心同也。」（《荀子・大略》）。由此我們可以看出，《四庫全書總目》對於「易類」文獻的「兩栖」分類是對自孔子以來「易學觀」的自覺繼承，廖名春先生論及此問題時談到「後來的圖書分類，如《四庫全書》等，都以易類為經部第一，將卜筮類的《易》著列入子部術數類，實質是孔子晚年易學觀的反映。說明兩千多年來，以《周易》為義理之書，已成為人們的共識。」〔註163〕從這點也可看出，清代固然為滿族入住中原，但是

〔註163〕廖名春：《周易經傳十五講》，北京：北京大學出版社，2012 年版，第 182 頁。

其對傳統文化之秉承是忠實的，功過暫且不論，就事實而言，他們的到來，對傳統文化是延續者而非中斷者，此一背景構成了晚清民初遭遇西方文化的知識譜系與思想遺產〔註164〕。

三、「易學兩棲」現象之檢討

（一）「易學支流」與知識誤區

關於「易學兩棲」現象，學界研究周易的學者對此早有留意，比如廖名春先生提到「以《四庫全書總目》為代表的歷代圖書目錄，《易》學著作的正統部分都列在經部第一，而與聖人之道無關的《易》學著作，則列入子部術數類。這種重『道』而輕『術』的取捨，很值得我們參考。」〔註165〕這裡關於「易學兩棲」現象之表述大致可以接受，但是「重道輕術」的說法，如同上面我們的分析，略有不妥。「重道」如同上面對「經部」探究「公理」的界定，清季士林階層是看重的；但是，對於「術」，則當另論，比如在「子部」分類中，儒家之後緊接著便是「兵家」，這說明他們對於「術」的重視，如果與《漢書·藝文志》比較一下的話，儒家、道家、陰陽家、法家、名家、墨家、縱橫家、雜家、農家、小說家十家之劃分卻沒有兵家（有單獨的「兵家略」）；另外，我們留意到關於「射」術的分類不置入「兵家」而至於「藝術類存目」這裡也不可得出對於「術」的輕視，只是因為「射術」在當時火器時代作用已很有限了。比如對於《射義新書》的提要：「是編上卷雜引《禮記》、《周禮》及各子史中言射之事，抄撮故實，無所發明。下卷則專言射訣，而所引《祗武編》、《紀效新書》、《武經節要》、《射家心法》四種，亦皆紙上空談，無濟於用。末附雜記數則，載養由基神射法，具列咒詞、符籙，尤怪誕不經矣。」〔註166〕而「術數」則為傳統固有名詞，有其固定內容，根據《漢書·藝文志》分類，術數包括「天文、曆譜、五行、蓍龜、雜占、形法」歸於「術數略」，關於「蓍龜、雜占」部分《四庫全書總目》之所以將其歸於「術數類」不是因為不重視其「術」而是對其鄙

〔註164〕 此處可參見拙文：張永超：《論〈四庫全書總目〉對西學的誤讀及成因——以耶穌會士譯亞里士多德著作為例》，《中國四庫學》，第一輯，北京：中華書局，2018年1月版，p286～303；張永超：《從思維方式上探究新文化運動時期觀念革新的限度與意義——兼與明末清初西學觀念傳入比較》，《關東學刊》，2017年第2期，P27～35。

〔註165〕 廖名春：《周易經傳十五講》，北京：北京大學出版社，2012年版，第4頁。

〔註166〕 《四庫全書總目》卷一百十四·子部二十四·藝術類存目·《射義新書》·二卷（浙江巡撫採進本）提要。

夷和不信任〔註167〕，如同上面對「射術」至於「藝術類」一樣，此種區分恰恰是對「術」可靠性的篩選與甄別，這與清代的「實用理性思潮不容迷信占卜之《易》」有關。〔註168〕上面我們看到清季士林階層對占卜蓍龜之類的自覺保持距離說明蔡智力博士的分析是合理的。同時，也意味著四庫分類固然不從知識自身性質入手，但是，對知識內容的選擇釐定上，蘊含著實用理性精神。

　　儘管《四庫全書總目》貫穿實用理性精神，但是，在一些知識說明上，我們還是可以看到充斥著種種誤區。比如對於術數的看法，明確提出是「易類」的支流末端雜說：「術數之興，多在秦、漢以後。要其旨，不出乎陰陽五行，生克制化，實皆《易》之支派，傅以雜說耳。」〔註169〕他們還多次引用《漢志》，說明他們對《漢書》「藝文志」是瞭解的，而且這是正史流通本，不難查考，但是其界定則毋寧說是錯誤的，因為根據「藝文志」的「術數略」包括「天文、曆譜、五行、蓍龜、雜占、形法」，「易」僅屬於「蓍龜」之一部分。但是，在四庫提要撰寫者那裡，反其意而用之，將所有雜說，甚至陰陽五行（「藝文志」是明確區分開「陰陽」與「五行」的）都視為「《易》之支派」，這應當說是一種知識性的錯誤，並且認為「術數之興，多在秦、漢以後。」也是一種誤解，不僅違背了《史記》《漢書》的記載，而且這些年的出土類術數文獻也證明其說法的錯誤。

　　比如研究簡帛術數文獻的劉樂賢先生提到「必須指出，《總目》對『術數』的概括雖然大致反映了唐宋以來的情況，但並不合乎早期數術的本來面貌。例如，它說術數多興起於秦漢以後，既與《左傳》、《史記》、《漢書》等史籍的記載不合，也與考古發現相左。又如，它說術數為《易》之支流，也與《漢書·藝文志》著錄的數術書目及出土數術文獻不合。實際上，早期數術及古人對數術的看法，都與《總目》所說有較大差異。」〔註170〕除了對

──────────────

〔註167〕 這裡需要留意的是此種「擯棄」「不信任」固然與當時的實用理性精神有關，另外便是經由耶穌會士傳進的西學、西技，參見：宋會群：《中國術數文化史》，開封：河南大學出版社，1999年版，第10頁；另外需要留意的是此種態度在《漢書》「藝文志」中並無體現。

〔註168〕 蔡智力：《不使異學淆正經──從〈四庫全書總目〉對易學圖書之部次看清代易學潮流》，載於鄧洪波主編：《中國四庫學》第一輯，北京：中華書局，2018年版，第191頁。

〔註169〕 《四庫全書總目》卷一百八·子部十八·術數類一·敘。

〔註170〕 劉樂賢：《簡帛數術文獻談論》，武漢：湖北教育出版社，2002年版，第3～4頁。

術數的知識誤區，在子部釋家類、道家類，論述中我們可以看出他們對「道家」的說明更多是在論述「道教」，從次序上也可以看出他們對「道家」之輕視，蔡智力博士提到《總目》對「純正道家《易》的徹底摒棄」〔註171〕是有道理的。

（二）分類自覺與「經史知識結構」之崩潰

前面我們看到《四庫全書總目》對於當時的知識譜系有著明確的自覺與判準：「夫學者研理於經，可以正天下之是非；徵事於史，可以明古今之成敗；餘皆雜學也。」〔註172〕因此，上面提到的「易學兩栖」現象以及其他類別文獻的「兩栖」現象是自覺的，並不被認為是一種「知識性錯誤」。但是，問題在於，此種更近似於「意識形態宣教」的「經史知識結構」能否籠罩住不同知識門類的分類呢？固然在「易學」類文獻裏面明確區分「卜筮」與「明道」功能而二分對待，但是，對於其他並非「卜筮」迷信，也並非「明道」宣教，涉及自然之客觀外物的知識，以及一些純技術類文獻又如何安放呢？

我們看到此種基於「是非成敗」的「經史知識結構」譜系上的無奈與緊張，比如在「譜錄類」「敘」中對此問題有著明確的反映：

> 劉向《七略》，門目孔多，後並為四部，大綱定矣。中間子目，遞有增減，亦不甚相遠。然古人學部，各守專門，其著述具有源流，易於配隸。六朝以後，作者漸出新裁，體例多由創造，古來舊目，遂不能該。**附贅懸疣，往往牽強。**《隋志·譜系》，本陳族姓，而末載《竹譜》、《錢圖》，《唐志·農家》，本言種植，而雜列《錢譜》、《相鶴經》、《相馬經》、《鷙擊錄》、《相貝經》，《文獻通考》亦以《香譜》入農家。**是皆明知其不安，而限於無類可歸。**又復窮而不變，故支離顛舛，遂至於斯。惟尤袤《遂初堂書目》創立《譜錄》一門，於是別類殊名，咸歸統攝，此亦變而能通矣。今用其例，**以收諸雜書之無可繫屬者，**門目既繁，檢尋亦病於瑣碎，故諸物以類相從，不更以時代次焉。〔註173〕

〔註171〕 蔡智力：《不使異學淆正經——從〈四庫全書總目〉對易學圖書之部次看清代易學潮流》，載於鄧洪波主編：《中國四庫學》第一輯，北京：中華書局，2018年版，第186頁。

〔註172〕《四庫全書總目》卷九十一·子部一·儒家類一·子部總敘。

〔註173〕《四庫全書總目》卷一百十五·子部二十五·譜錄類·敘。

這裡我們可以看出分類上的無奈，他們明確提出「附贅懸疣，往往牽強。」「是皆明知其不安，而限於無類可歸。」如此牽強的情況下，譜錄類又分為「器物之屬」「食譜之屬」和「草木鳥獸蟲魚之屬」，而更令人感到不安的是「雜家類」文獻，又分為「雜學之屬」「雜考之屬」「雜說之屬」「雜品之屬」「雜纂之屬」「雜編之屬」，這些分類已近乎遊戲，不可細究了。我們知道遭遇西學之後學科門類上經歷了「四部到七科」的演變，這恰恰反映了「四部分類」的壽終正寢，依據「意識形態宣教」的分類模式終將為依據「知識自身性質」的分類模式所取代。

綜上所述，「易學兩栖」現象是指《四庫全書總目》明確將同屬於「易學」的文獻分歸在「經部」（注重公理）和「子部」（術數類）中，由此現象我們可以看出：第一、此種分類依據是對孔子以來由「卜筮」而「德義」易學觀的自覺繼承；第二、「兩栖」現象普遍存在於四庫分類中，其依託的知識譜系是帶有「意識形態宣教」色彩的「經史知識結構」；第三、就知識自身性質而言，「兩栖」現象存在種種知識上的誤讀，而且「經史知識結構」也面臨知識分類上的邊界與困境。由「易學兩栖」現象我們可以折射出《四庫全書總目》所依據的知識譜系，同時也可以彰顯其作為晚清民初思想遺產的意義。這裡的「理性化」更多是一種以意識形態權力話語為主導的實用理性。

本章小結　由巫到史的「理性化」與「一個世界」之形成

應當說「理性化」是人性的自然流露。儘管本章引用文獻多為中國材料，但是，理性化現象則是人類的，不限於中國。第一、「如何活」的問題是人類的共有現象，具體內容不同、情境各異，但是這一「大哉問」伴隨人類終始。第二、從生成論角度去看，「經驗變先驗」有其合理性；然而其癥結在於由經驗而變來的「先驗」，其實還是一種「經驗」，其神聖性不足、律法性缺乏，這源自經驗的多變和不穩定性。第三、人神關係層面有兩個現象值得留意：一為由神而人，神秘性不斷被理性化解構，這表現為「神所馮依，將在德矣」，連占到吉兆都不再興奮，依據在人而不在神；二為由人而神，人為的神秘性又不斷生成，首先表現為神化祖先，然後神化帝王，之後便是對於各種「強人」（比如關公、媽祖等）的「封神」。

　　無論是「由人而神」還是「由神而人」，這都服務於「如何活」的生活境遇，所以人神關係落實為政教關係上的「神道設教」。政治、倫理、宗教「三合一」，表面是以「倫理教化」為重，實際上是「政治優先」。話語權始終不在文人、史官、神職人員那裡，王權始終高高在上，神權和智權始終處於輔佐地位。由此導致的是權力崇拜和王權潰敗。因為這樣的王權因智權限制（不獨立無原創）而缺乏智商，因此岌岌可危，至少人人自危；另外，這樣的王權因神權限制（無神格不神聖）缺乏合法性、神聖性，因此需要不斷證明自己。這樣的局面，很難長治久安，所以皇朝確立之後，就走向一個潰敗過程。這是個惡性循環。

　　以占卜為例，由「卜以決疑」到「修德改卜」再到「不占而已」，占卜之理性化完成在於將原有的「龜占卜筮」的文字記錄變為一種「神道設教」的教義。對應的人神關係，也「由神而人」，由對神的誠惶誠恐變而為對人的鞠躬盡瘁。此種理性化的完成，具體到知識譜系上表現為：原有的龜占卜筮等巫術活動結晶為經典文獻而成為教化文本。這是一個「經驗變先驗」的過程，然而問題在於新的經驗層出不窮，原有的先驗則捉襟見肘，這導致了一種知識譜系與現實問題的張力。

　　賀麟先生在反思近代危機時說：「中國近百年來的危機，根本上是一個文化的危機。文化上有失調整，就不能應付新的文化局勢。中國近代政治軍事上的國恥，也許可以說是起於鴉片戰爭，中國學術文化上的國恥，卻早在鴉片戰爭之前。儒家思想之正式被中國青年們猛烈地反對，雖說是起於新文化運動，但儒家思想的消沉、僵化、無生氣，失掉孔孟的真精神和應付新文化需要的無能，卻早腐蝕在五四運動以前。儒家思想在中國文化生活上失掉了自主權，喪失了新生命，才是中華民族的最大危機。」〔註174〕「老實說，中國百年來之受異族侵凌，國勢不振，根本原因還是由於學術文化不如人」〔註175〕。此種知識譜系上的低智商與現實問題上的高難度，造成的張力，在傳統社會，是依靠「一亂一治」予以化解的，朝代更迭似乎只是一種「權力遊戲」的惡性循環。但是，此種格局在遭遇另一種知識譜系之後，便顯得措手不及、脆弱不堪。所以，賀麟先生的反省，「中國文化生活上失掉了自主權」「學術文化不如人」到底癥結何在？依然值得深思。很值得專題予以研究。

〔註174〕賀麟：《文化與人生》，北京：商務印書館，1988年版，第5頁。
〔註175〕賀麟：《文化與人生》，北京：商務印書館，1988年版，第20頁。

本書側重「巫史論」的理性化進程，更多是對遭遇另一種「知識譜系」之前的探究，屬於「前傳」。所以後續章節將圍繞「巫史」理性化的具體特徵「一個世界」、「實用理性」、「樂感文化」展開。很明顯，只有對此「前傳」有著深度解析，後來的故事比如「百年來的危機」才能窺其堂奧；進一步，才能夠理解「中國文化生活上失掉了自主權」「學術文化不如人」之深層癥結。一句話，若不帶上過去，就無法展望未來。「理性化」呈現於「人間世」，下面我們就審查一下「一個世界」的生成模式、血緣情感與意義尋求。